Stötzel · Eitz (Hrsg.)

Zeitgeschichtliches Wörterbuch der deutschen Gegenwartssprache

Georg Stötzel · Thorsten Eitz (Hrsg.)

Zeitgeschichtliches Wörterbuch der deutschen Gegenwartssprache

unter Mitarbeit von
Astrid Jährling-Marienfeld,
Lea Plate u. a.

2002
Georg Olms Verlag
Hildesheim · Zürich · New York

Gedruckt mit freundlicher Unterstützung
der Anton-Betz-Stiftung
der Rheinischen Post e.V. Düsseldorf

Bibliographische Information Der Deutschen Bibliothek
Die Deutsche Bibliothek verzeichnet diese Publikation in der
Deutschen Nationalbibliografie; detaillierte bibliografische Daten
sind im Internet über http://dnb.ddb.de abrufbar.

∞ ISO 9706

Printed in Germany
Gedruckt auf säurefreiem und alterungsbeständigem Papier
Umschlagentwurf: Prof. Paul König, Hildesheim
Herstellung: Goldener Schnitt, Sinzheim
Druck: Druck Partner, Hemsbach
ISBN 3-487-11759-2

Heinrich Steveling,
1946–1976 Pfarrer in Dortmund-Kirchlinde,
gewidmet

Vorwort

Dieses Wörterbuch ist neuartig. Es untersucht ausgewählte Vokabeln aus dem deutschen gesellschaftlich-politischen Sprachgebrauch seit 1945. Die einzelnen Artikel verschränken Sprach- und Zeitgeschichte, indem sie die Geschichte des Wortgebrauchs im Zusammenhang mit den historischen Ereignissen darstellen.
Die neue Konzeption erforderte auch eine entsprechend ungewöhnliche Lösung der Frage nach der Erarbeitung der zu Grunde liegenden Texte. Hierzu war eine methodisch neuartige Recherche, Lektüre und Analyse der Textgrundlagen notwendig.
Die gesellschaftlich relevanten Diskussionen über zumeist brisante Themen wurden semantisch-pragmatisch untersucht. Dabei galt es, gezielt solche Texte herauszufinden, in denen öffentlich über konfliktträchtige bzw. strittige Wörter diskutiert wurde, in denen also die gesellschaftliche Bedeutsamkeit der Sprache, speziell der Wortwahl in öffentlichen Auseinandersetzungen direkt oder indirekt thematisiert bzw. problematisiert wurde. Angesichts solcher Texte wurde das spezifische Vokabular der Diskurse eruiert und analysiert, d.h. die sprachlichen Mittel und Strategien waren als mögliche Motive, Symptome und Katalysatoren oder auch als wirksame Faktoren der gesellschaftlichen Verhältnisse und des geschichtlichen Geschehens zu beleuchten und zu kommentieren. In der Textsichtung und Textauswahl kam Erstbelegen, die einen gesellschaftlichen (Sprach)Wandel indizieren, verständlicherweise ein besonderes Gewicht zu.
Außer den Herausgebern Georg Stötzel (GS) und Thorsten Eitz (TE) sowie den im Titel genannten Mitarbeiterinnen Astrid Jährling-Marienfeld (AJM) und Lea Plate (LP) haben Silke Bartsch (SB), Anke Blum (AB), Kristin Diehle (KD), Åsa Svenmarck (AS), Thomas Willems (TW), Silke Schwiebert (SS), Ingrid Bresgen (IB), Jan Funken (JF),

Mandy Merbeth (MM), Stephanie Wollnik (SW) und Susanna Wengeler (SWE) einzelne oder mehrere Artikel verfasst oder mitverfasst.
Die Herausgeber haben alle Artikel überarbeitet und korrigiert. Für Kritik und Hilfe bei der Überarbeitung danken wir Hans-Werner Scharf, Thomas Niehr und ganz besonders der unermüdlichen Lektorin des Olms-Verlags, Frau Doris Wendt.
Freundliche Ermutigung und finanzielle Hilfe bei der Produktion dieses Studienbuchs und Nachschlagewerks für alle, die an der Dokumentation und Funktionsbeschreibung von zeitgeschichtlich wichtigem Vokabular des öffentlichen Sprachgebrauchs interessiert sind, erhielten wir von Frau Dr. Esther Betz, der Vorsitzenden der Anton-Betz-Stiftung der Rheinischen Post e.V.

Georg Stötzel und Thorsten Eitz

Zum Konzept

Dieses Wörterbuch ist ein Spezialwörterbuch. Es ergänzt große Wörterbücher des Deutschen, die den Gesamtwortschatz zu erfassen suchen und die nur kurze Bedeutungsangaben zu den einzelnen Stichwörtern (Ausdrücken) machen können. Um diesen größeren Horizont zugleich mit unserer speziellen Perspektive bewusst zu halten, haben wir unseren Artikeln Worterklärungen und Belegbeispiele des zehnbändigen „Großen Wörterbuchs der deutschen Sprache" des Duden-Verlages (1999) vorangestellt, sofern unsere Stichwörter dort verzeichnet waren.
Wir beschränken uns auf eine begrenzte Anzahl von Stichwörtern. Diese haben wir nicht intuitiv ausgewählt, sondern sie erwiesen sich bei der Analyse im Rahmen von Lehrveranstaltungen über die deutsche Sprachgeschichte seit 1945 als zeitgeschichtlich besonders aufschlussreich. Über solche Schlüsselwörter – und auch mit ihnen – wird bzw. wurde in der Öffentlichkeit oft gestritten. Die Analyse des Wortgebrauchs zeigt, auf wie vielfältige Weise eine in Gruppen und Parteiungen gegliederte und somit heterogene Gesellschaft unterschiedliche Sprachverwendungen eines vermeintlich einheitlichen lautlichen ‚Materials' entwickelt und einen fortwährenden Sprachwandel produziert. Diese Sprachverschiedenheit hat ihre materielle Grundlage in dem mehr oder weniger starken Antagonismus gesellschaftlicher Gruppierungen, die in der Sprache ihre unterschiedlichen Einstellungen und Interessen artikulieren und danach streben, dass diese sich allgemein durchsetzen – und im besten Falle akzeptiert und anerkannt werden.
Der gesellschaftliche Wandel, mit dem ein Sprachwandel einhergeht, lässt sich zum Teil bestimmten Themenbereichen zuordnen, innerhalb derer – zumeist auch kontroverse – öffentliche Diskussionen stattfinden. Die sprach- und zeitgeschichtliche Analyse solcher gesellschaftlicher Dis-

kurse haben wir Mitte der neunziger Jahre in Düsseldorf in zwei großen Handbüchern dokumentiert.[1]

Dieses Wörterbuch ist kein Sach-Lexikon der Zeitgeschichte. Die Sachen, um die es (in) ihm geht, sind Wörter. Es erzählt konkrete einzelne Fallgeschichten oder Wortkarrieren und zeigt, dass es in bestimmten Bereichen und zu bestimmten Zeiten im öffentlichen Wortschatz und im öffentlichen Sprachgebrauch besonders auf der Bedeutungsebene kein einheitliches Deutsch gibt, dass – häufig nicht bewusst – ein semantisch uneinheitliches bzw. divergierendes Deutsch realisiert wird. Das heißt, dass es den rivalisierenden gesellschaftlichen Gruppen in bestimmten Brisanzphasen des Wortgebrauchs, die wir analysieren, keineswegs gleichgültig ist, wie ein so genannter „Problemverhalt" bezeichnet wird. In der reflektierten sprachkritischen Analyse ist zu erkennen, dass es bei der – oft auch öffentlich thematisierten – Bezeichnungskonkurrenz um die Konstitution diverser potenzieller „Sachverhalte" geht. Im konkreten, durch Interessen gelenkten Sprachgebrauch will jede Gruppierung ihre Bezeichnung und damit ihre „Sicht der Dinge" durchsetzen, eine legitime Strategie der Sprachverwendung, die „Tatsachen" bzw. „Sachverhalte" allererst (er)schafft.[2]

Die Rede von der „Sicht der Dinge" verweist darauf, dass mit Sprache eine andauernde Weltinterpretation stattfindet. Dieser Vorgang wird bei Veränderungen oft als Wertewandel bewusst und ist strittig, wenn sich Uminterpretationen im öffentlichen (oder auch im juristischen) Wortschatz, das heißt im veränderten Gebrauch der Wörter äußern: So ist zur Zeit beispielsweise umstritten, ob ärztlicher Bereitschaftsdienst im Krankenhaus *Arbeitszeit* sei, ob Viagra als *Medikament* gelten soll, das heißt mit allen

---

[1] Stötzel/Wengeler (1995) Kontroverse Begriffe. Geschichte des öffentlichen Sprachgebrauchs in der Bundesrepublik Deutschland; Böke/Liedtke/Wengeler (1996) Politische Leitvokabeln in der Adenauer-Ära.

[2] Am deutlichsten wird dies bei der so genannten Sprachlenkung; siehe Schmitz-Berning (1998).

rechtlichen Konsequenzen als solches bezeichnet werden soll, ob Deutschland *Einwanderungsland* sei, ob Prostitution als *Beruf* anzuerkennen sei, ob körperliche Gewalt gegen Kinder als *Kindesmisshandlung* einzustufen und zu bestrafen sei, ob Abtreibung *Tötung* sei, ob ein „Kopftuch-Verbot" *Berufsverbot* sei.[3] Diese Vorgänge der für das naive Bewusstsein versteckten Interpretationen der Welt im Wortschatz des Deutschen will dies Wörterbuch als Beitrag zu einer gesellschaftlichen Selbstaufklärung bewusst machen (siehe unten zu „realistische Diktion").

Wir möchten also unsere lexikalischen „Aufschlüsselungen" in die Reihe der wissenschaftlichen clavis-Tradition stellen, die die jeweils behandelten kulturellen Sektoren oder Wissenschaftsbereiche einem breiten Publikum allgemein verständlich darstellen will.

Die Beschreibungssprache dieses Wörterbuchs ist keine strenge Fachsprache. Trotzdem lassen sich einige wenige Fachausdrücke, die wesentlich für unseren theoretischen Ansatz und für eine wissenschaftliche Sprachbeschreibung sind, nicht vermeiden. Es handelt sich hier vornehmlich um die Termini *realistische Diktion*, *konkurrierender Sprachgebrauch*, *Thematisierung*, *Fahnenwörter*, *Stigmawörter*, *Begriff* und *Ausdruck*, die mit unseren sprachwissenschaftlichen Interpretationsansätzen verbunden sind. Zwar ist die Bedeutung dieser Ausdrücke meist im Zusammenhang erkennbar, oder sie sind an Ort und Stelle möglichst knapp erläutert. Dennoch sei hier eine separate definitorische Einführung vorangestellt.

Mit dem Terminus *realistische Diktion* verweisen wir auf das in unserer Sprache bei Aussagen übliche Äußerungsschema „x ist y": z.B. *Abtreibung ist Mord*, *Kopftuch-Verbot ist Berufsverbot*. Dabei „verdeckt" die Formulierungsweise „x ist y", dass jemand mit bestimmter Zwecksetzung einen Ausdruck wählt, der einen so genannten

---

[3] RP vom 16.7.1998, S. 1: „Rat der Muslime: Kopftuch-Verbot ist Berufsverbot."

Sachverhalt wie Abtreibung als Mord interpretiert, bzw. dass jemand das Verbot, als Lehrerin im Unterricht ein Kopftuch zu tragen – was als demonstrativer Ausdruck einer Religionszugehörigkeit gilt –, als Berufsverbot interpretiert. Durch den Gleichsetzungsausdruck *ist* wird dieses Behauptungsverhältnis, dass nämlich x als y **gelten** soll, „verdeckt", das heißt nicht bewusst gehalten. Allen Aussagen – privat oder öffentlich – liegt aber dieses interpretierende Sprachhandeln[4] zugrunde. Das heißt: Eine Bezeichnung oder eine Prädikation spiegelt nicht die „objektive Realität" wider, sondern beruht auf einer Auswahl aus konventionalisierten und prinzipiell veränderbaren Zeichen, mit denen Problemverhalte interpretiert und die so genannte Realität erst konstituiert wird. Diese von Wilhelm von Humboldt begründete Einsicht in die Sprachvermitteltheit von menschlicher Weltwahrnehmung und Erkenntnis liegt unserem Wörterbuch zugrunde.[5]

Auf dieser Grundlage wird auch erst eine Erscheinung plausibel, die wir *konkurrierenden Sprachgebrauch* nennen. Demnach wird im Sprechen (über die Welt) sehr oft darum gestritten, was die „wahre", „richtige" bzw. „angemessene" *Bezeichnung* oder *Darstellung* für einen Problemverhalt sei, was die „wahre", „richtige" oder „angemessene" *Bedeutung* eines Ausdrucks sei. Auch hier wird oft ein Wahrheitsbegriff unterstellt, der „die Wahrheit" unabhängig von der Sprache als existent annimmt, die mit Sprache nur „richtig" ausgedrückt bzw. bezeichnet werden müsste. In seinen „Philosophischen Untersuchungen" hat

---

[4] Als ein populäres Beispiel für dieses interpretierende – und meist umstrittene – Sprachhandeln kann durchaus das Beispiel des Fußballschiedsrichters (frz. arbitre) gelten, der entscheidet, ob ein problematischer körperlicher Einsatz im so genannten Strafraum als *foul*, das mit einem Elfmeter-Strafstoß geahndet wird, gelten soll. In ganz ähnlicher Art ist nämlich z.B. zwischen Parteien vor Gericht umstritten, ob eine Äußerung als Beleidigung gilt oder nicht. Ebenso kann in der Öffentlichkeit umstritten sein, ob eine Äußerung angesichts eines bestimmten Sachverhalts als „wahr", „richtig", „angemessen" gelten soll.

[5] Zu Humboldts „Verfahren der Sprache" siehe Scharf (1994).

Ludwig Wittgenstein dagegen Wahrheit als Sprachspiel und lebensformabhängige Konstruktion relativiert. Als Therapie „gegen die Verhexung unsres Verstandes durch die Mittel unserer Sprache“[6] – das heißt durch eine sprachunabhängig gedachte Wahrheit – hat er vorgeschlagen: Statt die philosophische Frage zu stellen „Was ist (die) Wahrheit“, sei sinnvollerweise zu beobachten, unter welchen Umständen die Menschen den Ausdruck „Das ist wahr“ benutzen.[7]
Dieser Streit über richtige bzw. angemessene Bezeichnungen oder Bedeutungen wird oft implizit ausgetragen, nämlich dadurch, dass verschiedene Gruppen einer Gesellschaft nebeneinander verschiedene Ausdrücke zur Bezeichnung des betreffenden Problemverhaltes verwenden oder dass sie gleiche Ausdrücke mit verschiedener Bedeutung (das heißt nach anderen Regeln) verwenden (z.B. *Chancengleichheit*), also den „semantischen Streit“ implizit austragen. Die implizite Thematisierung von Sprache wird oft von den Sprechern nicht bemerkt, sondern nur vom Sprachtheoretiker als faktischer Streit konstatiert. Die Auseinandersetzung kann aber auch in einem expliziten Streit über Sprache ausgetragen werden. Sowohl das implizite wie auch das explizite Streiten über Sprache nennen wir *Thematisierung von Sprache*. Thematisierung von Sprache ist somit ein Indikator dafür, dass ein mit dem öffentlichen Sprachgebrauch zusammenhängendes gesellschaftliches Problem vorliegt.
Innerhalb des gesellschaftlichen Streitens mithilfe der Sprache erkennt die sprachtheoretische Analyse verschiedene Methoden oder Techniken. Eine Strategie ist die Verwendung von so genannten *Fahnenwörtern* und *Stigmawörtern*. Als *Fahnenwörter* bezeichnen wir mit Fritz Hermanns solche Wörter, „deren Funktion es gerade ist, als

[6] Wittgenstein (1971), S. 79, PU § 109.
[7] Vgl. Wittgenstein (1971), S. 87f., PU § 136.

parteisprachliche Wörter aufzufallen"[8]. Sie bezeichnen oft ein positiv bewertetes Programm, das heißt sie haben eine so genannte *positive Konnotation* oder *Nebenbedeutung* (z.B. *Chancengleichheit* um 1970 bei der SPD; *Chancengerechtigkeit* ab 1972 bei der CDU). *Stigmawörter* nennen wir solche Ausdrücke, die verwendet werden, um bestimmte Werte, Konzepte oder Handlungsweisen negativ zu bewerten, also abzuwerten: z.B. wurde *Chancengleichheit* ab 1972 von der CDU als Stigmawort gebraucht, indem der Wortteil *gleich* als „Gleichmacherei" interpretiert wurde. Diese Art von Bedeutungsinterpretation, die mit der „eigentlichen" oder „ursprünglichen" Bedeutung von Wortteilen in Komposita oder mit der Teilbedeutung von Wörtern argumentiert, nennt man *Remotivation*. Ein einzelner Bedeutungsaspekt als Teilbedeutung des Wortes *Gast* (dass nämlich Gäste nicht dauerhaft bleiben) wurde bezüglich des Bleiberechts ausländischer Arbeitnehmer ins Feld geführt: Gastarbeiter seien *Gäste*, die nach gewisser Zeit „wieder gehen" müssten bzw. Gastarbeiter dürfe man als *Gäste* nicht dauerhaft arbeiten lassen.

Heikel können Fälle sein, in denen die gleichen Ausdrücke umgangssprachlich etwas anderes bedeuten als in der Fachsprache oder auch solche Fälle, in denen sprachbezogene Ausdrücke in der Umgangssprache mehrdeutig sind. Beides ist der Fall für den Ausdruck *Begriff*. Bei einer Sprachbeschreibung mit dem Anspruch der Allgemeinverständlichkeit befindet sich die Sprachwissenschaft hier in einem Dilemma, weil sie in ihrem terminologischen Wortgebrauch vom Wortgebrauch in der Umgangssprache abweichen muss. Umgangssprachlich ist es zum Beispiel üblich zu sagen, ein Begriff werde so und so bezeichnet, d.h. hier wird dem Begriff ein inhaltlicher Status zugesprochen. Diese Redeweise geht zurück auf die Tradition der abendländischen Erkenntnistheorie, die dem Begriff bzw. begrifflichen Inhalten einen vermeintlich nicht-sprachlichen

[8] Hermanns (1982), S. 91.

Status zuschrieb. Eine Unterscheidung von sprachlichen und nicht-sprachlichen Inhalten von Wörtern lässt sich aber – der von uns vertretenen zeichenkritischen Tradition entsprechend – grundsätzlich nicht aufrecht erhalten. Wilhelm von Humboldt (1767-1835) und Ludwig Wittgenstein (1889-1959) haben demonstriert, dass die Sprache bzw. der Sprachgebrauch erst gedankliche bzw. begriffliche Inhalte erzeugt und nicht außersprachlich vorgegebene Inhalte nur bezeichnet. Aus diesem Grund vermeiden wird den Ausdruck *Begriff* als Terminus und sprechen von (sprachlichem) Inhalt, von Bedeutung bzw. vom Bezeichneten (d.h. von signifié im Sinne Saussures). Darüber hinaus wird umgangssprachlich *Begriff* in einer zweiten Bedeutung verwendet. Die Medien (Zeitungen, Radio, Fernsehen) verwenden *Begriff* als Bezeichnung für eine Spracheinheit, die wir als *Bezeichnung*, *Ausdruck*, *Vokabel*, *Terminus*, *Fachwort*, *Wort* bezeichnen.[9] Beim öffentlichen Sprechen über Sprache – in der so genannten Laienlinguistik – werden z.B. Sätze wie die folgenden formuliert: „Der Begriff [*Fundamentalismus*] bezeichnet in der Regel radikale Protestbewegungen..." (DIE ZEIT, 22.9.1995, S. 3). Zeitungen berichten: „Der Duden hat einen neuen Begriff für ‚nicht mehr durstig' gefunden. Der neue Begriff heißt nun ‚sitt' [...]." (HAMBURGER ABENDBLATT, 8.10.1999, S. 13)[10] In Broschüren heißt es: „TAICHI ist ein Begriff der alten chinesischen Philosophie und bedeutet ‚Firstbalken', im übertragenen Sinne ‚höchstes Gesetz'" (zitiert nach H. Vater, S. 10).

Da unser zeitgeschichtliches Wörterbuch besonders intensiv öffentliches Sprechen über Sprache dokumentiert, kommen fast in jedem Artikel diese terminologisch problematischen Redeweisen vor. Oft haben wir im Artikel selbst auf die Diskrepanz zwischen umgangssprachlichem

---

[9] Zu diesem Problem vgl. Heinz Vater: *Begriff* statt *Wort* – ein terminologischer Wirrwarr. In: SPRACHREPORT 16 (2000), H. 4, S. 10-13.

[10] Zitiert nach ebd. S. 11.

und sprachwissenschaftlichem Sprechen über Sprache verwiesen, zum Beispiel darauf, dass umgangssprachlich *Begriff* die Bedeutung ‚Ausdruck' habe.
Eine weitere Differenz von nicht-wissenschaftlicher und wissenschaftlicher Kommunikation über Sprache betrifft das Schriftbild. Beim Nachschlagen in Wörterbüchern wird Ihnen schon aufgefallen sein, dass bestimmte Wortausdrücke im Schriftbild hervorgehoben werden. Bei sprachwissenschaftlichen Darstellungen werden Belegwörter dadurch hervorgehoben, dass sie kursiv gesetzt werden bzw. dass sie in doppelten Anführungszeichen stehen. Bedeutungen von Ausdrücken werden oft in einfache Anführungsstriche gesetzt, ebenso Zitate in Zitaten. Kursiv gesetzt werden bestimmte Wörter in so genannten Sachbeschreibungen auch dann, wenn wir ausdrücklich auf die betreffende Vokabel bzw. Formulierung aufmerksam machen wollen (z.B. Er wurde in *Schutzhaft* genommen. Deutschland ist kein *Einwanderungsland.* Kohl sah das *Ende der Nachkriegszeit* gekommen).

Welche Themen bzw. Problemfelder behandelt dieses Wörterbuch?
Beschrieben werden gesellschaftliche Veränderungen oder Auseinandersetzungen, das heißt Problembearbeitungen in so genannten *Zeitgesprächen* oder *Diskursen*. Dabei werden die beteiligten Gruppen im Hinblick auf das verwendete Vokabular und auf die angewendeten sprachlichen Strategien charakterisiert. Die zeitliche Grenze haben wir auf den 8. Mai 1945 festgelegt, auf den *demokratischen Neubeginn*. Weiter zurück verfolgen wir Ausdrücke bei so genannten *belasteten Vokabeln*, bei denen die (nationalsozialistische) Vorgeschichte wichtig ist (*KZ*, *Machtergreifung/Machtübergabe*, *Elite*, *entartete Kunst* usw.).
Dabei wird nicht die gesamte Wortgebrauchsgeschichte des betreffenden Stichworts beschrieben, sondern es werden nur Brisanzphasen dargestellt, das heißt die Phasen, in denen eine brisante Wortverwendung als Neologismus

aufkommt, in denen sie umstritten ist bzw. aus dem öffentlichen Sprachgebrauch verschwindet.
Die Stichwörter der einzelnen Artikel sind meistens Vokabeln, mit denen die gesellschaftlichen Diskurse auch öffentlich tituliert werden (z.B. *Aids*, *Berufsverbot*, *Quotenfrau/Frauenquote*). Wenn es mehrere solcher Wörter gibt, haben wir entweder beide als Stichwörter aufgenommen oder das brisante(re) (z.B. nicht *Prostituierte*, sondern *Hure*, nicht *Radikalenerlass*, sondern *Berufsverbot*). Sowjetzonaler bzw. DDR-spezifischer Sprachgebrauch (wie *Friedensgrenze* für die Oder-Neiße-Linie) ist dann berücksichtigt worden, wenn er in Diskursen der Westzonen bzw. der BRD vor 1989 thematisiert wurde.
Insgesamt kommen in diesem Wörterbuch ca. 1700 diskursrelevante Vokabeln vor. Sie sind über den alphabetischen Index zugänglich. Dort wird auf den betreffenden Stichwort-Artikel verwiesen. Entsprechend den neuesten Möglichkeiten der Datengewinnung sind die Fundstellen aus dem Internet – jeweils mit dem Findungsdatum – ausgewiesen.

1 Abtreibung / Schwangerschaftsabbruch

„**Ab|trei|bung**, die; -, -en: *das Abtreiben* (2b); *Schwangerschaftsabbruch*: eine A. vornehmen; meine Mutter hat schon drei -en gemacht (Schmidt, Strichjungengespräche 88); Auch die A. ist bei uns (= in Deutschland) nicht einfach erlaubt, sondern wegen des schwierigen Konfliktes mütterlicher und kindlicher Interessen lediglich von einer Bestrafung freigestellt (Zeit 7.1.99, 24)."
Duden (1999), S. 118.

Schwangerschaftsabbruch beschreibt den Vorgang des künstlichen Herbeiführens „einer Fehlgeburt durch gynäkologische Maßnahmen: durch Absaugen des Uterusinhalts, Ausschabung, durch Einbringen von Prostaglandinen in den Gebärmutterhals oder durch Operation."[11]
Seit Beginn des 20. Jahrhunderts wird über die gesetzliche Regelung von Schwangerschaftsabbrüchen debattiert. In der Diskussion um eine Abtreibungsregelung forderten vor allem Frauen die Straffreiheit der Abtreibung beziehungsweise die Streichung des §218, der eine *Abtreibung* gesetzlich verfolgt, mit der Begründung: „Die Frau muß als freie Persönlichkeit *Herr* ihres Körpers sein dürfen."[12]

In der öffentlichen Debatte um eine Neuregelung des §218 im Jahr 1970 wurde die Vokabel *Schwangerschaftsunterbrechung* zu einem Streitthema. Die GegnerInnen einer Fristenlösung – das heißt einer straffreien Abtreibung in den ersten zwölf Schwangerschaftswochen – sahen in dem Wortgebrauch „eine Verschleierung der ‚Tötungstat'"[13]. Das Kompositum *Schwangerschaftsunterbrechung* vermittele eine verharmlosend falsche Assoziation, so als ob

---

[11] Brockhaus in einem Band (2000), 9. Auflage, Leipzig/Mannheim, S. 812.
[12] Nave-Herz (1997), S. 34. (Kursivierung A. J.-M.)
[13] Böke (1995), S. 568.

die Frau ihre Schwangerschaft kurzfristig unterbrechen und dann wieder fortsetzen könne.
Bereits ein Jahr später setzte sich bei den RednerInnen aller Parteien der Ausdruck *Schwangerschaftsabbruch* gegenüber *Schwangerschaftsunterbrechung* durch. Die ReformgegnerInnen argumentierten im Sinne ihrer Konzeption, um die Bedeutung des Kompositums „richtig“ zu stellen: „*Schwangerschaftsunterbrechung* ist *Schwangerschaftsabbruch. Schwangerschaftsabbruch* ist *Abtreibung. Abtreibung* heißt stets, das Kind im Mutterleib zu töten.“[14]
Auch die Katholische Kirche spricht in diesem Kontext von „vorsätzlicher Tötung ungeborenen Lebens“ und zieht diffamierende Vergleiche zwischen Schwangerschaftsabbrüchen und dem judenvernichtenden „Massenmord“ im Dritten Reich: Mit stigmatisierenden Vokabeln wie *Embryocaust* und *Babycaust*[15] wurde versucht, gegen die bestehende §218-Regelung zu polemisieren.
Im selben Jahr – 1971 – kam es zu einer bundesweiten so genannten „Selbstbezichtigungsaktion“[16], durch die die Thematisierung des §218 verstärkt an die Öffentlichkeit gelangte: 374 z.T. prominente Frauen bekannten öffentlich, dass sie selbst illegal abgetrieben hätten und befürworteten die Streichung des §218. Im Juni 1971 publizierte die Zeitschrift STERN diese „Geständnisse“. Die Folge war eine große Solidarisierungswelle, sowohl von Seiten der Frauen, die die Parole „Mein Bauch gehört mir!“ verbreiteten, als auch von Ärzten und Professoren, die bekannten: „Ich war Komplize einer Abtreibung!“.[17]
In diesem Zusammenhang lässt sich auch die semantische Relativierung der Bezeichnung *Abtreibung* erklären, die bis dahin einen weitaus pejorativeren Charakter hatte als die Vokabel *Schwangerschaftsabbruch.* Bis zu diesem Zeitpunkt galt *Abtreibung* als Bezeichnung der „illegalen,

[14] Böke (1995), S. 568f. (Kursivierung A. J.-M.)
[15] Böke (1995), S. 576.
[16] Nave-Herz (1997), S. 56.
[17] Nave-Herz (1997), S. 57.

oft von Laien unter miserablen hygienischen Bedingungen durchgeführten und deshalb für Schwangere zumeist lebensgefährlichen Tat."[18] Der vor allem umgangssprachlich gebrauchte Ausdruck *Abtreibung* wird seitdem als Synonym zu *Schwangerschaftsabbruch* verstanden. Zudem ist die Vokabel *Abtreibung* ein produktives Wortbildungselement, das sich besser zur Komposition oder Derivation als die Alternativvokabel *Schwangerschaftsabbruch* eignet. Ausdrücke wie z.B. *Abtreibungswunsch*, *Abtreibungspille*, *abtreibend* oder *abtreibungswillig* demonstrieren die sprachliche Produktivität.

Im Laufe der letzten 30 Jahre wurde das Abtreibungsrecht mehrfach geändert: Nachdem der Bundestag 1974 ein *Fristenmodell* zur bis dahin nach §218 strafbaren Abtreibung verabschiedet hatte, erklärte das Bundesverfassungsgericht diese Regelung ein Jahr später für nichtig, da „das Lebensrecht des Embryos nicht hinreichend gesichert sei"[19].

1976 fiel die Entscheidung für das so genannte *Indikationsmodell*. Es besagt, dass in schwer wiegenden Konfliktfällen neben der medizinischen, der kriminologischen und der eugenischen Indikation eine *Abtreibung* innerhalb der ersten zwölf Wochen nun auch bei sozialer Indikation straffrei bleibt.

Nach der →*Wiedervereinigung* war im Zuge der Gesetzesvereinheitlichung eine Neuregelung des §218 notwendig geworden, um der Möglichkeit des *Abtreibungstourismus* von West nach Ost – im Osten galt nach altem DDR-Recht ein Fristenmodell – entgegenzuwirken. Der Bundestag verabschiedet 1992 ein Modell, das eine *Fristenlösung* mit Beratungspflicht (→*Beratungsschein*) vorsieht. Der so genannte *Abtreibungstourismus* hatte schon Jahre zuvor für Schlagzeilen gesorgt, weil „viele betroffene Frauen den Abbruch im Ausland (z.B. in Holland) vornehmen ließen und dadurch das Abtreibungsrecht im eigenen Land um-

---

[18] Böke (1995), S. 567.

[19] „Schwangerschaftsabbruch", Encarta 99, 1993-1998.

gingen".[20] Durch diese Praktiken wurde eine Diskussion über das so genannte *Wohnort-* und *Tatortprinzip* ausgelöst.

Die Zulassung der →*Abtreibungspille Mifegyne* im Juli 1999 entfacht nach fast zehnjähriger Diskussion erneut einen heftigen Streit zwischen der Katholischen Kirche und der Bundesregierung. Die 1988 in Frankreich entwickelte und unter dem Kürzel *RU486* bekannt gewordene *Abtreibungspille* löst nach ihrer Einnahme das befruchtete Ei von der Gebärmutter ab, sodass es dann durch medikamentös eingeleitete Wehen ausgeschieden werden kann.[21] Die Befürworter – unter anderem Familienministerin Christine Bergmann (SPD) – sprechen von einem „Fortschritt für die Frauen", weil die *Abtreibungspille* eine „schonendere Alternative"[22] gegenüber den herkömmlichen Abtreibungsmethoden eröffne. Der Kölner Erzbischof Joachim Kardinal Meisner diffamiert dagegen *Mifegyne* als eine *Todespille* und die Zulassung als einen „Rechtsbruch".[23]

Die CDU/CSU warnt im Einklang mit der Katholischen Kirche vor einer „schrecklichen Bagatellisierung der Tötung ungeborenen Lebens"[24]. Bischof Karl Lehmann fügt hinzu, dass der ständige Hinweis auf die „angeblich schonendere und sanftere Abtreibungsmethode" den Eindruck erwecke, diese Form des *Schwangerschaftsabbruchs* sei medizinisch und „ethisch harmloser". Durch die Einstufung der *Abtreibungspille* als Arzneimittel werde die Schwangerschaft zur Krankheit und das ungeborene Kind zu einem zu beseitigenden Schaden erklärt.[25]

AJM

---

[20] Böke (1995), S. 586.

[21] Diese medikamentöse Abtreibungsmethode, die nur bis zur siebten Schwangerschaftswoche erfolgen darf, war bereits seit Jahren in Frankreich, Schweden und England zugelassen.

[22] http://de.news.yahoo.com, 6.7.1999.

[23] http://de.news.yahoo.com, 6.7.1999.

[24] http://de.news.yahoo.com, 6.7.1999.

[25] http://de.news.yahoo.com, 6.7.1999.

2 Abtreibungspille / RU486

„**Ab|trei|bungs|pil|le**, die: *Pille* (1a), *durch deren Einnahme eine Fehlgeburt ausgelöst wird:* hatten sich Mediziner auf einem internationalen Gynäkologenkongress für die Freigabe der A. eingesetzt (Spiegel 43, 1989, 282); Deutlich angelegt mit den katholischen Bischöfen hat sich die Ost-Frau zudem in Sachen A. RU 486, die sie in Deutschland zulassen will (Woche 29.1.99, 6)."
Duden (1999), S. 118.

1980 entdeckte ein Forscherteam der französischen Pharmafirma Roussel-Uclaf das Hormon Anti-Gestagen, das dem zur Aufrechterhaltung der Schwangerschaft notwendigen Hormon Progesteron entgegenwirkt. Daraus wurde ein Medikament entwickelt, das einen Schwangerschaftsabbruch ohne einen chirurgischen Eingriff ermöglicht. Es kann bis zu drei Monate nach Beginn der Schwangerschaft eingenommen werden. Durch die zusätzliche Einnahme des Hormons Prostaglandin wird der Embryo abgestoßen. Am 23. September 1988 wurde das als *RU486* bezeichnete Medikament in Frankreich zugelassen. Im öffentlichen Sprachgebrauch etablierten sich neben dem der medizinischen Fachsprache entnommenen Neologismus *RU486* die Bezeichnungen *Abtreibungspille* (TAZ, 27.9.1988, S. 9) und *Abtreibungsmedikament* (TAZ, 28.10.1988, S. 6).
Als am 26. Oktober 1988 die Abtreibungspille in Frankreich aufgrund der „öffentlichen Erregung in Frankreich und dem Ausland" (TAZ, 28.10.1988, S. 6) wieder vom Markt genommen wurde, kommentierte die TAZ ironisierend „Frankreichs Rechte treibt Pille ab" (ebd.). Nur zwei Tage später wurde die französische Herstellerfirma von Frankreichs Gesundheitsminister Claude Evin dazu veranlasst, das Medikament wieder auszuliefern, da – nach TAZ-Berichterstattung – die Pille „im Interesse der öffentlichen Gesundheit" (TAZ, 29.10.1988, S. 7) liege und „das

moralische Eigentum der Frauen“ (TAZ, 2.2.1990, S. 12) sei. In diesem Jahr wurde die Abtreibungspille auch in China zugelassen, um die so genannte „Ein-Kind-Politik“ durchzusetzen. (vgl. TAZ, 27.9.1988, S. 9)
In der zu diesem Zeitpunkt in der Bundesrepublik einsetzenden öffentlichen Diskussion bezeichneten Abtreibungsgegner RU486 mit Stigmavokabeln wie *Todespille* (DER SPIEGEL Nr. 43, 1989, S. 281) oder – wie Pater Otto Maier in einem Rundschreiben des Kreises katholischer Priester – *Tötungspille* (DER SPIEGEL Nr. 10, 1988, S. 255), die „an die KZ-Vernichtungspräparate des Dritten Reiches“ (ebd.) erinnere.
1991 wurde das Medikament in England zugelassen.
In der Bundesrepublik setzte sich die nicht-konfessionelle Beratungsorganisation „Pro Familia“ für die Einführung von RU486 ein, „mit Sicherheit eine sehr viel schonendere und für die Frau insgesamt verträglichere Art des Abbruchs“ (TAZ, 29.10.1991, S. 2). Positive Attribuierungen der Befürworter des Medikamentes wie *schonend*, *verträglich*, *weniger traumatisierend*, *unkompliziert*, *weich* und *sanft* stießen auf den Widerstand der Abtreibungsgegner. Die Präsidentin des Zentralkomitees der deutschen Katholiken, Rita Waschbüsch (CDU), kommentierte diese Strategie im FOCUS (Nr. 6, 1991, S. 44): „Mit Prädikaten wie ‚schonend‘ und ‚unkompliziert‘ wird von den Befürwortern der Abtreibungspille schon seit vielen Monaten eine regelrechte Werbekampagne inszeniert.“
Der CDU-Bundestagsabgeordnete Claus Jäger sah in dem Medikament eine „Vereinfachung und Verbilligung der Massentötung ungeborener Kinder“ (TAZ, 4.11.1991, S. 6) und der katholische Bischof Lehmann eine „neue Dimension der Vernichtung von Leben“ (TAZ, 8.11.1991, S. 6), da die „Tötung ungeborenen Lebens bagatellisiert“ werde, „einzelne Personen erhielten eine fast ausschließliche Verfügungsgewalt über das Ungeborene. Die Hemmschwelle zur Abtreibung“ werde „mit der Vereinfachung und Verfeinerung der Methode gesenkt.“ (ebd.).

Besondere Brisanz erhielt die Forderung, RU486 als Medikament zuzulassen, wegen der gesetzlichen Neuregelung des §218 nach der →Wiedervereinigung. Da §219d – in Ergänzung zum §218 – für die ersten zwei Wochen nach Beginn einer Schwangerschaft die Straffreiheit eines Abbruchs garantiert, kann die Einnahme von RU486 theoretisch dazu genutzt werden, straffrei abzutreiben, weshalb es auch als *Pille danach* (DER SPIEGEL Nr. 43, 1992, S. 329) bezeichnet wird.[26]
1992 wurde die Abtreibungspille in Schweden zugelassen. In Deutschland war die Diskussion um die Zulassung des Medikaments geprägt von der Weigerung des Hoechst-Konzerns, eine Zulassung des Präparats seiner Tochterfirma Roussel-Uclaf zu beantragen, solange es keine gültige gesetzliche Regelung des Schwangerschaftsabbruchs gab: „Es ist nicht unsere Aufgabe, ein Medikament zu vertreiben, das Leben verhindert." (TAZ, 2.2.1990, S. 12)
Auch die katholische Kirche sprach sich weiterhin dagegen aus. Erzbischof Johannes Dyba bezeichnete RU486 als *sanfte Babytötungspille* (TAZ, 6.1.1992, S. 5) und nahm durch die konträre Attribuierung *sanft* einer Fahnenvokabel der Pillenbefürworter die positive Konnotation. Pillenbefürworter betrachteten die Pille hingegen neutraler als „medizinische Methode" (TAZ, 2.5.1992, S. 6), und aus strafrechtlicher Sicht als „ein Mittel des Schwangerschaftsabbruchs wie jedes andere auch" (TAZ, 9.7.1992, S. 4). In Anlehnung an den Terminus *Schwangerschaftsabbruch* wird es auch als *Abbruch-Pille* (FOCUS Nr. 23, 1993, S. 36) bezeichnet.
1997 übergab der Pharmakonzern Hoechst die Europarechte an der Abtreibungspille dem ehemaligen Vorsitzenden der Hoechst-Tochter Roussel-Uclaf Sakiz, der die Firma „Exelgyn" gründete, um das Medikament selbst zu

---

[26] RU486 ist jedoch nicht mit der eigentlichen „Pille danach" zu verwechseln, die zwei bis drei Tage nach einem ungeschützten Sexualkontakt eingenommen wird, um die Einnistung einer befruchteten Eizelle zu verhindern.

vertreiben. Sakiz wartete auf eine „moralische Bürgschaft von höchster Regierungsautorität“ (DER SPIEGEL Nr. 53, 1998, S. 23), um eine Zulassung von RU486 auch in Deutschland zu beantragen. Der 1998 neu gewählte Bundeskanzlerkanzler Gerhard Schröder (SPD) sprach sich noch im selben Jahr für eine Zulassung aus:

> „Nach erfolgreicher Zulassung würde die Bundesregierung es begrüßen, wenn auch Ärzten und Frauen in Deutschland die Möglichkeit eröffnet würde, im Falle eines Schwangerschaftsabbruchs zwischen chirurgischen und medikamentösen Methoden wählen zu können.“ (DER SPIEGEL Nr. 53, 1998, S. 25)

Als Reaktion darauf sprach Kölner Erzbischof Joachim Kardinal Meisner RU486 den Status als Medikament ab und verglich das *Tötungsmedikament* (RP, 5.9.1998) mit dem von den Nazis für den Genozid an den Juden verwendeten Giftgas Zyklon B:

> „RU486 ist kein Medikament, also kein Heilmittel. RU486 ist das genaue Gegenteil, nämlich ein Tötungsinstrument speziell für ungeborene Kinder. Diese Substanz eröffnet eine neue Dimension, indem sie den Weg zu einer Privatisierung der Tötung ungeborener Kinder bahnt. Sie ist geeignet, den Tötungsvorgang zu rationalisieren, sowie zu verdecken und dadurch tendenziell zu bagatellisieren. [...] Vielmehr sind in deutschen Namen in diesem Jahrhundert schlimmste Verbrechen durch den Einsatz chemischer Substanzen verübt worden. [... Es ist] eine unsägliche Tragödie, wenn sich am Ende dieses Jahrhunderts die chemische Industrie ein zweites Mal anschicken würde, in Deutschland ein chemisches Tötungsmittel für eine bestimmte gesetzlich abgegrenzte Menschengruppe zur Verfügung zu stellen.“ (RP, 9. 12.1998)

Er verwies darauf, dass die Hoechst AG – auch wenn sie inzwischen die Rechte an Sakiz abgegeben hatte – zusammen mit Bayer und BASF in der Nazi-Zeit zu der Firmenorganisation I.G. Farben gehörte, die auch die Firma Degesch (Deutsche Gesellschaft für Schädlingsbekämpfung) kontrollierte, die in der NS-Zeit für die Lieferung des Gases Zyklon B. verantwortlich war. (vgl. DER SPIEGEL Nr. 39, 1991, S. 40) Meisners Nazi-Vergleich wurde von der Parlamentarischen Staatssekretärin im Familienministerium, Edith Niehues (SPD), und Christa Nickels, der kirchenpolitischen Sprecherin der Grünen und Staatssekretärin im Gesundheitsministerium, kritisiert, da er „die Verbrechen der Nationalsozialisten verharmlose." (SZ, 9.12.1998, S. 1) Dennoch fand er gerade bei anderen kirchlichen Vertretern, wie z.B. dem katholischen Bischof von Rottenburg-Stuttgart, Kaspers, Unterstützung: „Das Abtreibungsmittel RU486 als Medikament zu bezeichnen oder zu verschreiben, ist pervers. Ein Medikament ist ein Heilmittel, RU486 ist ein Tötungsmittel." (RP, 9.12.1998, S. 1)

Aber auch konservative Abtreibungsgegner wie die CDU-Politikerin von Dinther stimmten mit Meisner überein: „Ich hätte das zwar so nicht gesagt, aber manchmal sind starke Worte nötig, um die Menschen wachzurütteln." (RP, 8.12.1998, S. 1)

Auch die Vorsitzende der Initiative Christdemokraten für das Leben, Johanna Gräfin von Westphalen, unterstützte die Gegner der Zulassung, indem sie darauf hinwies, dass die *Abtreibungspille* ein „Anschlag auf die Gesundheit der Frauen und der ungeborenen Kinder" (DIE WELT, 31.1.1998) sei, es „geht nicht um die Zulassung eines Medikaments, eines Heilmittels, sondern eines Mittels zur Tötung von Menschen." (RP, 3.2.1999, S.1). Kirchliche Organisationen und andere Abtreibungsgegner verwendeten Stigmavokabeln wie *Babykiller* (TAZ, 10.12.1998, S.

6), *Menschenpestizid*[27], *Humanostizid*[28] und *Genozid am ungeborenen Leben* (DIE WELT, 19.12.1998) zur Bezeichnung des Medikamentes. Befürworter der Abtreibungspille warnten davor, die Pille als „Zuckerpille nach dem Geschlechtsverkehr" (DIE WELT, 31.1.1998) und „Abtreibung light" (Familienministerin Christiane Bergmann, SPD, in: DER SPIEGEL Nr. 53, 1998, S. 23) anzusehen.
Trotz der öffentlichen Widerstände wird RU486 am 6. Juli 1999 unter dem Produktnamen *Mifegyne* in Deutschland zugelassen.
Im September 2000 versuchte die CDU/CSU-Fraktion, das inzwischen genehmigte Präparat verbieten zu lassen. Hierzu wollte sie eine Änderung des bestehenden Arzneimittelgesetzes bewirken, indem eine zusätzliche Bestimmung aufgenommen werden soll.

> „Nach den Vorstellungen der CDU/CSU soll in das Arzneimittelgesetz eine zusätzliche Bestimmung aufgenommen werden: ‚Es ist verboten, Arzneimittel, die zur Tötung menschlichen Lebens bestimmt sind, in den Verkehr zu bringen, zu verschreiben, abzugeben oder bei anderen anzuwenden.' Zur Begründung hieß es, die Verwendung der Pille als ‚Arzneimittel' sei geeignet, die Tötung eines Kindes als Heilmaßnahme erscheinen zu lassen und dadurch zu verharmlosen." (RP-ONLINE, 29.9.2000)

Der Antrag wurde von allen anderen Fraktionen entschieden abgelehnt.

TE

[27] http://members.aol.com/ungeborene/RU486.Abtreibungspille.html, 9.10.2000.
[28] http://www.mamma.ch/de/ru486_chronik.htm, 9.10.2000.

3 Aids

> „**Aids** [...], das; - <meist o. Art.> [Kurzwort für eng. Acquired immune defiency syndrome] (Med.): *Erkrankung, die zu schweren Störungen im Abwehrsystem des Körpers führt und meist tödlich verläuft*: Seine Krankheit zum Tode war A. ...; zu deutsch: »erworbener Mangel an Abwehrkraft« (Spiegel 45, 1984, 100).; Ein Impfstoff gegen HIV, der die Menschheit von A. befreien könnte, ist derzeit nicht in Sicht (Zeit 25.3.99, 32)."
> Duden (1999), S. 149.

Das der medizinischen Fachsprache entstammende Akronym *Aid*s (abgeleitet von Acquired Immune Deficiency Syndrome) wurde 1983 erstmals in der Bundesrepublik als Bezeichnung für eine Reihe bis dahin namenloser Krankheitssymptome verwendet. (vgl. DER SPIEGEL, 6.6.1983, S. 144)
Da zu diesem Zeitpunkt nur wenig mehr über die Krankheit und ihre Übertragung bekannt war, als dass an ihr (in westlichen Ländern) vorwiegend männliche Homosexuelle erkranken, wurde Aids stigmatisierend als *Homosexuellen-Krankheit* (DER SPIEGEL, 11.7.1983, S. 146) betrachtet und als *Schwulenpest* (STERN, 10.3.1983, S. 188), *Schwulenkrebs* (DER SPIEGEL, 6.6.1983, S. 154), *Homo-Seuche* (ebd.) oder *Homo-Pest* (DIE ZEIT, 7.10.1983, S. 34) bezeichnet, was eine negative Beurteilung homosexueller Lebensstile impliziert.
In der noch 1983 einsetzenden Diskussion gesellschaftlicher Werte wurde die Verwendung von *Flut-* bzw. *Pest-*Metaphorik[29] dazu benutzt, ein Bedrohungsszenario zu entwerfen. Dieses Szenario und die Interpretation von Aids als „göttliche Strafe" (DER SPIEGEL, 16.7.1984, S. 131)

[29] Zur Flutmetaphorik siehe z.B.: FR, 11.7.1983, S. 16: „Tödliche AIDS-Viren überschwemmen jetzt die Bundesrepublik". Zur Pestmetaphorik siehe beispielsweise: DER SPIEGEL, 16.7.1984, S.130ff.

sowohl für homosexuelle Lebensweisen als auch für die „offene" Sexualmoral der sechziger und siebziger Jahre wurden vor allem von konservativen Politikern und den Kirchen instrumentalisiert, um erneut traditionelle Werte wie Ehe, Monogamie und Keuschheit zu etablieren, wobei die *Risikogruppen*- und *Promiskuitäts*-Begrifflichkeiten als zentrale Mittel sprachlicher Abgrenzung gegenüber zunächst den Homosexuellen, später auch gegenüber Drogenabhängigen und Prostituierten eingesetzt wurden.

1983/1984 wurde das *HI-Virus* (Human Immunedeficiency Virus), das über Körperflüssigkeiten wie Blut, Sperma, Vaginalflüssigkeit oder Muttermilch übertragen wird, entdeckt.

Diese Entdeckung und die Entschlüsselung der Übertragungswege ermöglichte 1985 die Entwicklung des so genannten *HIV-Antikörpertestes*[30] zur Früherkennung einer *HIV-Infektion*.

In der öffentlichen Auseinandersetzung dominierte die vereinfachende, lexikalisierte Bezeichnung *Aids-Test* (DIE ZEIT, 18.10.1985, S. 82) gegenüber dem medizinisch korrekteren Ausdruck *HIV-Test* (DER SPIEGEL, 25.4.1988). Die verkürzende Bezeichnung *Aids-Test* verwischt – ebenso wie die häufige Verwechslung von *HIV* und *Aids* – auf sprachlicher Ebene die Unterschiede zwischen HIV-Infizierten und manifest Aids-Erkrankten.

Als Bezeichnung für HIV-Infizierte etablierten sich in der Folge die Kurzvokabeln *Testpositive* (DIE ZEIT, 18.10.1985, S. 82) oder *Positive* (DIE ZEIT, 26.6.1987, S. 64).

Noch 1985 begann sich das öffentliche Bewusstsein durch die Erkrankung und das „öffentliche" Sterben des amerikanischen Schauspielers Rock Hudson zu wandeln. *Aids* wurde nun nicht mehr nur als Krankheit gesellschaftlicher

[30] Deutscher Bundestag: Beschlussempfehlung des 13. Ausschusses für Jugend, Familie, Frauen und Gesundheit vom 4.11.1986, 10. Wahlperiode, Drucksache 10/6299.

Randgruppen, sondern als „Gefahr für die Volksgesundheit" (STERN, 21.2.1985, S. 63) (Slogan: „Aids geht alle an, Aids kann jeden treffen") begriffen, was zu einem Verschwinden der Stigmavokabeln wie *Schwulenpest* oder *Homo-Seuche* führte.
Die mit dem zunehmenden öffentlichen Bewusstsein der Krankheit einhergehende Lexikalisierung des Neologismus *Aids* führte 1985/1986 zu der Aufnahme des Terminus in deutsche Wörterbücher.[31]

Der 1985 einsetzende Bewusstseinswandel wurde auf politischer Ebene reflektiert durch die gegen Ende 1986 beginnenden und 1987 eskalierenden Auseinandersetzungen um die richtige *Aids-Politik*[32].
In dieser als *Aids-Krieg* (HAMBURGER ABENDBLATT, 26.2.1988, S. 1) bezeichneten Phase etablierten sich die Schlagwörter *Aufklärung* (DER SPIEGEL, 9.2.1987, S. 30) und *Safer Sex* (DER SPIEGEL, 12.1.1987, S. 161) als Bezeichnungen für die liberalen Auffassungen sowie *Meldepflicht* (ebd. S. 164) und *Zwangstest* (DER SPIEGEL, 16.3.1987, S. 133) für den so genannten *bayerischen Maßnahmenkatalog* (FR, 9.6.1987, S. 18).
Dieser *bayerische Maßnahmenkatalog* sah unter anderem „Zwangstests von Ansteckungsverdächtigen", Berufsverbote für Infizierte, Quarantäne und Kasernierung der Erkrankten und „Uneinsichtigen" sowie Pflichtuntersuchungen vor, was als Versuch, *Aids-KZs* (DER SPIEGEL, 25.5.1987, S. 21) zu errichten, interpretiert wurde.

---

[31] Vgl. Mackensen (1985), Deutsche Rechtschreibung nach den für die Schule verbindlichen Regeln, München, S. 33 und Duden-Rechtschreibung (1986), Die Rechtschreibung der deutschen Sprache und der Fremdwörter. Mannheim/Wien/Zürich, 19. Neu bearbeitete und erweiterte Auflage, S. 103.

[32] Deutscher Bundestag: Kleine Anfrage der Abgeordneten Wilms-Kegel und der Fraktion DIE GRÜNEN vom 21.7.1987, 11. Wahlperiode, Drucksache 11/625.

Als Folge dieser öffentlichen Auseinandersetzungen wurden *Aids* und *Kondom* 1987 von der GESELLSCHAFT FÜR DEUTSCHE SPRACHE zu Wörtern des Jahres gewählt.
Nachdem sich nach erregten öffentlichen Debatten und der juristischen Ablehnung der *bayerischen Linie* die Vertreter der liberalen Linie durchsetzten, verlor Aids in den Jahren von 1989 bis 1993 deutlich an Brisanz.
Erst der so genannte *Blut-Aids-Skandal*[33] 1993 rückte Aids wieder in das Zentrum öffentlicher Aufmerksamkeit. Die Entdeckung, dass Pharmafirmen über Jahre hinweg Blutkonserven nicht auf HI-Viren getestet hatten und dass die Regierung durch mangelnde Beaufsichtigung in den Skandal verwickelt war, führte zur Auflösung des Bundesgesundheitsamtes. Durch die gesellschaftliche Aufarbeitung der *Aids-Affäre* (FOCUS, 25.10.1993, S. 24), durch Aktivitäten der Homosexuellen-Gruppen und Antidiskriminierungskampagnen großer Institutionen bis hin zur UNO (rote Aids-Schleife, das so genannte Red Ribbon) verliert Aids vollends das Stigma einer „Randgruppenkrankheit".
Die Entwicklung zunehmend wirksamer Medikamente führt schließlich zu einer Bewertung von Aids als therapierbarer, wenn auch nicht heilbarer Erkrankung und damit zu einem Erlöschen des öffentlichen Interesses an Aids.

TE

---

[33] Förster (1994), S. 33.

4 Arbeit / Familienarbeit / Pflegearbeit

„**Ar|beit**, die; -, -en [1c: mhd. ar(e)beit, ahd. ar(a)beit = schwere körperliche Anstrengung, Mühsal, Plage, viell. zu einem Verb mit der Bed. »eine Waise, ein Kind sein u. zu schwerer Arbeit verdingt sein« u. verw. mit ↑¹Erbe; die heutige Bed. seit Luther]: **1a)** *Tätigkeit mit einzelnen Verrichtungen, Ausführungen eines Auftrages o. Ä.:* eine leichte, anstrengende, mühsame, zeitraubende, langweilige, interessante A.; [...]; **b)** <o. Pl.> *das Arbeiten, Schaffen, Tätigsein, das Beschäftigtsein mit etwas:* körperliche, geistige A.; [...]; **d)** <o. Pl.> *Berufsausübung, Erwerbstätigkeit, Arbeitsplatz:* eine A. suchen, finden; [...]“ Duden (1999), S. 277.

In der frühen Nachkriegszeit setzten gesellschaftliche Auseinandersetzungen ein, die die Erwerbstätigkeit von Frauen betrafen. Es ging in den fünfziger Jahren vornehmlich um die so genannte *Doppelbelastung* (KÖLNISCHE RUNDSCHAU, 6.1.1954) „der erwerbstätigen Frau und Mutter“[34] und in den sechziger Jahren stärker um die arbeitsmarktpolitische Gleichberechtigung und die Bekämpfung von „*Frauenlohn* und *Leichtlohn*“[35] mit Slogans wie *gleicher Lohn für gleiche Arbeit und Leistung* und *gleicher Lohn für gleichwertige Arbeit*. (→*Doppelverdiener*)
Die steigende Zahl berufstätiger Frauen führt zu einer „Aufwertung der berufstätigen Frau zur emanzipierten Frau und ebenbürtigen Partnerin des Mannes [...]“.[36]
Die so genannte *Neue Frauenbewegung* lehnt ab Ende der sechziger Jahre die traditionelle *Frauenarbeit* als Hausfrau und Mutter ab.
Sie sah in der Schaffung einer gesicherten eigenen wirtschaftlichen Basis, die nur durch Erwerbstätigkeit zu reali-

---

[34] Böke (1995), S. 456.
[35] Böke (1995), S. 457.
[36] Böke (1995), S. 478.

sieren war, die von ihr geforderte *Selbstverwirklichung* (FR, 25.7.1972) der Frau.
So forderte der Bundeskongress der „Aktion 218" 1972 die „Vergesellschaftung der Hausarbeit und der Kindererziehung" (WESER KURIER, 14.3.1972), um den Frauen eine problemlose Berufsausübung zu ermöglichen.[37]
Mit Beginn der neunziger Jahre spiegelt sich ein verändertes gesellschaftspolitisches Verständnis von *Arbeit* in den Medien sprachlich wider. Vor dieser Zeit wurde mit dem Ausdruck *Arbeit* zumeist unproblematisch auf *Erwerbsarbeit* referiert. Unter *Erwerbsarbeit* versteht man die Ausführung einer Tätigkeit gegen eine entsprechende Entlohnung.
In der Folge des sich wandelnden öffentlichen und politischen Bewusstseins wird der Ausdruck *Arbeit* nun differenzierter betrachtet und die Vokabel brisant:

> „Das Verständnis vom Sinn der Arbeit [...] ist zur Zeit im Wandel begriffen und bedarf einer neuen Orientierung [...]. Der Begriff ‚Arbeit' wird in der öffentlichen Diskussion – auch in der Tradition der Sozialdemokratie – meistens mit Erwerbsarbeit gleichgesetzt. Andere Formen der Arbeit wie Hausarbeit, [...] Familienarbeit, Erziehungsarbeit, [...] werden kaum mit diesem Begriff verbunden. [...]."[38]

Neben der traditionellen Auffassung von *Arbeit* als *Lohn-* bzw. *Erwerbsarbeit* wurden nun auch andere Formen von körperlicher und psychischer Anstrengung[39] wie *Hausarbeit*, *Familienarbeit* und *Erziehungsarbeit* unter der Vokabel *Arbeit* subsumiert.

---

[37] Vgl. Böke (1995), S. 479f.
[38] http://www.spd.de/suche/archiv/dokumente/perspektiven.html, 21.3.2001. Vgl. auch Grundsatzprogramm der SPD vom 17.4.1998.
[39] Vgl. Duden (1999), S. 277. Vgl. auch Duden (1999), S. 1105: „Viele Arbeitnehmer wollen neben ihrer E[rwerbsarbeit] auch Erziehungsarbeit oder Pflegeleistungen erbringen (Woche 18.4.97, 2)".

Das hatte – zusammen mit dem erfolgten Bewusstseinswandel – u.a. zur Folge, dass die Ausdrücke *Familienarbeit* (TAZ, 4.5.1993, S. 4) und *Pflegearbeit* (TAZ, 1.6.1994, S. 8) in den neunziger Jahren zu Programmvokabeln aller Parteien wurden.

> „Ein neues Verständnis von Arbeit, das auch die Arbeit jenseits der Erwerbstätigkeit umfaßt, ist Leitbild bündnisgrüner Politik.“[40]

> „Ziel der CDU/CSU-Bundestagsfraktion ist es, die Familienarbeit gegenüber der Erwerbsarbeit ideell und materiell weiter aufzuwerten[...].“[41]

Zwar gab es einen breiten gesellschaftlichen Konsens darüber, dass eine Neubewertung der *Familienarbeit* notwendig war; allerdings tauchte in diesem Zusammenhang ein sprachlich-sachliches Problem auf: Es bestand keine Einigkeit darüber, was die Vokabel *Familie* eigentlich beinhaltete, das heißt was als *Familien-Arbeit* gelten sollte.
Bis 1999 war die Bedeutung des Ausdrucks *Familie* Gegenstand eines semantischen Kampfes zwischen CDU und SPD. Während die CDU unter *Familie* eine „Gemeinschaft von heterosexuellen Ehepartnern und Kindern“ (so die SZ, 11.12.1999, S. 10, in einer Rückschau) (→*Ehe*) verstand, war die SPD der Ansicht: „Familie sei überall da, wo Kinder sind.“ (FR, 14.12.1999, S. 1) Dies schließe auch unverheiratete und homosexuelle Lebensgemeinschaften mit ein (→*Homo-Ehe*). Im gleichen Jahr revidierte die CDU ihre bisher auf heterosexuelle Paare fixierte Definition der Vokabel *Familie*: „Familie ist überall da, wo Eltern für Kinder und Kinder für Eltern Verantwortung tragen.“ (SZ, 11.12.1999, S. 10).

---

40 http://www.gruene-fraktion.de/uthem/arbeit/stage.htm, 21.03.2001.
41 http://www.cducsu.bundestag.de/texte/boehm57i.htm, 21.03.2001.

Um die in der „Familie“ erbrachten Leistungen zu entlohnen, schlug die CDU die Einführung eines so genannten *Familiengeldes* (SZ, 11.12.1999, S. 10) vor, mit dem die *Erziehungszeiten* in der Rentenversicherung anerkannt und eine Versorgung im Alter sicher gestellt werden sollte. Nach den Vorstellungen der CDU sollte das *Familiengeld* sowohl das bisherige Kindergeld, den Kinderfreibetrag als auch die daraus erwachsenen Rentenansprüche umfassen. Der Ausdruck *Erziehungsgeld* sollte deshalb durch *Familiengeld* ersetzt werden (FAZ, 13.10.1999, S. 4).
Die Schwesterpartei CSU führte – ihren eigenen Vorstellungen folgend – *Erziehungsgehalt*[42] als konzeptionelle Konkurrenzvokabel ein, womit die CSU die freie Wahlmöglichkeit zwischen Familie (bzw. Familienarbeit) und Berufsleben betonen wollte. Das Erziehungsgehalt sollte zudem dazu beitragen, „das soziale Prestige von Erziehungsarbeit zu heben und dem der Erwerbsarbeit gleichzusetzen.“[43] Das Erziehungsgehalt sollte bis zu 2000 DM monatlich betragen.
Rita Süssmuth (CDU) sah hingegen in der Einführung eines Erziehungsgehaltes die Gefahr, dass Frauen wieder in ihre „klassische“ Hausfrauenrolle („zurück an den Herd“) zurückfielen, was dem Ziel der Frauen, eine eigenständige Altersabsicherung zu erreichen, widerspreche. (Vgl. SZ, 11.12.1999, S. 10)
Die gesellschaftspolitische Relevanz der Auseinandersetzung über *Arbeit* zeigt der „1. Europäische Kongreß für eine Aufwertung der Erziehungsarbeit“ im Jahr 1998, auf dem die Diskussion über die Zahlung eines *Erziehungsgehaltes* und über den Wandel der *Erwerbsarbeit* eine besondere Rolle spielten (FAZ, 31.8.1998, S. 11).
Umstritten in der Diskussion der Bewertung von *Familienarbeit* waren seit Mitte der achtziger Jahre auch die Vokabeln *Erziehungsurlaub* (TAZ, 12.12.1986, S. 12) und *Fa-*

---

[42] http://www.konservativ.de/epoche/138/epo_138f.htm, 19.01.2001.
[43] http://www.konservativ.de/epoche/138/epo_138f.htm, 19.01.2001.

milienpause (TAZ, 6.1.1989, S 4). Die Deutsche Hausfrauengewerkschaft (DHG) bewertete diese Ausdrücke als Diffamierungsvokabeln. Sie seien abwertend und entsprächen nicht den Tatsachen. Als Ablösevokabel oder zumindest als Alternativbezeichnung schlug sie daher die Ausdrücke *Erziehungszeit* oder *Zeit der Erziehungsarbeit* vor.[44]
Auch Bündnis 90/DIE GRÜNEN setzten sich für die Ablösevokabel *Elternzeit* statt *Erziehungsurlaub* ein.[45] „Der Begriff Erziehungs‚urlaub' impliziert, daß es sich bei der Kindererziehung um Urlaub handle [...]. Der neue Begriff ‚Elternzeit' entspricht eher der Realität [...].“[46] Die CDU forderte den Ausbau des „Erziehungsurlaub[s] zu einem Anspruch auf eine ‚Familienzeit'“ (FAZ, 11.12.1999, S. 4) sowie Finanzleistungen des Staates, die es Männern und Frauen ermöglichen sollten, „frei zwischen Familienarbeit und Beruf entscheiden zu können.“ (ebd.).
Neben der öffentlichen Kontroverse über die Bewertung der *Familienarbeit* entwickelte sich zu Beginn der neunziger Jahre daneben eine Auseinandersetzung über eine Neubewertung der so genannten *Pflegearbeit*. Bis Mitte der neunziger Jahre wurde die Pflege vor allem durch (meist weibliche) Familienangehörige oder Bekannte durchgeführt. Diese staatlich nicht finanzierten oder unterstützen Pflegeleistungen machten etwa neunzig Prozent aller erbrachten Pflegeleistungen aus.
Einer Gesetzesinitiative der von SPD und Bündnis 90/DIE GRÜNENfolgend, wurde das Gesetz über die Pflegeversicherung am 10. März 1994 verabschiedet und trat am 1.1.1995 in Kraft; ab dem 1. April 1995 wurden Leistungen der *häuslichen* (1. Stufe der Pflegeversicherung) und ab dem 1.7.1995 der *stationären Pflege* (TAZ, 11.3.1994,

---

44 http://www.home.t-online.de/home/mvsoft/dhg_inf2.htm, 29.01.2001.

45 http://www.gruene-fraktion.de/uthem/familie/000913erziehungsgeld-.htm, 21.03.01.

46 http://www.gruene-fraktion.de/uthem/familie/000913erziehungsgeld-.htm, 21.03.01.

S. 4; 2. Stufe der Pflegeversicherung) gewährt. Bereits vor Beginn der Zahlungen war die Frage umstritten, ob bezahlte Pflegeleistungen in der Familie steuerpflichtig seien. Während Norbert Blüm (CDU) sich gegen eine Steuerpflicht aussprach, weil seiner Ansicht nach jegliche *Pflegeleistung*, die durch Familienangehörige erbracht werde, als „Nächstenliebe" (SZ, 27.2.1995) zu bewerten und somit nicht steuerpflichtig sei, kritisiert dies die SZ unter Berufung auf den Gesetzestext, der besagt, dass jede Leistung, die gegen Bezahlung verrichtet wird, steuerpflichtig ist, ansonsten sei sie als *Schwarzarbeit* (SZ, 27.2.1995) anzusehen.[47] Das Pflegegeld sollte nicht nur den Bedürftigen, sondern auch den Pflegepersonen steuerfrei weiter gezahlt werden.[48]

Die Schwierigkeit der Bewertung der *Pflegearbeit* und die Gefahr einer *Lohnpflegegleichgültigkeit* zeigt ein Artikel der FAZ vom 6. Dezember 1993:

> „Wer heute als alter Mensch pflegebedürftig wird und professioneller Hilfe [...] bedarf, muß mit den Folgen einer prinzipiell desinteressierten Pflege rechnen. [...] Der Pflegebedürftige entscheidet nicht über den Pflegelohn, hat nicht einmal Einfluß auf ihn. [...] Damit wird der Pflegebedürftige für den Lohnpfleger in Verfolgung seiner Lohninteressen belanglos oder gleichgültig." (FAZ, 6.12.1993, S. 12)

Die öffentliche Diskussion in Politik und Gesellschaft über die Neubewertung von *Familien-* und *Pflegearbeit* ist noch nicht abgeschlossen. Bezeichnend ist, dass unter dem Simplex *Arbeit* weithin *Erwerbsarbeit* verstanden wird.

---

[47] Siehe auch EStG §2 Abs. 1.

[48] http://bundestag.de/aktuell/bp/99/bp9902/9902049a.htm, 29.01.2001.

Die Hauptproblematik liegt in der intendierten materiellen Gleichstellung der traditionellen Lohnarbeit mit der Pflegearbeit. Unter sprachlichem Aspekt stellt sich dies als semantischer Kampf um die Ausweitung des Arbeitsbegriffs im Sinne *von Erwerbs-* und *Pflege-* oder *Familienarbeit* dar.

TE

5 Atom- vs. Kern-

„**Atom**, das; -s, -e [lat. atomus < griech. átomos = unteilbar(er Urstoff), zu: átomos = ungeschnitten, unteilbar, zu: a- = nicht, un- u. témnein = schneiden]: **a)** *kleinste, mit chemischen Mitteln nicht, jedoch mit physikalischen Mitteln noch weiter zerlegbare Einheit eines chemischen Elements, die noch die für das Element charakteristischen Eigenschaften besitzt:* In den guten alten Zeiten hielt man das A. für das kleinste Elementarteilchen (Tempo 1, 1989, 88); **b)** *winziges Teilchen, kaum wahrnehmbares Bruchstück:* nicht ein A.; kein A. *(gar nichts)*; sich in –e auflösen (ugs. *verschwinden*); Drei Jahre später sollte eine Sprengmine dieses Heim in –e zerreißen (*völlig zerstören, in Trümmer legen*; Fallada, Jeder 59)." Duden (1999), S. 309

„**Kern**, der; -[e]s, -e [mhd. kerne, ahd. kerno, wohl ablautende Bildung zu ↑Korn]: [...] **2.** (Biol.) kurz für ↑Zellkern. **3.** (Physik) kurz für ↑Atomkern: leichte -e *(Atomkern mit wenigen Protonen u. Neutronen)*; schwere -e *(Atomkern mit vielen Protonen u. Neutronen)*; den K. eines Atoms spalten; -e verschmelzen. [...]." Duden (1999), S. 2098.

Zu Beginn des 20. Jahrhunderts steht das Kompositum *Atomenergie*[49] für die Vorstellung, dass man durch Atomspaltung vermeintlich unerschöpfliche Energiequellen erschließen kann. Wie der spätere Nobelpreisträger Frederick Soddy glauben viele an die „Möglichkeiten einer völlig neuen Zivilisation", der gegenüber die Menschheit sich gegenwärtig „noch auf der niedrigsten Stufe"[50] befinde.

---

[49] Nach Jung (1994b), S. 62 ist das Wort *Atomenergie* um ca. 1900 entstanden.
[50] Soddy (1909), S. 247f., zitiert nach Jung (1994a), S. 26f.

In den Jahren seit Beginn der Beschäftigung mit der Radioaktivität[51] bis zur Hahnschen Entdeckung[52] wird für die Forscher das „mythisch-sensationelle“[53] Kompositum *Atomenergie* terminologisch immer „ungenügender“. Sie geben dem „technisch-banalen“[54] Terminus *Kernenergie*[55] den Vorzug. Es entwickelt sich ein Fachvokabular, das auf den Ausdruck *Atom-* völlig verzichtet.[56]

1945 leitet der Abwurf der ersten *Atombomben* das *Atomzeitalter* ein. Trotz der „Tragik in der Geschichte der Menschheit“, die Franz Josef Strauß (CSU) mehr als zehn Jahre später in einer Rede anlässlich der Sitzung der deutschen Atomkommission am 26. Januar 1956 darin sieht, „daß der Begriff *Atom* nicht als heilende und helfende Kraft, sondern zuerst als Faktor von unvorstellbarer Zerstörungswirkung in das Bewußtsein der Allgemeinheit eingetreten ist“[57], herrscht Ende der 50er Jahre – bezogen auf die so genannte *zivile Nutzung* der *Atomenergie* – eine *Atomeuphorie*. Mit Wiedererlangung der Souveränität 1955 ist es der Bundesrepublik gestattet, sich mit der zivilen Nutzung der *Atomenergie* zu beschäftigen. Im Oktober 1955 wird ein *Ministerium für Atomfragen* mit Franz-Josef Strauß (CSU) an der Spitze eingerichtet. Für die Mitte der 50er Jahre gilt: „Der Begriff Atom und alles, was mit ihm [zusammenhängt], [ist] längst zum Superlativ geworden“[58] und besonders bei der Kompositabildung produktiv.

---

[51] 1896 entdeckt Antoine Henri Becquerel die Radioaktivität.

[52] 1938 gelingt Otto Hahn und Fritz Straßmann der Nachweis, dass man das Uranatom spalten kann.

[53] Jung (1994a), S. 39.

[54] Jung (1994a), S. 39.

[55] Jung (1994b), S. 62 datiert einen Erstbeleg für den Ausdruck um 1909.

[56] Vgl. Jung (1994a), S. 36f.

[57] Atw (Internationale Zeitschrift für Kernenergie) 7/1985, S. 350, zitiert nach Ziegler (1987).

[58] Gleitsmann (1987), S. 23.

Es kommt in der Umgangssprache zur metaphorischen Verwendung der Vokabel *Atom-*: Der Physiklehrer wird im Schülerjargon als *Atomheini*[59] bezeichnet, ein *Atommädchen*[60] ist ‚ein sehr nettes Mädchen'. Der *Atomdiva* Rita Hayworth wird als *Atomkraftwerk der Erotik* (vgl. historischer Bericht in: DIE ZEIT, 29.7.1988) gehuldigt.[61]
Eine neue Rosenzüchtung, die wie ein „mächtiger scharlachroter Glutball" (DIE ZEIT, 19.9.1957, S. 4) wirke, erhält den metaphorischen Namen *Atombombe*.
Im Zusammenhang mit der militärischen Nutzung der *Atomenergie* ist die Vokabel *Atom* jedoch von Anfang an negativ konnotiert. Schon 1949 titelt die RHEINISCHE POST: „Strahlentod – die ‚weiße Pest'" (RP, 2.7.1949, S. 5). Das HANDELSBLATT warnt: „Schon der Kehricht ist eine Gefahr" (HANDELSBLATT, 14.1.1955).
„Die Schizophrenie des Wörtchens ‚Atom'"[62] – „*Atom-* [ist] einerseits ein ‚Schreckenswort' (RP, 14.2.1955, S.1), [hat] andererseits aber allgemein superlativischen Charakter"[63] – äußert sich beispielsweise darin, dass der damalige Bundeskanzler Konrad Adenauer (CDU) auf dem Höhepunkt der heftigen innenpolitischen Diskussion um die mögliche *Atombewaffnung* der Bundeswehr Mitte der 50er Jahre (die *Kampf dem Atomtod*-Bewegung)[64] von der Opposition als *Atomkanzler* (RP, 6.8.1957, S. 2) diffamiert wird, während Franz Josef Strauß (CSU) als *Atom-Minister* (RP, 30.9.1955, S. 1), als *Herr über die Atome* oder als *Atom-Strauß* (RP, 22.10.1955, S. 1) bezeichnet wird.[65]

---

[59] Vgl. Küpper (1987).
[60] Vgl. Küpper (1987).
[61] Ausführlicher dazu: Jung (1994a).
[62] Jung (1994a), S. 43.
[63] Jung (1995), S. 622.
[64] Unter der Parole *Kampf dem Atomtod* agierte die gesamte Oppositionsbewegung, die sich gegen die atomare Bewaffnung der Bundeswehr aussprach.
[65] Vgl. Jung (1994a), S. 44.

„Der Begriff des Atoms ist untrennbar mit einer doppelten Assoziation verknüpft. Er ist ebenso Ausdruck für die wissenschaftliche und technische Genialität des Menschen wie auch für unermeßliches Leid als Folge des Einsatzes atomarer Waffen.“[66]

Die Dominanz der Vokabel *Atom-* ist so stark, dass auch Experten dem öffentlichen Sprachgebrauch folgen. Sie machen jedoch sprachnormierend darauf aufmerksam, „daß es statt *Atomenergie* ‚eigentlich‘, ‚richtiger‘ oder ‚besser‘ *Kernenergie*, *inneratomare Energie*, *Kernspaltungsenergie* etc. heißen müsse.“[67]
Mitte der 50er Jahre dringen die Fachleute „mit ihren Vorbehalten bezüglich der ‚unscharfen Abkürzung‘ *Atom* durch.“[68] In kerntechnischen Fachzeitschriften nimmt die Verwendungsfrequenz des Terminus *Kern-* zu.[69] Bundestagsabgeordnete versuchen sich durch den fachsprachlichen Gebrauch der Vokabel *Kern-* als Fachleute für das Thema *Kernenergie* auszuweisen. „Von einem durchgehenden Trend zu *Kern* kann [jedoch] keine Rede sein.“[70]
Im Unterschied zur *Atomeuphorie* und *Atomangst* der 50er Jahre stößt die Nutzung der Kernenergie als technisch-industrielle Realität in den 60er Jahren nur auf geringes Interesse. 1961 hat der *Atomstrom* in der Bundesrepublik Premiere. Im Verlauf des Jahrzehnts gehen mehrere Forschungsreaktoren in Betrieb. 1968 werden die ersten kommerziellen Kernkraftwerke (Stade und Würgassen) von den Elektrizitätsversorgungsunternehmen bestellt.

---

[66] Rucht (1980), S. 74.
[67] Jung (1994a), S.52.
[68] Jung (1994a), S. 58; Da sich die deutschen Wissenschaftler dem Sprach-„Diktat“ der Amerikaner beugen mussten, ist diese Entwicklung im Deutschen erst möglich, nachdem im anglo-amerikanischen Sprachraum das Wort „nuclear“ zunehmend die ursprünglich verwendete Vokabel „atomic“ ersetzt.
[69] Ausführlicher dazu: Jung (1994a), S. 59.
[70] Jung (1994a), S. 60.

Allerdings wird innerhalb der Diskussion um den *Atomwaffensperrvertrag*[71] die zivile Nutzung der Kernenergie indirekt thematisiert.
Die „Schizophrenie“ des Ausdrucks *Atom-* löst sich in den 60er Jahren weitest gehend auf. Mit der fehlenden Brisanz des Themas industrielle Kerntechnik verliert die Vokabel *Atom-* ihre positive Konnotation und wird zu einer neutralen Vokabel. Im Zusammenhang mit der militärischen Nutzung der *Atomenergie* bleibt *Atomangst* (RP, 14.6.1958) vor dem Testfallout und den möglichen Konsequenzen eines *Atomkriegs* ein öffentlich viel gebrauchtes Kompositum.[72]
„In den 60er Jahren ist *Atom* intern als ‚volkstümlich‘ verpönt.“[73] Im öffentlichen Sprachgebrauch löst der Terminus *Kern-* langsam das Lexem *Atom-* ab. Die „superlativische *Atom*-Komponente“[74] verblasst mit dem „Abflauen des Interesses und [der] Versachlichung der Diskussion“[75].
Auch in Wörterbüchern lässt sich diese Tendenz beobachten. Im Großen Brockhaus ab 1952 beispielsweise findet sich das Lemma *Atomkraftwerk*. Eine entsprechende Variante mit der Vokabel *Kern-* fehlt. 1967 dient der Ausdruck *Atomkraftwerk* nur noch als Verweisstichwort auf die Bezeichnung *Kernkraftwerk* und wird ab 1977 ganz „getilgt“.[76]
Anfang der 70er Jahre verstärken die Atombefürworter ihren Versuch, „das Wort ‚Atom‘ aus der Diskussion herauszuhalten“[77]. Die Bezeichnung *Atom-* erinnere zu sehr an die Bombe.

---

[71] Vgl. zur Diskussion über diesen Vertrag in der bundesdeutschen Öffentlichkeit und zu *Atomwaffensperrvertrag* als Schlagwort der Jahre 1967-1969 Niehr (1993), S. 110-118.
[72] Vgl. Jung (1994a), S. 67.
[73] Jung (1994a), S. 68.
[74] Jung (1994a), S. 67.
[75] Jung (1994a), S. 67.
[76] Vgl. Jung (1994a), S. 70.
[77] Röglin (1977), S. 21.

„Ein führender Atom-Propagandist wie Robert Gerwin [schwenkt] in seinen popularisierenden Büchern ab 1971 ganz auf die *Kern*-Linie [um].“[78]

Trotzdem überlappen sich die Wortbildungstypen mit *Atom-* und *Kern-* weiterhin in vielfacher Weise. Die neue Opposition[79] – stärker sachlich und fachsprachlich orientiert – gebraucht die Termini der Nuklearbranche, was „aus heutiger Sicht als regelrechte ‚Anbiederung‘ an den Nuklearjargon der Atomlobby erscheint.“[80] Die alte *Atomopposition* hingegen zeichnet sich durch eine volkstümlich-emotionale Ausdrucksweise aus. Sie stellt Benennungsparallelen zwischen dem Nuklearsektor und dem Nationalsozialismus her, indem sie zur gleichen Zeit beispielsweise von *Völkermord* durch *Atom-Todeskraftwerke* (DIE ZEIT, 21.1.1972, S. 37) spricht.[81]

Mitte der 70er Jahre kommt es zu Protesten gegen das geplante Atomkraftwerk in Wyhl. Die Lokalbevölkerung von Wyhl zieht das *Kern*-Paradigma „volkstümlicheren Ausdrucksweisen mit Atom vor“[82]. Gängige Parolen der neuen Widerstandsbewegung lauten: *Kein Kernkraftwerk in Wyhl und anderswo* bzw. *Kernkraft? – Nein Danke!*

Die Demonstrationen in Brokdorf und Grohnde sowie der Harrisburg-Unfall 1979 markieren Höhepunkte in der nuklearen Kontroverse.[83]

---

[78] Jung (1994a), S. 83.

[79] Hier sei stellvertretend Holger Strohms Standardwerk „Friedlich in die Katastrophe“ von 1977 genannt.

[80] Jung (1995), S. 637.

[81] Vgl. Jung (1995), S. 638.

[82] Jung (1994a), S. 86.

[83] Bei Massendemonstrationen in Wyhl, Brokdorf und Grohnde gegen den Bau von Kernkraftwerken kommt es zu heftigen Auseinandersetzungen zwischen Demonstranten und der Polizei. Es gibt zahlreiche Verwundete auf Seiten der Atomkraftgegner. Im Kernkraftwerk Harrisburg ereignet sich 1979 ein schwerer Unfall, bei dem Brennelemente des Atomkraftwerks aufgrund des Versagens der Kühlsysteme schmelzen. Aus dem Kernkraftwerk tritt radioaktive Strahlung aus.

In den Jahren 1976/77 ziehen aktivistische Atomkraftgegner bewusst die Vokabel *Atom-* dem Terminus *Kern-* vor, um „alle beim Wort ‚Atom' anklingenden Assoziationen" wie „Atomtote, Atomgefahren, Atomkrieg"[84] heraufzubeschwören.
Die Anti-Atombewegung ersetzt angeblich euphemistische Fachausdrücke wie *Kernkraftwerk* oder *Kernenergie* durch Vokabeln mit *Atom-* (*Atomkraftwerk* bzw. *Atomenergie*). Politiker und Experten halten jedoch am *Kern*-Paradigma fest.
Die Verfachsprachlichung sowie die Tendenz der Politiker und Fachleute, *Kern-* anstatt *Atom-* zu benutzen, wird als eine „Falle" der *Atomlobby* angesehen: Auf diese Weise werde der Bürger getäuscht und die Gefahren der *Atomenergie* verborgen.
Der Nuklearbranche wird vorgeworfen, dass sie Vokabeln wie *Atomenergie* und *Atomkraftwerk* vermeide und statt dessen Konkurrenzbezeichnungen wie *Kernenergie* und *Kernkraftwerk* den Vorzug gebe:

> „Als seinerzeit der Wolf die Kreide gefressen hatte, klang seine Stimme fein und lieblich, [...]. Einst hieß die Atomenergie ‚Atomenergie', und die Atomkraftwerke hießen ‚Atomkraftwerke'. Als man merkte, daß dies die Geißlein ängstigte, kaufte man Kreide und sprach fortan von ‚Kernenergie' und ‚Kernkraftwerken'."[85]

Die Vokabeln *Atom-* und *Kern-* bekommen Abzeichencharakter, „durch die man ‚Freund' und ‚Feind' leicht identifizieren konnte."[86]
In einem SPIEGEL-Interview von 1977 stellt der damalige Forschungsminister Hans Matthöfer (SPD) fest:

---

84 Ökologiegruppe (1977), S. 139.
85 Dahl (1977), S. 39.
86 Jung (1994a), S. 191.

> „Bei dem Protest gegen Kernenergie geht es ja nicht nur um die Kernenergie selbst, sondern hier kommt ein Protest gegen die industrielle Entwicklung überhaupt zum Ausdruck." (DER SPIEGEL, 28.3.1977, S. 49)

Er sieht in der Anti-Atombewegung mit ihrem Sprachgebrauch demnach nicht nur einen Gegner der Kernenergie, sondern der gesamten Industrie bzw. des industriellen Fortschritts. Durch die Verwendung der Wörter *Atom-* bzw. *Kern-* ordnet man sich eindeutig einer Gruppe – entweder den Atomkraftgegnern oder den Befürwortern – zu.
Mit der sprachlichen Ideologisierung wird die Vokabel *Atom-* zum Stigmawort der Atomopposition, während der Terminus *Kern-* als Fahnenwort der Kernenergiebefürworter fungiert.
So benutzt Hans Matthöfer in dem SPIEGEL-Interview kein einziges Mal den Ausdruck *Atomenergie*, verwendet aber sechs Mal das Kompositum *Kernenergie* (vgl. ebd.).
Die „Anti-AKW-Bewegung" bildet bis 1977 ihr „spezifisches Umweltvokabular heraus", das „recht schnell von den ‚bürgerlichen' Medien übernommen [wird]."[87] Beispiele sind polemische Schlagworte wie *Atomstaat* (DER SPIEGEL, 26.2.1977) oder *Atomfilz* (DER SPIEGEL, 19.2.1979, S. 33), die eindeutig negative Seiten der Atompolitik hervorheben.
Nach dem Unfall in Harrisburg und dem Stopp des integrierten Entsorgungszentrums in Gorleben 1979 verliert die nukleare Kontroverse an Brisanz. Mit dem Einzug diverser Öko-Listen seit 1979 in die Landes- und Kommunalparlamente sowie der Grünen in den Bundestag 1983, die als ‚parlamentarischer Arm' der Anti-Atom-Bewegung fungieren, etabliert sich der Sprachgebrauch der Atomopposition auch im politischen Bereich. Damit verliert das *Atom*-Stigma seine negative Konnotation.
Mit der Reaktorkatastrophe von Tschernobyl am 26.4.1986

---

[87] Jung (1995), S. 643.

rückt das Thema Atom wieder in den Fokus der Öffentlichkeit. Der Ortsname Tschernobyl wird über Nacht zum Schreckenswort und zum Synonym für den *Super-Gau* (DER SPIEGEL Nr. 32, 1986, S. 50).
Es kommt zu einer „neuen Unübersichtlichkeit“[88]: Aufgrund ständiger Wiederholungen im öffentlichen Sprachgebrauch verlieren die Bezeichnungen *Atom-* und *Kern-* ihre ideologische Markierung. „Ein großer Teil der SPD [schwenkt] von *Kernenergie*, *Kernkraftwerke* etc. sprachlich plötzlich auf die *Atom*-Linie der Grünen um“[89]. Auch Prominente Befürworter der *Atomenergie* wie der Physiker Maier-Leibnitz verwenden die Termini *Atom-* und *Kern-* nebeneinander (vgl. z.B. Maier-Leibnitz in DIE WELT, 20.5.1986, S. 6).[90]
Aufgrund der häufigen Verwendung des Ausdrucks *Atom-* in der Presse und den übrigen Medien verliert die Vokabel ihren diffamierenden Charakter als Schlagwort. *Plutonium-* wird zum neuen Stigma-Wort der Grünen. Ihr Vorstandssprecher bezeichnet Umweltminister Wallman (CDU) beispielsweise als „*Plutonium-Minister*“ (FAZ, 7.4.1987, S. 12).
Ab den 90er Jahren lässt sich kaum noch ein Unterschied in der Verwendung der Ausdrücke *Atom-* und *Kern-* erkennen. Auch wenn Wolfgang Schäuble (CDU) sprachmahnend und teilweise sprachlenkend argumentiert, dass das Wort *Kernkraftwerk* „terminologisch korrekter [sei], denn schließlich geht es darum, Energie aus der Spaltung von Atomkernen zu gewinnen“[91], „werden *Atomenergie/Kernenergie* etc. wieder weitest gehend frei variiert“[92].

SB

[88] Jung (1994a), S. 134.
[89] Jung (1995), S. 656.; Vgl. die Stellungnahme des damaligen Forschungsministers Volker Hauff (SPD) in Hauff (1987), S. 351ff.
[90] Vgl. auch Maier-Leibnitz (1986).
[91] Schäuble (1990), S. 46.
[92] Jung (1995), S. 663.

6 Außerparlamentarische Opposition (APO)

„**A̲PO**, (auch:) **A̲po**, die; - [Kurzwort für **a**ußerparlamentarische **O**pposition]: (bes. während der Regierungszeit der großen Koalition zwischen CDU u. SPD von 1966 bis 1969 in der Bundesrepublik Deutschland) nicht fest organisierte Aktionsgemeinschaft bes. von Studierenden u. Jugendlichen, die als antiautoritäre Bewegung die Durchsetzung politischer u. gesellschaftlicher Reformen außerhalb der (als handlungsunfähig erachteten) parlamentarischen Opposition versuchte."
Duden (1999), S. 268f.

Mitte der sechziger Jahre formierte sich in der Bundesrepublik – inspiriert von der so genannten Berkeley-Revolte 1964 in den USA – eine zunächst von den West-Berliner Universitäten ausgehende Protestbewegung, deren Kern der *Sozialistische Deutsche Studentenbund* (*SDS*), eine marxistische Abspaltung der SPD, war. Diese *Studentenbewegung* verstand sich nach der Bildung der Großen Koalition von SPD und CDU/CSU 1966 als einzig wirkliche Opposition.
Außerparlamentarische Opposition bzw. das schnell lexikalisierte Akronym *APO* etablierten sich – häufig mit distanzierenden Anführungszeichen oder dem distanzierenden Zusatz *so genannt* versehen – ab 1966 als Sammelbezeichnungen für die lose Aktionsgemeinschaft der vorwiegend liberalen, linksliberalen und sozialistischen oppositionellen Studenten- und Jugendverbände.[93] Der Neologismus *Außerparlamentarische Opposition* geht auf Rudi Dutschke, einen der wichtigsten Führer der Studentenbewegung, zurück:

---

[93] Vgl. Weigt (1968), S. 4 und Backes/Jesse (1996), S. 216.

> „Es war der DDR-Flüchtling Rudi Dutschke, der am 10. Dezember 1966 zum erstenmal zur ‚außerparlamentarischen Opposition' gegen die bürgerliche Gesellschaft aufrief." (so die zeitgeschichtliche Beschreibung in: DER SPIEGEL, 27.5.1968, S. 41)

Dutschke, „gleichsam der personifizierte SDS" (DIE ZEIT, 13.9.1967, S. 2) und später als *Volksfeind Nr. 1* (RP, 23.2.1968) bezeichnet, definiert 1967 die *Außerparlamentarische Opposition*:

> „Ich denke, daß wir uns nicht zu Unrecht als *außerparlamentarische Opposition* begreifen, im Gegensatz zu Habermas [...], der von der *prä*parlamentarischen Opposition spricht. Wenn wir sagen *außer*parlamentarisch, soll das heißen, daß wir ein System von direkter Demokratie anzielen – und zwar von Rätedemokratie [...]." (DER SPIEGEL, 10.7.1967, S. 29)

Mit zunächst gewaltfreien *Happenings* (DIE ZEIT 3.11.1967) – wie *teach-ins*, *go-ins*, *sit-ins* und *love-ins*[94] und Slogans wie „Unter den Talaren der Muff von tausend Jahren" (DER SPIEGEL, 19.2.1968, S. 34) oder „Ho Ho Ho Chi Minh"[95] – verlieh die APO ihren hochschulpolitischen Forderungen, ihrem Drängen auf gesellschaftliche Reformen und ihrer Ablehnung des *→Establishments* (RP, 12.6.1967) Nachdruck und protestierte gegen *Bildungsnotstand*, *Notstandsgesetzgebung* (DER MONAT, Juli 1967, H. 226, S. 5)[96], das Schah-Regime in Persien, den Vietnamkrieg, die Militärdiktatur in Griechenland und das vermeintliche Meinungsmonopol der Springerpresse.[97]

---

[94] Vgl. Stötzel (1995), S. 386.
[95] Backes/Jesse (1996), S. 222.
[96] Die Belege aus dieser Zeitschrift wurden weit gehend aufgrund von Niehr (1993) recherchiert.
[97] Vgl. Backes (1991), S. 53 und Thränhardt (1996), S. 177f.

Zu einer Radikalisierung von Teilen der *APO* kam es nach der Erschießung des Studenten Benno Ohnesorg am 2. Juni 1967 durch einen Polizisten bei einer friedlichen Demonstration gegen den Besuch des Schah von Persien. In der Folge des Todes von Ohnesorg und des milden Urteiles gegen den Polizeischützen dehnte sich die bis dahin auf West-Berlin beschränkte Protestbewegung auch auf viele westdeutsche Städte aus.
„Vertreter der APO [bezeichnen] 1967/1968 die Gewalt als ein Mittel der Demonstration“[98]. Als auf den SDS-Führer Rudi Dutschke am 11. April 1968 ein Attentat verübt wurde, das dieser schwerverletzt überlebte, blockierten Studenten die Verlagshäuser des Axel-Springer-Verlags, um die Auslieferung der BILD-Zeitung zu verhindern, die sie für das Attentat verantwortlich machten. Die schweren Auseinandersetzungen zwischen Studenten und Polizei forderten zwei Tote und Hunderte von Verletzten.
Danach kam es verstärkt zu gewaltsamen Auseinandersetzungen zwischen Demonstranten und Polizei, den so genannten *Osterunruhen*, Teile der *APO* wollen nun „zum bewaffneten Kampf in der Bundesrepublik Deutschland als einer Metropole des Klassenkampfes übergehen.“[99]
In der Nacht vom 2. auf den 3. April 1968 verübten Andreas Baader, Gudrun Ensslin, Horst Söhnlein und Thorwald Proll zwei Brandanschläge auf Frankfurter Kaufhäuser, bei denen es nur zu Sachschäden kam.
Im darauffolgenden Prozess, in dem die Angeklagten zu je drei Jahren Zuchthaus verurteilt wurden, machten deren Aussagen deutlich, dass „Vietnamkrieg und Widerstand gegen das Nazi-Regime zu zentralen politisch-historischen Bezugspunkten für die Gewaltrechtfertigung der vom angeblichen Mißerfolg der APO Enttäuschten“[100] wurden.

---

[98] Schwind (1978), S. 27.
[99] Musolff (1995), S. 407.
[100] Musolff (1995), S. 409. Vgl. auch: Aust (1985), S. 68ff.

Die Forderungen der *APO* stießen in der breiten Bevölkerung auf Unverständnis, nicht zuletzt, „weil sich rasch eine neue hermetische Sprache herausbildete, eine elitäre Mischung aus marxistischen und psychoanalytischen Begriffen und schwer verständlichen Anglizismen“[101]:

> „Was Dutschke denkt ist ‚Revolution‘, ‚Konterrevolution‘, ‚Obstruktion‘, ‚Produktion‘, ‚Reproduktion‘, ‚Subsumption‘, ‚Integration‘, ‚Transformation‘, ‚Abstraktion‘, ‚Repression‘, ‚Manifestation‘, ‚Manipulation‘. Kaum einer versteht's, doch die Republik spricht von ihm [...] Studenten aber, zumindest der Geisteswissenschaften, hören dieses Polit-Chinesisch gern.“ (DER SPIEGEL, 11.11.1967, S. 52)

Auch den zunehmend von Gewalt geprägten Aktionen der *APO* stand die Bevölkerung ablehnend gegenüber.

> „In der Gesellschaft staute sich Aggression gegen den studentischen Protest. Zum einen war das eine direkte Folge des Proteststils und -inhalts, die beide provozierend angelegt waren.“[102]

In der öffentlichen Auseinandersetzung etablierten sich neben *Außerparlamentarische Opposition* eine Vielzahl negativ konnotierter bis stigmatisierender Bezeichnungen für die *anti-autoritäre Protestbewegung* (DER SPIEGEL, 11.11.1968, S. 68) wie zum Beispiel *Studenten-Rebellion* (DER SPIEGEL, 5.6.1967, S. 48), *Studenten-Revolte* (DER SPIEGEL, 8.4.1968, S. 81), *Studentenkrawalle* (DIE WELT, 17.4.1968), *radikale Rebellen* (FH Nr. 7, 1968, S. 454), *antiparlamentarische Rebellion* (ebd.) und *Studentenunruhen* (DER MONAT, August 1968, H. 239, S. 5).

---

[101] Thränhardt (1996), S. 178.
[102] Thränhardt (1996), S. 178.

Vor allem die Springer-Presse, „die gegen die APO und ihre Repräsentanten zahlreiche Hetzkampagnen startet, benutzte abwertende bis diffamierende Begriffe wie ‚Polit-Gammler', ‚Krawall-Macher', ‚Terror der Roten', ‚kriminelle Minderheiten' etc."[103]
Finanzminister Franz-Josef Strauß (CSU) bezeichnet „Apo-Mitglieder als ‚diese verdreckten Vietcong-Anhänger, die da öffentlich Geschlechtsverkehr betreiben'" (DER SPIEGEL, 29.7.1968, S. 94) und diffamiert sie als „primitive Hetzer, die sich in erbärmlicher Weise von der geschmähten Gesellschaft Geld nehmen und dafür aus Freiheit zuerst Narrenfreiheit und dann Unfreiheit machen wollen. [...] Das ist keine Opposition mehr, sondern allenfalls ein moderner zoologischer Garten, in dem man sich von Rauschgift, Maoismus und freier Liebe ernährt." (DER SPIEGEL, 11.12.1967, S. 60)

Umstritten war „das Schlagwort APO"[104] auch wegen seines verkürzenden und „mehrdeutigen" (FH Nr. 5, 1968, S. 298) Charakters:

> „Was also blieb, war die magische Formel von der außerparlamentarischen Opposition, deren Schlagwort-Charakter Reiche [Reimut Reiche, ehemaliger Vorsitzender des SDS] damals und auch später nicht durch konkrete Formulierungen aufzuheben vermochte." (DER MONAT, März 1969, H. 246, S. 21)

Gegner der APO versuchen, der Bewegung die politische Legitimität abzusprechen, häufig in Form einer sprachbezogenen Argumentation, die eine fixierte Begrifflichkeit unterstellt:

---

[103] Niehr (1993), S. 93.
[104] Niehr (1993), S. 92.

> „In einer parlamentarischen Demokratie kann es ex definitione keine außerparlamentarische Opposition geben, es sei denn, die betreffende Gruppe sänne auf Umsturz und gewaltsame Veränderung der Verhältnisse.“ (DER MONAT, November 1967, H. 230, S. 31)

Den etablierten Parteien und Teilen der Presse gilt sie als *antiparlamentarisch* (FH Nr. 7, 1968, S. 454) und *revolutionär* (FH Nr. 5, 1968, S. 298), was zu Kritik von Seiten der Studenten führte:

> „Die außerparlamentarische Opposition der kritischen Linken wird als antiparlamentarisch diffamiert. Ihren Protest gegen das Meinungsmonopol Springers und den verfassungswidrigen Charakter der Notstandsgesetze nennt der Bundestag pauschal ‚Krawall‘.“ (FH Nr. 7, 1968, S. 459)

Nach der Verabschiedung der Notstandsgesetze im Mai 1968, dem Ende der Großen Koalition Ende September 1969 und der Wahl Willy Brandts zum Bundeskanzler einer sozial-liberalen Koalition am 21. Oktober 1969, löste sich die *APO* allmählich auf.[105]
Während sich große Teile von *APO* und *SDS* – der *SDS* löst sich am 22. März 1970 auf – der SPD, die Reformen zu mehr *→Demokratie* ankündigt, anschließen und die *APO* als soziale Bewegung zu Beginn der siebziger Jahre vollends verschwand, begann „für kleine Gruppen, wie dem bereits kriminalisierten Kreis um Baader und Ensslin, [...] der ‚bewaffnete Kampf.‘“[106] Das seit 1967 von Rudi Dutschke propagierte Schlagwort vom so genannten „langen Marsch durch die Institutionen“ (DER SPIEGEL, 11.12.1967, S. 73) wurde zur Zielvorstellung derer, die zu der sich auflösenden Bewegung gehörten und die durch die

---

[105] Vgl. Thränhardt (1996), S. 179.
[106] Musolff (1995), S. 410.

Besetzung wichtiger Positionen in Gesellschaft und Staat diesen von innen heraus mit legalen Mitteln in einem Jahrzehnte dauernden Prozess revolutionieren wollten.[107]

TE

[107] Vgl. Niehr (1993), S. 259. Vgl. auch die Aussage des damaligen Hamburger Bürgermeisters Peter Schulz in DER SPIEGEL, 9.4.1973, S. 31: „Wenn das Wort vom langen Marsch [...] einen Sinn haben soll, dann doch den, daß man von der Sicherheit der Beamteneigenschaft aus systemsprengend wirken will."

7 Baader-Meinhof-Gruppe / Baader-Meinhof-Bande

[Kein Eintrag im Duden.]

Die ideologischen Wurzeln des Terrorismus bundesdeutscher Prägung reichen zurück bis zum Ende der sechziger Jahre, als sich eine von den Universitäten ausgehende Protestbewegung formierte, deren Kern der *Sozialistische Deutsche Studentenbund* (*SDS*), eine marxistische Abspaltung der SPD, war. Diese →*Außerparlamentarische Opposition* oder kurz →*APO* genannte Bewegung verstand sich nach der Bildung der Großen Koalition von SPD und CDU/CSU 1966 als einzig „wirkliche“ Opposition. Mit zunächst gewaltfreien Aktionen (so genannten *teach-ins*, *go-ins*, *sit-ins*) verlieh sie ihren hochschulpolitischen Forderungen und ihrem Drängen auf gesellschaftliche Reformen Nachdruck und protestierte gegen Vietnamkrieg, Notstandsgesetze und die Springerpresse.[108]
Zu einer Radikalisierung von Teilen der *APO* kam es nach der Erschießung des Studenten Benno Ohnesorg am 2. Juni 1967 durch einen Polizisten bei einer friedlichen Demonstration gegen den Besuch des Schah von Persien. In der Folge des Todes von Ohnesorg und des milden Urteiles gegen den Polizeischützen dehnte sich die bis dahin auf West-Berlin beschränkte Protestbewegung auch auf viele westdeutsche Städte aus.
Als auf den SDS-Führer Rudi Dutschke am 11. April 1968 ein Attentat verübt wurde, das dieser schwerverletzt überlebte, bezeichneten als Reaktion darauf „Vertreter der APO 1967/1968 die Gewalt als ein Mittel der Demonstration“[109].

[108] Vgl. Backes (1991), S. 53.
[109] Schwind (1978), S. 27.

Danach kam es verstärkt zu gewaltsamen Auseinandersetzungen zwischen Demonstranten und Polizei, Teile der *APO* wollten nun „zum bewaffneten Kampf in der Bundesrepublik Deutschland als einer Metropole des Klassenkampfes übergehen."[110]

Am 2. April 1968 verübten Andreas Baader, Gudrun Ensslin, Hans Söhnlein und Thorwald Proll zwei Brandanschläge auf Frankfurter Kaufhäuser, bei denen es nur zu Sachschäden kam.

Der darauffolgende Prozess, in dem die Angeklagten zu je drei Jahren Zuchthaus verurteilt wurden, machte deutlich, dass „Vietnamkrieg und Widerstand gegen das Nazi-Regime zu zentralen politisch-historischen Bezugspunkten für die Gewaltrechtfertigung der vom angeblichen Mißerfolg der APO Enttäuschten"[111] wurden.

Nach dem Ende der Großen Koalition und der Wahl Willy Brandts zum Bundeskanzler einer sozial-liberalen Koalition 1969, löste sich die *APO* allmählich auf. Während sich große Teile von *APO* und *SDS* der SPD, die Reformen zu einer *→Demokratisierung* ankündigte, anschlossen und sich *APO* und *SDS* als soziale Bewegungen zu Beginn der siebziger Jahre vollends auflösten, begann „für kleine Gruppen, wie dem bereits kriminalisierten Kreis um Baader und Ensslin, [...] der ‚bewaffnete Kampf.'"[112]

Den entscheidenden Schritt hin zu diesem „bewaffneten Kampf", den Schritt in die Illegalität machte am 14. Mai 1970 die Gruppe um Ensslin und Baader. Mit Hilfe der ehemaligen KONKRET-Redakteurin Ulrike Meinhof und anderer befreite Ensslin Baader gewaltsam aus Justizgewahrsam, wobei der unbeteiligte Angestellte Georg Linke eine schwere Schussverletzung erlitt.

---

[110] Musolff (1995), S. 407.
[111] Musolff (1995), S. 409. Vgl. auch Aust (1985), S. 68ff.
[112] Musolff (1995) S. 410.

Mit der Verhaftung Horst Mahlers, der bei dem Prozess um die Warenhausbrandstiftung als Verteidiger aufgetreten war, verschwand die bis dahin gängige Bezeichnung *Baader-Mahler-Meinhof-Gruppe* und wurde ersetzt durch *Baader-Meinhof-Gruppe* (FAZ, 23.12.1971) bzw. *Baader-Meinhof-Bande* (BILD, 23.12.1971), die zunächst synonym im öffentlichen Sprachgebrauch verwendet wurden.
Die verbliebene Gruppe um Baader, Ensslin und Meinhof „baute [...] 1970/71 eine sogenannte ‚Rote Armee Fraktion' (RAF) auf, die das ‚Konzept der Stadtguerilla' des bolivianischen Revolutionärs und Kommunisten Carlos Marighella in der Bundesrepublik durchsetzen will."[113]
Die Selbstbezeichnung der Gruppe als *Rote Armee Fraktion (RAF)*[114], also als einer noch im Aufbau befindlichen, *internationalen* und *antiimperialistischen* Militärtruppe nach dem Vorbild der sowjetischen Roten Armee diente der Gruppe als Legitimation ihrer politischen Zielsetzung, „durch ihre Anschläge einen staatlichen Unterdrückungsapparat zu decouvrieren und dadurch die Gesellschaft zu befreien und zur Revolution zu befähigen."[115]
Die *RAF* wurde im Laufe des Jahres 1971 aufgrund mehrerer verübter Banküberfälle und Waffendiebstähle zunehmend – entgegen ihrer Selbstinterpretation – als kriminelle Gruppierung betrachtet, die vor Gewaltanwendung nicht zurückschreckt.
Als am 22. Oktober 1971 der Polizist Norbert Schmidt bei einer Fahndungsaktion gegen das *RAF-Mitglied* Margit Schiller erschossen wurde, erklärte der damalige Hamburger Bürgermeister Schulz:

---

[113] Hildebrand (1984), S. 28. Vgl. auch Musolff (1996), S. 157.
[114] Die Bezeichnung *RAF* taucht zum ersten Mal auf der Titelseite des „Konzeptes Stadtguerilla" auf, das Ulrike Meinhof als programmatisches Konzept verfasste und das am 22.5.1970 erstmals veröffentlicht wird.
[115] Niehr (1993), S. 119.

„Man sollte jetzt endlich aufhören, falls es sich erweist, daß die Baader-Meinhof-Gruppe für diesen Mord verantwortlich zu machen ist, diese Gruppe als Zusammenschluß mit politischen Zielsetzungen zu sehen. Dieses ist eine rein kriminelle Gruppe im wahrsten Sinne des Wortes.“[116]

1972 nach einer Vielzahl von Anschlägen durch Linksterroristen erreichte die Terrorismusdebatte ihren ersten Höhepunkt. Neben dem Schlagwort von der *Baader-Meinhof-Bande*, das in bewusstem Gegensatz zum Selbstverständnis der *RAF* als politischer Gruppierung verwendet wurde und das durch den pejorativen Ausdruck *Bande* auf den kriminellen Charakter der Gruppierung hinweisen sollte[117], gewann die Vokabel →*Sympathisant* zunehmend an Brisanz in der öffentlichen Auseinandersetzung.
Die polemische Polarisierung der Termini *Gruppe/Bande* durch konservative Presse und Politiker führte dazu, dass bereits diejenigen unter den Verdacht gerieten, *Sympathisant* der Terroristen zu sein, die die RAF statt als *Baader-Meinhof-Bande* als *Baader-Meinhof-Gruppe* bezeichneten.[118]
Nach der Verhaftung des so genannten *harten Kerns* (DER SPIEGEL, 3.7.1972, S. 11) der RAF, u.a. Andreas Baader, Ulrike Meinhof, Gudrun Ensslin, Jan-Carl Raspe und Holger Meins, begann 1972 der erste *Baader-Meinhof-Prozess* (DER SPIEGEL, 31.1.1972, S. 59). Kurzfristig setzte sich in der Öffentlichkeit die *Banden*-Benennung gegenüber der *Gruppen*-Bezeichnung durch, ohne diese jedoch gänzlich zu verdrängen.
Die RAF-Mitglieder wurden nun zunehmend als *Terroristen* bezeichnet, die aufgrund von Benennungsproblemen in „Generationen“ eingeteilt werden, wobei die einsitzen-

[116] Zitiert nach: Aust (1985), S. 183.
[117] Vgl. Niehr (1993), S. 120.
[118] Vgl. auch: Betz (1982), S. 198-202.

den „Gründungsmitglieder“ der RAF als *erste Generation*, die aktiven und in Freiheit befindlichen als *zweite Generation* bezeichnet werden.
Die in Haft befindlichen RAF-Mitglieder betrachten sich selbst als *Kriegsgefangene*, ihre Haftbedingungen (Einzelhaft) bezeichnen sie als *Isolationsfolter*, gegen die sie mit *Hungerstreiks* protestieren. Als *Sympathisanten* galten zu diesem Zeitpunkt eher diejenigen, die sich in „Roten Hilfen“ und Komitees gegen diese Haftbedingungen organisieren und aus denen sich die Mitglieder der *zweiten Generation* der RAF rekrutieren.[119]
Nachdem am 9. November 1974 Holger Meins an den Folgen des dritten *Hungerstreiks* in Haft verstarb und als Reaktion darauf die *Bewegung 2. Juni* am Tag darauf den Berliner Kammergerichtspräsidenten von Drenkmann bei einem gescheiterten Entführungsversuch tötete, verschärfte sich die öffentliche Debatte.
Der damalige Oppositionsführer Carstens warf der Bundesregierung vor, sie vermiede „es ängstlich, die Baader-Meinhof-Gruppe als eine kriminelle Bande zu bezeichnen.“[120] Abgeordnete von CDU und CSU forderten von Justizminister Vogel und Innenminister Maihofer, Mitglieder der RAF immer als *Bande* und nicht als *Gruppe* oder juristisch zutreffender als *kriminelle Vereinigung* zu bezeichnen.[121]
Ihren Höhepunkt findet die Terrorismusdebatte und damit die Auseinandersetzung um die *Gruppen-/Banden*-Terminologie im so genannten *Deutschen Herbst* 1977. Nach dem Selbstmord von Ulrike Meinhof am 9. Mai 1976 und der in den Jahren zuvor zunehmend eskalierten terroristischen Gewalt (Entführung des Berliner CDU-Vorsitzenden Peter Lorenz, Überfall auf die deutsche Botschaft in Stockholm und die Tagung der OPEC in Wien 1975,

---

[119] Vgl. Musolff (1989), S. 102.
[120] Carstens, zitiert nach: Betz (1982), S. 199.
[121] Vgl. Musolff (1996), S. 171.

Sprengstoffanschlag auf das 5. US Army Corps 1976), auf die die Regierung mit einer Verschärfung der Strafprozessordnung und der Verabschiedung des §129a StGB reagierte[122], startete die RAF zu Beginn des Jahres 1977 ihre „Offensive“ gegen den Staat.
Nach der Erschießung des Vorstandsvorsitzenden der Dresdner Bank Ponto am 30. Juli und der Entführung des Arbeitgeberpräsidenten Schleyer am 5. September wurde der *Sympathisanten*-Vorwurf in der öffentlichen Auseinandersetzung wiederbelebt. Das distinktive Kriterium, das *Sympathisanten* entlarve, sah der rheinland-pfälzische Ministerpräsident Vogel in der Verwendung der *Gruppen*-Terminologie:

> „Er hat auf der ersten Seite der ‚Bild‘-Zeitung außerdem gesagt, ein Sympathisant kann auch derjenige sein, der die Baader-Meinhof-Terroristen als ‚Gruppe‘ und nicht als ‚Bande‘ bezeichne.“ (DER SPIEGEL, 3.10.1977, S. 33)

Dem hielt der Berliner Wissenschaftssenator Peter Glotz vor:

> „Aber diese Aussage halte ich für verantwortungslose Propaganda. In den vergangenen Jahren haben viele Juristen und Journalisten den Ausdruck ‚Bande‘ nicht etwa aus Sympathie mit den Terroristen vermieden, sondern aus Scheu, jemanden als Verbrecher zu bezeichnen, bevor er verurteilt ist.“ (ebd. S. 49)

122 Die Änderung der Strafprozessordnung ermöglicht nun, die Angeklagten von der Verhandlung auszuschließen. Der §129a StGB führt die neuen Straftatbestände der Bildung und Unterstützung einer terroristischen Vereinigung ein.

Als der Versuch scheiterte, die inhaftierten RAF-Mitglieder durch die Entführung der Lufthansamaschine Landshut freizupressen, begingen Baader, Ensslin und Raspe Selbstmord. Mit dem Tod von Andreas Baader erlosch auch die öffentliche Auseinandersetzung um die *Gruppen-/Banden*-Terminologie.

TE

8 Behinderte

„**be|hin|dert** <Adj.>: *infolge einer körperlichen, geistigen od. seelischen Schädigung beeinträchtigt:* ein -es Kind haben; Er ist leicht b. Na und? Außerdem hat er das aus dem Krieg (Kemelmann [Übers.], Dienstag 8); Die freundliche Praktikantin ist geistig b. und angehende »Helferin im Altenheim« (FR 20.2.99,14); du bist doch total b.! (salopp: *verrückt!*)."
„**Be|hin|der|te**, der u. die; -n. -n <Dekl. ↑Abgeordnete> (Amtsspr.): *behinderte Person:* ein geistig -r; für die -n sorgen; Außerdem habe er das Wort Krüppel als wertfreies Synonym für B. gebraucht (MM 3.12.86,19)."
Duden (1999), S. 500.

Das Wortfeld um die Vokabel *Behinderter* ist von der Terminologie des Dritten Reiches negativ geprägt, sodass die Betrachtungen in dieser Zeit beginnen: Die Anschauungen der Nationalsozialisten über *Volksgesundheit*[123] und *Rassenhygiene*[124] gehörten zur Staatsideologie der NSDAP. Am 14. Juli 1933 wurde das „Gesetz zur Verhütung erbkranken Nachwuchses" erlassen. Als Erbkrankheiten galten vor allem Geisteskrankheiten und erbliche körperliche Missbildungen. 1935 wurde dieses Gesetz auf die chronisch Kranken erweitert. Das Gesetz verpflichtete den Arzt zur Meldung dieser Krankheiten und ermöglichte Zwangssterilisationen. Die als *erbkrank* Definierten wurden zwangsweise in Anstalten untergebracht. Im Oktober 1939 unterzeichnete Adolf Hitler unter strengster Geheimhaltung die Ermächtigung zur Euthanasie. Unter der Tarnbezeichnung *Aktion T4*[125] wurde die Vernichtung *lebensunwerten*[126] Lebens organisiert.

---

123 Mitscherlich (1978), S. 183.
124 Fandrey (1990), S. 189.
125 Fandrey (1990), S. 189.
126 Fandrey (1990), S. 191.

Euphemistische Verschleierungen prägten das Vokabular der Nationalsozialisten: z.B. bezeichnete *Gnadentod*[127] Euthanasie für unheilbar Kranke und unter dem harmlos erscheinenden Wort *Sonderbehandlung*[128] verstanden die Nationalsozialisten die „Vergasung unerwünschten Volkstums und unerwünschter Kranker“[129] sowie Massensterilisationen. Im Sommer 1941 wurde die „Aktion T4“ abgebrochen, da die Kirchen protestierten. Die Vergasungsanlagen und das Personal (Reichsarbeitsgemeinschaft, Sonderstandesämter[130]) wurden in den Osten verlagert und zur Ermordung der Juden und anderer als „minderwertig“ diffamierter „Rassen“ verwendet.
Nach 1945 waren *Kriegsbeschädigte* (DER SPIEGEL, 2.3.1955) und *Kriegsversehrte*[131] (DER SPIEGEL, 23.3.1971) die dominierende Gruppe der *Behinderten*. 1956 ersetzte der Ausdruck *Körperbehinderter*[132] den bisher verwendeten Ausdruck *Körperbeschädigter*[133] in Gesetzen zur Verbesserung der Lage der *Invaliden*[134]. Durch das rasante Wirtschaftswachstum und dem damit verbundenen Arbeitskräftemangel rückte seit Mitte der fünfziger Jahre die Arbeitsfähigkeit behinderter Bundesbürger in das Interesse der Allgemeinheit. Unter dem Schlagwort *Rehabilitation* (vgl. im Rückblick DER SPIEGEL, 23.3.1971) wurden verschiedene Programme der Regierung unter Konrad Adenauer zusammengefasst. Durch *Rehabilitation* sollten *körperlich*, *geistig* oder *seelisch behinderte Menschen* beruflich und gesellschaftlich (wieder) eingegliedert werden.

---

[127] Mitscherlich (1978), S. 183.
[128] Mitscherlich (1978), S. 183.
[129] Mitscherlich (1978), S. 183.
[130] Fandrey (1990), S. 190.
[131] Vgl. auch die in diesem Zusammenhang heute noch geläufige Vokabel *Kriegsversehrtenausweis*.
[132] Deutscher Bundestag, 2.Wahlperiode 1953, Drucksache 3049.
[133] Deutscher Bundestag, Wahlperiode 1949, Drucksache 4039.
[134] Bertelsmann-Lexikon (1954), Lexikon in vier Bänden, Gütersloh, S. 650f.

1957 kam in der Bundesrepublik das rezeptfreie Schlaf- und Beruhigungsmittel *Contergan* mit dem Wirkstoff Thalidomid in den Handel. Ärzte beobachteten einen auffallenden Anstieg von Gliedmaßenfehlbildungen bei Neugeborenen, deren Mütter während der Schwangerschaft Contergan eingenommen hatten. 1961 wurde das Präparat vom Markt genommen. Bis dahin wurden über 5000 thalidomidgeschädigte Kinder geboren. Die „behinderten Kinder“[135] gerieten in die Wahrnehmung der Öffentlichkeit. Der *Contergan-Skandal* (RP, 12.6.1962)[136] löste Entsetzen in der Bevölkerung aus. In der Presse wurde versucht, durch eine Fülle von Komposita in Verbindung mit Contergan den Sachverhalt zu benennen. Man sprach vom „Fall Contergan“ (NRZ, 2.10.1963)[137], von der „Contergan-Katastrophe“ (rückblickend der HOLSTEINER COURIER, 27.7.1971)[138] und der „Contergan-Tragödie“ (BILD, 22.8. 1962)[139].

Die „Contergan-Kinder“ (RP, 12.6.1962)[140] fanden breites Interesse und Unterstützung durch öffentliche und private Initiativen. Zusammen mit Wohlfahrtsverbänden gründete Hans Mohl 1964 im ZDF die Fernsehlotterie *Aktion Sorgenkind* (DER SPIEGEL, 3.6.1968) zugunsten behinderter Kinder. Der „Contergan-Prozeß“ (RP, 5.11.1968)[141] gegen die Herstellerfirma Grünenthal wurde 1971 eingestellt. Den Betroffenen erhielten Entschädigungen in Höhe von 114 Millionen DM.

Aus Elterninitiativen entstanden Selbsthilfegruppen Angehöriger und später eigene Gruppen betroffener Jugendlicher, als erster der *Club 68*[142], aus dem zusammen mit an-

---

135 Vgl. Monser (1993), S. 126.
136 Vgl. Monser (1993), S. 105.
137 Vgl. Monser (1993), S. 111.
138 Vgl. Monser (1993), S. 187.
139 Vgl. Monser (1993), S. 108.
140 Vgl. Monser (1993), S. 105.
141 Vgl. Monser (1993), S. 163.
142 Steiner (1988), S. 164.

deren Initiativen 1971 der *CeBeeF*, der *Club Behinderter und Ihrer Freunde*[143] entstand. Diese Organisation von Selbsthilfegruppen und Clubs lehnte sich zum Teil in bewusster Konfrontation gegen die karitativen und die als bevormundend verstandenen Aktivitäten der herkömmlichen Behindertenarbeit auf. *Integration* (DER SPIEGEL, 2.8.1982) war das Schlagwort, mit dem die Clubs mehr Akzeptanz von Öffentlichkeit und Bevölkerung forderten.
Unter Verwendung der bis dahin stigmatisierenden Vokabel *Krüppel* gründeten sich unter der Eigenbezeichnung *Krüppelgruppen*[144] neue Initiativen. *Krüppel* diente in zahlreichen Komposita zur Benennung der Aktivitäten und zur Abgrenzung gegenüber konventionellen Behinderteninitiativen. Die Ziele der *Krüppelgruppen* waren eine Absage an die Forderung nach Integration, stattdessen sollten die *Krüppel* eigene Maßstäbe entwickeln und damit eine Grundlage der Emanzipation für die *Krüppel* legen. Die *Krüppelbewegung* (vgl. DER SPIEGEL, 5.6.1989) machte durch gezielte Aktionen auf sich aufmerksam.
Das Jahr 1981 wurde von der UNO zum „Internationalen Jahr der Behinderten“ erklärt. Zahlreiche Initiativen Behinderter und Nichtbehinderter schlossen sich zur „Aktionsgruppe gegen das UNO-Jahr“ zusammen. Parallel zu den offiziellen Festlichkeiten organisierten sie ein *Krüppeltribunal*[145], um auf den vermeintlichen Alibi-Charakter (DER SPIEGEL, 14.9.1981) offizieller Veranstaltungen und die Diskriminierungen aufmerksam zu machen. Auf der REHA, der Messe für Rehabilitation, des gleichen Jahres attackierte der gelähmte *Krüppelaktivist* (DER SPIEGEL, 21.8.1989) Franz Christoph den damaligen Bundespräsidenten Karl Carstens mit einer Krücke.
Behinderten- und *Krüppelinitiativen* (DER SPIEGEL, 5.6.1989) reagierten mit heftiger Kritik auf die zunehmen-

---

[143] Sierck (1987), S. 2.
[144] Sierck (1987), S. 2.
[145] Henle/Hoffmann (1985), S. 329.

den Kürzungen im Sozialbereich. Sie wandten sich gegen einen Lebensweg, der mit der Erziehung in *Sonderkindergärten* (DER SPIEGEL, 2.8.1982) und *Sonderschulen* (ebd.) beginne und die von den Gegnern der *Sonderpädagogik* (ebd.) als *Isolationskarriere* (ebd.) bezeichnete Entwicklung in spezialisierten *Sondereinrichtungen* (ebd.) fortsetze.
Die Auseinandersetzung beschränkte sich dabei rein sachorientiert auf die angeblich der Integration hinderlichen *Sonder*einrichtungen. Die Kritik war nicht sprachbezogen und richtete sich nicht gegen die Verwendung von Komposita mit *Sonder-*, die in der Terminologie der Nazi-Sprache für „Tötung und alles was damit zusammenhängt“[146] verwendet wurden. Mit Transparenten wie „Behinderte gegen Rolliklau“ (TAZ, 12.11.1988, S. 4) – das heißt fehlende Geldmittel für Rollstuhl-Anschaffung – protestierten Behinderte 1988 gegen das Gesundheitsreformgesetz von Norbert Blüm, das für sie sehr negative medizinische und soziale Auswirkungen hatte.
1994 wird der Zusatz zum Artikel 3, Absatz 3, Satz 2 ins Grundgesetz aufgenommen: „Niemand darf wegen seiner Behinderung benachteiligt werden“. In einer Grundsatzentscheidung entschied das Karlsruher Bundesverfassungsgericht 1997 aber, dass behinderte Kinder keinen generellen Anspruch darauf hätten, gemeinsam mit nichtbehinderten Kindern unterrichtet zu werden. Behindertenorganisationen und Behindertenverbände reagierten mit Entsetzen und Empörung auf dieses Urteil und forderten von der Bundesregierung eindeutige Gleichstellungsgesetze. Die „Aktion Grundgesetz“ (STERN, 27.4.1999) setzte sich für eine Umsetzung des Verfassungsanspruchs in die Wirklichkeit ein. Die Kampagne war initiiert von der *Aktion Sorgenkind*. Großplakate und Anzeigen mit provokativem Inhalt wie „Behindert ist man nicht, behindert wird man gemacht“ (IMPULSE, 5/6 1997) erschienen bundesweit. Aber auch die

[146] Müller (1994), S. 48.

Aktion Sorgenkind geriet in die Kritik. So empfanden „behinderte Menschen Begriff und Vorstellung von ‚Sorgenkind' zunehmend als diskriminierend, weil sie zuerst von ihrem Defizit her definiert werden." (DIE WELT online, 4.12.1999).
Die Kritik an der Verwendung des Ausdrucks *Behinderter* wird in Leserbriefen deutlich, in denen die Auffassung vertreten wird, der Bezeichnung *Behinderter* liege eine „negative Personifizierung und Generalisierung und damit ein Ansatz für Stigmatisierung"[147] zugrunde:

> „Deshalb hat mich irritiert, daß doch Worte unterkommen, über deren Gebrauch wir besser nachdenken sollten: Innerhalb der Sonderpädagogik sind Begriffe wie ‚Mongoloide', ‚die Behinderten' et cetera mittlerweile mit Recht verpönt. Es stellt sich die Frage nach dem der Sprache zu Grunde liegenden Menschenbild, wenn derartige Begriffe zur Beschreibung von Menschen gebraucht werden. Hier ist sensibles Befragen des eigenen Denkens notwendig." (ZEIT-Magazin, 27.9.1996).

1999 änderte die Aktion Sorgenkind ihren Namen in *Aktion Mensch* (DIE WELT online, 4.12.1999). Die „Aktion Mensch" startete im Jahr 2000 eine Jugendkampagne mit der Bezeichnung „re:spect". Der Ausdruck „re:spect" ist aus der HipHop-Sprache übernommen und entfernt sich weit von dem karitativen Verständnis für das vermeintlich unmündige *Sorgenkind*. „Aktion Mensch" und „re:spect" setzen sich für ein Verständnis von *Normalität* ein, das behinderte Menschen mit einschließt.
Diesen Perspektivenwechsel unterstreicht die „Aktion Mensch" gemeinsam mit dem Dresdener Hygienemuseum in der Ausstellung: *der (im-)perfekte mensch. vom recht auf unvollkommenheit*.

---

147 Speck (1998), S. 56.

In der aktuellen Debatte um Gentechnologie und pränatale Diagnostik befürchten Bioethiker eine eugenische Selektion von behindertem Leben, sagte doch der Nobelpreisträger und DNS-Entdecker James Watson, dass es künftig moralisch nicht mehr zu akzeptieren sei, ein behindertes Kind zu bekommen. (vgl. DIE WOCHE, 22.12.2000)

AJM

9 Beitritt / Anschluss

„**Bei|tritt,** der; -[e]s, -e: **1.** *das Beitreten* (a-c): er erklärte seinen B. **2.** (Jägerspr.) *im Nebeneinanderstehen der Abdrücke des Vorder- u. Hinterlaufs deutlich werdendes Kennzeichen der Hirschfährte.*“ Duden (1999), S. 512.

„**An|schluss,** der; -es, Anschlüsse: [...] **4.** *Angliederung, politische Vereinigung:* der A. des Saargebiets; Die Autoren ... rekonstruieren die Geschichte des Anschlusses Österreichs *(die Einverleibung Österreichs durch das nationalsozialistische Deutschland im Jahr 1938;* Spiegel 10, 1988, 275); den A. eines Gebietes [an ein Land] betreiben.“ Duden (1999), S. 243.

Nach der Öffnung der *innerdeutschen Grenzen* am 9. November 1989 wurden in der Öffentlichkeit verschiedene Möglichkeiten diskutiert, wie das künftige Verhältnis der DDR zur Bundesrepublik gestaltet werden könnte. Die Diskussion fing in der Bundesrepublik mit dem so genannten 10-Punkte-Programm von Bundeskanzler Helmut Kohl vom 28. November 1989 an. In den ersten Monaten wurden verschiedene staatsrechtliche Konzepte diskutiert: *Konföderation, Staatenbund, Föderation, Vertragsgemeinschaft* und *Verantwortungsgemeinschaft* sowie *Bundesstaat.*[148]

Das Grundgesetz (GG) der Bundesrepublik bot zwei verschiedene Möglichkeiten zur →*Wiedervereinigung*: Artikel 23 GG[149], der den *Beitritt* der DDR oder deren wiederherzustellender Länder zum Geltungsbereich des Grundgeset-

---

[148] Vgl. Herberg/Steffens/Tellenbach (1997), S. 373-388.

[149] Der erste Satz des Artikels 23 GG beschrieb den Geltungsbereich des GG, der zweite Satz lautete: „In anderen Teilen Deutschlands ist es nach deren Beitritt in Kraft zu setzen.“ Wassermann (1989a), S. 1599.
Dieser Artikel wurde durch den Einigungsvertrag aufgehoben. Vgl. Fangmann/Blank/Hammer (1991), S. 166.

zes ermöglichte, oder Artikel 146 GG (Geltungsdauer des Grundgesetzes), nach dem das Grundgesetz seine Gültigkeit an dem Tage verliert, „an dem eine Verfassung in Kraft tritt, die von dem deutschen Volke in freier Entscheidung beschlossen worden ist“[150]. Die Diskussion über die Möglichkeit eines *Beitritts* der DDR nach Art. 23 GG fing Ende Januar/Anfang Februar 1990 an. Am 23. August 1990 beschloss die Volkskammer den Beitritt nach Art. 23 GG zum 3. Oktober.

Ein *Beitritt* sah also vor, dass die DDR in der Bundesrepublik aufgehen und ihre Existenz als eigenständiger Staat enden sollte. Der im Verfassungstext benutzte juristische Terminus *Beitritt* ist sachlich neutral und wertungsfrei und wurde sowohl von Befürwortern eines *Beitritts* der DDR als auch von Sprechern, die entweder neutral oder kritisch Stellung nahmen, verwendet. Befürworter eines *Beitritts* waren am Anfang fast nur im konservativ-liberalen Lager zu finden. Gegner eines Beitritts waren die SED/PDS, die GRÜNEN, Linken und Intellektuellen aus der DDR und der Bundesrepublik.

Der Terminus *Beitritt* enthält eine positive Konnotation in dem Sinne, dass der Beitretende Beteiligung an dem Verfahren hat: „Nur so könne die DDR gleichberechtigt über die Konditionen der Vereinigung mit der Bundesrepublik verhandeln.“ (DER SPIEGEL, 12.3.1990, S. 28). Kritiker bezeichneten das Verfahren als einen *Anschluss*. Andere Stigmavokabeln waren *Angliederung*, *Annexion*, *Einverleibung*, *Vereinnahmung*, *Übernahme*.[151] Mit diesen Vokabeln wurde die kritisch-distanzierte Haltung zum *Beitritt* der DDR ausgedrückt. Die Wiedervereinigung als politisches Ziel sollte überhaupt infrage gestellt werden:

---

150 Wassermann (1989b), S. 1577.

151 Vgl. Herberg/Steffens/Tellenbach (1997), S. 421.

„Ob sie es ‚Wiedervereinigung', einfach ‚Vereinigung' oder noch pessimistischer: ‚Anschluß der DDR' nannten – das Gros der Redner [...] warnte vor einem deutsch-deutschen Schulterschluß." (FR, 12.2.1990).

Der bekannt gewordene Slogan der Bürgerrechtsorganisation „Humanistische Union" verdeutlichte sprachspielerisch die Vorbehalte: „Art. 23. Kein Anschluß unter dieser Nummer!" (TAZ, 10.3.1990, S. 31). Während *Beitritt* die eigene Handlung der DDR implizierte[152], weckte *Anschluss* Assoziationen, die DDR werde von der BRD *geschluckt*: „Artikel 23 bedeutet natürlich Anschluß. Man begibt sich in die Bundesrepublik. Sie wird einfach größer." (Gregor Gysi, PDS, NEUES DEUTSCHLAND, 9.3.1990). Metaphorisch ausgedrückt: „Der dicke Fisch will, nimmersatt, den kleinen schlucken." (DER SPIEGEL, 12.3.1990, S. 17).
Die Brisanz des Ausdrucks *Anschluss* wird deutlich in der Analogie zum sogenannten *Anschluss Österreichs* an das *Dritte Reich*. Im späten 19. Jahrhundert bedeutete *Anschluss* schlicht „politische Union"[153]. Spätestens 1945 erfuhr das Wort als häufig verwendete Bezeichnung für die Besetzung Österreichs 1938 eine Pejorisierung und bezeichnete „den erzwungenen Verlust der staatlichen Selbständigkeit Österreichs"[154].
In diesem Sinne wurde in der Wendezeit 1989/90 der Ausdruck gezielt verwendet von der SED/PDS, den GRÜNEN, Linken und Intellektuellen aus der DDR und der Bundesrepublik, um die Wiedervereinigungspolitik der Regierung Kohl zu kritisieren.[155]

---

[152] „Anschluß ist ein falscher Begriff. Es ist letztlich allein Sache der Menschen in der DDR und ihrer Vertreter zu entscheiden ... Beitritt ja oder nein." (so Wolfgang Schäuble (CDU), DER SPIEGEL, 19.3.1990, S. 50)
[153] Schmitz-Berning (1998), S. 32.
[154] Schmitz-Berning (1998), S. 32.
[155] Hierauf weist auch Schmitz-Berning (1998), S. 33f. ausdrücklich hin.

In der Bundestagsverhandlung vom 26. April 1990 wandte sich der Abgeordnete Böhm (CDU/CSU-Fraktion) gegen die Stigmavokabel *Anschluss*.
Die Kritik war an die GRÜNEN gerichtet, die das Wort *Anschluss* in einem Antrag[156] verwendet hatten:

> „Wer [...] den Beitritt gemäß Art. 23 als ‚Anschluß' der DDR diskriminiert, folgt der Argumentationslinie der SED/PDS; denn die Bezeichnung ‚Anschluß' wurde gerade von der SED zuerst und gezielt verwendet. Diese Bezeichnung ist für uns Deutsche eine Zumutung, [...] da der Begriff ‚Anschluß' bewußt benutzt wird, um eine Analogie zum Anschluß Österreichs 1938 herzustellen. Dies ist angesichts des historischen Augenblicks, den wir heute erleben und der von dem freien Willen der Deutschen geprägt ist, empörend und zugleich beschämend. [..] Art. 23 ist ein Angebot und kein Anschluß. Mit Ihrem Anschlußgerede blasen Sie übrigens in das Propagandahorn des Herrn Gysi, der erst jetzt wieder den Unsinn von dem angeblich gebückten Gang geredet hat, mit dem die DDR in den Anschluß gezwungen werde."[157]

Auch Warnungen vor einem neuen *Deutschen Reich* und einem →*Vierten Reich* gingen mit der Verwendung der Stigmavokabel *Anschluss* einher, gekennzeichnet durch Anführungszeichen und in Analogie zum *Anschluss Österreichs*:

---

[156] Der Antrag wurde von dem Abgeordneten Häfner und der Fraktion der GRÜNEN gestellt zur „Volksabstimmung zur Vereinigung der beiden deutschen Staaten und verfassunggebende Versammlung statt Anschluß". (Verhandlungen des Deutschen Bundestages, Band 153, S. 16327, Sitzung vom 26.4.1990)

[157] Verhandlungen des Deutschen Bundestages, Band 153, S. 16329, Sitzung vom 26.4.1990.

„Wir in der BRD müssen froh sein, wenn Menschen in der DDR gegen einen ‚Anschluß' an die BRD auftreten." (Aufruf von Gewerkschaftlern zu einer Demonstration, FR, 18.12.1989).

Antje Vollmer von den GRÜNEN kritisierte die Vereinigungspolitik und gebrauchte den Ausdruck *„kalter Anschluß"* mit der Warnung vor einem „Nationalrausch" (FR, 9.2.1990).

Mit der Bezeichnung *Anschluss* wurde auch Kritik an der „Fremdbestimmung" des Schicksals der DDR geäußert und das Verfahren wurde in Kontrast zu einer positiv konnotierten *Selbstbestimmung* der DDR gesetzt: „Wir wollen eben nicht nur einen Anschluß [...] Wir wollen die Selbstbestimmung" (Markus Meckel von der DDR-SPD, DER SPIEGEL, 22.1.1990, S. 84). So wurde den Politikern in Bonn vorgeworfen, sie wollten mit dem Staatsvertrag zur Währungs-, Wirtschafts- und Sozialunion „Bedingungen für einen Anschluß diktieren" (DER SPIEGEL, 23.4.1990, S. 14), und die GRÜNEN lehnten den Vertrag als „ein Dokument der Einverleibung und des bloßen Anschlusses der DDR an die BRD" (FR, 11.6.1990) ab. Gegen diese *Anschluss*-Kritik wandte sich der ehemalige Westberliner Justizsenator Prof. Rupert Scholz (CDU) und stellte „freiwilligen Beitritt" (DER SPIEGEL, 21.5.1990, S. 45) dem Ausdruck *Anschluss* gegenüber.

Im Einklang mit der ablehnenden Haltung wurde das Stigmawort *Anschluss* in etlichen Komposita verwendet, um die kritische Haltung des Sprechers auszudrücken: der Artikel 23 GG sei ein *Anschluss-Artikel* (Günter Grass in FR, 30.6.1990) oder eine *Anschlussformel* (Wolfgang Ullmann, DER SPIEGEL, 21.5.1990, S. 45). Der CDU/CSU, auch der SPD und der FDP wurde von den GRÜNEN vorgeworfen, eine *Anschlusspolitik* zu betreiben (FR, 19.2.1990). Die DDR-Presse sprach von einer ‚*bedingungslosen Anschlussstrategie*' der Union (NEUES DEUTSCHLAND, 10./11.3.1990), Gregor Gysi (PDS) von *Unterwerfungsan-*

schluss[158]. *Notanschluss* bezeichnete für einen DDR-Minister[159] einen unvermeidlichen Beitritt und die Aufgabe der DDR, die in einer tiefen Regierungskrise steckte (vgl. DER SPIEGEL, 20.8.1990, S. 17). Auch Attribute verdeutlichten die Vorbehalte gegen die Vereinigung: *chaotischer Anschluss* (BERLINER ZEITUNG, 22.2.1990), *drohender Anschluss* (Joschka Fischer, Bündnis 90/Die GRÜNEN, in FR, 7.2.1990) und *'wilder Anschluss'* (TAZ, 7.2.1990, S. 6).

Besonders häufig war die Kritik an der Geschwindigkeit der Vereinigung, die deutlich wurde durch Attribuierung des Ausdrucks *Anschluss* mit *schnell* (DER SPIEGEL, 12.2.1990, S. 20), *sofortig* (DER SPIEGEL, 26.2.1990, S. 17), *eilig, bedingungslos* (Christa Wolf in der FR, 8.2.1990), *überstürzt* (TAZ, 13.2.1990, S. 7) usw. Auch durch Komposita wie *Anschlussrausch* (DER SPIEGEL, 26.2.1990, S. 17), *Blitzanschluss der DDR* (WOCHENPOST, 10.8.1990) oder Aussagen wie *Anschluss der DDR per Schnellschuss* (Oskar Lafontaine, SPD, in DER SPIEGEL, 5.2.1990) kam diese Kritik zum Ausdruck. Ironisch wurde diese Diskussion als *Hoppla-hopp-Anschluss-Geschwätz* (Leserbrief in DER SPIEGEL, 26.3.1990, S. 7) bezeichnet. Seltener erschien *Beitritt* im negativen Kontext: *der schnelle, bedingungslose Beitritt* (DER SPIEGEL, 20.8.1990, S. 16), *Sturzbeitritt*[160], *drohender Schnellbeitritt der DDR zur Bundesrepublik* (DER SPIEGEL, 14.5.1990, S. 19).

Der juristische Terminus *Beitritt* wurde in den Medien sogar durch die Vokabel *Anschluss* erklärt, was auf umgangssprachliche Verwendungsweise hinweist: „Einheit durch einseitigen Beitritt (=Anschluß der DDR)" (FR, 3.4.1990). Zum Teil wurden die Wörter synonym verwendet: „Bürger der DDR haben [...] ein Recht auf Selbstentscheidung über ihren Weg und ihre Ordnung. Das schließt

---

[158] Zitiert nach Herberg/Steffens/Tellenbach (1997), S. 432.

[159] Um wen es sich hier gehandelt hat, wird im SPIEGEL nicht erläutert.

[160] Wolfgang Thierse, Volkskammer der DDR. Zitiert nach Herberg/Steffens/Tellenbach (1997), S. 434.

die Option des Beitritts (Anschlusses) ein." (DER SPIEGEL, 5.3.1990, S. 73), wobei der Ausdruck *Anschluss* seine negativ konnotierten Attribute „Fremdbestimmung", „Unfreiwilligkeit" und „Einverleibung" verlor. Die synonyme Verwendung beider Ausdrücke wird besonders deutlich, wenn sie unproblematisch im selben Satz vorkommen.
Am 10. Mai 1990 kommentiert Klaus Hartung in der TAZ, dass *Anschluss* seine „kritische Potenz" verloren habe, „weil die Linke in ihrer Allergie gegen die Einheit und in ihrem bedenkenlosen Gebrauch von Vergleichen mit dem Nationalsozialismus, diesen Begriff inflationär verwendet hat." Kurt Biedenkopf (CDU) kritisierte, dass die Bezeichnung *Beitritt* und *Beitrittsgebiet* in Westdeutschland den irrigen Eindruck geweckt hätten, dass die alte Bundesrepublik durch die Einheit „ziemlich unberührt" gelassen würde (vgl. RP, 17.9.1990).
Nachdem die Volkskammer der DDR den *Beitritt* nach Art. 23. GG am 23. August 1990 endgültig beschlossen hatte, setzte sich der Verfassungsterminus *Beitritt* durch, während die Stigmavokabel *Anschluss* in geschriebenen Texten – auch von Kritikern des *Beitritts* – nur selten verwendet wurde. Umgangssprachlich hatte die Vokabel *Anschluss* ihre negative Konnotation verloren. Die Kritik an der „Wiedervereinigung von oben" und die Passivität der Bevölkerung der (ehemaligen) DDR blieben jedoch. Mathias Bröckers von der TAZ schrieb eine intuitive Bedeutungsinterpretation:

> „Bis vor kurzem führte das Wort ein Schattendasein, ‚Beitritte' fanden in der Vergangenheit kaum statt, wenn überhaupt, dann war vom Beitritt zu einer Kirche oder Religionsgemeinschaft die Rede. Ansonsten, bei weltlichen Vereinen, Gewerkschaften, Parteien und dergleichen, dominiert der ‚Eintritt', der im Unterschied zum ‚Beitritt' eine aktivere Bedeutung hat. Während ‚Eintreten' eine selbstbewußte, zielgerichtete Handlung impliziert, haftet dem ‚Beitreten' etwas Passives an, eine

Demutshaltung, mit der sich ein verirrtes Schäfchen einer Glaubensgemeinschaft anschließt, nicht aber ein aktives Mitglied einer neuen Herde. Insofern ist Beitritt das richtige Wort für den anvisierten Konfessionswechsel der DDR.“ (TAZ, 27.8.1990, S. 10)

LP/AS

10 Beratungsschein / Schwangerenkonfliktberatung

> „**Schwan|ger|en|kon|flikt|be|ra|tung**, die: *Schwangerschaftskonfliktberatung*: In der evangelischen S. wird ... der Lebensschutz ebenso ernst genommen wie in katholischen Beratungsstellen. Es sei »eine Beratung zum Leben«, die eine oftmals ausweglos erscheinende Konfliktsituation der Frau wahrnehme und sich an ihre Seite stelle (FAZ 5.8.1996)." Duden (1999), S. 3471 (Die Vokabel *Beratungsschein* ist in dieser neuesten Auflage nicht aufgeführt).

Nach der →*Wiedervereinigung* war mit Blick auf eine bundeseinheitliche Gesetzesgrundlage für die →*Abtreibung* eine Neuregelung des bisherigen §218 nötig geworden: Einen Teilaspekt innerhalb dieser öffentlichen Debatte stellte die Diskussion um die in Westdeutschland gesetzlich vorgeschriebene *Beratung der Schwangeren*[161] vor einem geplanten Abbruch dar. Ein solches Gespräch in einer staatlich anerkannten Beratungsstelle soll *Schwangeren in einer Not- und Konfliktlage* (§219 Abs. 1, StGB) durch Rat und Hilfe bei der Bewältigung dieser Konfliktsituation unterstützen. Seit der Verabschiedung des bundesdeutschen Schwangeren- und Familienhilfegesetzes und der Novellierung des §219 StGB 1992 ist es für alle, die eine Abtreibung beabsichtigen, verpflichtend[162].

Obwohl die Beratung ausdrücklich „dem Schutz des ungeborenen Lebens dient" und die Frau zur Fortsetzung ihrer

---

[161] §219 StGB, in der gültigen Fassung von 1995. Vgl. auch §218a Abs. 1 und Abs. 4, StGB.

[162] Verabschiedung des Schwangeren- und Familienhilfegesetzes (SFHG) am 27.6.1992. Vgl. „Die Entwicklung des §218": http://www.cdu.de/politik-a-z/familie/kap21.

Schwangerschaft ermutigen soll[163], wurde sie bereits bei ihrer Einführung u.a. von der nicht-konfessionellen Beratungsorganisation Pro Familia mit dem Stigmawort „Zwangsberatung“[164] belegt. Die GegnerInnen der obligatorischen Beratung sahen das *Selbstbestimmungsrecht der Frau* (RP, 27.9.1991) in Gefahr: Die Fähigkeit, eine eigene Entscheidung zu treffen, würde den Betroffenen durch das *staatliche Diktat* abgesprochen. Die CDU als Befürworterin der *Beratungspflicht* (WAZ, 14.3.1998) vermied das umstrittene Schlagwort *Selbstbestimmung*. Statt dessen verwendete sie Ausdrücke wie *eigenverantwortliche Gewissensentscheidung* und *verantwortungsvolle Entscheidungsfreiheit*, die sich vom feministischen Sprachgebrauch und der dazugehörigen Vorstellung abgrenzen ließen (RP, 26.6.1992): Trotz Beratungspflicht könne nur die Frau selbst – so die feministische Kritik – die *Gewissensentscheidung* für oder wider eine Abtreibung treffen. Bundestagspräsidentin Rita Süssmuth (CDU) unterstrich in diesem Zusammenhang: „Diese [Entscheidung] ist jedoch nicht zu verwechseln mit einem Selbstbestimmungsrecht im Sinne eines Verfügungsrechts über menschliches Leben“ (DIE ZEIT, 12.9.1991).

Die Beratung sei dabei ausdrücklich als Hilfestellung zu verstehen, sie solle „ermutigen und Verständnis [...] wekken, nicht [...] belehren und [...] bevormunden.“[165] Deshalb betonten BefürworterInnen der *Beratungsregelung* (TAZ, 21.5.1992, S. 3), dass die Beratung grundsätzlich *ergebnisoffen*[166] sei. Auch das Bundesverfassungsgericht teilte die-

---

[163] §219 Abs. 1, StGB. Vgl. DER SPIEGEL, 1.2.1999, S. 48. NGZ 29.5.1997.

[164] Vgl. Pro Familia-Vorsitzende Uta Meier. In: RP, 27.1.1998: Die Organisation gehörte zunächst den Gegnern der geplanten Beratungspflicht an.

[165] Pro Familia (1995), S. 2. Vgl. „Die Entwicklung des §218“: http://www.cdu.de/politik-a-z/familie/kap21: Das BVerfG urteilt: „Die Frau darf weder bevormundet noch manipuliert werden. Deshalb muß die Beratung ergebnisoffen sein.“

[166] Vgl. Pro Familia (1995), S. 2.

se Auffassung und ging von der *Letztverantwortung der Frau* (TAZ, 29.5.1993, S. 2) aus, als es im Mai 1993 die gültige Beratungsregelung für verfassungskonform erklärte. Nichtsdestotrotz seien →*Schwangerschaftsabbrüche* grundsätzlich rechtswidrig, auch wenn sie unter den Voraussetzungen der Beratungsregelung straffrei blieben (Art. 1, Abs. 1 GG).[167]
Kritik an der neuen gesetzlichen Vorgabe wurde vor allem aus den Reihen von Bündnis 90/DIE GRÜNEN laut. Rita Grießhaber – MdB und Gegnerin des §218 – bewertete das Urteil als „höchst widersprüchlich und frauenfeindlich". Es handele sich um „ein neues Gesetz, das den Frauen viel zumute."[168] Demgegenüber begrüßte besonders die CDU die Novellierung, da für sie die programmatische Rangfolge *Lebensrecht vor Selbstbestimmungsrecht*[169] unveränderbar sei. Dieselbe Priorität setzte auch die katholische Kirche: Sie bezeichnete mit den Fahnenwörtern *Lebensrecht* und *Lebensschutz*[170] das oberste Gebot ihrer Beratungstätigkeit. Bereits bei der Gesetzesneuregelung 1992 hatte die katholische Kirche sich mit der Zielsetzung, dem werdenden Mensch im Mutterleib als „Anwältin für das ungeborene Leben" (CDU-Generalsekretärin Angela Merkel in der NGZ, 11.12.1998)[171] ihre Stimme zu leihen, für die Einführung einer *Beratungspflicht* ausgesprochen. Doch unter den Kirchenvertretern herrschte Uneinigkeit; bis 1997 wurde die Kritik aus den eigenen Reihen gegen die geltende Beratungspraxis zunehmend lauter. Die seit der

---

[167] 1995 verabschiedete der Bundestag daraufhin das Schwangeren- und Familienhilfeänderungsgesetz (SFHÄndG), welches einerseits Abtreibungen für rechtswidrig erklärt, andererseits den Beratungszweck als Schutz des ungeborenen Lebens eindeutig festschreibt. Vgl. „Die Entwicklung des §218": http://www.cdu.de/politik-a-z/ familie/kap21.

[168] http://www.bundestag.de/mdbhome/griesri0/218.

[169] Vgl. http://www.cdu.de/politik-a-z/familie/kap21.

[170] RP, 10.12.1998. Vgl. RP, 27.1.1998.

[171] Vgl. auch: Bischof Franz Kamphaus: „Erklärung zur Diskussion um die katholischen Schwangerschaftskonfliktberatungsstellen, dokumentiert unter http://www.kath.de/bistum/limburg/presse/1998/id98117.

Rechtsverbindlichkeit des neuen §219 kontrovers geführte Diskussion war hauptsächlich um den nach dem Gespräch auszustellenden *Beratungsnachweis* (RP, 6.2.1998) entbrannt – den „Nachweis nach §219 Abs.2 Satz 2, StGB in der Fassung des SFHÄndG vom 25. August 1995“ (ebd.), so die amtliche Bezeichnung.
Der Konflikt beruht dabei auf der Tatsache, dass eine solche *Bescheinigung nach Maßgabe des Schwangerschaftskonfliktgesetzes*[172] nach erfolgter *Pflichtberatung* (WAZ, 20.1.1998) die rechtliche Voraussetzung darstellt für eine straffreie Abtreibung.
Der Fuldaer katholische Erzbischof Johannes Dyba, einer der entschiedensten Gegner der kirchlichen Mitwirkung in der gesetzlichen Beratungstätigkeit, hatte sich darum bereits 1993 unter dem Slogan „Beratung ja, Schein nein!“ (RP, 20.1.1998) der staatlichen Vorgabe widersetzt. Die Beratungsstellen seines Bistums gaben seitdem keine *Beratungsscheine* (RP, 27.1.1998) mehr aus, da sich die Kirche durch das Ausstellen „mitschuldig [mache] an der Tötung Ungeborener“ (NGZ, 29.5.1997). Dyba sprach von *Lizenzen zum Töten* (NGZ, 28.5.1997), was Gegner des „Hardliners“ als „widerlichen Vergleich“ und „Ohrfeige für jede Beratungsstelle“ (NRZ, 22.9.1999) bewerteten. Bischof Karl Lehmann bemängelte in diesem Zusammenhang das fehlende „Unrechtsbewusstsein“ im Hinblick auf eine Abtreibung. Der Beratungsschein werde häufig wie selbstverständlich als *Erlaubnis zur Abtreibung*[173] interpretiert. Anders als Dyba sahen nicht alle deutschen katholischen Bischöfe einen Konflikt in der Mitwirkung der Kirche im staatlichen Schwangerenberatungssystem und ihrem erklärten Ziel des *Lebensschutzes*. Deshalb sollte 1997

---

[172] §219 Abs. 2, StGB; das Schwangerschaftskonfliktgesetz vom 1.10.1995 enthält die näheren Regelungen zu der im §219 StGB gesetzlich festgeschriebenen Beratung der Schwangeren in Not- und Konfliktsituationen.
[173] STERN, 1998. Vgl. RP, 26.2.1999, SZ, 2.9.1998 und Bischof Franz Kamphaus in DER SPIEGEL, 31.1.1998.

schließlich Papst Johannes Paul II. über die Verfahrensweise in den katholischen Beratungsstellen entscheiden (vgl. NGZ, 29.5.1997). In einem Brief vom 11. Januar 1998 formulierte er: Die widersprüchliche Bedeutung läge darin, „daß der gesetzlich geforderte Beratungsschein, der gewiß zuerst die Pflichtberatung sicherstellen will, faktisch eine Schlüsselfunktion für die Durchführung einer straffreien Abtreibung erhalten hat" (RP, 27.1.1998). In katholischen Beratungsstellen solle zukünftig „ein Schein solcher Art" (RP, 27.1.1998) nicht mehr ausgegeben werden. Die katholische Bischofskonferenz kündigte daraufhin an, dem Wunsch des Papstes nach „einer unzweideutigen Lebensberatung ohne Schein als Abtreibungslegitimation" (RP, 10.12.1998) zu entsprechen und daher langfristig „den vom Papst beanstandeten Schein" (ebd.) nicht mehr auszustellen. Diese Verlautbarung wurde von den Politikern nahezu aller Parteien als „Ankündigung eines [bevorstehenden] Beratungsausstiegs auf Raten"[174] kritisiert.
Mit der Diskussion um die Legitimation des Beratungsscheins entbrannte auch die Kontroverse in semantischer Hinsicht vollends. Mit der moralisch-ethischen Fragwürdigkeit des Beratungsscheins wurde auch seine Benennung im öffentlichen Sprachgebrauch zunehmend unsicherer: Im Brief des Papstes war zunächst vom Schlagwort *Beratungsschein* oder – der formellen rechtlichen Bedeutung auch sprachlich angenähert – von *Bescheinigung*[175] die Rede. Kirchenvertreter und Presse sprachen weiterhin vom *Beratungsnachweis* oder, in der lexikalisierten Form, von *Schein* (NGZ, 10.12.1998). Unmittelbar nachdem der Papst diesen in Frage gestellt hatte, setzte die Bischofskonferenz die Vokabel in Anführungszeichen und distanzierte sich damit auch sprachlich von dem umstrittenen *Schein*[176]: Man diskutierte nun über den „Schein" bzw. den „Schein

[174] Vgl. RP, 29.1.1998. Zu den Reaktionen der Parteien: RP, 6.2.1998 und NGZ, 11.12.1998.
[175] Brief des Papstes vom 11.1.1998.
[176] NRW-Sozialministerin Ilse Brusis. In: NGZ, 11.12.1998.

im bisherigen Sinne“[177]. Der Vorsitzende der katholischen Bischofskonferenz, Lehmann, betonte, dass bei der Suche nach Alternativen „alle Scheinlösungen [...] ausgeschlossen würden“ (RP, 6.3.1998). Das in dieser ironischen Aussage enthaltene Homonym trifft die Situation der Bischöfe: Man suchte nach einer praktikablen *Schein-Lösung*, keiner *Scheinlösung*[178]. Die Qualität der Vokabel als produktives Wortbildungselement zeigt sich im Sprachgebrauch einer anderen Gruppe: Kritiker eines befürchteten Ausstiegs der katholisch-christlichen Institution aus dem Schwangerenberatungssystem bezeichneten den damit verbundenen Verzicht auf pragmatische Hilfe für Schwangere als *scheinheilig* (NRZ, 18.6.1999).

Ein besonders von Bischof Lehmann favorisierter Lösungsvorschlag war mit dem Versuch verbunden, den sprachlichen Konflikt durch Etablieren einer Alternativvokabel zu entschärfen: Die Beratungsstellen sollten künftig so genannte *Briefe* (RP, 29.1.1998) statt *Scheine* ausstellen; sie sollten nach Gesprächsabschluss jeweils als „persönlicher Brief an die Frau“ gerichtet werden. Während die bisherigen, u.a. im öffentlichen Sprachgebrauch präsenten Bezeichnungen *Schein/Bescheinigung/Nachweis* auch sprachlich die formelle rechtliche Bedeutung des Beratungsscheins noch unterstrichen, lenkte die neue Vokabel *Beraterbrief* (ebd.), insbesondere in Verbindung mit dem vorangestellten Adjektiv *persönlich* als positive Verstärkung (DER SPIEGEL, 1.2.1999, S. 49), den Fokus auf die Hilfe suchende Schwangere.

Einen weiteren Vorschlag brachte der Papst selbst in die Diskussion ein: Er ersuchte die Bischöfe um einen deutlichen *Zusatz auf dem Beratungsschein* (WAZ, 24.6.1999), wonach dieser nicht zur Durchführung straffreier Abtrei-

---

[177] Vgl. RP, 23.2.1999 sowie NRZ, 22.9.1999.

[178] Zur *Scheinlösung* vgl. Karl Lehmann. In: RP, 6.3.1998. Zur *Schein-Lösung* vgl. NRZ, 18.6.1999. Zur „Scheinlösung“ vgl. Bischof Johannes Degenhardt. In: Pressekonferenz vom 29.9.1999 unter http://www.-erzbistum-paderborn.de/aktuelles/pdp-konflikt.

bungen benutzt werden könne. Die Intention des zusätzlichen Vermerks war, die rechtliche und moralische Qualität des Dokuments im Text selbst unzweideutig klarzustellen. (Vgl. TAZ, 24.6.1999, S. 6) Kritik rief der vom Papst geforderte Wortlaut des *Scheins* besonders bei den Grünen in NRW hervor. Im Gegenzug formulierte die Partei ihrerseits die Forderung, den *Schein* außerdem mit dem Hinweis zu versehen, dass dies allein die Auffassung der katholischen Kirche sei (NGZ, 24.8.1999). Bundesjustizministerin Herta Däubler-Gmelin (SPD) bekräftigte, dass auch der *neue Beratungsschein* (NRZ, 12.7. 1999) der katholischen Konfliktberatungsstellen „zweifellos rechtsgültig" sei, also weiterhin zur Abtreibung berechtige – und zwar ungeachtet des vom Vatikan verlangten Zusatzes, der ab Oktober 1999 abgedruckt werden sollte.
Alarmiert durch den mittelbar angekündigten Ausstieg der katholischen Kirche aus der Schwangerenkonfliktberatung rief das Zentralkomitee deutscher Katholiken (ZdK) im September 1999 zur Gründung eines Laienvereins auf, der die Beratung – inklusive des umstrittenen Scheins – auf der Grundlage des bischöflichen Hilfeplans fortsetzen sollte (vgl. NRZ, 23.9.1999). Sein programmatischer Name lautete *Donum Vitae* – Geschenk des Lebens. Der Gebrauch des in der katholischen Kirche gebräuchlichen lateinischen Ausdrucks unterstreicht dabei – trotz Missachtung der päpstlichen Weisung – die Verbundenheit mit den tradierten christlichen Werten. Trotzdem bewerteten Bischöfe und Kirchenrechtler die private Initiative schon vor der offiziellen Vereinsgründung im März 2000 kontrovers: Während Bischof Lehmann – ebenso wie verschiedene Landesregierungen – die Beratung durch katholische Laien ausdrücklich befürwortete (vgl. DER TAGESSPIEGEL, 21.11.1999), übte der Kölner Erzbischof Joachim Meisner, stellvertretend für viele seiner Amtskollegen, heftige Kritik an dem Modell: „Es darf keine formalistischen Lösungen geben, um die Weisung des Papstes zu umgehen, [...] eine

solche Doppelmoral ist nicht statthaft.“[179] Dyba warf den Initiatoren von „Donum Vitae“ vor, „an den Bischöfen vorbei eine Art Parallelkirche aufzubauen.“ (DEUTSCHES ALLGEMEINES SONNTAGSBLATT, 21.1.2000) Dabei zeuge bereits der Name „von geistiger Verwirrung“. Man müsse statt dessen angemessener von „Donum mortis“ (Geschenk des Todes) sprechen (RP, 28.9.1999).

Die deutschen Bischöfe kündigten daraufhin an, dass bis zum 30. Juni 2000 alle katholischen Schwangerschaftskonflikt-Beratungsstellen in der bisherigen Form – das heißt inklusive des Ausstellens eines Beratungsscheins – weiterarbeiten würden. An künftigen Richtlinien werde noch – bzw. erneut – mit Fachleuten und Beratern gearbeitet.[180]

Anfang des Jahres 2002 waren 26 deutsche Diözesanbischöfe „dem eindeutigen Wunsch von Papst und Kurie nach Verlassen des staatlichen Systems der Schwangerschafts-Konfliktberatung“ (RP, 2.2.2002, S. 2) gefolgt. Nur Limburgs Bischof Franz Kamphaus „hat[te] sich der Ausstiegsbitte Roms aus Gewissensgründen [...] anders als seine bischöflichen Mitbrüder nicht gebeugt.“ (ebd.) Die von Rom gewährte Verlängerungsfrist war am 31. Dezember 2001 abgelaufen, aber Kamphaus hatte bis zu seinem 70. Geburtstag am 2. Februar 2002 nicht aufgegeben und wird in der deutschen Presse gefeiert:

> „Schwangere Frauen in Not, die in katholische Beratungsstellen kommen, sind für Kamphaus keine leichtfertigen Abtreiberinnen. Er will ihnen beistehen und notfalls auch den berüchtigten ‚Schein‘ ausstellen lassen. Rom wird bald Gehorsam fordern.“ (ebd.)

---

[179] Erzbischof Joachim Meisner unter Http://www.2erzbistum-koeln.de/servlets/mht/erzbistum/Aktuelles/Archiv/donum_vitae.

[180] Erzbischof Joachim Meisner. In: DEUTSCHES ALLGEMEINES SONNTAGSBLATT, 21.1.2000.

Nachdem der Papst Bischof Kamphaus bereits am 18. Januar 2002 brieflich dazu aufgefordert hatte, verfügt der Papst am 7. März 2002 „‚kraft meiner apostolischen Vollmacht, dass die Diözese Limburg aus dem staatlichen System der Schwangerschaftskonfliktberatung aussteigt'." (SZ, 9.3.2002, S. 3)

AJM/SW

11 Berufsverbot

„**Be|rufs|ver|bot**, das: **1.** *(als Strafe od. als Schutzmaßnahme) amtlich ausgesprochenes Verbot, eine bestimmte berufliche Tätigkeit auszuüben*: Realistischerweise wird sie indes nach England reisen, denn die irische Ärztekammer droht jedem, der eine Schwangerschaft abbricht, mit B. (Tagesspiegel 1.12.97,32). **2.** *aus politischen Gründen offiziell ausgesprochenes Verbot, einen bestimmten Beruf (bes. im öffentlichen Dienst) auszuüben*: der Radikalenerlaß der Ministerpräsidenten, abgekürzt auch B. genannt (Spiegel 52, 1975, 158); 1939 hatten ihm die Nationalsozialisten B. erteilt (Tagesspiegel 17.8.98, 23). Duden (1999), S. 542.

Die *Studentenbewegung* und die →*APO* griffen Ende der sechziger Jahre das von Rudi Dutschke seit 1967 propagierte Schlagwort vom so genannten „langen Marsch durch die Institutionen“ (DER SPIEGEL, 11.12.1967, S. 73) auf. Das Ziel dieses „langen Marsches durch die Institutionen“ war es, wichtige Positionen in Gesellschaft und Staat zu besetzen, um diese von innen heraus mit legalen Mitteln in einem Jahrzehnte dauernden Prozess zu revolutionieren.[181]

Um dem entgegenzuwirken, fassten zunächst die Länderparlamente, dem Prinzip der *Streitbaren Demokratie*[182] folgend, Beschlüsse, die verhindern sollten, dass vor allem werdende Lehrer, aber auch Hochschuldozenten, Staatsanwälte und Richter, die Mitglieder oder →*Sympathisanten* von links- bzw. rechtsradikalen bzw. rechtsextremi-

---

[181] Vgl. Niehr (1993), S. 259. Vgl. auch die Aussage des damaligen Hamburger Bürgermeisters Peter Schulz in DER SPIEGEL, 9.4.1973, S. 31: „Wenn das Wort vom langen Marsch [...] einen Sinn haben soll, dann doch den, daß man von der Sicherheit der Beamteneigenschaft aus systemsprengend wirken will.“

[182] Vgl. Fuchs/Jesse (1978), S. 393ff.

stischen Gruppierungen waren, in den Öffentlichen Dienst gelangten.[183]

Der Erklärung des damaligen Bundeskanzlers Willy Brandt, dass künftig „stärker auf die Verfassungstreue von Angehörigen des Öffentlichen Dienstes geachtet werden"[184] sollte, folgte am 28. Januar 1972 ein gemeinsamer Beschluss der Ministerpräsidenten der Länder. Noch am selben Tag erfuhr dieser gemeinsame Beschluss eine Bestätigung durch eine „Gemeinsame Erklärung" der Ministerpräsidenten und des Bundeskanzlers.

Dieser *Extremistenbeschluss* (DER SPIEGEL, 27.9.1976, S. 100) fordert von jedem Bewerber für den Öffentlichen Dienst, dass er „die Gewähr dafür bietet, daß er jederzeit für die freiheitlich-demokratische Grundordnung im Sinne des Grundgesetzes eintritt"[185].

Er vereinheitlichte die bereits seit 1953 geltenden Ausführungsbestimmungen der Beamtengesetze des Bundes und der Länder.[186] Allerdings „schuf er [...] keineswegs neues Recht", sondern sollte – ohne Gesetzescharakter zu haben – „an die schon lange bestehenden Regelungen erinnern und eine einheitliche Verfahrensweise gewährleisten."[187]

Das Bekanntwerden des gemeinsamen Beschlusses bzw. der „gemeinsamen Erklärung" führte zu einer erregten öffentlichen Kontroverse:

Gegner des Beschlusses werteten vor allem die so genannte *Regelanfrage* – bei Einstellungen in den Öffentlichen Dienst erfolgte eine automatische Anfrage beim zuständi-

---

[183] So heißt es in der so genannten „Grundsätzlichen Entscheidung" des Hamburger Senats vom November 1971, einem Vorläufer des Extremistenbeschlusses: „Die Ernennung von Beamten auf Lebenszeit bei politischen Aktivitäten des Bewerbers in rechts- oder linksradikalen Gruppen ist unzulässig." Zitiert nach: Frister/Jochimsen (1972), S. 12.

[184] Brandt (1989), S. 301.

[185] BULLETIN Nr. 15, 3.2.1972, S. 142. Aus linguistischer, sprachlogischer Sicht kritisiert Keller (1977), S. 29-35 den Wortlaut des Beschlusses.

[186] Vgl. Kriele (1980), S. 354.

[187] Backes/Jesse (1996), S. 477.

gen Verfassungsschutzamt nach „gerichtsverwertbaren Erkenntnissen“, bei deren Vorliegen die Bewerbung abgelehnt wurde – als *Berufsverbot*.

> „Besorgt über die zunehmende Zahl von Berufsverboten für Bewerber im öffentlichen Dienst und kirchlichen Bereich hat sich die Arbeitsgemeinschaft für katholische Studenten- und Hochschulgemeinden [...] geäußert.“ (NRZ, 18.7.1975)

Aus der Sicht eines Betroffenen kommentierte Johannes Meyer-Ingwersen, promovierter Sprachwissenschaftler und DKP-Mitglied, dessen Einstellung an vier verschiedenen Universitäten vier Mal am Veto der jeweilig zuständigen Kultusminister scheiterte, diesen Vorgang in den STUTTGARTER NACHRICHTEN:

> „Da geht es nicht um mich allein. Jede Ablehnung durch ein Ministerium ist ein neues Berufsverbot für ein Mitglied einer zugelassenen Partei. Das sind Dokumente eines permanenten Verfassungsbruches.“ (STUTTGARTER NACHRICHTEN, 25.11.1973)

Mit der umstrittenen und brisanten Vorwurfsvokabel *Berufsverbot*[188], die ab 1976 lexikalisiert ist[189], interpretieren

---

[188] Dass die Vokabel besonders brisant war, zeigte sich nicht nur in den expliziten Thematisierungen ihrer Verwendung, sondern auch darin, dass sie sowohl mit als auch ohne Distanzierungszeichen bzw. unter Zusatz des Distanzindikators *so genannt* verwendet wurde. Vgl. auch Strauß/Haß/Harras (1989), S. 320: „Der Streit um Worte spitzt sich auf diese Weise zu einem Streit um die Verfassungsmäßigkeit von politischer Gesinnung bzw. entsprechendem politischen Verhalten und staatlich-behördlicher Reaktion auf dieses Verhalten zu.“

[189] SPRACHPFLEGE Nr. 1, 1976, S. 21. Ab 1984 ist Berufsverbot auch in der DDR lexikalisiert. Im Handwörterbuch der deutschen Gegenwartssprache (1984), S. 162, findet sich unter dem Lemma *Berufsverbot* das Interpretament: „in imperialistischen Staaten angewandte undemokratische Methode, bestimmte, bes. fortschrittliche Personen aus politischen Gründen von beruflicher Tätigkeit im Staatsdienst od. in staatlichen In-

und bewerten die Kritiker des Beschlusses „das Überprüfungsverfahren und die Ablehnung, insbesondere von Mitgliedern kommunistischer Parteien, die in der Bundesrepublik nicht verboten sind, als Verstoß gegen das Grundgesetz, Artikel 3 Absatz 3 (nach dem niemand wegen seiner politischen Anschauung benachteiligt werden darf) und Artikel 12 Absatz 1 (der allen Deutschen das Recht auf freie Arbeitsplatz- und Berufswahl garantiert).“[190] Da vor allem Mitglieder der DKP von den Auswirkungen des Beschlusses betroffen waren, wurde auch eine mögliche Verletzung des Parteienprivilegs, das es verbietet, eine Partei vor einem eventuellen Verbot durch das BVerfG rechtlich zu benachteiligen, durch den Beschluss befürchtet.[191] Äußerungen wie die des Sprechers des Hamburger Senats schienen diese Bedenken zu stützen:

> „Die DKP macht es uns nicht schwierig, die will alles abschaffen, was da ist. Die [NPD] hat es bisher peinlich vermieden, Dinge zu sagen, die eindeutig besagen, daß sie das Grundgesetz beseitigen will.“ (DER SPIEGEL, 29.11.1971, S. 93)

Befürworter des Beschlusses, zunächst die Regierungspartei SPD, vorwiegend aber konservative Gruppierungen und Parteien, die Presse sowie Vertreter von staatlichen Organen lehnen den Ausdruck *Berufsverbot* ab und distanzieren sich zumeist durch die Verwendung von Anführungsstrichen. Sie kritisieren den Schlagwortcharakter der Vorwurfsvokabel und den von ihr implizit behaupteten Verstoß gegen das Grundgesetz: „Girgensohn gegen Schlagwort ‚Berufsverbot‘“ (die RP, 14.12.1974, zitiert so die Sprachkritik des damaligen nordrhein-westfälischen Kul-

---

stitutionen auszuschließen.“

[190] Stötzel (1980), S. 41. Der hier als Berufsverbot bezeichnete Sachverhalt muss jedoch von dem im Grundgesetz bzw. dem im StGB geregelten unterschieden werden.

[191] Vgl. Backes/Jesse (1996), S. 479f.

tusministers der SPD)[192]. Stattdessen verwenden sie zumeist den Ausdruck *Extremistenbeschluss*.

Als Alternativvokabel zu *Extremistenbeschluss* und *Berufsverbot* etabliert sich im öffentlichen Sprachgebrauch *Radikalenerlass* (DER SPIEGEL, 24.9.1973, S. 25; DIE ZEIT, 12.9.1975) als „halboffizielle Bezeichnung [...]. Er wird von Angehörigen aller Parteien sowie von der weitgehend neutralen, unabhängigen Presse am häufigsten gebraucht."[193] Aber auch Kritiker des Beschlusses verwenden den Terminus *Radikalenerlass*, zumeist mit dem Distanz anzeigenden Zusatz *so genannt*, um „den Eindruck entstehen zu lassen, in der Bundesrepublik bestünden keine verfassungsrechtlichen und gesetzlichen Grundlagen [...], sondern es werde willkürlich mit ‚Erlassen' regiert."[194]

Das Scheitern des in mehreren Anläufen unternommenen Versuches, eine bundeseinheitliche gesetzliche Regelung zu schaffen, führte dazu, dass die Bundesländer unterschiedlich bei der Umsetzung des Beschlusses verfuhren.

In der Folge waren vom *Radikalenerlass* nicht nur Anhänger und Mitglieder links- wie rechtsextremistischer Parteien betroffen, auch Mitglieder der SPD wurden als „radikal" und damit „verfassungsfeindlich" eingestuft: „Der Radikalen-Erlaß wirkt sich gegen die SPD aus." (DER SPIEGEL, 8.12.1975, S. 28) 1975 lehnte das Land Bayern die Einstellung mehrerer SPD-Mitglieder aus „politischen Gründen" ab.

Das damalige SPD-Vorstandsmitglied Roth interpretierte diese Einstellungsablehnung als *Radikalenhatz*[195] bzw. *Gesinnungsschnüffelei* (DER SPIEGEL, 8.12.1975, S. 29). Das Festhalten des Landes am *Extremistenbeschluss* wertete der Mannheimer SPD-Parteitag als „Duckmäuserei" (DER SPIEGEL, 8.12.1975, S. 29).

---

[192] Siehe auch Backes/Jesse (1996), S. 478: „Das verbreitete Schlagwort ‚Berufsverbot' verzeichnet kraß die Wirklichkeit."

[193] Strauß/Haß/Harras (1989), S. 319.

[194] Strauß/Haß/Harras (1989), S. 319.

[195] Vgl. Fuchs/Jesse (1978), S. 414.

Mit der Abschaffung der *Regelanfrage* in den von der CDU regierten Ländern, den in den achtziger Jahren sinkenden Einstellungszahlen im Öffentlichen Dienst und dem 1995 erfolgten Urteil des Europäischen Gerichtshofes, der *Radikalenerlass* verletze die Menschenrechte (vgl. STERN, 23.7.1998, S. 20), haben „die ‚Berufsverbote' als Mobilisierungsthema weitgehend an Bedeutung"[196] und die Vokabel damit an Brisanz verloren.
Erst der Fall der moslemischen Lehrerin Fedeshta Ludin bringt 1998 das Thema und damit auch die Vokabel *Berufsverbot* wieder in die öffentliche Diskussion.
Nachdem sie während ihrer gesamten Referendarzeit ein Kopftuch im Unterricht als Ausdruck ihres moslemischen Glaubens getragen hatte und darauf bestand, es auch weiterhin zu tragen, entschied der Stuttgarter Oberschulrat „endgültig gegen ihre Einstellung auf Lebenszeit" (STERN, 23.7.1998, S. 20). Begründet hatte der Oberschulrat seine Ablehnung damit, „dass [durch das Tragen des Kopftuches] das Recht der Schüler auf Religionsfreiheit verletzt würde" (SPIEGEL-ONLINE, 9.9.1999). Der Zentralrat der Muslime und die Betroffene selbst werteten diese Entscheidung als *Berufsverbot* für muslimische Frauen.[197] Am 4. Juli 2002 entschied das Bundesverwaltungsgericht in einer Grundsatzentscheidung (AZ: BVwerG 2 C 21.01), dass „Moslemische Lehrerinnen an Grund und Hauptschulen das Kopftuch nicht im Unterricht tragen" dürften und bestätigte damit „die Auffassung des Oberschulamts Stuttgart." (RP, 5.7.2002, Politische Umschau)

TE

[196] Backes/Jesse (1996), S. 481. Vgl. auch Koschnik (1979).
[197] Vgl. STERN, 23.7.1998, S. 21 und RP, 16.7.1998, S. 1.

12 Bulle

„**Bu̦l|le**, der; -n, -n [mniederd. Bulle, eigtl. = der Aufgeblasene, der Strotzende, bezogen auf die Geschlechtsteile]: [...] **3.** (ugs. Oft abwertend) *Polizei-*, *Kriminalbeamter*: Niemand hat ihn gezwungen, B. zu werden (Erné, Kellerkneipe 328); Oberaufseher Spörri... nimmt einen der uniformierten -n beiseite, flüstert ihm etwas ins Ohr und grinst spöttisch zu mir herüber (Ziegler, Labyrinth, 305). **4.** (salopp, Soldatenspr.) *jmd., der einen einflussreichen, einträglichen Posten hat:* und wir mögen nur Dreck für sie sein, für die -n da oben (Fallada, Mann 108). [...]“ Duden (1999), S. 681f.

An der Verwendungs- und Thematisierungsgeschichte des Wortes *Bulle* bzw. *Bullen* als Bezeichnung für einen Polizisten bzw. für die Polizei lässt sich beispielhaft ein Einstellungswandel der Gesellschaft gegenüber brisantem Sprach- bzw. Wortgebrauch demonstrieren. In der frühen Nachkriegszeit wird die Vokabel *Bulle* von der Öffentlichkeit der Verbrechersprache zugewiesen, ab den 60er Jahren als Symptom der Terrorismussprache deklariert, dann wird seine umgangssprachliche Verwendung als beleidigendes Sprachdelikt justifiziert und schließlich als beleidigungsindifferente, allgemein übliche spöttische Bezeichnung der Polizei in einer nachobrigkeitlichen Gesellschaft bewertet. Die Bezeichnung *die Bullen* erlangte öffentliche Berühmtheit durch Aufsehen erregende Gerichtsurteile in den Jahren 1980 und 1983. In den Gerichtsverfahren ging es darum zu klären, ob die Verwendung des Wortes – überhaupt oder in bestimmten Situationen – eine Beleidigung eines Polizisten bzw. der Polizei darstelle. Ebenfalls vor Gericht – und zwar vor dem Bundesverfassungsgericht als höchster Institution der Judikative – wurde der Fall der Verunglimpfung einer anderen staatlichen Exekutiv-Institution, der Bundeswehr, durch Verwendung des Tucholsky-Zitats

„Soldaten sind Mörder“ im so genannten „Soldaten-Urteil“ vom 25. August 1994 entschieden.[198]

Bereits in der frühen Nachkriegszeit finden wir Belege für die Verwendung von *Bulle* bzw. *Bullen* als Bezeichnung für Polizisten bzw. die Polizei. In einem Bericht der RHEINISCHEN POST vom 16. März 1946 über die Gewaltverbrechen der „Hellweg-Bande“ wird auch deren „kriminelle“ Sprache, die sich in den Vernehmungen zeigt, thematisiert, z.B. deren Bezeichnungen für Diebesgut und Polizei: „Schon das ganze Vokabular dieser Burschen entstammt der Verbrecherwelt. Da wird von ‚Sorre‘ gesprochen, von ‚Bullen‘ und ‚Polente‘“[199].
Öffentlich brisant wurde die Vokabel durch die Verwendung in deutschen Terroristenkreisen ab 1970, die dadurch ihre Ablehnung und Verachtung gegenüber der Staatsmacht und die Kritik an Polizeieinsätzen zum Ausdruck brachten. Am 14. Mai 1970 wurde Andreas Baader von einer Gruppe Bewaffneter unter Beteiligung von Ulrike Meinhof bei einer Ausführung aus der Haftanstalt Berlin-Tegel befreit. Dabei wird der Institutsangestellte Georg Linke lebensgefährlich verletzt. 1971, nach der Rückkehr vom Waffentraining bei der palästinensischen Kampftruppe „El Fatah“, wurden unter der neuen Selbstbezeichnung „Rote Armee Fraktion“ der Berliner Schusswaffengebrauch „gerechtfertigt“ und neue Anschläge auf *Bullen* genannte Polizisten angedroht: „Wir machen nicht ‚rücksichtslos von der Schußwaffe Gebrauch‘. Der Bulle, der sich in dem Widerspruch zwischen sich als ‚kleinem Mann‘ und als Kapitalismusknecht [...] befindet, befindet sich nicht im Befehlsnotstand. Wir schießen, wenn auf uns geschossen wird.“[200].

---

198 Siehe dazu die ausgezeichnete sprachwissenschaftliche Analyse von A. Burkhardt (1996).
199 Vgl. Hahn (1995), S. 213.
200 Musolff (1995), S. 411.

In seinem Brief „Will Ulrike Gnade oder freies Geleit?" (in DER SPIEGEL, 10.1.1972, S. 54-57) hält Böll die Verwendung des Ausdrucks *Bulle* ausdrücklich für eine Kränkung, hält aber die Verwendung des ebenfalls kränkenden Ausdruckes →*Bande* dagegen.
In der Folgezeit treten in der Terrorismusdiskussion Thematisierungen der öffentlich umstrittenen Bezeichnungen →*Gruppe* und →*Bande* und →*Sympathisant* in den Vordergrund, nicht aber die der Bezeichnung *Bulle*.
Nachdem im Oktober 1971 der Polizeimeister Norbert Schmidt niedergeschossen wurde und am 22. Dezember 1971 der Polizist Herbert Schoner bei einem Banküberfall in Kaiserslautern ermordet worden war, kann man von einer verstärkten Sensibilität der Polizei gegenüber der Bezeichnung *Bulle* ausgehen. Die umgangssprachlich z.T. üblich gewordene Verwendung des Ausdrucks außerhalb der Terroristenkreise eignete sich nun besonders gut als gewagtes Reizwort in der Öffentlichkeit.
Ab 1980 kommt es zu gerichtlichen Auseinandersetzungen darüber, ob die Bezeichnung (bzw. die „Anrede") eines Polizisten als *Bulle* als Beleidigung zu bestrafen sei oder nicht. Im Juli 1980 berichten die Zeitungen über einen Fall, in dem verschiedene Gerichtsinstanzen uneinig über die Beurteilung des Sprachzustandes sind, ob nämlich die öffentliche Verwendung der Bezeichnung *Bulle* eine Beleidigung von Polizisten sei oder nicht. „Im vorliegenden Fall hatte ein Demonstrant bei einem Polizeieinsatz im Gelsenkirchener Parkstadion mehrmals gerufen: ‚Schmeißt die Bullen raus'. Das Amtsgericht Essen hatte darin keine Beleidigung, sondern eine Berufsbezeichnung nach der Art der Anrede für den englischen ‚Bobby', den französischen ‚Flic' oder den amerikanischen ‚Cop' gesehen." (WZ 25.7.1980) Das als nächste Instanz angerufene Landgericht Essen dagegen urteilte – so die FAZ vom 25. Juli 1980 –, „die Bezeichnung Bulle sei in der Umgangssprache noch abwertend und ehrkränkend. Obwohl dieses Wort seit geraumer Zeit häufig gebraucht werde, habe es sich nicht

derart verselbständigt, dass es als wertfreie, wenn auch saloppe Berufsbezeichnung gelten könne." Die hervorstechendesten Eigenschaften des männlichen Rindviehs „wie Reizbarkeit, dumpfe Angriffslust und blinde Gewaltanwendung haften dem Wort ‚Bulle' nach wie vor an und werden so dem Polizeibeamten, der als ‚Bulle' bezeichnet wird, beigemessen" (so das Urteilszitat in der FAZ vom 25.7.1980).

Bemerkenswert ist, wie explizit das Gericht auf sprachbezogene Argumentationen eingeht und wie differenziert es die Argumente gewichtet. Die Relevanz der Analyse des Wortgebrauches durch das Gericht wird durch die exakte und ausführliche Zitation des Urteilstextes belegt: „Das Gericht verkennt nicht, daß das Wort ‚Bulle' auch durch den häufigen Gebrauch dabei ist, seine negative Bedeutung einzubüßen. Das wird beispielsweise dadurch sichtbar, daß [offenbar weil das Wort *Bulle* allein zu neutral wirkt] es nicht selten in besonders beleidigenden Zusammensetzungen (Scheißbulle) oder mit Zusätzen (dreckiger Bulle) benutzt wird. Andererseits erweist sich die fortbestehende abwertende Bedeutung aus den Zusammenhängen, in denen es gebraucht wird. Sofern die Polizei als ‚Freund und Helfer' tätig wird, findet das Wort ‚Bulle' keine Verwendung. Greift sie freilich in hoheitlicher Gewaltausübung ein, ist das Wort ‚Bulle' schnell bei der Hand." (FAZ 25.7.1980) Aufschlussreich sind die Schlagzeilen der Zeitungen vom 25. Juli 1980: „Gericht: ‚Bulle' kann teuer sein" (WZ); „Gericht: ‚Bulle' ist Schimpfwort" (NRZ); „‚Bulle' bald ein Spitzname? Polizisten dürfen sich noch beleidigt fühlen" (FAZ).

1983 kommt es zu einer andersartigen medienwirksamen gerichtlichen Beurteilung des Sprachgebrauches. Im August 1983 bestätigt das Berliner Kammergericht den Freispruch eines Schöffengerichts vom Jahresanfang, das einen Redakteur der linken Berliner „Tageszeitung" vom Vorwurf der Beleidigung freigesprochen hatte. Der Redakteur war für den Abdruck von Leserbriefen verantwortlich gewesen, in denen von „Bullen" die Rede war (so die FAZ, 22.8.1983). Die Richter verhehlen nicht, dass sich das Wort weiter zur Beleidigung eigne, sie stellen aber in Abrede, dass es in jedem Fall des Gebrauchs „automatisch" eine Beleidigung darstelle: „In der Urteilsbegründung sagten die Richter, im Laufe der Zeit sei eine Entwicklung eingetreten, die das Wort ‚Bulle' nicht mehr automatisch als eine Beleidigung erscheinen lasse. So gebe es bei der Polizei zum Beispiel eine Tanzgruppe mit dem Namen ‚Bullenballett', und es werde ein ‚Bullenorden' verliehen." (FAZ 22.8.1983)

GS

13 Demokratie / Demokratisierung

„**De|mo|kra|tie**, die: -, -n [frz. démocratie < (m)lat. democratia < griech. dēmokratia = Volksherrschaft. aus: dēmos = Volk: Gebiet. eigtl. = Abteilung (zu: daíesthai = [ver]teilen) u. krátos »Kraft, Macht« (zu: krateìn = herrschen)]: **1.** ‹o. Pl.› a) *politisches Prinzip, nach dem das Volk durch freie Wahlen an der Machtausübung im Staat teilhat*: zu den Prinzipien der D. gehört die freie Meinungsäußerung; In der D. entscheidet die Mehrheit, was gemacht wird (Heringer, Holzfeuer 210); [...] b) *Regierungssystem, in dem die vom Volk gewählten Vertreter die Herrschaft ausüben: eine parlamentarische D.* **2.** *Staat mit demokratischer Verfassung, demokratisch regiertes Staatswesen*: [...] **3.** ‹o. Pl.› *Prinzip der freien u. gleichberechtigten Willensbildung u. Mitbestimmung in gesellschaftlichen Gruppen*: innerparteiliche D.; D. am Arbeitsplatz; [...].“

„**de|mo|kra|ti|sie|ren** ‹sw. V.; hat› [frz. démocratiser]: **1.** *(einen Staat) nach den Grundsätzen der Demokratie (1) einrichten, gestalten; demokratisch (1) machen:* ein Land d.; Schluss des liberalen Intellektuellen: die politischen Regimes sind zu d. (Basta 7, 1983, 31). **2.** *(eine Institution, Behörde o. Ä.) demokratisch (2) machen, gestalten:* die [Hoch]schule, Verwaltung d.; [...].“

De|mo|kra|ti|sie|rung, die; -, en: *das Demokratisieren.*“

Duden (1999), S. 780

Nach dem Untergang der Weimarer Republik wurden die Vokabeln *Demokratie* und *demokratisch* im Sprachgebrauch der Nationalsozialisten als Stigmavokabeln benutzt, als „verächtlichmachende Schimpfwörter“[201].

---

[201] Brackmann (1988), S. 46.

Die Nazis machten die Demokratie für einen inneren Zerfall der Volksgemeinschaft verantwortlich.[202] Ihre Beseitigung war das erklärte Ziel der NSDAP.[203]
Nach 1945 wurde der Ausdruck *Demokratie* bewusst wieder aufgenommen. In einem Grundsatzreferat am 8. September 1948 prägte Carlo Schmid, Mitglied des SPD-Parteivorstandes, den Ausdruck „klassische Demokratie". In Anlehnung an westlich-europäische Staatsverfassungen war dieses Demokratie-Verständnis verbunden „mit den Merkmalen einer Gleichheit und Freiheit der Bürger, Trennung der Gewalten und Garantie der Grundrechte"[204]. Abgegrenzt wurde es von der „Gegenbegriffsbildung ‚Volksdemokratie' (1945) in den von der Sowjet-Union beherrschten Gebieten Europas"[205].
Zu Beginn der deutsch-deutschen Teilung wurde die Vokabel *Demokratie* zum beiderseitigen Fahnenwort in sehr unterschiedlicher semantischer Ausprägung. Beide deutschen Staaten verwendeten *demokratisch* als Selbstbezeichnung: Der Westen im Sinne von *pluralistisch* und *freiheitlich*, der Osten in der Bedeutung *volksdemokratisch*[206], mit einem auf eine Einheitspartei zugeschnittenen Wahlsystem. In der Bundesrepublik war und ist *Demokratie* verbunden mit der Garantie von verfassungsmäßig garantierten Grundrechten, die sie formal mit Menschenrechten wie Freiheit und Gleichheit in Verbindung bringt[207], und die sie außerdem auf eine „sozialstaatliche Grundlage"[208] stellt.
Auch in der nach dem Ende des 2. Weltkrieges eingerichteten Sowjetischen Besatzungszone (SBZ), der späteren DDR, war man um eine ideologisch motivierte semanti-

---

[202] Vgl. Brackmann (1988), S. 46.
[203] Vgl. Bracher (1976), S. 104f.
[204] Conze (1972), S. 898.
[205] Conze (1972), S. 898
[206] Vgl. Conze (1972), S. 898
[207] Vgl. Andersen/Woyke (2000), S. 128.
[208] Andersen/Woyke (2000), S. 129.

sche Besetzung von *Demokratie* bemüht. Die auch hier angestrebte Abgrenzung von der NS-Diktatur führte dazu, dass sowohl die Sowjetunion als auch deutsche Kommunisten permanent *antifaschistische* und *demokratische* Ziele propagierten.[209] Beide Attribute und ihre abgeleiteten Substantive wurden häufig parallel verwendet, um eine entsprechende ideologische Deutung hervorzurufen. Die Intention war eine feste „Attribuierung des Demokratie-Begriffs"[210], die auf der Verknüpfung mit der Vokabel *antifaschistisch* basierte. In der BRD war dagegen die häufige Verwendung der Vokabel *demokratisch* mit dem Zusatz *parlamentarisch* auffällig. Beide Adjektive werden häufig synonym verwendet.[211] Es lässt sich ein immer häufigeres Auftreten des semantischen Komplexes *parlamentarische Demokratie* beobachten, was die Assoziation mit Schlagwörtern wie *Freiheit*, *Recht* und *Gleichheit* verstärken soll.[212] In Lexika und Wörterbüchern hat sich das Gefüge *parlamentarische Demokratie* durchgesetzt.[213] *Demokratie* vereint mehrere Repräsentationsformen in sich: *repräsentativ*, *plebiszitär*, *parlamentarisch*, *präsidial*, *sozialistisch*.[214]

Im Jahr 1952 verlangte die SPD – mit dem Ziel der Vergangenheitsbewältigung in der noch jungen Tradition der Re-education nach west-alliierten Prinzipien und der einhergegangenen Entnazifizierung – erstmals eine „durchgreifende *Demokratisierung* des gesamten westdeutschen Schulwesens"[215], um ideologische Altlasten zu beseitigen und die politische Bildung zu forcieren. Mit dem Godesberger Programm verabschiedete sich die SPD 1959 endgültig von marxistischen Zielen und bekannte sich zu *De-*

---

209 Vgl. Schlosser (1990), S. 31.
210 Schlosser (1990), S. 31.
211 Vgl. Kilian (1995), S. 250f.
212 Vgl. Kilian 1995, S. 269ff.
213 Vgl. Kilian (1995), S. 272.
214 Vgl. Kilian (1995), S. 269.
215 Scharfenberg (1976), S. 9. Kursivierung A. J.-M.

mokratie, einem *demokratischen Sozialismus*, *Markt* und *Privateigentum*.[216] Sie forderte eine „Wirtschaftsdemokratie“ als „fehlende[s] Scharnier zwischen Kapitalismus und Sozialismus“ und zusätzlich – bewusst vage formuliert – eine „gesellschaftliche Demokratisierung“ (so die TAZ, 28.8.1999, S. 1f., in einem historischen Rückblick).
Ein weiterer wichtiger Trend liegt außerdem in der Erweiterung der semantischen Merkmale der *Demokratie* im öffentlichen Bewusstsein. Bezog sie sich kurz nach der Gründung der Bundesrepublik noch in erster Linie auf den *Staat*, wurden im Laufe der *Demokratisierung* weitere Inhalte relevant wie *Mehrheit*, *Partei*, *Wahl*, *Mitbestimmung* und *Abstimmung*.[217] Besonders deutlich wird die Tendenz zur Veränderung der Bezugsgrößen an den politischen Forderungen der →*APO*:

> „Wahrscheinlich als eine Folge des Gebrauchs von ‚Demokratisierung‘ und ‚demokratisieren‘ Ende der sechziger Jahre treten in der Wortfamilie um ‚Demokratie‘ denn auch z.B. ‚Behörde‘ und ‚Schule‘ neben ‚Staat‘ als Bezugsgrößen auf.“[218]

Zeitweise, besonders zum Ende der 60er Jahre, „stützt sich die Argumentation [dieser Bewegung] auf eine Totalkritik am empirischen Parteienstaat und auf ein Plädoyer gegen eine bürgerlich-liberale repräsentative ‚Formaldemokratie‘, der eine plebiszitäre, totalstaatliche oder totalgesellschaftliche ‚Demokratisierung‘ entgegengestellt wird.“[219]
Die Bildungsdebatte der frühen 70er Jahre zeigt die unter-

---

[216] Godesberger Programm: Grundsatzprogramm der Sozialdemokratischen Partei Deutschlands. Beschlossen vom Außerordentlichen Parteitag der Sozialdemokratischen Partei Deutschlands in Bad Godesberg vom 13. bis 15. November 1959.
[217] Kilian (1995), S. 273.
[218] Kilian (1995), S. 273.
[219] Bracher (1976), S. 107. Zum Schlagwort *Demokratisierung*: Niehr (1993).

schiedlichen Auffassungen von *Demokratie*. Während die Unionsparteien *Demokratie* eher auf ein staatliches Ordnungsprinzip reduzierten, fand bei Schulreformbefürwortern in der SPD eine inhaltliche Dynamisierung der Vokabel statt, welche „die Demokratie als Staatsform um die Komponente der ‚demokratischen Lebenspraxis' [erweitert]"[220].

Die bis dahin vorherrschende Ausprägung der Demokratie wurde von der 68er-Generation als *repressiv* empfunden und bezeichnet, was sich in einem Machtgefälle in allen Bereichen der Gesellschaft – in Familie, Partnerschaft oder Berufsleben – manifestiere. Die Studentenbewegung versuchte schließlich eine Auflockerung dieser Strukturen unter dem neuen Fahnenwort *Demokratisierung* zu erreichen, wie DIE ZEIT im historischen Rückblick kommentiert: „Aus der starren Ordnung von Befehl und Gehorsam entwickelte sich ein flüssigeres Spiel von Kooperation und Aushandlung." (DIE ZEIT, 7.4.1995). In dem Fahnenwort *Demokratisierung* spiegelte sich Kritik sowohl an den revolutionären Zielen der APO als auch den Reformplänen der SPD wider. Die Vokabel wurde dadurch, dass und wie sie von der Studentenbewegung verwendet wurde, brisant. Sie verband sie mit *radikal-demokratischen* Forderungen. *Demokratisierung* wurde zum „Kampfbegriff gegen rechtsstaatliche und parlamentarische status-quo-Befestigung schlechthin"[221]. Gefordert wurde eine Verwirklichung der Demokratie über die im Grundgesetz festgelegten politisch-systematischen Grundsätze hinaus.[222]

Aus konservativen Kreisen wurde offene Kritik am Gebrauch der Vokabel *Demokratisierung* laut, da sie das Fehlen demokratischer Strukturen in der Bundesrepublik unterstelle. Außerdem dehne sie die Forderung nach mehr Demokratie auf alle Lebens- und Gesellschaftsbereiche aus

---

[220] Hahn (1995), S. 189.
[221] Maier (1982), S. 182.
[222] Vgl. Wengeler (1995), S. 396.

und beschränke sich nicht auf politisch-parlamentarische Strukturen.[223] Das Fahnenwort *Demokratisierung* wird daher von SPD-Bundeskanzler Willy Brandt in seiner Regierungserklärung von 1969 aufgegeben, statt dessen wird der Slogan „Mehr Demokratie wagen" verwendet.[224]
Nach dem Scheitern zahlreicher sozialistischer und kommunistischer Staaten begann 1990 angesichts zunehmender Politikverdrossenheit eine neuerliche Diskussion über die Konzepte und damit die Bedeutung *Demokratie*. Der Wirtschaftswissenschaftler Lothar Czayka erteilte dabei den unterschiedlichen Forderungen sowohl nach einer *Basisdemokratie* als auch nach einer *Elitendemokratie* eine klare Absage, da keine von beiden praktikabel sei. Er verteidigte trotz zugegebener Schwächen das repräsentative, parlamentarische System der Bundesrepublik (DER SPIEGEL Nr. 29, 1992, S. 42f.). Nach dem US-amerikanischen Vorbild des Kommunitarismus wurde von deutschen Staatstheoretikern eine Rückbesinnung auf moralische Werte und das höhergestellte Gemeinwohl gefordert, das die geistigen Väter der *Demokratie* als oberste Priorität verstanden hätten (DER SPIEGEL Nr. 13, 1993, S. 150f.). Für die Schaffung eines neuen Verständnisses wurde vor allem die Suche nach einem „dritten Weg für die Demokratie"[225] zu einem Schlagwort.
Die unterschiedliche Sozialisierung der Menschen in Ost und West führt nach der →Wiedervereinigung zu Missverständnissen. Mit *Demokratie* wird im Osten nicht unbedingt *Freiheit* oder *Rechtsstaat* assoziiert. Gefordert wird deshalb ein Ideologietransfer (TAZ, 23.5.1998, S. 6f.), um dem Osten das westliche Verständnis nahe zubringen und

---

[223] Vgl. Wengeler (1995), S. 394ff.
[224] Vgl. Wengeler (1995), S. 396.
[225] Vgl. DER SPIEGEL Nr. 13, 1993, S. 154; Der „dritte Weg" als Entwurf einer „postliberalen Demokratie" soll sich vom reinen „Gemeinwohl"-Gedanken des Theoretikers Jean-Jacques Rousseau ebenso absetzen wie vom „Leviathan", dem allmächtigen Staatswesen des Philosophen Thomas Hobbes, da beide Prinzipien für sich alleine nicht praktikabel seien.

so eine ideologische sowie semantische Einheit zu schaffen. Im Osten ist *Demokratie* in sozialistischer Tradition noch immer eher verknüpft mit den Inhalten „Gerechtigkeit, [soziale] Gleichheit, Gemeinschaftlichkeit, mehr direkte Demokratie“ (TAZ, 23.5.1998, S. 6f.).

AJM

14 Doppelpass / doppelte Staatsbürgerschaft

> „**Dop|pel|pass**, der: **1.** (Fußball) *zwei aufeinander folgende Pässe, von denen der erste an einen Mitspieler gegeben wird, der den Ball sofort wieder an den ersten Spieler zurückpasst.* **2.** (ugs.) *doppelte Staatsbürgerschaft*: der D. wird von der Regierung als wichtiges Mittel zur Integration ausländischer Mitbürger angesehen." Duden (1999), S. 847.

1993 beginnt die politische Auseinandersetzung um die doppelte Staatsangehörigkeit. Im gleichen Jahr tritt zum ersten mal das Schlagwort *Doppelpass* im politischen Diskurs auf. Thematisch ist die Diskussion um die doppelte Staatsbürgerschaft dem Einwanderungsdiskurs zuzurechnen.

Das bis dahin geltende individuell einklagbare Recht auf Asyl wird durch die im Mai 1993 vom Bundestag verabschiedete Änderung des Grundgesetzartikels 16 bzw. 16a (Politisch Verfolgte genießen Asylrecht) aufgehoben.

Die Regierung legitimiert ihre restriktiven Gesetzesänderungen unter anderem mit der Aussage, das bis dahin geltende Asylrecht habe einen „Ansturm zur Folge, unter dem die Kassen der Kommunen und die Toleranz der Deutschen zusammenbrächen." (TAZ, 28.12.1993, S. 3)

1993 wird als das Jahr der „Asyldebatte" bezeichnet (ebd.). Die Diskussion über die Grundgesetzänderung des Asylrechts wird von den rechtsradikal einzuordnenden Brandanschlägen in Solingen Ende Mai 1993 überschattet, bei dem fünf türkische Frauen und Kinder ums Leben kamen.

Die öffentlich entfachte Auseinandersetzung über die Probleme von in Deutschland lebenden Ausländern, nicht zuletzt auch die Frage nach der Integration von →*Gastarbeitern* evoziert die Forderung nach einem Überdenken des bis dahin geltenden Reichs- und Staatsangehörigkeitsgesetzes von 1913. Schon im April 1993 stellt die Opposi-

tionsfraktion SPD einen Gesetzesentwurf zur Reform des Staatsangehörigkeitsrechts vor, der unter anderem die doppelte Staatsangehörigkeit ermöglichen soll.
Auf Bundesebene wird der Entwurf der SPD abgelehnt, gleichzeitig werden, initiiert durch das „Referendum Doppelte Staatsbürgerschaft“ von Bündnis 90/DIE GRÜNEN, eine Million Unterschriften aus der Bevölkerung gesammelt, die sich für eine doppelte Staatsbürgerschaft aussprechen. In der Öffentlichkeit etabliert sich für den Ausdruck *doppelte Staatsangehörigkeit* das Schlagwort *Doppelpass*. (So titelt die TAZ am 30.4.1993 bezüglich der Einbürgerungsdiskussion im Hamburger Senat: „Einstimmig für den Doppelpaß“.)
Im Juli 1993 wird das Staatsangehörigkeitsrecht von 1913 reformiert: Nach den §§ 85 und 86 Abs. 1 des Ausländergesetzes (AuslG) besitzen Ausländer, die sich seit 15 Jahren (bzw. acht Jahren bei jungen Ausländern zwischen ihrem 16. und 23. Lebensjahr) rechtmäßig in der Bundesrepublik aufhalten, einen Rechtsanspruch auf Einbürgerung. Dieses Recht setzt allerdings voraus, dass der Antragsteller seine bisherige Staatsangehörigkeit aufgibt und somit sein bisheriger Pass seine Gültigkeit verliert. Die Forderung von Außenminister Kinkel (FDP) nach einem Einwanderungsgesetz, das eine doppelte Staatsangehörigkeit mit einschließt, wird im September 1993 durch die Opposition von SPD und Bündnis 90/DIE GRÜNEN begrüßt, von der CDU/CSU allerdings abgelehnt. Die FDP, die sich für ein Zuwanderungsgesetz ausspricht, argumentiert, „die BRD könne sich nicht generell dem Zuzug politisch nicht verfolgter Ausländer verschließen.“ (TAZ, 31.8.1993, S. 1).
Der bayerische Ministerpräsident Stoiber begründet die ablehnende Haltung seiner Partei damit, dass derjenige, der die Diskussion über Deutschland als Einwanderungsland wieder aufnehme, „angesichts hoher Arbeitslosigkeit und Wohnungsnot Gefahr [laufe], erneut ‚Fremdenängstlichkeit‘ [sic!] hervorzurufen.“ (TAZ, 4.8.1993, S. 4)

Durch den Wahlsieg von SPD und Grünen bei der Bundestagswahl am 27. September 1998 gewinnt die Debatte um die Integration der in der Bundesrepublik lebenden AusländerInnen wieder an Aktualität. In der Regierungserklärung vom 10. November 1998 wird eine grundlegende Reform des Einbürgerungsgesetzes in Aussicht gestellt, die einen „Beitrag zum inneren Frieden" (DIE WELT, 14.1.1999) leisten soll.

Die Vokabel *Doppelpass* wird je nach Kontext entweder negativ oder wertneutral im öffentlichen Sprachgebrauch eingesetzt: Als negativ konnotierte Vorwurfsvokabel setzen die Gegner der Reform aus CDU/CSU dieses Kompositum ein. Sie wollen damit auf „doppelte Loyalität", „doppelte Chancen" und auf „Rechte in zwei Ländern der sogenannten Doppelbürger" (BERLINER MORGENPOST, 20.2.1999) anspielen. Wird der Ausdruck innerhalb dieses Negativ-Kontextes verwendet, verstärkt sich etwa im Hinblick auf die Loyalitätsfrage im Verteidigungs- oder Kriegsfall die Assoziation bzw. Unterstellung, dass Menschen mit zwei Staatsbürgerschaften den jeweils für sie günstigeren gesetzlichen Verpflichtungen nachkommen würden. DIE ZEIT setzt sich aus diesem Grund für einen „präziseren" Terminus ein und schlägt die neutralere Vokabel *Zweistaater* vor (DIE ZEIT, 4.3.1999). Die Befürworter der Reform sprechen von einem „modernen Integrationsmodell", von einer „doppelten Staatsbürgerschaft" (DIE WELT, 12.2.1999), sie benutzen die Alternativbezeichnung „Mehrstaatlichkeit" (DIE WELT, 12.2.1999) und vermeiden den Ausdruck *Doppelpass*.

Bundesinnenminister Otto Schily (SPD) erklärt am 12. November 1998 in der Aussprache zur Regierungserklärung: „Das Entstehen einer doppelten Staatsbürgerschaft darf nicht länger ein Integrationshindernis sein." (TAZ, 13.11.1998, S. 4) Er wirbt für ein legitimiertes „modernes" Staatsangehörigkeitsrecht.

Dieses sieht eine „hingenommene doppelte Staatsbürgerschaft“[226] vor, zumal zu diesem Zeitpunkt ca. zwei Millionen Menschen eine *doppelte Staatsangehörigkeit* aufgrund binationaler Ehen besitzen. Bei den Oppositionsparteien stößt dieser Legitimationsansatz auf strikte Ablehnung: Eine unbefristete „Doppelstaatlichkeit“[227] will man nicht akzeptieren. Während die amtierende rot-grüne Regierung eine integrationsfördernde Maßnahme in der doppelten Staatsbürgerschaft sieht, warnt Edmund Stoiber (CSU) vor „einem Verlust der christlich-abendländischen Kultur als Leitkultur, die in einem Mischmasch aufgeht“ (STERN, 25.2.1999). Er bewertet die „Doppel-Pass-Aktion der Regierung als eine rot-grüne Ohrfeige ins Gesicht von zwei Dritteln der Bürger Deutschlands“ (STERN, 25.2.1999).[228]
In der fortlaufenden Diskussion unterscheiden die Medien immer weniger zwischen dem zu Anfang negativ konnotierten Terminus *Doppelpass* und der Bezeichnung *doppelte Staatsangehörigkeit*: Vielmehr tritt der Ausdruck *Doppelpass* in eine Bezeichnungskonkurrenz mit dem Wort *doppelte Staatsbürgerschaft*, so dass dieser an negativer Konnotation verliert und somit besonders in der Umgangssprache als wertneutrales Synonym gebraucht wird. Lediglich innerhalb der parteipolitischen Auseinandersetzung ist nach wie vor zu beobachten, dass die politischen Opponenten jeweils um eine sachlich „richtige“ Konnotation kämpfen bzw. dass sie versuchen, die Vokabel *Doppelpass* in der sachlichen Auseinandersetzung weitgehend zu vermeiden. Die alternativen Bezeichnungen *Mehrstaatigkeit* und *Zweistaater* finden hauptsächlich im offiziellen Sprachgebrauch Resonanz (DIE ZEIT, 4.3.1999).

---

[226] Vgl. http://www.inter-nationes.de/d/frames/presse/sonder/d/etappen-.html, 13.12.2001.
[227] Sabbagh (1998), S. 1031ff.
[228] Die TAZ vom 6.1.1999, S. 21 schreibt Stoiber folgende Argumentation zu: „Edmund Stoiber hatte zudem behauptet, durch die doppelte Staatsbürgerschaft würde die innere Sicherheit mehr gefährdet als durch die Rote Armee Fraktion (RAF) in den siebziger Jahren.“

Die Debatte mündet bei der Landtagswahl Anfang 1999 in Hessen in einer von der CDU/CSU-Fraktion durchgeführten Unterschriftenaktion mit dem Titel „Ja zu Integration – Nein zu doppelter Staatsbürgerschaft" (RP, 14.1.1999). Etwa fünf Millionen Unterschriften werden gesammelt. Dies trug mit dazu bei, dass die hessische CDU und ihr Kandidat Roland Koch den Ministerpräsidenten Hans Eichel (SPD) ablösten, so dass SPD und Grüne im Bundesrat ihre Mehrheit verloren. Man einigte sich auf das „liberale Optionsmodell" (BERLINER MORGENPOST, 13.3.1999) der FDP.

Mit der Zustimmung von Bundestag (7.5.1999) mit den Stimmen der Regierungsmehrheit und Bundesrat durch Stimmenmehrheit von SPD, Grünen und FDP (21.5.1999) ist die Reform des Staatsangehörigkeitsrechts verabschiedet worden (vgl. HAMBURGER MORGENPOST, 22.5.1999). Seit dem 1. Januar 2000 gilt das neue Staatsbürgerschaftsgesetz: Kinder von AusländerInnen erhalten mit ihrer Geburt in Deutschland die deutsche Staatsangehörigkeit, allerdings müssen sie sich bis zum Alter von 23 Jahren für einen Pass entscheiden. Damit wird das *Abstammungsprinzip* (ius sanguinis) erstmals durch den Erwerb der Staatsangehörigkeit kraft Geburt durch das *Territorialprinzip* (ius soli) erweitert.[229]

Im Jahr 2000 wird das Schlagwort *Doppelpass* von der Gesellschaft für deutsche Sprache als eines der zehn prägnantesten Wörter des Jahres deklariert.[230]

AJM

---

[229] http://www.inter-nationes.de/d/frames/presse/sonder/d/etappen.html, 13.12.2001.

[230] http://www.spiegel.de/kultur/gesellschaft/0,518,56823,00.html, 16.1.2001.

15 Doppelverdiener

„**Dop|pel|ver|die|ner**, der: **1.** <Pl.> *[Ehe]paare, bei denen beide Partner berufstätig sind u. Geld verdienen:* zu allem Überfluß entsteht ein Establishment, das bereits heute nur noch ans Bewahren denkt: D. und Inhaber sicherer, relativ hoch bezahlter Jobs (Zeit 22.10.98, 33). **2.** *jmd., der Einkommen aus zwei beruflichen Tätigkeiten hat.*" Duden (1999), S. 849.

1947 geriet die aus dem Beamtenrecht der NS-Zeit stammende Vokabel *Doppelverdiener* in die öffentliche Diskussion.[231] Ausschlaggebend hierfür war die anstehende Arbeitsplatzbeschaffung für Kriegsheimkehrer. Weitere Faktoren waren der Lohnstopp und die Währungsreform, die einen Personalabbau in Landes- und Kommunalbehörden mit sich brachten.[232] Die familienideologisch und arbeitsmarktpolitisch orientierte Regierung bemühte sich um eine Umverteilung: männliche Arbeitskräfte für die mittelmäßig bis höher dotierten Stellen (*Männerberufe*) und weibliche Arbeitskräfte für die niedriger qualifizierten *typischen Frauenarbeiten, weiblichen Arbeitsplätze* oder *Hausarbeiten*.[233]

Zu einer Reihe von Entlassungen ab 1947 diente der §63 des deutschen Beamtengesetzes von 1937. Demnach konnten Frauen im Beamtentum rechtmäßig aus ihrer Tätigkeit entlassen werden, wenn sie den Status einer versorgten Ehefrau und somit einen so genannten *Doppelverdienst* aufwiesen. „Solche Sondervorschriften sind unter

---

[231] „Man liest jetzt wieder viel vom Begriff Doppelverdiener [...]" (Franziska B. in: DIE FRAU VON HEUTE, 2 (1947) H.15, S.18, zitiert nach Schubert (1984), S. 329.

[232] Vgl. Schubert (1984), S. 101ff. und SZ, 9.12.1948: „Frauen im Haushalt und Beruf. Umfrage der SZ zur Entlassung von Doppelverdienern/Ein menschliches Problem".

[233] Vgl. Schubert (1984), S.97f.

dem Gesichtspunkt der Vermeidung des Doppelverdienertums erstmalig [...] über die Rechtsstellung der weiblichen Beamten vom 30.5.1932 [...] geschaffen worden."[234]

Als *Doppelverdiener* galten – anders als es das große Duden-Wörterbuch (s.o.) für den gegenwärtigen Sprachgebrauch angibt – stets verheiratete Frauen, deren Männer ebenfalls erwerbstätig waren und deren Unterhalt und Versorgung durch diese Tatsache gesichert schien.[235] Frauen arbeiteten demnach nicht für die eigene bzw. familiale Grundversorgung, sondern sie erhöhten den Familienverdienst. „In der Praxis mehren sich die Fälle, wo man – unter Berufung auf einen moralisch und wirtschaftlich nicht zu rechtfertigenden Doppelverdienst – verheiratete Frauen aus ihren Stellungen enläßt." (Susanne S. in: FRAUENWELT 2, 1947, H. 12/13).

1950 entstand im Bundestag eine öffentliche Debatte, als die erste Bundesregierung den vorläufigen Entwurf zu einem neuen Beamtengesetz vorlegte. Der §63 musste von diesem Zeitpunkt an nicht zwingend befolgt werden, er wurde dennoch zur Begründung weiterer Entlassungen herangezogen. Die konservative Regierung verwies zur Rechtfertigung ihrer Auffassung auf die arbeitsmarkt- und sozialpolitischen Aspekte des so genannten *Frauenüberschusses* und der Arbeitslosenzahlen.[236]

Der CDU-Abgeordnete Huth verschärfte die Diskussion, indem er *Doppelverdienern* Konsumorientierung vorwarf:

> „Wir werden uns dafür einsetzen, daß erst einmal die Arbeitslosen in Arbeit und Brot kommen und nicht ein Großteil von Doppelverdienern, die lediglich, [...], ihr

---

[234] Das deutsche Beamtengesetz (1937), S. 183.

[235] Vgl. Schubert (1984), S. 101f. Die Entlassung der so klassifizierten Frauen erfolgte nach §63 des deutschen Beamtengesetzes von 1937. Dieser Vorgang wurde trotz des Beschlusses, keine solchen Verordnungen aus der Nazizeit mehr zu befolgen, in der BRD in weitem Maße vollzogen.

[236] Vgl. Böke/Stötzel (1993), S. 92.

Doppelverdienertum ausüben, damit sie und ihr Mann die nötigen Zigaretten haben."[237]

Im *Doppelverdienertum* sah der Bundesfamilienminister Wuermeling (CDU) schließlich eine Tendenz in der Gesellschaft, verantwortungslos zu handeln:

> „Wenn man hört, daß ein Ehepaar sein Kind für 100 DM monatlich in einem Kinderheim unterbringt, [...] um einen Monatsverdienst der doppelverdienenden Ehefrau eines Beamten von [...] 160 DM aufrecht zu erhalten [...] so mögen das krasse Einzelfälle sein [...]. Aber sie zeigen, wie tief die Wertung der [...] Elternpflicht zur Erziehung der Kinder zu sinken droht." (RHEINISCHER MERKUR, 11.3.1950)

Zusätzlich wurde verstärkt auf die Mutter- und Ehepflichten der Frau hingewiesen. Die Zentrums-Abgeordnete Wessel plädierte für die Möglichkeit der Entlassung verheirateter Beamtinnen und erklärte: „[...] der verheiratete Beamte übt in seinem Amt seinen Lebensberuf aus, aber die verheiratete Beamtin hat einen zweiten als Mutter und Ehefrau zu erfüllen."[238]
Der Vorwurf, *Doppelverdiener* seien *familienfeindlich*, wurde schon in den fünfziger Jahren in der Presse als „Zurück an den Herd"-Parole benannt: „In Notzeiten wird sie an den Arbeitsplatz gezwungen, um sich bei Arbeitsmangel ‚an den Herd' verwiesen zu sehen!" (so die Arbeitnehmer-Wochenschrift KETTELER WACHT[239], 15.4.1956). Frauen waren demnach eine *Reservearmee* der Wirtschaft, die sich

[237] Verhandlungen des Deutschen Bundestages. Stenographische Berichte (BT) 2.3.1950, S.1490.
[238] Verhandlungen des Deutschen Bundestages. Stenographische Berichte (BT) 2.3.1950, S. 1489.
[239] Die seit 1898 bestehende Westdeutsche Arbeiterzeitung wurde 1935 in KETTELER WACHT umbenannt, 1938 verboten und erschien wieder von 1947 bis 1972.

bei Arbeitsmangel wieder an den Ofen zurückzuziehen hatte (vgl. ALLGEMEINE ZEITUNG[240], 22.4.1950).
Gegen die Auffassung, die berufliche Tätigkeit der Ehefrau und Mutter bedrohe die Familie, wurden Stimmen seitens der Presse laut: „Und schließlich ist in vielen Fällen die verheiratete Frau die Hauptverdienerin der Familie, zumal, wenn der Mann erwerbslos oder kriegsbeschädigt ist." (so die linksliberale NEUE ZEITUNG, 22.3.1950) oder: „Erst durch das Mitverdienen der Frau können Anschaffungen gemacht werden, ihr verdientes Geld ist es im Wirtschaftsleben überhaupt, das eine Steigerung der Produktion möglich macht [...]." (ALLGEMEINE ZEITUNG, 12.4.1950). Die Ausdrücke *Hauptverdienerin* und *Mitverdienerin* galten demnach als werbende Konkurrenzvokabeln zu dem Stigmawort *Doppelverdiener*.
Auch wird in der Debatte sprachbezogen kritisiert, dass mit dem Ausdruck *Doppelverdiener* in diesem Zusammenhang die Frau gemeint sei. „Doppelverdiener heißt in aller Welt [d.h. sonst] der Mann, der mehrere Tätigkeiten hat, und aus mehr als einer Stellung Gehalt, Lohn oder sonstige Bezüge erhält." (ALLGEMEINE ZEITUNG, 22.4.1950). Der stellvertretende Präsident des Landesamtes NRW wies darauf hin, dass „niemals von Doppelverdienertum gesprochen werde, wenn Vater und Söhne oder Vater und Töchter zusammen arbeiten und verdienen" (HAMBURGER ABENDBLATT, 2.6.1951).
Nach dem Inkrafttreten des Artikels 3 Absatz 2 GG (Gleichberechtigung von Mann und Frau und der damit langsam einsetzenden Gleichbehandlung im Beruf) und dem Beginn des Wirtschaftswachstums verlor die Vokabel ab Mitte der 50er Jahre völlig an Brisanz. 1953 verebbte die Diskussion, als der neue Entwurf des Bundesbeamtengesetzes vorlag. Die so genannte „Zölibatsklausel" des §63 – das heißt ledig bleiben oder als verheiratete Beamtin die Entlassung riskieren – wurde gestrichen. Während zuvor

[240] Regionale Zeitung aus Rheinland-Pfalz.

der Ausdruck *Nurhausfrau* die Hausfrau von der berufstätigen Ehefrau neutral abgrenzte[241], erhält der Ausdruck mit dem Wirtschaftswachstum zunehmend pejorativen Charakter. Das Präfix *Nur-* stand jetzt für ein abwertendes *Bloß-*.
Mit dem immensen Anstieg der Arbeitslosigkeit Mitte der siebziger Jahre und den damit verbundenen Entlassungen oder Nicht-Einstellungen von Frauen, geriet die Vokabel wieder in die öffentliche Diskussion. Der Slogan „Zurück an den Herd" lebte wieder auf. Es sei zu befürchten,

> „daß sie wieder nur als stille Reserve benutzt werden, über die man selbstverständlich verfügt, wenn man sie braucht, und die man als erste entläßt, wenn die Aufträge rar werden. Das Wort ‚Doppelverdiener' hat jetzt einen bösen Unterton bekommen." (FAZ, 21.2.1976).

Claudia Pinl, Vertreterin der „Aktion 218", schrieb:

> „Die ideologische Begleitmusik zu der Verdrängung der Frauen ist die Diffamierung weiblicher Berufstätiger als ‚Doppelverdienerinnen' und ‚Zuverdienerinnen', die eigentlich gar nicht nötig hätten, zu arbeiten, die den männlichen ‚Ernährern' die Arbeitsplätze wegnähmen."[242]

Nach dem Wechsel der Regierungsparteien – von SPD zu CDU/CSU – 1982 wurde der neuen Regierung vorgeworfen, Leitvokabeln der neuen Frauenbewegung und liberalen Frauenpolitik der siebziger Jahre in ihre konservativen Deutungsmuster integriert zu haben mit dem Zweck ihre konservative Politik durchzusetzen.[243] Die Kritik an der

---

[241] „[...] wer als Nurhausfrau seine Kleider selbst näht, flickt [...hat das] Plus, diese Mehrausgaben zu ersparen [...]." (ALLGEMEINE ZEITUNG, 1952, S. 5).

[242] Pinl (1978), S. 46 und 52.

[243] Vgl. Beck-Gernsheim (1984), S. 154, Jansen (1987), S.17 und Dobberthien (1987), S. 85.

Diskriminierung der Frau wurde durch die Kritik an der Unterbewertung der Hausfrau und Mutter gegenüber der berufstätigen Frau ersetzt. „Die Mutter muß aufgewertet werden" (zitiert nach FR, 25.7.1981) erklärte CDU-Bundesminister Norbert Blüm. Der nordrhein-westfälische Arbeits- und Sozialminister Farthmann (SPD) sprach sich gegen das „‚Reizwort' Doppelverdiener" aus. Angesichts der Arbeitslosigkeit kam es zu einem „Kampf gegen berufstätige Frauen", wie es die WAZ am 11. Januar 1983 ausdrückte.

Der CDU-Abgeordnete Heiner Geißler und Bundesfamilienministerin Rita Süssmuth (CDU) sorgten Mitte der achtziger Jahre für eine ideologische Umorientierung, die sich in der Sprache niederschlug. *Neue Mütterlichkeit* wurde abgelöst von der *Neuen Partnerschaft*. Das Fahnenwort *Wahlfreiheit* galt ausdrücklich für beide Geschlechter. Gemeint ist die individuelle Rollenwahl beider Partner. Von der moralischen Verpflichtung der Mutter auf einen Berufsverzicht während der ersten Lebensjahre ihres Kindes, wie noch im Grundsatzprogramm der CDU von 1978 fixiert, wurde Abstand genommen.[244]

Rita Süssmuth erklärte, dass „die konsequente, auf die Integration von Frauen in den Arbeitsmarkt gerichtete Politik der Bundesregierung [...] das überzeugendste Gegenargument gegen die Diffamierung von Frauen als ‚Doppelverdienerinnen'"[245] sei.

Insgesamt haben die Anstrengungen vieler politischer Gruppen, die grundgesetzlich verankerte Gleichberechtigung der Frauen in gesellschaftliche Praxis umzusetzen, dazu geführt, dass der Gebrauch der Vokabel *Doppelverdiener* in ihrer frauendiskriminierende Bedeutung heute weit gehend vermieden oder abgelehnt wird.

AB

---

[244] Vgl. Leitsätze der CDU für eine neue Partnerschaft zwischen Mann und Frau in: Geißler (1986), S. 192ff., vgl. auch S. 187f.

[245] Verhandlungen des deutschen Bundestages, 5.11.1986, Drucksache 10/6340, S. 12.

16 Dritte Welt

[Kein Eintrag im Duden.]

„**Dritt|welt|land**; das: *Land, das zur Dritten Welt gerechnet wird; Entwicklungsland.*“ Duden (1999), S. 868.

Der Ausdruck *Dritte Welt* entwickelte sich im Laufe der 60er Jahre zu einer zentralen Vokabel der entwicklungspolitischen Debatte. Es gab in Europa zwei Dritte-Welt-Konzepte mit unterschiedlichen dominanten Gesichtspunkten.
Zunächst entwickelte die französische unabhängige Linke, die sich selbst als unabhängige Bewegung zwischen der Kommunistischen Partei und den rechten „kapitalistischen“ Parteien positionieren wollte, um 1950 ein Konzept. Dieses sah auf internationaler Ebene eine Gruppe von Staaten vor, die als blockfrei zwischen Washington und Moskau zu deklarieren sein sollten. Diese Staaten sollten einen so genannten *Dritten Weg* zwischen dem Ost-Block (*Zweite Welt*) und dem West-Block (*Erste Welt*) einschlagen. Diese so genannten *blockfreien Staaten* wurden aber nur im französischen Sprachraum in den fünfziger Jahren mit dem Ausdruck *Tiers Monde* bezeichnet.
Hingegen spricht die deutsche Öffentlichkeit 1955 anlässlich einer Konferenz der blockfreien afro-asiatischen Staaten in Bandung von einem (weltpolitisch bzw. ideologisch betrachteten) *Dritten Block* im Hinblick auf den Ost-West-Gegensatz.

Die Bezeichnung *Dritte Welt* galt nicht als pejorativ oder gar diskriminierend. Im Gegenteil:

> „In den 50er Jahren wurden unter Dritte Welt lediglich jene Länder subsumiert, die positiv verstanden, einen Dritten Weg der Blockfreiheit zu beschreiten gewillt schienen.“[246]

Im Laufe der 60er Jahre lässt sich auch im deutschen Sprachgebrauch eine Bedeutungsverschiebung erkennen, die sich im Französischen bereits während der 50er Jahre vollzog: Die ursprünglich politisch-ideologische Bedeutung ist durch die heute allein geltende entwicklungspolitische Bedeutung (mit dem dominanten Merkmal des wirtschaftlichen Entwicklungsstandes) überlagert worden. Das wirtschaftliche Verständnis dieses Ausdrucks wurde aber dahingehend kritisiert, dass es eine Rangfolge unterstelle, nach der die *Dritte-Welt-Länder* abschätzig als „dritte Klasse“ degradiert würden.[247] Ebenso wurde Kritik an der Pauschalität dieses Ausdrucks laut, die den Blick auf die sehr unterschiedlichen Ausgangssituationen der betroffenen Länder verstelle.[248] Anhänger der Blockfreien-Idee bewerteten diese Vereinheitlichung hingegen als positiv, da sie die politische Solidarität dieser Länder stärken sollte. Sie sprachen sich deshalb gegen eine Ausdifferenzierung in Interessengruppen aus, was z.B. durch die Vokabel *Schwellenland* gegeben wäre.

Ende der 50er Jahre wurden die *Dritte-Welt-Staaten* auch als „unterentwickelte Länder“ (DER SPIEGEL Nr. 3, 1957, S. 9) bezeichnet. Das wurde jedoch als stark pejorativ kritisiert, da mit diesem Ausdruck die Industrieländer als alleingültiger Maßstab für Entwicklung gesetzt und in Konsequenz daraus die als *unterentwickelt* bezeichneten Länder abgewertet würden.[249] Die in der Folge verwendete Bezeichnung *Entwicklungsland* (DER SPIEGEL Nr. 27, 1960, S. 14) ist die heute noch im öffentlichen Sprachgebrauch

[246] Nohlen (1994), S. 176.
[247] Vgl. Nohlen/Nuscheler (1992), S. 16.
[248] Vgl. Menzel (1983),S. 15.
[249] Vgl. Wengeler (1995), S. 680.

am häufigsten gebrauchte Vokabel. Terminologisch ist auch diesem Ausdruck Unangemessenheit vorgeworfen worden: Diese Bezeichnung lege die Richtung der Entwicklung auf Industrialisierung fest.[250] Euphemisierend würde vorgetäuscht, dass die damit bezeichneten Länder auf dem Wege einer *Entwicklung* seien, was in Wirklichkeit nicht oder nur geringfügig stattfände. Überdies sei es viel angebrachter, die so genannten *Industrieländer Entwicklungsländer* zu nennen, weil sie sich viel rasanter weiterentwickelten.[251] Andere sprachliche Hilfs- und Auffangkonstruktionen wie die „sogenannte Dritte Welt“[252] oder „Zweidrittelwelt“[253] verwirrten mehr als sie erklärten. Die geographisch festgelegte Bezeichnung *Südländer* existiert als weiteres Synonym für *Dritte Welt.* Inzwischen bevorzugen die *Entwicklungsländer* selbst diesen Ausdruck, was die von ihnen gebildete so genannte *Süd-Kommission* verdeutlicht.
Doch auch dieser Ausdruck wird dem Sachverhalt nicht wirklich gerecht, weil auch einige auf der Südhalbkugel gelegene Länder zu den westlichen *Industrieländern* gehören (z.B. Australien und Neuseeland). Folglich gibt es noch keine Vokabel, die die innerhalb der Ländergruppe notwendigen Differenzierungen leisten kann.
Die Kritik an der Bezeichnung *Dritte Welt* bewirkte, dass beispielsweise viele so genannte *Dritte-Welt-Läden* sich in *Eine-Welt-Laden* oder *Weltladen* umbenannten[254].
Unterschiedliche Entwicklungsvoraussetzungen in den Entwicklungsländern haben in Verbindung mit unterschiedlich verlaufenden Entwicklungsprozessen zu einer

[250] Vgl. Wengeler (1995), S. 681.
[251] Vgl. Nohlen (1994), S. 176.
[252] Nuscheler (1995), S. 68.
[253] Nuscheler (1995), S. 68.
[254] Seit 1970 entstandene Läden, die sich die Information über Länder der *Dritten Welt* zur Aufgabe gemacht haben und in denen Produkte aus Ländern der *Dritten Welt* verkauft werden, deren Erlös durch Ausschaltung der Zwischenhändler direkt den Produzenten (z.B. Kleinbauern) zugute kommt. Vgl. Brockhaus (1996), S. 702.

Differenzierung der *Dritten Welt* in verschiedene Länderkategorien geführt. Folglich zeichnete sich auch sprachlich Ende der 70er, Anfang der 80er Jahre eine Veränderung ab, was die terminologische Vielfalt beweist: *Schwellenland* meint, dass sich ein Land an der Entwicklungsschwelle zu einem *Industrieland* befindet, also die typischen Strukturmerkmale eines *Entwicklungslandes* überwunden hat. Die Vokabeln *kleiner Tiger* und *Tigerstaat* bezeichnen *Schwellenländer* im südostasiatischen Raum.[255] Die Ausdrücke *Vierte* und *Fünfte Welt*, die die am wenigsten entwickelten Länder zusammenfassen, etablierten sich als Steigerungswort zu *Dritter Welt*. Der Wortbildung *Vierte* sowie *Fünfte Welt* liegt

> „jedoch implizit die Vorstellung zugrunde, als befinde sich die von den ärmsten Entwicklungsländern positiv abgesonderte Dritte Welt auf dem Weg zur Erreichung der vor allem wirtschaftlichen Zieldaten von Entwicklung"[256].

Die Auseinandersetzung zwischen Industrie- und Entwicklungsländern drang auch mit der so genannten *Erdölkrise* in den 70er Jahren mit dem Terminus *Nord-Süd-Konflikt* oder auch *Nord-Süd-Gefälle* ins öffentliche Bewusstsein. Westliche Politiker haben immer wieder versucht, die Negativ-Vokabel *Konflikt* durch ein neutrales oder gar positives Wort wie *Nord-Süd-Beziehungen* oder *-Dialog* zu entschärfen. (vgl. DER SPIEGEL Nr. 50, 1976, S. 136)

AJM

[255] WELTERNÄHRUNG. Zeitung der deutschen Welthungerhilfe, 2/81.
[256] Nohlen (1994), S. 719.

17 Ehe

„**E̱he,** die; -, -n [mhd. ē[we], ahd. ēwa = Ehe(vertrag); Recht, Gesetz, viell. urspr. = seit ewigen Zeiten geltendes Recht od. viell. = Gewohnheitsrecht]: **a)** *gesetzlich [u. kirchlich] anerkannte Lebensgemeinschaft von Mann u. Frau*: eine glückliche, zerrüttete E.; Die bürgerliche E. funktioniert durch die Aufzucht von Kindern und die Unterdrückung der Frau (Praunheim, Sex 191); ihre E. blieb kinderlos, ist gescheitert; nach kurzer Zeit wurde die E. wieder geschieden; die E. brechen *(Ehebruch begehen);* die E. [miteinander] schließen, eine E. eingehen *(heiraten)*; [...] ; Ü Die viel kritisierte und viel gelobte E. zwischen Film und Fernsehen hat noch einmal eine Schonfrist bekommen (MM12./13.11.84; 59); * **E. zur linken Hand, morganatische E.** (*nicht standesgemäße Ehe im Hochadel, bei der ein Ehevertrag die Lage der nicht ebenbürtigen Frau u. der Nachkommen verbesserte;* mlat. matrimonium ad morganaticam = Ehe auf Morgengabe, zu ahd. morgan = Morgen); **E. ohne Trauschein,** (veraltend:) **wilde E.** (*Zusammenleben von Mann u. Frau ohne standesamtliche Trauung*); **b)** *gleichgeschlechtliche Lebensgemeinschaft, die sich an der Ehe* (a) *orientiert;* Zwei homosexuelle Männer konnten ... ihr [sic!] schwule E. unter den Segen der evangelischen Kirche stellen (Spiegel 29, 1994, 47)."
Duden (1999), S. 920.

Von aktuellen Wörterbüchern des Deutschen werden wir belehrt, der Ausdruck *Ehe* bezeichne die „gesetzlich [und kirchlich] anerkannte Lebensgemeinschaft von Mann und Frau". Und das Grundgesetz sichert zu: „Ehe und Familie stehen unter dem besonderen Schutze der staatlichen Ordnung" (6 Art. Abs. 1 GG). Überblickt man die zeit- und sprachgeschichtliche Entwicklung seit 1945, stellt man fest, dass sich aufgrund gesellschaftlicher Veränderungen in der Einstellung zu heterosexuellen und homosexuellen Partnerschaften der Wortgebrauch von *Ehe* seit 1945 in vielfacher Hinsicht geändert hat.

Die Veränderungen stehen u.a. in Zusammenhang mit dem Zweiten Weltkrieg, mit der Erfindung der →(*Anti-Baby*)-*Pille* und mit der veränderten gesellschaftlichen Wertung der Homosexualität.

Während des Zweiten Weltkriegs waren oft eilig – teilweise per *Ferntrauung* – Ehen geschlossen worden, die im Falle des Soldatentodes des Mannes die Ehefrau versorgungsrechtlich absichern sollten. Solche *Kriegsehen* zerbrachen oft in der frühen Nachkriegszeit. Öffentliches Verständnis für das Zerbrechen von Ehen aufgrund von Trennung und Entfremdung der Partner durch den Krieg kam auch durch die Verwendung der Vokabel *Heimkehrerehe* zum Ausdruck.

In der frühen Nachkriegszeit lebten verwitwete Frauen mit ledigen oder auch verwitweten Männern oft unverheiratet zusammen, weil die Frau bei einer Heirat ihre Versorgungsansprüche verloren hätte. Diese Lebenspartnerschaften wurden umgangssprachlich (nach der Anrede der Kinder der Witwe gegenüber dem „neuen" Mann) *Onkel-Ehe* genannt. Die öffentliche Bezeichnung für diese heute *eheähnliche Gemeinschaft* genannte Partnerschaft war *wilde* [das heißt gesetzwidrige] *Ehe* (vgl. *wilde Streiks*, *wilde Taxis*, *wilde Deponie*, *wild baden*, *wild parken*, *wild zelten*[257]). Konservative Politiker und die katholische Kirche gebrauchen stigmatisierende Vokabeln wie *Rentenkonkubinat*, *wilde Rentenehe* und lehnen die Bezeichnung *Onkelehe* als „verniedlichend" ab.[258] Öffentliches Verständnis artikuliert DIE WELT vom 21. Januar 1953 mithilfe der Vokabel *Kameradschaftsehe*: „Eine ernstgemeinte und von

---

[257] Duden-Universalwörterbuch (2001), Mannheim/Leipzig/Wien/Zürich, 4., neu bearbeite und erweiterte Auflage, S. 1814.

[258] So der Abgeordnete Hoogen von der CDU/CSU-Fraktion. Verhandlungen des Deutschen Bundestages. Stenographische Berichte (BT) 10.11.1955, S. 6025.

sittlicher Reife getragene Kameradschaftsehe kann nicht als ärgerniserregend und anstößig empfunden werden."
Eine zweite Krise der traditionellen Ehe-Ethik setzt 1962 mit der Einführung der hormonalen Kontrazeption ein. Der voreheliche sexuelle Kontakt droht nicht länger in einer so genannten *Muss-Ehe* zu enden. Die sichere orale Empfängnisverhütung ermöglicht den außerehelichen Kontakt ohne die Folgen einer Schwangerschaft. Eine sinnlich-erotische Auffassung von Sexualität tritt an die Stelle der restriktiven ehe-orientierten Ethik der 50er Jahre. „Moral wird als Mittel der Geburtenkontrolle durch die Pille abgelöst"[259]. Neue sexuelle Praktiken werden Mitte der 60er Jahre aus Amerika übernommen und als *Gruppensex*, *Gesellschafts-Sex*, *Frauentausch* bzw. *Partnertausch* ins Deutsche übersetzt. Für stabile Beziehungen außerhalb der Ehe gelten pejorisierende Ausdrücke wie *Konkubinat* als veraltet, *wilde Ehe* wird zu einer nicht mehr stigmatisierenden historischen Vokabel und *Partnerschaft* wird die neue öffentliche Bezeichnung.
In der zweiten Hälfte der 60er Jahre werden die sexualmoralischen Grundpfeiler der Ehe – Monogamie, Stabilität und Heterosexualität – von der Studentenbewegung in Frage gestellt, die Ablehnung der *Zweierkiste* und des *Besitzanspruchs der Partner*[260] wird z.T. in so genannten Kommunen öffentlich vorgelebt. Es beginnt allmählich die Tolerierung der *Ehe vor der Ehe*, d.h. des vorehelichen Zusammenlebens von zumeist jungen Erwachsenen. Der Bewusstseinswandel spiegelt sich auch in der Reform des Sexualstrafrechts 1969 wider, als *Ehebruch* als Straftatbestand abgeschafft wird.
Mitte der 70er Jahre wird der Terminus *offene Ehe* populär,

---

[259] Tönnesen (1995), S. 600.
[260] Am 15. Mai 1997 kam ein 25jähriger parlamentarischer und juristischer Streit zum Abschluß, als der Bundestag mit großer Mehrheit die strafrechtliche Ungleichbehandlung von ehelicher und außerehelicher Vergewaltigung beschloss und Vergewaltigung in der Ehe als Verbrechen eingestuft und strafbar wurde.

der bürgerliche Eheideale und progressive Ehekritik synthetisiert. In der *offenen Ehe* wird *sexuelle Untreue* nicht notwendig negativ bewertet und muss nicht zum Bruch der Beziehung führen.
Das 1977 in Kraft tretende neue Scheidungsrecht spiegelt die Entwicklung zu einer liberaleren Ehe- und Sexualmoral insofern wider, als das *Schuldprinzip* und das moralisierende Kriterium der *Eheverfehlung* aus dem Strafrecht gestrichen werden. Nicht mehr der *Ehebruch*, sondern das *Trennungsjahr* gilt als *unwiderlegbare Zerrüttungsvermutung*, die Scheidung wird per „Antrag" und nicht mehr per „Klage" herbeigeführt.
Zwischen 1970 und 1980 kommen als Alternativbezeichnungen zu *wilde Ehe*, *eheähnliches Verhältnis*, *nichteheliche* bzw. *eheähnliche Lebensgemeinschaft*, *unverheiratetes Paar*, *Ehe ohne Trauschein* in Gebrauch. Statt von *unehelichen* spricht man von *nicht-ehelichen Kindern* bzw. von *Kindern von Alleinerziehenden* oder von *Kindern nicht verheirateter Eltern*. (*→uneheliche Kinder*)
In den 80er Jahren beginnt eine Diskussion über die rechtliche Gleichstellung von *eheähnlichem Verhältnis* und *klassischer Ehe*.
Die Steuerreform 1990 erkennt z.B. „Partner, die in eheähnlichen Lebensgemeinschaften" zusammenleben, als „doppelten Haushalt" an, wenn ihm ein gemeinsames Kind angehört. Die Zeitungen registrieren einen ‚rasanten' Anstieg der ‚wilden Ehen' (1994 nach offiziellen Quellen über 2 Millionen) und berichten in Schlagzeilen wie „Hinterbliebenenrente für Partner in ‚wilder Ehe'" (SZ, 28.5.1993) von gerichtlichen Auseinandersetzungen über eine weiter gehende rechtliche Gleichstellung.
Man kann davon ausgehen, dass die *eheähnlichen Gemeinschaften* heterosexueller Partner, die ohne standesamtliche Trauung zusammen leben, gesellschaftlich und juristisch als Alternativformen zur Ehe anerkannt werden. Das lässt sich nicht zuletzt daran ablesen, dass sich keine öffentliche Diskriminierungsvokabel als Nachfolgevokabel für *wilde*

Ehe entwickelt hat, dass es z.B. bei gesellschaftlichen Einladungen als taktvoll bzw. normal gilt, die Miteingeladenen als *Partner* oder *Begleitperson* zu bezeichnen und nicht wie früher „Ehefrau“ oder „Ehemann“ miteinzuladen. Allerdings registriert die Presse auch nach dem Jahr 2000 noch Vorrechte für „verheiratete Väter“[261] und sie berichtet über Tipps für „verliebte Senioren“, z.B. wo man im Ausland kirchlich „heiraten kann ohne die Rente zu gefährden“, da nach wie vor bei standesamtlicher Ehe in Deutschland „Witwen- oder Witwerrenten [...] bei Wiederverheiratung mit Ablauf des Monats der Eheschließung weg[fallen]“ (RP, 25.4.2002).
Ganz anders verläuft die gesellschaftliche Auseinandersetzung über die Anerkennung homosexueller Lebensformen, die in den 70er Jahren beginnt und am 10. November 2000 einen Höhepunkt mit der Verabschiedung des „Lebenspartnerschaftsgesetzes zur Beendigung der Diskriminierung gleichgeschlechtlicher Gemeinschaften“ durch den Bundestag erlebt. (→*Homo-Ehe*)
Dies wird öffentlich (und juristisch) als fundamentale Infragestellung der Institution Ehe und des traditionellen Ehebegriffs wahrgenommen.

GS

[261] Unter diesem Titel berichtet die RP, 19.1.2001, über ein Gerichtsurteil des Bundesarbeitsgerichts in Erfurt vom 18.1.2001 (AZR 492/99), dass „nur ein verheirateter Mann [...] am Tag der Geburt seines Kindes Anspruch auf bezahlte Freistellung von der Arbeit“ hat.

18 Einheit der Nation

[Kein Eintrag im Duden.]

> „**Na|ti|on,** die; -,-en [frz. nation <lat. natio = das Geborenwerden; Geschlecht; Volk(sstamm), zu: natum, ↑Natur]: **a)** *große, meist geschlossen siedelnde Gemeinschaft von Menschen mit gleicher Abstammung, Geschichte, Sprache, Kultur, die ein politisches Staatswesen bilden:* die deutsche, französische, englische N.; eine geteilte N.; **b)** *Staat, Staatswesen:* Die Akademie der Künste hatte ... den Eingang mit den Fahnen vieler –en behängt (Reinig, Schiffe 93); Frankreich war unter den 48 –en, die im Dezember die allgemeinen Menschenrechte unterzeichneten (Dönhoff, Ära 117); die Vereinten –en (*Organisation, in der sich viele Staaten zur Erhaltung des Weltfriedens zusammengeschlossen haben;* Abk.: VN); **c)** (ugs.) *Menschen, die zu einer Nation gehören; Volk:* ob je zuvor eine N. am Bildschirm verfolgen konnte, wie ... (Dönhoff, Ära 76); er ist der Liebling der N." Duden (1999), S. 2705.

Die öffentliche Diskussion über die *Einheit der Nation* und das hierbei entwickelte spezifische Vokabular waren Ausdruck einer historischen Ausnahmesituation. Nach Beendigung des Zweiten Weltkrieges stand die staatliche Zukunft Deutschlands zur alleinigen Disposition der Besatzungsmächte.[262]

1949 gewann mit der Teilung Deutschlands in zwei Staaten der deutsch-nationale Diskurs an Brisanz. Die Redeweise von der *Mauer in den Köpfen* in den 90er Jahren zeigt, dass auch nach dem 3. Oktober 1990 die „Einheit der Nation" nicht auf allen Ebenen als unproblematisch wiederhergestellt gilt.

---

[262] Vgl. Morsey (1995), S. 11.

Nachdem mit der Unterzeichnung des Grundgesetzes am 23. Mai 1949 aus den drei westlichen Besatzungszonen die Bundesrepublik Deutschland geworden war, setzte die Provisorische Volkskammer am 7. Oktober 1949 in der sowjetischen Besatzungszone ihre Verfassung in Kraft und gründete die DDR.

Die Sowjetunion hatte in der von ihr besetzten Zone bereits 1945 mit gesellschaftlichen und wirtschaftlichen Umstrukturierungen begonnen, vertrat aber zunächst offiziell die Haltung, Deutschland nicht auf Dauer im Zustand der Teilung belassen zu wollen. Da zunächst weder die Übertragung des westlichen noch des östlichen politischen und wirtschaftlichen Systems auf ganz Deutschland möglich schien, bemühten sich sowohl der Osten als auch der Westen darum, „das einmal besetzte Gebiet im eigenen Einflussbereich zu halten wodurch sie die Teilung Deutschlands [...] herbeiführen."[263]

Die Folgezeit war dadurch geprägt, dass sich beide Seiten gegenseitig beschuldigten, die Teilung vorangetrieben zu haben, und dass beide bekräftigten, jeweils die Einheit Deutschlands zu befürworten. Sowohl die Verfassung der DDR als auch das Grundgesetz der Bundesrepublik enthielten das Bekenntnis zur (Wiederherstellung der) Einheit Deutschlands.

Die Präambel des 1949 in Kraft getretenen Grundgesetzes zeigt, wie in der Bundesrepublik der Ausdruck *national* verwendet wurde. Das deutsche Volk sei „von dem Willen beseelt, seine nationale und staatliche Einheit zu wahren".[264] Die Adjektive *staatlich* und *national* beziehen hier das gesamte Deutschland ein, da das Grundgesetz nur für eine Übergangszeit im westlichen Teil Deutschlands Gültigkeit haben sollte. Die politische Entwicklung wies jedoch in eine andere Richtung. In der DDR war 1949 eine eigene Verfassung verabschiedet worden, man betrachtete

---

[263] Bundeszentrale für politische Bildung (1990), S. 14.

[264] Roggemann (1989), S.452.

sich ebenfalls als souveränen Staat. „Danach ist Deutschland eine unteilbare demokratische Republik; sie baut sich auf den deutschen Ländern auf.“[265] Demnach wurde zwar zu diesem Zeitpunkt die *Einheit der Nation* weder von der Bundesrepublik noch von der DDR infrage gestellt, beide Staaten verstanden sich jedoch als jeweils „allein legitimierte staatliche Organisation des deutschen Volkes.“[266] Diese Auffassung führte zur gegenseitigen staatlichen Nichtanerkennung, die sich sprachlich in der Vermeidung der selbstgegebenen offiziellen Staatsbezeichnungen widerspiegelte.

Eine Wende in der Deutschlandpolitik erfolgte auf der Genfer Gipfelkonferenz der Siegermächte (18.–23. Juli 1955). Hier bekannte sich die Sowjetunion – nachdem im März 1954 die DDR bereits für souverän erklärt worden war –, zur so genannten *Zwei-Staaten-Theorie*, die von der dauerhaften Teilung Deutschlands und der Existenz zweier souveräner deutscher Staaten ausging. Dieser Trennung von Staat und Nation trat die Bundesrepublik mit einer verstärkten *Nichtanerkennungspolitik* entgegen. Sie verweigerte der DDR die staatliche Anerkennung und verkündete in der Regierungserklärung vom 29. September 1955 die so genannte *Hallstein-Doktrin* als deutschlandpolitischen Grundsatz. Danach seien mit Staaten – ausgenommen die UdSSR –, die die DDR diplomatisch anerkannten, keine völkerrechtlichen Beziehungen aufzunehmen respektive aufrechtzuerhalten. Ab 1958 spitzte sich die Berlin-Krise zu und der wachsende Flüchtlingsstrom nach Westdeutschland führte 1961 zum Bau der →*Mauer*. Die steigende Spannung zwischen den Westmächten und der UdSSR, die Kuba-Krise (1962) und die damit verbundene Gefahr eines nuklearen Krieges ließen die *deutsche Frage* und den nationalen Diskurs in den Hintergrund treten.

---

265 Benz/Moos (1989), S. 41.

266 Bundeszentrale für politische Bildung (1991), S. 27.

International etablierte sich die so genannte *Entspannungspolitik*.
In den sechziger Jahren entfernte man sich von Adenauers „Politik der Stärke" zugunsten einer „Neuen Ostpolitik". Bezeichnend waren Schlagwörter wie etwa *Wandel durch Annäherung* und *Koexistenz auf Deutsch* (Egon Bahr, SPD), die das westdeutsche politische Konzept einer Anerkennung des zweiten deutschen Staates unterstrichen. (FAZ, 2.10.2000, S. 3)
Die Bundesregierung beschloss einen jährlichen *Bericht zur Lage der Nation*, der im März 1968 erstmals von Bundeskanzler Kurt Georg Kiesinger (CDU) vorgelegt wurde. Mit der Vokabel *Nation* wurde in der Antragsbegründung für den Bericht „das Volk in beiden Teilen Deutschlands"[267] bezeichnet. Bundeskanzler Kiesinger betonte in dem von ihm vorgelegten Bericht die Notwendigkeit, an der Vorstellung einer Nation festzuhalten, wobei er diesen Ausdruck im umgangssprachlichen Sinne synonym für *Volk* gebrauchte.[268]
Die offizielle Anerkennung zweier deutscher Staaten konstatierte erstmals Bundeskanzler Willy Brandt (SPD) im Oktober 1969 in seiner Regierungserklärung: „[...] auch wenn zwei Staaten in Deutschland existieren, sind sie doch füreinander nicht Ausland."[269]
Mit der Aufgabe eines Konzeptes, das *Staat* und *Nation* als Einheit betrachtete, hatte die Bundesregierung der Forderung der DDR nach staatlicher Anerkennung entsprochen. Hauptbeweggrund für diese neue Haltung war der Erhalt des Friedens in Europa, hinter den die *deutsche Frage* zurücktrat. Allerdings wurden die alten Positionen nicht völlig aufgegeben, da Brandt versuchte, die Vokabel *Nation* umzuwerten und ihr eine einende Aufgabe zukommen zu

[267] Plenarprotokoll der 100. Sitzung des Deutschen Bundestages vom 17.3.1967, S. 4637.
[268] Plenarprotokoll der 158. Sitzung des Deutschen Bundestages vom 11.03.1968, S. 8170f.
[269] Zitiert nach Lehmann (2000), S. 216.

lassen: „Wir sind entschlossen [...] den Zusammenhalt der deutschen Nation zu wahren."
Darüber hinaus verwendete Brandt die Vokabel *Nation*, um das Zusammengehörigkeitsgefühl der Menschen in Ost und West zu betonen:

> „25 Jahre nach der bedingungslosen Kapitulation des Hitler-Reiches bildet der Begriff der Nation das Band um das gespaltene Deutschland. Im Begriff der Nation sind geschichtliche Wirklichkeit und politischer Wille vereint. Nation umfaßt und bedeutet mehr als gemeinsame Sprache und Kultur, als Staat und Gesellschaftsordnung. Die Nation gründet sich auf das fortdauernde Zusammengehörigkeitsgefühl der Menschen eines Volkes. Niemand kann leugnen, daß es in diesem Sinne eine deutsche Nation gibt und geben wird, soweit wir vorauszudenken vermögen."[270]

Die Deklaration einer *Kultur*- bzw. *Bewusstseinsnation* löste das politische Konzept einer *Staatsnation* als deutschlandpolitische Grundlage ab:

> „Die Identität von Nation und Staat war zerbrochen. Doch sie hatte in Deutschland ohnedies nur eine kurze Spanne existiert. Als ‚Kultur-Nation' hatte Deutschland immer gelebt und als ‚Kultur-Nation' würde es seine Identität behalten"[271]

Entsprechend der von der Sowjetunion 1955 aufgestellten *Zwei-Staaten-These* war die Verfassung der DDR 1968 geändert worden: Im Artikel 1 hieß es: „Die Deutsche Demokratische Republik ist ein sozialistischer Staat deutscher Nation [...]."[272]

---

[270] Bericht zur Lage der Nation, 14. Januar 1970, zitiert nach DEUTSCHLAND-ARCHIV, Heft 2 (1970), S. 172.
[271] Willy Brandt, zitiert nach Roth (1995), S. 98.
[272] Zitiert nach Roggemann (1989), S. 426ff.

Während im offiziell-institutionellen Sprachgebrauch der Bundesregierung mit der Vokabel *Nation* trotz der staatlichen Zweiteilung der Gedanke der Einheit aller Deutschen betont wurde, galt diese Verwendungsweise in der DDR nur bis Ende der 60er Jahre.
Die sozialliberale Ostpolitik der Bundesrepublik und deren Instrumentalisierung des Ausdrucks *Nation* als Klammer für Gesamtdeutschland mag in der DDR dazu geführt haben, dass eine rein staatsrechtliche Anerkennung für ihre Abgrenzungsbestrebungen nicht mehr ausreichend erschien. [273] Nachdem sich die SED noch in den 60er Jahren zur *Einheit der Nation* bekannt hatte, distanzierte sie sich zunehmend von dieser Position, um ihrem Anspruch auf völkerrechtliche Anerkennung Ausdruck zu verleihen. So thematisierte Anfang 1970 die RHEINISCHE POST, dass der Staatsratsvorsitzende der DDR, Walter Ulbricht, dem Sprachgebrauch der Bundesregierung die Existenz *zweier Völker* entgegensetzte: „Ulbricht spricht vom Volk der Bundesrepublik und vom Volk der DDR." (RHEINISCHE POST, 20.1.1970) Im Dezember 1970 unterschied Ulbricht erstmalig zwischen *zwei Nationen*: Der Selbstbezeichnung *sozialistische Nation* stellt er die konträr attribuierte *alte bürgerliche Nation* entgegen.[274]
Die Abkehr von einem einheitlichen nationalen Konzept wird deutlich, als Erich Honecker 1971 auf dem achten SED-Parteitag distanzierend von der *so genannten Einheit der Nation* spricht.[275]
Die *Zwei-Nationen-These* hatte die *Zwei-Staaten-These* abgelöst. In ihr wurde *Nation* nicht mehr im Sinne einer gemeinsamen Abstammung, sondern als gemeinsame Gesellschaftsordnung begriffen.[276]

---

[273] Vgl. Busse (1995), S. 221.
[274] Vgl. Bundeszentrale für politische Bildung (1991), S. 20.
[275] Vgl. Bundeszentrale für politische Bildung (1991), S. 21.
[276] In der sich ausbreitenden Verwirrung, ob man in der Deutschen Demokratischen Republik überhaupt noch Deutscher war, gab Honecker dann eine absurd anmutende Formel aus: „Zwei Staaten – zwei Natio-

Entsprechend wurde *Deutsche Nation* vollständig aus der zweiten Verfassung der DDR (1974) gestrichen.
Auf bundespolitischer Ebene entstand zu Beginn der siebziger Jahre ein Streit um die Leitvokabel *Nation*. Die CDU/CSU-Opposition kritisierte die Regierung und deren Gebrauch der Vokabel *Nation*, dass sie nämlich von einer *Nation* spräche, obgleich zwei Staaten auf deren Gebiet bestünden. Entsprechend dieser Kritik definierte Richard von Weizsäcker *Nation* als „Inbegriff" nicht nur „von Sprache und Kultur, von Bewußtsein und Wille," sondern auch „von Staat und Gebiet"[277], das heißt als Staatsnation.
Die weit gehend unterschiedlichen Haltungen von SPD/FDP-Regierung und CDU/CSU-Opposition in Hinblick auf die Vokabel *Nation* traten hinter die Abgrenzungsbemühungen der DDR-Führung zurück, sodass in der Folgezeit, ungeachtet des jeweiligen Verständnisses, die *Einheit der Nation* als gemeinsame Maxime betont wurde. So konstatierte 1976 Bundeskanzler Helmut Schmidt (SPD) in seinem *Bericht zur Lage der Nation* im Brandtschen Sinne: „Eine Nation hat so lange Anspruch auf ihre Selbstbestimmung, wie sie Nation sein will."[278]
Grundsätzlich etablierten sich in der BRD der 80er Jahre zwei konträre politische Positionen, die sich in heterogenem Sprachgebrauch darstellten. Die Regierung unter Bundeskanzler Helmut Kohl (CDU) – ab 1982 – betonte, sie ginge von den realen Machtverhältnissen aus, hielte aber am Ziel der deutschen Einheit fest. Zu den Realitäten gehöre „der Wille der Deutschen Nation zur Einheit"[279]. Auf dem CDU-Parteitag 1988 wurde „der innerparteiliche Vorstoß, die Forderung nach der Wiederherstellung der

---

nen – zwei Staatsbürgerschaften – eine Nationalität." Bundeszentrale für politische Bildung (1991), S. 20.

[277] Plenarprotokoll der 172. Sitzung des Deutschen Bundestages vom 24.2.1972, S. 9838.

[278] Zitiert nach Fröhlich (1999), S. 49.

[279] Bundeszentrale für politische Bildung (1991), S. 24.

staatlichen Einheit Deutschlands nicht mehr zu erheben"[280] mehrheitlich abgelehnt, sodass – wie schon Anfang der 70er Jahre – das Konzept der *Staatsnation* dominierte. Die sozialdemokratische Opposition trennte dagegen begrifflich zwischen „Einheit der Nation" und „einheitlichem Nationalstaat". In den 1984 formulierten „Thesen zur Deutschlandpolitik" erklärte die SPD-Bundestags-Fraktion daher: „Die Einheit der Nation [...] ist nicht identisch mit einer Vereinigung der beiden deutschen Staaten."[281] Damit vertrat sie weiterhin die Anerkennung der staatlichen Teilung, welche die Forderung nach Selbstbestimmung jedoch nicht ausschloss.

Ende der 80er Jahre distanzierte sich Erich Honecker von der durch den sowjetischen Generalsekretär Michail Gorbatschow vorangetriebenen sowjetischen Reformbewegung, die sich durch Schlagworte wie *Glasnost* und *Perestroika* auszeichnete. Der Demokratisierungsprozess einiger sozialistischer Länder (wie z.B. Ungarn und Polen) eröffnete den reformwilligen Bürgern der DDR neue Perspektiven. Nach dem Abbau der Grenzbefestigungen an der ungarisch-österreichischen Grenze am 11. September 1989 kam es zur Massenflucht, wobei bis zum 1. Oktober 1989 ca. 30000 DDR-Bürger über Ungarn in den Westen gelangten.[282] Zum 40. Jubiläum der DDR am 7. Oktober 1989 fanden friedliche Demonstrationen in Städten wie Ost-Berlin, Dresden und Leipzig statt.

Die Demonstrationen im Herbst 1989 zeigten, dass die „Diktatur der SED" abgelehnt wurde.[283] Nach dem erzwungenen Rücktritt Erich Honeckers durch das Zentralkomitee (ZK) der SED wurden am 9. November 1989 die Grenzen der DDR zur Bundesrepublik Deutschland geöffnet. Mit dem *Fall der Mauer* wurden die Sprechchöre der

[280] Bundeszentrale für politische Bildung (1991), S. 24.
[281] Bundeszentrale für politische Bildung (1991), S. 22.
[282] Vgl. Lehmann (2000), S. 362.
[283] Forderungen der Demonstranten lauteten beispielsweise „Schluß mit der Diktatur der SED", „Freie Wahlen" oder „Demokratie jetzt".

Demonstranten „Wir sind das Volk“ durch Parolen wie etwa „Wir sind ein Volk“ und „Deutschland, einig Vaterland“ abgelöst; diese Parolen wurden allerdings von ostdeutschen Bürgerrechtlern abgelehnt. (Vgl. DER SPIEGEL, 11.6.2001) Am 22. Dezember wurde das Brandenburger Tor, bislang Symbol der Teilung Deutschlands, im Beisein von Bundeskanzler Helmut Kohl und dem Ministerpräsidenten der DDR-Übergangsregierung Hans Modrow und etwa 300 000 feiernden Menschen aus Ost und West geöffnet. Ende November wurde von Bundeskanzler Kohl der so genannte *Zehn-Punkte-Plan* erstellt, dessen Ziel die *deutsche Föderation*, das heißt die bundesstaatliche Einheit Deutschlands darstellte.[284] DDR-Regierungsvertreter, oppositionelle Parteien und Gruppen sowie Kirchenvertreter, die sich regelmäßig am so genannten *→Runden Tisch* trafen, um freie Wahlen vorzubereiten und eine neue Verfassung zu erarbeiten, wandten sich gegen eine Übernahme des bundesdeutschen Grundgesetzes. Sowohl West- als auch Ostdeutsche Intellektuelle und Bürgerrechtler sprachen sich explizit gegen eine *Einheit der Nation* aus und sahen in der deutschen Zweistaatlichkeit eine Sühne für den Holocaust. Günther Grass sagte hierzu 1990: „Wer gegenwärtig über Deutschland nachdenkt und Antworten auf die deutsche Frage sucht, muss Auschwitz mitdenken.“[285]
Diesen Positionen hatte der Ehrenvorsitzende der SPD Willy Brandt zuvor mit der Aussage widersprochen: „Noch so große Schuld einer Nation kann nicht durch eine zeitlos verordnete Spaltung getilgt werden.“[286]
Nach ihrem Wahlsieg unterzeichnete die demokratisch legitimierte DDR-Regierung eine Währungs-, Wirtschafts- und Sozialunion mit der Bundesrepublik. Der Frankfurter Philosoph Jürgen Habermas kritisierte diesen Modus der

---

[284] Vgl. Müller (1990), S. 447.

[285] Günther Grass, „Kurze Rede eines vaterlandslosen Gesellen“, 1990, zitiert nach DER SPIEGEL Nr. 24, 2001.

[286] Willy Brandt, 18. Dezember 1989, auf dem Berliner Parteitag der Sozialdemokraten, zitiert nach DER SPIEGEL Nr. 24, 2001.

deutsch-deutschen Vereinigung als „DM-Nationalismus.“ (DIE ZEIT, 30.3.1990). Im August 1990 fasste die Volkskammer den Beschluss, den Beitritt der DDR zur Bundesrepublik Deutschland nach Art. 23 GG zu vollziehen. Am 3. Oktober 1990 wurde der zuvor beschlossene staatliche Beitritt der DDR zur BRD wirksam. Nach der politischen Vereinigung mit der Bundesrepublik und dem offiziellen Ende der DDR verkündete Bundeskanzler Helmut Kohl am 3. Oktober 1990: „Die deutsche Einheit ist vollendet.“ (FAZ, 2.10.1999, S. 46)

Aus *zwei Staaten in einer Nation* wurde eine *einheitliche deutsche Staatsnation*.

Nach dem Fall der Mauer veränderte sich die öffentliche Auseinandersetzung um *die Einheit der Nation*. Stand bis 1989/90 die äußere, das heißt die staatliche Einheit im Vordergrund des öffentlichen Interesses, so wurde seit der Vereinigung (→*Wiedervereinigung* und →*friedliche Revolution*) Deutschlands die *innere* und somit gesellschaftliche bzw. sozio-kulturelle *Einheit* zum Mittelpunkt der Diskussionen. Tatsächlich empfand die Mehrheit der Bewohner beider deutscher Staaten zum Zeitpunkt des Mauerfalls den jeweils anderen Teil als „Ausland“.[287] Das Bewusstsein der perpetuierten Fremdheit äußerte sich unter anderem durch die Verwendung der Metapher „Mauer in den Köpfen“.[288]

Durch die Kontextualisierung des Substantivs *Solidarität* mit dem Vokabular des nationalen Diskurses beabsichtigte die Regierung Kohl, gerade die Bürger der alten Bundesländer für die ökonomischen und sozialen Probleme im Osten zu sensibilisieren.

[287] Vgl. Stötzel (1991), S. 5.
[288] Vgl. Kippels (1999), S. 139.

> „Das Leitwort der kommenden Monate lautet nationale Solidarität. Solidarität ist in dieser Stunde unsere selbstverständliche menschliche und nationale Pflicht.“[289]

Das Phänomen der geistigen Entfremdung nach vierzigjähriger Teilung thematisierte die ZEIT im Februar 1991 unter der Überschrift: „Die geeinte Nation – zutiefst geteilt.“ Dem Ausdruck „Spaltung in der Einheit“ setzte der ostdeutsche Bürgerrechtler Friedrich Schorlemmer ironisierend die „Spaltung durch die Einheit“ gegenüber.[290]
Im Jahre 1999 titelte die FAZ: „Zehn Jahre nach der Wiedervereinigung sind wir weit entfernt davon, uns als eine Nation zu begreifen.“ (FAZ, 2.10.1999, S. 46)
Unabhängig von Aspekten der staatlichen Spaltung und Einheit wurde in den 90er Jahren in sprachlichen Kontroversen die Vokabel *Nation* inhaltlich neu besetzt. In Hinblick auf die Integration von in Deutschland lebenden Ausländern verstärkte sich ein innenpolitischer Dissens. Der SPD-Bundestagsabgeordnete Norbert Gansel sprach sich schon im Februar 1990 für den Erwerb der Staatsangehörigkeit kraft Geburt (ius soli) aus. (→*Doppelpass*)

> „Zu dieser Nation müssen auch diejenigen gehören, die als Kinder derer bei uns geboren sind, die als Arbeitskräfte gerufen wurden: aus der Türkei in die Bundesrepublik und aus Vietnam in die DDR...[...].“[291]

Nach rechtsradikalen Überfällen und Brandanschlägen auf ausländische, vornehmlich türkische Mitbürger und auf Asylbewerberheime entstand eine öffentliche Kontroverse um die deutsche Bezugsgröße Nation und damit einhergehend um die deutsche Identität. Der Schriftsteller Martin Walser sah als mögliche Ursache für die grausamen rechts-

---

[289] Bundeskanzler Helmut Kohl (CDU), BT-Plenarprotokolle, 15.2.1990, S. 15110.
[290] Zitiert nach Busse (1995), S. 203.
[291] Norbert Gansel (SPD), BT-Plenarprotokolle, 15.2.1990, S. 15147.

radikalen Überfälle das Fehlen einer ausgebildeten nationalen Identität.

> „Ich glaube, die Entwicklung rechtsextremistischer Gruppierungen ist eine Antwort auf die Vernachlässigung des Nationalen durch uns alle. Und wir haben diesen Pflegern nationaler Tendenzen immer jede Legitimität verweigert. [...] Könnte es nicht sein, dass wir durch diese peinliche Ausgrenzung die Rechtstendenzen radikalisiert haben?“ (DER SPIEGEL, 28.6.1993, S. 43)

Wolfgang Schäuble (CDU) plädierte in seinem Buch „Und der Zukunft zugewandt“[292] für eine Rückbesinnung auf nationale Werte. Den Ausdruck *Nation* definiert er als „Schutz-“ und „Schicksalsgemeinschaft.“ (zitiert nach DER SPIEGEL, 18.7.1994, S. 40)
Die SPD-Politikerin Heidemarie Wieczorek-Zeul thematisierte explizit diese sprachliche Verwendungsweise von *Nation*: Sie schließe an „völkisches Gedankengut“ an. (DER SPIEGEL, 18.7.1994, S. 40) Das Ausmaß der unter nationalsozialistischer Herrschaft begangenen Verbrechen sowie die noch unvollendete Verarbeitung der 40jährigen Teilung Deutschlands lassen den Umgang mit dem Wort *Nation* in Deutschland bis heute weitaus problematischer erscheinen als es in den europäischen Nachbarländern der Fall ist.
Weit gehend pejorative Attribuierungen wie „schwierig“, „verunsichert“ , „zerrissen“ und „überfordert“[293] stehen als Indikator für ein spezifisch deutsches Verständnis von Nation. Allerdings deutet die zunehmende Bereitschaft einer rechtlichen Integration von in Deutschland geborenen Ausländern die Entwicklung zu einer modernen *Staatsbürgernation* an.

LP/KD

[292] Schäuble (1994).
[293] Vgl. Busse (1995), S. 204.

19 Einwanderungsland

„**Einwanderungsland**, das: *Land, in das Menschen bevorzugt einwandern:* zu Beginn dieses Jahrhunderts waren die USA das beliebteste E.; die Diskussion darüber, ob Deutschland ein E. ist, dauert an“ Duden (1999), S. 989.

Bereits seit Ende des 19. Jahrhunderts war die deutsche Wirtschaft auf ausländische Arbeitskräfte angewiesen. Diese wurden hauptsächlich nach Notwendigkeit angeworben, denn in Zeiten der Rezession sollten sie wieder in ihre Herkunftländer zurückgeschickt werden können. Die vorwiegend aus Osteuropa stammenden Arbeiter wurden im ausgehenden 19. und beginnenden 20. Jahrhundert *Wanderarbeiter* genannt.[294] Die von den Nationalsozialisten zwischen 1933 und 1945 aus ihren Ländern zwangsrekrutierten Arbeiter wurden zunächst euphemistisch als *Fremdarbeiter* bezeichnet.[295] (→*Gastarbeiter*)
Seit dem wirtschaftlichen Aufschwung in den 50er Jahren und besonders nach Schließung der DDR-Grenze gegenüber der Bundesrepublik 1961 (→*Mauer*) wurden zunehmend Arbeitskräfte aus dem Ausland benötigt, um die offenen Stellen besetzen zu können.[296] Zu diesem Zweck wurden bereits Mitte der 50er Jahre Anwerbeverträge zunächst mit Italien, dann mit Spanien und Griechenland und bis 1968 mit der Türkei und Jugoslawien geschlossen.[297]

Auf diese Weise wuchs die ausländische Erwerbsbevölkerung in Deutschland bis zum durch die Folgen des Ölboy-

[294] Vgl. Bade (1983), S. 12ff.
[295] Heute ist die Vokabel *Fremdarbeiter* durch *Zwangsarbeiter* ersetzt worden, um den gewaltsam vertriebenen und ausgebeuteten ausländischen Arbeitern im Dritten Reich auch sprachlich gerecht zuwerden.
[296] Vgl. Heckmann (1981), S. 150.
[297] Vgl. Bade (1983), S. 68.

kotts der OPEC-Staaten bedingten so genannten *Anwerbestopp* 1973 auf ca. 2,6 Millionen.[298]
Zu Beginn der siebziger Jahre setzte im Zusammenhang mit der damaligen *Ausländerbeschäftigungspolitik* eine von allen Parteien kontrovers geführte Debatte darüber ein, ob es sich bei der Bundesrepublik um ein *Einwanderungsland* handle oder nicht. Die Arbeitgeberverbände stellten bereits 1971 in realistischer Diktion fest: „Die BRD ist kein Einwanderungsland!" (HANDELSBLATT, 12.11.1971) Entsprechend „der seit 1974 geltenden offiziellen Leitlinie der Bundesregierung ‚Eingliederung ja – Einwanderung nein'"[299] bekräftigte 1977 auch die „Bund-Länder-Kommission Fortentwicklung einer umfassenden Konzeption der Ausländerbeschäftigungspolitik" nachdrücklich die Aussage, „daß die Bundesrepublik ‚kein Einwanderungsland' sei."[300] Die Bezeichnung *Einwanderungsland* wurde dabei insofern brisant, als die Anerkennung, dass diese Vokabel die bundesdeutsche Realität zutreffend bezeichne, weit reichende politische (und damit juristische) Konsequenzen nach sich ziehen musste.
1982 wurde erstmals öffentlich konstatiert, dass „mit dem Zuzug der Gastarbeiter eine Einwanderung im völkerrechtlichen Sinn stattgefunden habe."[301] Zugleich wurde im öffentlichen Sprachgebrauch neben dem Ausdruck *Gastarbeiter* vermehrt die Alternativvokabel *Einwanderer* verwendet.
Bereits 1979 hatte der damalige nordrhein-westfälische Ministerpräsident Heinz Kühn (SPD) im Zusammenhang mit der Remotivierung der Vokabel *Gastarbeiter* (dass sie

---

[298] Bade (1983), S. 67ff. Durch den Ölboykott der OPEC-Staaten kam es zu einer Verknappung des Rohöls und damit zu einer drastischen Erhöhung der Rohölpreise, unter der vor allem die produzierende Wirtschaft zu leiden hatte, die daraufhin einen verminderten Bedarf an Arbeitskräften hatte.
[299] Wengeler (1995), S. 724.
[300] Wengeler (1995), S. 724.
[301] Schwerdtfeger zitiert nach Wengeler (1993), S. 20.

als „Gäste“ auch wieder nach Hause zurückkehren müssten) die „unvermeidliche Anerkennung der faktischen Einwanderungssituation“[302] gefordert. Um die „Angemessenheit“ der Bezeichnung *Einwanderungsland* für die bundesdeutsche Realität zu unterstreichen und „die gesetzliche Lage zu kritisieren, daß die BRD *de jure* (als implizierte Opposition zu *de facto*) nicht als *Einwanderungsland* handelt“[303], wurden auch Komposita wie *De-facto-Einwanderungsland* und *Quasi-Einwanderungsland* (DER SPIEGEL, 13.2.1989, S. 29) verwendet.
Die politische Brisanz des zunächst positiv konnotierten Schlagwortes *Einwanderungsland* beruhte vor allem auf den in ihm enthaltenen programmatischen „Forderungen nach einem *Einwanderungsgesetz*, nach *Einwanderungsquoten* und nach dem politischen Leitbild *multikulturelle Gesellschaft*“[304].
Entscheidend verschärft wurde die Auseinandersetzung um die Vokabel *Einwanderungsland* durch die *Asyldiskussion* (FR, 23.10.1991) und die geplante Änderung des Artikel 16 GG (später 16a GG) sowie den verstärkten Zuzug von Aussiedlern in den Jahren 1988/89.
Um die – stigmatisierend als *Überfremdungsphantasien* (RP, 2.8.1986) bezeichnete – wachsende „Xenophobie der Deutschen“ (DER SPIEGEL, 13.12.1989, S. 29) zu bekämpfen, propagierte der damalige Bundeskanzler Helmut Kohl (CDU) Ende der 80er Jahre in realistischer Diktion die Parole „Deutschland ist kein Einwanderungsland“ (ebd.) – unterstützt vom damaligen bayrischen Ministerpräsidenten Max Streibl, der hinzufügte: „Und darf auch keines werden“ (ebd.). Diese Auffassung war in der CDU nicht unumstritten. Heiner Geißler (CDU) sprach „sich für eine leichtere Einbürgerung von Ausländern aus“ (TAZ, 23.11.1991, S. 4) und forderte – mit einer strategischen

[302] Zitiert nach Bade (1983), S. 100.
[303] Wengeler (1995), S. 725.
[304] Wengeler (1995), S. 725.

Unterstellung (Präsupposition) arbeitend –, dass die Bundesrepublik „ein Einwanderungsland bleiben [!]“ (FR, 31.10.1991) müsse. Während die CDU in einem Manifest zu ihrem Parteitag im Dezember 1991 nach heftiger Diskussion die Ausdrücke *Einwanderungsland*, *Einwanderungspolitik* und *Einwanderungsgesetz* (TAZ, 6.12.1991, S. 6) streichen und „durch die Forderung [...] ersetzen [lässt], die Zuwanderung von Ausländern so zu gestalten daß sie ‚den Interessen und Bedürfnissen unseres Landes entspricht‘“ (ebd. S. 5), sprach sich die SPD ausdrücklich für ein „Einwanderungsland Bundesrepublik und eine multikulturelle Gesellschaft“ (NRZ, 18.4.1992) aus und forderte 1995 zusammen mit Bündnis 90/DIE GRÜNEN und der FDP ein Einwanderungsgesetz mit jährlichen Kontingenten. Die damalige Vizepräsidentin des deutschen Bundestages, Renate Schmidt, „verlangte eine Wende in der gesamten deutschen Ausländerpolitik. ‚Wir müssen akzeptieren, daß wir ein Einwanderungsland sind‘“ (TAZ, 23.11.1991, S. 4).
Der Vorsitzende der CSU-Landesgruppe, Wolfgang Bötsch reagierte auf diese Forderungen, indem er erneut seine Forderung als Tatsachen-Feststellung formulierte: „Deutschland ist kein Einwanderungsland“ (TAZ, 14.4.1992, S. 4).
Nachdem das Asylrecht durch den so genannten *Asylkompromiss* (TAZ, 18.10.1991, S. 2) im Dezember 1992 mit den Stimmen von CDU, CSU, FDP und SPD geändert worden war, begann 1993 im Zusammenhang mit der bevorstehenden Ratifizierung der Maastricht-Verträge eine Diskussion um die Notwendigkeit eines Einwanderungsgesetzes und die deshalb notwendig werdende Reform des Staatsbürgerschaftsrechts (→*Doppelpass*), in der der damalige Außenminister Kinkel (FDP) eine „gesetzliche Zuwanderungsregelung“ (TAZ, 3.8.1993, S. 2) forderte. Innenminister Kanther (CDU) lehnte diese Forderung ab, es sei „geradezu töricht [...] in einem Augenblick, in dem noch immer monatlich Zehntausende nach Deutschland

kommen, [die Bevölkerung] mit Einwanderungsgesetzen zu ängstigen." (ebd.)
Im Juli 1993 wurde das bis dahin geltende Staatsangehörigkeitsrecht reformiert.
Im Zuge des beginnenden Bundestagswahlkampfes 1994 verabschiedete die FDP ihr Wahlprogramm:

> „Daß Deutschland ein Einwanderungsland ist, steht nun im Programm: Die Liberalen wollen ein Gesetz mit Einwanderungsquoten nach bestimmten Kriterien, das kommunale Wahlrecht für Ausländer nach acht Jahren, die doppelte Staatsbürgerschaft und ihren Erwerb durch Geburt (ius soli)." (TAZ, 6.6.1994, S.2)

Die Union hingegen stellte in ihrem Wahl- und Regierungsprogramm wiederum fest, „Deutschland ist kein Einwanderungsland [...] Ein Einwanderungsgesetz wird es mit uns nicht geben" (TAZ, 25.8.1994, S. 2) und setzte sich mit ihren Vorstellungen bei den Koalitionsverhandlungen nach der Wahl durch.
Nach dem Regierungswechsel von 1998 erfuhr die Diskussion über das „Reizthema Einwanderung" (FOCUS, 21.5.2001, Titel) Anfang 2000 eine erneute Wende; es kam „zu einem generellen Paradigmenwechsel bei der Zuwanderung" (so der hessische Innenminister Bouffier, CDU, in DIE WELT, 18.12.2000).
Statt wie bisher über die Frage zu diskutieren, ob die Bundesrepublik ein Einwanderungsland sei oder nicht, wurde zunehmend die Forderung nach einer „überfälligen Debatte, wie die Einwanderung gesteuert werden kann" (DER SPIEGEL Nr. 10, 2000) gestellt.
Auslöser für diesen „Richtungswechsel" waren neben der demographischen Entwicklung in Deutschland ein akuter Mangel an Arbeitskräften im Informations- und Telekommunikationsbereich. Als Reaktion einerseits auf den Geburtenrückgang und die daraus resultierende Überalterung der Bevölkerung sowie auf den Fachkräftemangel der

Wirtschaft andererseits sah man die Notwendigkeit einer stärkeren Öffnung der Bundesrepublik für Immigranten. Partei übergreifend diskutierte man über ein *Zuwanderungsgesetz* (DIE WELT, 30.1.2001) und die Ausgabe so genannter *Green Cards* für ausländische Fachkräfte in Hochtechnologiebranchen, die ironisierend als *Ideal-Einwanderer* (FOCUS, 21.5.2001, S. 74) und *Bilderbuch-Einwanderer* (ebd. S. 71) bezeichnet wurden. „Eine alternde und schrumpfende Gesellschaft benötigt nicht Gastarbeiter auf Zeit, sondern Einwanderer, die dauerhaft bleiben." (DIE ZEIT, 31.5.2000)
Innenminister Otto Schily (SPD) forderte eine „furchtlose Einwanderungspolitik" (DIE WELT, 30.1.2001) mit einer besonders von der Union befürworteten selektiven *Experten-Zuwanderung* (ebd.). Auch Marie-Luise Beck (Bündnis 90/DIE GRÜNEN) sprach sich für eine *IT-Zuwanderung* aus.
Die rot-grüne Bundesregierung setzte im Juli 2000 die so genannte *Zuwanderungskommission* (FR, 12.7.2000, S. 4) unter dem Vorsitz von Rita Süssmuth (CDU) ein, die im Juli 2001 ihre Empfehlungen zur Regelung der Zuwanderung vorlegte. Der seitdem als *Zuwanderungsgesetz*[305] – die CSU hatte bereits im November 2000 einen eigenen Entwurf eines *Zuwanderungsbegrenzungsgesetzes* (FR, 8.11.2000, S. 4) verabschiedet – bezeichnete Entwurf wurde von SPD und Bündnis 90/DIE GRÜNEN begrüßt. Explizit sprachthematisierend kritisierte der in Hannover lehrende Juraprofessor Hans-Peter Schneider die Bezeichnung *Zuwanderungsbegrenzungsgesetz*:

> „Da ist im Langtitel von ‚Steuerung' und ‚Begrenzung' der Zuwanderung oder von ‚Regelung' des Aufenthalts und der Integration die Rede, während der Kurztitel

[305] Der vollständige Titel des Entwurfs lautet: „Gesetz zur Steuerung und Begrenzung der Zuwanderung und Regelung des Aufenthaltes und der Integration von Unionsbürgern und Ausländern."

‚Zuwanderungsgesetz' eher den Eindruck erweckt, als sei es das Ziel des Gesetzes, Zuwanderung zu fördern oder sogar zu veranlassen. [...] Der Begriff ‚Zuwanderung' selbst erweist sich als irreführend, als ein – politisch offenbar gewollter – Euphemismus. Eigentlich hätte man von ‚Einwanderung' sprechen müssen, aber wohl befürchtet, dass damit ‚Einwirken', ‚Einfallen' oder gar ‚Eindringen' assoziiert werden könnte, während ‚Zuwanderung' mit ‚hinzukommend', ‚zusätzlich' oder ‚ergänzend' eher positiv besetzt ist. Die Folge solcher Begriffsverwirrung ist geradezu peinlich." (NJW Nr. 47, 19.11.2001, S. 3465)

Am 1. März 2002 wird das Zuwanderungsgesetz vom Bundestag mit der Mehrheit der Stimmen der rot-grünen Koalition verabschiedet (vgl. DAS PARLAMENT Nr. 10/11, 8./15.3.2002, S. 1). Da es sich bei dem Gesetz um ein so genanntes *zustimmungspflichtiges* Gesetz handelt, muss der Bundesrat, in dem es keine rot-grüne Mehrheit gibt zustimmen. Am 22. März billigt der Bundesrat das Gesetz, wobei das Abstimmungsergebnis heftig umstritten war und von Thüringens Ministerpräsident Bernhard Vogel als *verfassungswidrig* bezeichnet wurde.[306] Am 20. Juni 2002 unterzeichnete Bundespräsident Rau das Zuwanderungsgesetz, woraufhin unionsgeführten Länder Bayern, Hessen und Thüringen Verfassungsklage ankündigen.

TE

[306] Vgl. http://www.welt.de/daten/2002/03/0322de321961.htx.

20 Eiserner Vorhang

„**Vor|hang**, der; - [e]s, Vorhänge [mhd. vor-, vürhanc]: [...] **der eiserne V.** (Theater; *feuersicherer Abschluss der Bühne gegen den Zuschauerraum;* wohl LÜ von engl. iron curtain); **der Eiserne V.** (Politik früher; *[in Westeuropa] Grenze zum Osten 3b;* seit 1945/46 weitere Verbreitung bes. durch Reden W. Churchills); [...]" Duden (1999), S. 4368

Am 25. Februar 1945 schrieb der Reichspropagandaminister Joseph Goebbels in einem Leitartikel in der Wochenzeitung DAS REICH über die drohende Gefahr, die Sowjetunion würde ihr Territorium dem Einfluss des Westens entziehen:

„Wenn das deutsche Volk die Waffen niederlegte, würden die Sowjets, auch nach den Abmachungen zwischen Roosevelt, Churchill und Stalin, ganz Ost- und Südosteuropa zuzüglich des größten Teiles des Reiches besetzen. Vor diesem einschließlich der Sowjetunion riesigen Territorium würde sich sofort ein eiserner Vorhang heruntersenken, hinter dem dann die Massenabschlachtung der Völker, [...], begänne." (DAS REICH, 25.2.1945, S. 1f.)

Goebbels verwendete damit als Erster den Ausdruck *Eiserner Vorhang* als Bezeichnung für eine undurchsichtige Barriere zwischen Ost und West.[307]

[307] Der Ausdruck war eine Woche zuvor in der Wochenzeitung DAS REICH vom 18.2.1945 in einem Kommentar über die Konferenzen von Moskau und Jalta verwendet worden, der die Überschrift „Hinter dem eisernen Vorhang" (DAS REICH, 18.2.1945, S. 1) trug. Es wird vermutet, dass Goebbels diesen Artikel kannte und von dort die Metapher übernahm. Vgl. Minuth (1964), S. 47, Anm. 7. Goebbels Artikel wurde in der englischen Presse abgedruckt, bevor er in DAS REICH erschien, *Eiserner Vorhang* wurde allerdings als *iron screen* übersetzt (Vgl. TIMES,

Kurz nach Goebbels, am 2. Mai 1945, warnte Reichsaußenminister Graf von Schwerin-Krosigk in einer Rundfunkansprache mit dem Ausdruck *Eiserner Vorhang* vor der Gefahr einer möglichen Bolschewisierung: „Im Osten rückt ein eiserner Vorhang unablässig vorwärts, hinter dem die Welt das vor sich gehende Zerstörungswerk nicht erkennen kann.“ [308]

Der politisch-ideologische Gebrauch des aus der Theatersprache[309] stammenden Ausdrucks *Eiserner Vorhang* lässt sich demnach schon vor der Verwendung durch Winston Churchill belegen. Zum festen Bestandteil vor allem der deutschen und englischen Sprache wurde er allerdings erst durch dessen Fultoner Rede. Am 5. März 1946 stellte der ehemalige britische Premierminister am Westminster College in Fulton (Missouri, USA) fest: „From Stettin in the Baltic to Trieste in the Adriatic, an iron curtain has descended across the continent.“[310] Dieser Satz aus Churchills Rede ging weltweit durch die Presse und machte so die Formulierung *Eiserner Vorhang* zu einem der bekanntesten Schlagworte des Ost-West-Konfliktes.[311]

23.2.1945), so dass dies als Quelle für Churchill unwahrscheinlich ist. Vgl. Spalding (1961), S. 55f.

308 Diese Rede ist am 3.5.1945 in der TIMES mit der Übersetzung *iron curtain* abgedruckt worden. Da sie in britischen Regierungskreisen Aufsehen erregte, wird angenommen, dass auch Churchill sie kannte und den Ausdruck in seinem Telegramm vom 12.5.1945 an den amerikanischen Präsidenten Truman aufgriff. Vgl. Minuth (1964), S. 48.

309 Im Theater bezeichnet der *eiserne Vorhang* einen feuersicheren und rauchdichten Schutzvorhang, der bei Feuergefahr zwischen Bühne und Zuschauerraum heruntergelassen werden kann. Vgl. Brockhaus-Enzyklopädie (1996), S. 226.

310 http://www.winstonchurchill.org/sinews.htm. Stand: 3.1.02. Die Rede trägt den Titel „Sinews of Peace“.

311 DIE ZEIT vom 30.12.98 zitiert ihn in „Worte des Jahrtausends“: „‚Ein eiserner Vorhang ist über dem Kontinent heruntergegangen.‘ Winston Churchill (1874-1965).“

Der Ausdruck *Eiserner Vorhang* bezeichnete ab dem 5. März 1946 sowohl die politisch-ideologische Trennung von Ost und West[312] als auch die von der Sowjetunion ergriffenen Maßnahmen zur undurchlässigen Abriegelung ihres Herrschafts- und Einflussbereichs gegenüber dem Westen[313].

Kurz danach wurde der Ausdruck so in deutsche Wörterbücher und Lexika aufgenommen. [314] Er wurde damit abgegrenzt von der aus der Theatersprache stammenden und schon seit Ende des 19. Jahrhunderts[315] lexikalisierten Bezeichnung *eiserner Vorhang*.

In der Berichterstattung zur Schließung der Sektorengrenze in Berlin am 13. August 1961 und zum anschließenden Mauerbau griff die FAZ den Ausdruck *Eiserner Vorhang* wieder auf: „Der Eiserne Vorhang hat kein Loch mehr" (FAZ, 17.8.1961, S. 2). *Eiserner Vorhang* wurde so ab 1961 synonym für die Westgrenzen der Ostblockländer und die Berliner Mauer verwendet.

---

[312] Vgl. Mieder (1981), S.1.

[313] In seinem Leitartikel „Hinter dem Eisernen Vorhang" in der STUTTGARTER ZEITUNG vom 30. März 1946 analysierte R. Goetz die gesellschaftliche Situation in der so genannten Ostzone und die Fultoner Rede von Churchill und schrieb: „Churchill sprach in seiner inzwischen zur Sensation des Tages gewordenen Fultoner Rede von dem ‚Eisernen Vorhang', der den Augen der westlichen Welt die Vorgänge in dem von den Sowjets besetzten Teil Mittel- und Osteuropas verberge. In übertragenem Sinn war damit wohl auch die Undurchsichtigkeit der Sowjetpolitik gemeint." Vgl. Mieder (1981), S.1.

[314] Vgl. Der große Brockhaus in 12 Bänden (1952), 16.völlig neubearbeitete Auflage, Wiesbaden 1952, Band 3 (1953), S. 492, sowie Der große Herder (1952), Nachschlagewerk für Wissen und Leben, 5., neubearbeitete Auflage von Herders Konversationslexikon, Freiburg 1952, Band 3 (1954), S. 299 und Duden-Rechtschreibung (1961), Der große Duden: Rechtschreibung, Mannheim 1961, S. 228.

[315] Vgl. Brockhaus Konversations-Lexikon (1883), Conversations-Lexikon: allgemeine deutsche Realienencyklopädie in 16 Bänden, 13. vollständig umgearbeitete Auflage, Leipzig 1882, Band 5 (1883), S. 914.

Ab Ende der sechziger Jahre wurde *Eiserner Vorhang* als politisches Schlagwort[316] registriert. Dem Bedeutungsunterschied wird zum Teil durch unterschiedliche Schreibweise entsprochen: dem kleingeschriebenen *eisernen Vorhang* aus dem Theater steht der *Eiserne Vorhang* als Bezeichnung der ideologischen und politischen Grenze zwischen Ost und West gegenüber.
In Wörterbüchern der DDR wurde das politische Schlagwort entweder nicht verzeichnet[317] oder aber als „antikommunistische Bezeichnung für die Grenze zwischen sozialistischen und den nicht sozialistischen Ländern“[318] gekennzeichnet. Im kommunistischen Sprachgebrauch selbst kam *Eiserner Vorhang* nicht vor.
Nach den politischen Umbrüchen in den Ländern des Warschauer Pakts fiel 1989 mit den undurchlässigen Grenzen auch der *Eiserne Vorhang*: „Eiserner Vorhang fällt“ (TAZ, 15.4.1989, S. 1) oder – metaphorisch nicht ganz konsequent, etwas später – „Eiserner Vorhang schon halb gefallen“ (TAZ, 29.7.1989, S. 1). Diese Metaphorisierung zeigt allerdings, wie wenig die ursprüngliche Metapher noch erkennbar bzw. bewusst ist. Mit dem Fall eines Vorhangs wird im wörtlichen Sinne das Herunterlassen des Vorhangs bezeichnet, in diesem Zusammenhang war aber die Öffnung und das Verschwinden der metaphorisch als Vorhang bezeichneten Grenzanlage gemeint.

---

316 Vgl. Brockhaus-Enzyklopädie (1968), Die Enzyklopädie in 20 Bänden, 17. völlig neubearbeitete Auflage des Großen Brockhaus, Wiesbaden 1966, Band 6 (1968), S. 369 und Meyers Enzyklopädisches Lexikon in 25 Bänden (1971), völlig neu bearbeitete Auflage, Mannheim/Wien/Zürich 1971, Band 7 (1973), S. 586.

317 So z.B. im Leipziger Duden (1978), Der große Duden, Wörterbuch und Leitfaden der deutschen Rechtschreibung, 19. Auflage, Leipzig, S. 143 oder im Handwörterbuch der deutschen Gegenwartssprache in zwei Bänden (1984), Band 1, Ost-Berlin, S. 308.

318 Wörterbuch der deutschen Gegenwartssprache in sechs Bänden, Band 2, Ost-Berlin (1968), S. 1015.

Mit dem Abbau der politischen und ideologischen Grenzen zwischen West und Ost wurde die Bezeichnung *Eiserner Vorhang* ab 1989 überflüssig, aus dem Sprachgebrauch verschwand sie jedoch nicht. Indem *Eiserner Vorhang* auf andere politische Bereiche bezogen wurde, fand eine Erweiterung seiner semantischen Extension statt, das heißt der Ausdruck referierte auf mehr und andere Objekte und Sachverhalte als vorher. Besonders deutlich wird dies z.B. in der Verwendung des Ausdrucks im Bereich der Asyl- und Ausländerpolitik. So kritisierte beispielsweise Herbert Leuninger, Pfarrer und Sprecher der Flüchtlingsorganisation „Pro Asyl", das Vorgehen der Bundesrepublik mit den Worten: „Der eiserne Vorhang zur Zweiten Welt ist inzwischen hochgezogen, gleichzeitig rasselt der eiserne Vorhang zur Dritten Welt herunter." (TAZ, 15.11.1989, S. 5). *Eiserner Vorhang* wurde damit zur Vorwurfs- und Polarisierungsvokabel.
Der Ausdruck wurde in den vergangenen Jahren oft auf Staatsgrenzen übertragen, die aus (wirtschafts)politischen Gründen undurchlässig gemacht wurden. So titelte die WAZ am 28. März 2001 „Ein neuer eiserner Vorhang an Europas Südküste" und führte aus:

> „An der innerdeutschen Grenze wurden Mauern, Stacheldraht und Wachtürme vor einem guten Jahrzehnt abgebaut, an Europas Südgrenze wird der eiserne Vorhang nun wieder aufgebaut. Spanien hat den EU-Auftrag erhalten, die Südflanke des Kontinents abzusichern – gegen die immer massivere Invasion afrikanischer Boat-People."

Auch andere Außengrenzen der EU werden in Hinblick auf die dort getroffenen Abriegelungsmaßnahmen mit dem Terminus *Eiserner Vorhang* stigmatisiert.

Diesen Sprachgebrauch lehnen die jeweils Verantwortlichen allerdings ab. Die FR vom 24. Mai 1997 gibt Jürgen Reimann, Direktor des Grenzschutzamtes Frankfurt/Oder, mit den Worten wieder:

> „[Oder und Neiße] beschreiben [...] den äußeren Rand der West-Europäischen Union, das Ende des Schengener Abkommens und obendrein die vorderste Front des Nato-Pakts. [...] Ein Eiserner Vorhang? Nein, nein, hatte Reimann gesagt, es gehe nicht darum, einen Eisernen Vorhang zuzuziehen. Es gehe aber sehr wohl darum, die Grenze als ‚Filter' zu verstehen, gegen ‚das europaweite Phänomen der grenzüberschreitenden Kriminalität'."[319]

Die 1993 vorgenommene Änderung des deutschen Asylrechts[320] führte allerdings nicht nur dazu, dass die EU ihre Außengrenzen, sondern auch EU-Nachbarstaaten ihre Grenzen zu Nicht-EU-Staaten abriegelten, so z.B. Polen und die Tschechische Republik. Die Änderung des Asylrechts ermöglicht der Bundesrepublik Deutschland Asylsuchende abzulehnen, die über so genannte sichere Drittländer[321] einzureisen versuchen, da dort bereits ein Asylantrag gestellt werden könne. Auf diese Weise werden die Durchreiseländer mit den Flüchtlingen konfrontiert, da die Bundesrepublik die Asylsuchenden dorthin zurückschiebt.

---

[319] Dieser Beleg zeigt darüber hinaus, dass die Bezeichnung *Eiserner Vorhang* auf eine Grenze angewendet wird, die zwar im Deutschland-Diskurs eine große Rolle spielte (→*Oder-Neiße-Linie/-Grenze*), aber nicht im ursprünglichen *Eisernen Vorhang* inbegriffen war: „Die Ostgrenze der DDR war abgesehen von den wilden Solidarnosc-Zeiten zu Beginn der achtziger Jahre bedeutungslos. Der Eiserne Vorhang verlief 300 Kilometer weiter westlich [...]." (FR, 24.5.1997)

[320] Schaffung des Grundgesetzartikels 16a.

[321] Sichere Drittländer sind nach § 26a, Abs. 3,2 und §90, Anlage I des Asylverfahrensgesetzes neben den Ländern der Europäischen Union Norwegen, Polen, die Schweiz und die Tschechische Republik. (Vgl. http://www.proasyl.de/texte/gesetze/brd/asylverfahrensgesetz.htm)

Um dies zu verhindern, versuchen die sicheren Drittländer, ihre Grenzen von vornherein gegenüber Flüchtlingen abzuriegeln.

> „Rund 240 Kilometer lang ist die Grenze, die seit einem halben Jahr die Tschechische von der Slowakischen Republik trennt. Doch seit dem heutigen Tag ist sie mehr als nur eine Grenze. Nach Inkrafttreten der deutschen Asylrechtsänderung soll ein neuer ‚Eiserner Vorhang' Europa teilen: Bereits hier wollen die Tschechen Flüchtlingen, die von der slowakischen Seite kommend über die Tschechische Republik nach Deutschland reisen wollen, die Einreise verweigern." (TAZ, 1.7.1993, S. 8)

Eiserner Vorhang wird in diesem Zusammenhang als Vorwurfsvokabel verwendet, die suggeriert, die Staaten der Europäischen Union schotteten sich zur Wahrung und Sicherung ihres Wohlstandes ab:

> „[...] die Osterweiterung der EU zieht erst richtig den Eisernen Vorhang hoch, der ja auch ein Schutzschild für Nachkriegswohlstand und Gesellschaftsstabilität in der Bundesrepublik war" (DIE ZEIT, 14.1.1999).

Insgesamt betrachtet hat eine weiter gehende Übertragung, also eine Metaphorisierung der zunächst nur den Ost-Westkonflikt kennzeichnenden Metapher *Eiserner Vorhang* stattgefunden. Nach Ende dieses Konflikts wurde die Vokabel *Eiserner Vorhang* auf andere politische Bereiche (Migrationspolitik, Osterweiterung der EU) und Krisengebiete in der Welt übertragen (so z.B. auf die abgeriegelten Grenzen zwischen Israel und dem Gaza-Streifen, die DER SPIEGEL am 30.1.1995, S. 114 als „Eisernen Vorhang im heiligen Land" bezeichnete). Die Metaphorisierung zeigt sich in den unterschiedlichen Kollokationen. Zum einen wurde der Ausdruck *Eiserner Vorhang* im Laufe der Zeit eng mit der *Mauer* und unüberwindbaren Grenzanlagen verbunden, so dass davon gesprochen wird, dass der *Eiserne Vorhang fällt*, wo er verschwindet, und dass er *hochgezogen* wird, wo ein neuer *Eiserner Vorhang* entsteht. Anderseits zeigen auch die in einigen Belegen[322] verwendeten Verben, dass der Ursprung der Metapher aus der Theatersprache noch bewusst ist.

LP

[322] So beispielsweise in der Äußerung Herbert Leuningers, wo die Verben *hochziehen* und *herunterrasseln* benutzt werden (TAZ, 15.11.89, S. 5).

21 Elite

„**Eli̲te**, die; -, -n [frz. élite, zu: élire = auslesen]: **1.** *eine Auslese darstellende Gruppe von Menschen mit besonderer Befähigung, besonderen Qualitäten; die Besten, Führenden; Führungsschicht, -mannschaft:* die gesellschaftliche, sportliche E.; die E. der Radrennfahrer [...]; zu wenig Beispiele verheißen Gutes, zu viele zeigen, dass -n keineswegs immer das Gesamtwohl im Auge und gefördert haben (Spiegel 8, 1984, 47). Die Problematik der -n ist so alt wie das Menschengeschlecht (Weltwoche 17.5.84, 37)." Duden (1999), S. 1011.

Der Ausdruck *Elite* bezeichnet Personengruppen, die in einem bestimmten Bereich der Gesellschaft (z.B. Wirtschaft, Sport oder Wissenschaft/Finanzen) eine herausragende Position einnehmen. Grundsätzlich ist zwischen den Schlagwörtern *Leistungs-* und *Herkunftselite* zu differenzieren. Zwei unterschiedliche Kriterien sind für die Zugehörigkeit zu einer dieser Eliten relevant: Während es bei der Zugehörigkeit zur *Leistungselite* auf persönliche Leistungsfähigkeit oder Talent innerhalb eines Bereichs ankommt, spielen bei der *Herkunftselite* soziale Stellung, Geld oder die Herkunft die entscheidende Rolle.

Die Vokabel *Elite* erhielt ihre Brisanz durch die im öffentlichen Bewusstsein hergestellte Verbindung mit der Rassenideologie des Nationalsozialismus vor und während des Zweiten Weltkrieges. Eines der Ziele der nationalsozialistischen Bildungspolitik war die Ausbildung einer politisch und „rassisch" mit der NS-Ideologie konformen „Elite"[323]. Schmitz-Berning (1964 unter Berning und 1998) behandelt die Elite-Thematik unter anderem unter der synonymen Vokabel *Auslese*. Die Antonymie *Elite* versus *Masse*, die

---

[323] Siehe die 1933 gegründete NPEA (Nationalpolitische Erziehungsanstalt), die Ordensburgen oder die geplante Adolf-Hitler-Schule.

Assoziationen wie „hochwertig“ einerseits und „minderwertig“ anderseits hervorrief, verdeutlichte sich im NS-Schulsystem im Rahmen der *Eliteerziehung* und *Schülerauslese*. In diesem Kontext wurde auch die Bezeichnung *Elite* verwendet:

> „Die besten, Bereitesten und Härtesten werden dann als Elite der jungen deutschen Männer die Ordensburgen beziehen.“ (Erklärung der Reichsjugendführer Dr. Ley und Schirach über die Adolf-Hitler-Schulen vom 17. Januar 1937).

In der frühen Nachkriegszeit, den 50er Jahren sowie teilweise auch darüber hinaus waren sowohl die Vokabel als und das Konzept *Elite* durch die rassistische Prägung historisch belastet. Insbesondere die SPD lehnte eine *Elite-Förderung* grundsätzlich ab.

> „Wollen wir wirklich die Demokratie, dann kommen wir nicht darum herum, alles zu tun, den Durchschnitt zu heben. Das ist zunächst sogar wichtiger als die Bildung einer ‚Elite‘. Denn wenn die Elite nicht eine breite Basis in der Gesellschaft hat, kann sie eine Gefahr sein.“ (NEUE PRESSE, 5.12.1953).[324]

In den 60er und 70er Jahren fanden zwar vorsichtige Versuche von konservativer Seite statt, das Wort und Konzept *Elite* zu entstigmatisieren, jedoch dominierte die negativ konnotierte Lesart „hermetisch abgeschlossene, privilegierte Kaste“, die allerdings nicht nur auf die NS-Zeit übertragbar war. *Elite* wurde als Gegenkonzept zu dem der *Chancengleichheit* gesehen, das die sozial-liberale Politik als Forderung an die Bildungsreform aufstellte. Bildungspolitisch wurde statt der Förderung einer aus der Masse herausragenden, hochqualifizierten Elite *Breitenbildung*

---

[324] Vgl. Hahn (1995), S. 175.

gefordert: Die von der SPD verwendete Parole lautete „Gleiche Bildungschancen für alle“[325].
1980 verfasste der Wissenschaftsrat ein „Elite-Papier“ (abgedruckt in: FR, 16.6.1980) und rückte damit die Vokabel ins Zentrum der bildungspolitischen Diskussion, mit dem Ziel der „Rehabilitierung des Begriffs“. Durch Kontrastierung mit der in der NS-Zeit geprägten und nach 1945 stigmatisierten Bedeutung versuchte man, einen „neuen“ positiven Inhalt von *Elite* zu definieren: Darunter sollte eine „hohe Summe aus Begabung, Engagement und Leistung in stetig sich erneuernder Bewährung“ (FR, 16.6.1980) verstanden werden. Wurde *Elite* bisher meist plakativ eingesetzt, um den politischen Gegner zu diffamieren, fand in den 80er Jahren eine durch Zusatzdefinition differenzierende Verwendung statt. Hochwertwörter wie *Leistung* und *Begabung*, Attribuierungen als *offene* oder *geistige Eliten*, sowie die Kompositabildungen von *Verantwortungs-*, *Funktions-* und *Leistungseliten* wurden von Befürwortern des Elitekonzepts zur positiven Kontextualisierung von *Elite* herangezogen. Kritiker definierten *Elite* hingegen im Sinne der zweiten Bedeutung als „privilegierte Kaste“, über deren Zugehörigkeit Geld, Herkunft oder gesellschaftliche Stellung entschieden, und versuchten die Bildung einer *Elite* als *soziale Auslese* zu stigmatisieren.
1983 forderte Außenminister Hans-Dietrich Genscher (FDP) die Einrichtung von *Eliteuniversitäten*[326] mit dem Ziel, geistige Ressourcen zu fördern. Er stieß so die Diskussion um das Für und Wider privater Schulen und Universitäten an. Befürworter argumentierten, dass es zur Gefährdung des ökonomischen *→Standorts Deutschland* kommen könne, wenn technische und wissenschaftliche Innovationen ausblieben.

---

[325] Vgl. Hahn (1998), S. 186.

[326] Die Forderungen nach Elite-Bildungseinrichtungen reißen auch Ende der 90er Jahre nicht ab. „CDU fordert Elite-Gymnasium für Hamburg: Die Gesellschaft braucht eine Begabten-Elite, die besonders gefördert werden muss“ (DIE WELT, 1.12.1999).

In den 90er Jahren bleibt die gleichzeitige Verwendung von *Elite* als Fahnen- und Stigmawort bestehen. Generell findet das Elitekonzept und damit die Bezeichnung jedoch sowohl bei konservativen als auch sozialdemokratischen Parteien größere Akzeptanz. Außerhalb des (bildungs-)politischen Kontextes wird *Elite* als unproblematisches umgangssprachliches Schlagwort gebraucht. „Die Tätowierung gilt als Abzeichen einer neuen Trend-Elite" (SPIEGEL online, 11.12.2000). Mit *Elite* wird hier die „In-Group" bezeichnet, die sich von der in dem Fall nicht tätowierten „Out-Group" abgrenzt. Mehrfach wird das Wort *Elite* mit gesellschaftlichem „In-sein" verbunden: Beispielsweise lautet ein Titel im SPIEGEL „Lebensstil der neuen Elite", deren Vermögen es sei, eine „historisch neue Synthese zu bilden, ‚einerseits wohlhabend und erfolgreich zu sein, andererseits aber auch rebellisch und unorthodox zu bleiben'" (DER SPIEGEL, 26.3.2001).

AJM

22 Emanzipation

„**Eman|zi|pa|ti|on**, die;-,-en [lat. emancipatio]: **a)** *Befreiung aus einem Zustand der Abhängigkeit; Selbständigkeit; Gleichstellung:* gesellschaftliche E.; die E. völkischer Minderheiten; die E. der Arbeiterschaft; [...] **b)** *rechtliche u. gesellschaftliche Gleichstellung [der Frau mit dem Mann]:* die E. der Frau." Duden (1999), S. 1014.

„**Gleich|be|rech|ti|gung**, die: <o.Pl.>: *gleiches Recht:* die G. aller Menschen und Völker; [...]; für die volle G. der Frauen kämpfen;... dass gerade bei jungen Frauen das Interesse an der Bundeswehr gestiegen sei. Sie betrachten es als einen Verstoß gegen die G., dass ihnen in der Bundeswehr nur wenige Laufbahnen offen stünden. (FAZ 19.01.99, 1); [...]." Duden (1999), S. 1533.

Die Basis für die öffentliche Diskussion über Gleichberechtigung und deren Umsetzung bildet die Formulierung des Grundgesetzes aus dem Jahr 1949, in der die Gleichberechtigung von Männern und Frauen in Artikel 3, Absatz 2 verankert ist. Der Schwerpunkt dieser Diskussion liegt auf der rechtlichen, wirtschaftlichen und politischen Gleichstellung von Mann und Frau unter besonderer Berücksichtigung einer Reformierung des Ehe- und Familienrechts.[327] Die in den fünfziger Jahren geführte Debatte, die beginnende Etablierung der Frau in der Arbeitswelt sowie der starke Einfluss der Studentenbewegung (→*APO*) von 1968 bilden die Vorgeschichte für die so genannte „Neue Frauenbewegung".[328] Im Sozialistischen Deutschen Studenten-

---

[327] Vgl. Strauß/Haß/Harras (1989), S. 613.

[328] Vgl. Nave-Herz (1987), S. 45ff., siehe auch S. 29ff. und S. 38ff.: Die Anfänge der deutschen Frauenbewegung gehen auf das Jahr 1894 zurück. Mit der Machtergreifung der Nationalsozialisten und während deren Herrschaft wird die Frauenbewegung unterdrückt Die „Neue Frauenbewegung" wird auch „Zweite Frauenbewegung" genannt.

bund (SDS) kam es 1968 zu einer Auseinandersetzung zwischen den Geschlechtern, die zu einer Abspaltung der Studentinnen in den „Aktionsrat für die Befreiung der Frau", und den „Frankfurter Weiberrat" führte.[329] Ende der sechziger, Anfang der siebziger Jahre formierten sich zahlreiche autonome Frauengruppen in der „Aktion 218" und kämpften unter den Fahnenwörtern *Selbstbefreiung* (DER SPIEGEL, 30.6.1975, S. 42) und *Selbstbestimmung* (DER SPIEGEL, 31.5.1971, S. 134) gegen den §218.

1971 veröffentlichte die Illustrierte STERN im Rahmen einer provokanten Selbstbezichtigungskampagne unter dem Slogan „*Ich habe abgetrieben*" die Namen von 374 Frauen, die sich erstmals öffentlich zu einer →*Abtreibung* bekannten (STERN, 3.6.1971, S. 24). Mit Parolen wie „*Mein Bauch gehört mir*", „*Entscheidung über den Bauch – in Zukunft wir auch*" und „*Frauen fordern Mitbestimmung bei §218*" (DER SPIEGEL, 31.5.1971, S. 135) verlangten die Frauengruppen Veränderungen der „patriarchalischen Ordnung"[330]. Aufgrund der großen Resonanz in der weiblichen Bevölkerung auf die „Aktion 218" avancierte *Emanzipation* (STERN, 28.12.1974, S. 63), von den Frauengruppen als Fahnenwort benutzt, zu einer Vokabel, die das Bestreben der Frauen in der Gesellschaft nach *Selbstverwirklichung* (FR, 25.7.1972, S. 10) und Gleichstellung verdeutlicht. So begann „sich eine neue Emanzipationsbewegung auf breiter Ebene zu formieren." (WESER-KURIER, 14.3.1972, S. 3).

Emanzipation wurde nun „fest mit der Frage des Geschlechterverhältnisses verbunden"[331] und entwickelte sich

[329] DER SPIEGEL, 1.3.1999, S. 138: „In Deutschland begann die weibliche Revolution 1968 mit jener berühmten Tomate, die die Romanistikstudentin Sigrid Rüger beim Frankfurter SDS-Bundeskongreß dem Theoretiker Hans-Jürgen Krahl ins Gesicht schmiß, weil die SDS-Männer nicht über Kinderbetreuung diskutieren wollten." Vgl. Nave-Herz (1987), S. 47 und Nave-Herz (1997), S. 54.

[330] Vgl. WESER-KURIER, 14.3.1972, S. 3. Vgl. auch Menschik (1977), S. 93ff.

[331] Vgl. Böke (1995), S. 470.

aufgrund der politischen und gesellschaftlichen Brisanz zu einer problematischen Leitvokabel in den siebziger Jahren.[332] Durch die Abtreibungs-Diskussion angeregt, entdeckten nun auch die politischen Parteien die „Frauenfrage“ als Thema. Während die Mehrheit der sozialliberalen Regierungskoalition der *Fristenregelung* positiv gegenüberstand, lehnte die über die Bundesratsmehrheit verfügende CDU/CSU diese ab (vgl. DER SPIEGEL, 22.4.1974, S. 19ff.). Kardinal Höffner, Erzbischof von Köln, sprach von einem „Kindesmord an den Ungeborenen“ (DER SPIEGEL, 21.5.1973, S. 46), und die Arbeitsgemeinschaft der katholischen Verbände im Bistum Münster sah Abtreibung als „Massenmord im Mutterleib“ (DER SPIEGEL, 21.5.1973, S. 46).

Im weiteren Verlauf der Emanzipationsbewegung zeigt sich, dass der Protest gegen die Fremdbestimmung in der Frage der Abtreibung nur einer der Anlässe ist, die vielfältigen Erfahrungen von Unterdrückung und Diskriminierung öffentlich zu machen.

Als das Jahr 1975 als „Jahr der Frau“ deklariert wurde, befand sich die frauenpolitische Diskussion auf ihrem Höhepunkt.[333] Im Zuge der Emanzipationsbewegung etablierten sich neben einer Vielzahl von *Selbst*-Komposita wie beispielsweise *Selbsterfahrung* (FR, 25.7.1972, S. 10), *Selbstverwirklichung* (ebd. S. 10), *Selbstfindung* (DER SPIEGEL, 30.6.1975, S. 42) und *Selbstfindungsgemeinschaften* (VORWÄRTS, 26.5.1977, S. 19) eine Vielzahl von Komposita mit dem Bestimmungswort *Frauen-*. *Frauenkneipen*

---

[332] Vgl. STERN, 28.12.1974, S. 62: „Kaum ein Begriff ist so zum Reizwort geworden, so oft mißdeutet worden wie Emanzipation.“

[333] Nave-Herz (1987), S. 54: „Das Internationale Jahr der Frau, 1975, brachte eine noch stärkere Verbreitung der Ziele der Neuen Frauenbewegung und ihr Anwachsen mit sich [...]. Die Zahl der Sympathisantinnen für die Neue Frauenbewegung stieg, wenn es auch immer „Gegner“ gegen die Emanzipationsbewegung gab und gibt. Diese rekrutierten sich nicht nur aus den Reihen der Männer, sondern auch aus Frauen, die durch die neuen feministischen Ideen ihr jetziges Dasein [...] in Frage gestellt sehen“.

(DER SPIEGEL, 16.4.1979, S. 225), *Frauenzentren* (VORWÄRTS, 26.5.1977, S. 19) oder auch *Fraueninitiativen* (ebd., S. 19) bzw. *Frauengruppen* gewannen als Ausdruck einer sich etablierenden Frauenpolitik an Popularität.

Neben diesen letztgenannten innovativen Institutionen ist auch die *Gleichstellungsstelle* ein Resultat der Frauenbewegung.[334] In der Öffentlichkeit wird *Emanzipation* häufig mit der Vorstellung berufstätiger Frauen verbunden. Bei den vorwiegend konservativen Gegnern der Frauenbewegung wird daher die Vokabel *Emanzipation* negativ besetzt und Neologismen, wie zum Beispiel das Stigmawort *Emanze* (DER SPIEGEL, 25.8.1986, S. 39), werden gebildet.[335]

Innerhalb der frauenpolitischen Diskussion werden Vokabeln wie →*Quotenregelung* (DER SPIEGEL, 25.8.1986, S. 32) oder auch *Quotierung* (ebd., S. 45) zu umstrittenen Schlagwörtern. Während die Befürworter der Quotenregelung in ihr eine Übergangslösung sahen, „bis die Gleichberechtigung in der Politik für Männer und Frauen selbstverständlich geworden ist“ (DIE ZEIT, 17.6.1977, S. 43), konterten die Delegierten der Arbeitsgemeinschaft Sozialdemokratischer Frauen (ASF) mit Slogans wie „*Laßt die Pfoten von den Quoten*“ (DIE ZEIT, 17.6.1977, S. 43), da sie sich „im fairen Kampf den Männern stellen wollen.“ (ebd.)

Ende der siebziger Jahre etablierte sich die Vokabel *Feminismus* (VORWÄRTS, 24.3.1977, S. 16) in den Reihen der Frauenbewegung als Konkurrenzvokabel zu *Emanzipation* (ebd. S. 16). Für die autonome Frauenbewegung wurde

[334] Vgl. VORWÄRTS, 3.8.1978, S. 6. Als weiteres Ergebnis der Emanzipationsbewegung machen feministische Frauenzeitungen wie EMMA (1977) und COURAGE (1978), die sich von so genannten Frauenzeitschriften abgrenzen, auf sich aufmerksam. Vgl. auch: DEUTSCHE ZEITUNG, 25.2.1977, S. 23.

[335] Vgl. Böke (1995), S. 479: „Die Berufstätigkeit der Frau etablierte sich im Sprachgebrauch der siebziger Jahre als zwar umstrittenes, aber stereotypes Merkmal des Ausdrucks *Emanzipation*, die ‚Doppelrolle‘ der Frau in Beruf und Familie galt als ‚modisch‘.“

Feminismus (STERN, 28.12.1974, S. 64) zu einer zentralen Leitvokabel. Das Fahnenwort *Feministin* (VORWÄRTS, 7.9.1978, S. 36) als Selbstbezeichnung zeigte „eine ideologische Abspaltung von den Emanzipationskonzepten der rein sozialistisch orientierten Frauengruppen an." (DIE ZEIT, 17.6.1977, S. 43) Die oftmals als „männerfeindlich" eingeschätzte Position der Feministinnen erfuhr seitens der Gesellschaft vielfach scharfe Kritik. So äußerte sich ein Literaturkritiker zu dem Buch „Sexismus" von Marielouise Janssen-Jurreit:

> „Wenn radikale Feministinnen nun ihre Emanzipation durch Männerfeindlichkeit bewirken wollen, laufen sie Gefahr, Irrtümer der patriarchalischen Männerbündelei paradox zu wiederholen." (DEUTSCHE ZEITUNG, 25.2.1977, S. 13)

Anfang der achtziger Jahre wurde die „Frauenfrage" innerhalb der feministischen Emanzipationsbewegung wissenschaftlich diskutiert. Ziel der „feministischen Sprachkritik" ist es, „sexistischen Sprachgebrauch" aufzudecken und die Öffentlichkeit für den vorherrschenden – die Machtverhältnisse widerspiegelnden – Sprachgebrauch zu sensibilisieren. Ein populärer Reformvorschlag der feministischen Sprachkritik ist, das „Binnen-I" (z.B. in *StudentInnen*) zu verwenden. Im Mittelpunkt der Kritik steht das so genannte *generische Maskulinum*, das heißt, dass mit dem Ausdruck *Studenten* Studentinnen „mitverstanden" werden. Diese regelwidrige Schreibweise – im Deutschen gilt die Majuskelschreibung innerhalb eines Wortes als falsch – soll beide Geschlechterformen in sich vereinen.[336]

---

[336] Vgl. Gorny (1995), S.535-537. Vgl. auch Grabrucker (1993), S. 247: Bei der Binnen-I-Schreibung kann „sowohl auf eine Frau als auf einen Mann Bezug genommen werden [...]. Letztere Form dient inzwischen in erstaunlich vielen Medien zu Identifikation progressiver Mitmachfreudigkeit zugunsten der Gleichbehandlung von Frau und Mann, ein Schibboleth also, eine Aushängefahne für Gruppenzugehörigkeit".

Mit dem Aufkommen der feministischen Emanzipationsbewegung avanciert die Fremdbezeichnung →*Lesbe* (FR, 28.10.1989, S. 5) – ähnlich wie →*schwul* – im Laufe der Homosexuellen-Debatte während der siebziger und achtziger Jahre zur öffentlichen Selbstbezeichnung und wird neben *homosexuell* (ebd. S.5) die gebräuchlichste Vokabel für weibliche Homosexualität.

Ende der neunziger Jahre herrscht in der Emanzipationsbewegung eine Diskrepanz zwischen Theorie und praktischer Umsetzung. Die Ansichten über den Erfolg der Frauenbewegung der siebziger Jahre werden kontrovers diskutiert. Einerseits seien die Frauen der neunziger Jahre als „eine Generation von postfeministischen Individualistinnen" (DER SPIEGEL, 21.6.1999, S. 79) herangewachsen. „Den Kampf um Gleichberechtigung halten sie darum für ausgefochten – und gewonnen." (DER SPIEGEL, 21.6.1999, S. 79)[337] Andererseits zeigt eine Studie des Meinungsforschungsinstituts Allensbach, in der über tausend Frauen zwischen sechzehn und neunundzwanzig Jahren zum Thema Emanzipation befragt wurden, dass nur 16 Prozent der Frauen an eine „real existierende Emanzipation" glauben. (EMMA, Juli/August 2000, S. 22.ff.)

So hat auch Ende der neunziger Jahre die Aussage eines Berichts der Illustrierten STERN von 1974 nicht an Aktualität verloren, in der es heißt: „Emanzipation beschreibt einen Vorgang, keinen Zustand". (STERN, 28.12.1974, S. 62)

AJM

[337] Vgl. auch: DER SPIEGEL, 15.3.1999, S. 117: „Die professionellen Mädchen glauben lieber, daß der Kampf nicht mehr nötig und sie selbst von Geburt an gleichberechtigt seien."

23 Embryonale Stammzellenforschung

[Kein Eintrag im Duden.]

„**em|bry|onal** <Adj.>: **1.** (Med., Biol.) **a)** *zum Stadium des Embryos gehörend, es betreffend, vom ihm ausgehend*: der Mensch in seiner -en Phase; -e Schäden; **b)** *unterentwickelt, unreif.* [...]“ Duden (1999), S. 1015.
„**Hä|mo|blast**, der; -en,-en <meist Pl.> [zu griech. blastós = Spross, Trieb] (Med.): *Blut bildende Zelle im Knochenmark; Stammzelle.*“ Duden (1999), S. 1656.

Der in den 90er Jahren entfachte Gentechnikdiskurs wird seit Anfang 2001 durch das Themengebiet der embryonalen Stammzellenforschung erweitert. Der Fachterminus *embryonale Stammzellenforschung* ist der naturwissenschaftlich-medizinischen Teildisziplin der Biotechnologie entnommen und wird in schriftlicher Form üblicherweise als ES-Forschung abgekürzt.
Seit Frühjahr 2001 gewinnt der Diskurs über ES-Forschung verstärkt an Brisanz: Durch Erfolg versprechende Forschungsergebnisse aus dem Ausland beeinflusst, häufen sich Pressemeldungen, in denen die ES mit Fahnenwörtern wie *Wunderessenz einer zukünftigen Medizin* (DER SPIEGEL, 11.6.2001, S. 216) oder als *biologische Tausendsassas* (RP, 8.5.2001) bezeichnet werden. Deutsche Stammzellenforscher, unter ihnen Oliver Brüstle und Ottmar Wiestler von der Universität Bonn, äußern ihren Wunsch, an humanen embryonalen Stammzellen zu forschen; Politiker, Kirchenvertreter und Philosophen beziehen öffentlich Stellung dagegen und warnen vor unüberlegten und voreiligen Heilversprechen. Der Kölner Erzbischof Kardinal Meisner zeigt seine Ablehnung der ES-Forschung durch den Gebrauch stigmatisierender Ausdrücke.

So wirft er den Forschern „Kannibalismus“ und die „Herstellung gentechnisch veränderter Menschen vor“. (DER SPIEGEL Nr. 24, 2001, S. 218.)
Stammzellen erwecken das Interesse der Forschung durch ihre Fähigkeit sich zu vermehren, sich in einzelne oder mehrere Zelltypen zu entwickeln und somit als Zelltransplantat zur Verfügung zu stehen. Die Wissenschaftler unterscheiden zwischen embryonalen Stammzellen (ES-Zellen), Stammzellen aus Nabelschnurblut und somatischen Stammzellen aus fetalem und erwachsenem Körpergewebe.
ES-Zellen unterscheiden sich von den anderen Stammzellen durch ihre Pluripotenz. Das bedeutet, dass die noch undifferenzierten Zellen, wenn sie ca. am fünften Tag nach ihrer in-vitro Befruchtung aus dem so genannten Blastozystenstadium eines menschlichen Embryos isoliert werden, noch das Potenzial besitzen, alle Gewebetypen des menschlichen Körpers zu bilden. Die Forscher hoffen, mittels embryonaler Stammzellen bisher unheilbare Krankheiten, wie z.B. Parkinson, heilen und Nervenzellen, die durch Hirn- oder Rückenmarksverletzungen zerstört wurden, ersetzen zu können. Positiv konnotierte Vokabeln wie *Wunderzellen* und *zelluläre Alleskönner* (DER SPIEGEL Nr. 27, 2001, S. 199) unterstreichen diesen Heil versprechenden Aspekt.
In Deutschland hat Oliver Brüstle 1988 als erster mit embryonalen Stammzellen aus Mäuseembryonen gearbeitet. Humane pluripotente Stammzellen hat der amerikanische Entwicklungsbiologe James Thomson erstmals im Herbst 1998 aus einem im Reagenzglas befruchteten Embryo isoliert.
Die TAZ schrieb daraufhin ironisierend: „Embryonen als Vorratslager. [...] Die Schaffung von menschlichem Gewebe auf Bestellung [...] wird wahrscheinlicher.“ (TAZ, 7.11.1998, S. 2)
Als mögliche Alternative zu den humanen ES gelten adulte, aus körpereigenem Gewebe gewonnene Stammzellen

und solche, die sich im Nabelschnurblut von Neugeborenen finden. Werden sie isoliert, so können sie laut überwiegender Mehrheit der Wissenschaftler nur die Zelltypen des Organs bilden, in dem sie auch vorkommen. Man bezeichnet die adulten Stammzellen als multipotent. Dagegen ergaben neuere Forschungen, dass sie ebenfalls über ein hohes Entwicklungspotenzial verfügen. So kommentiert die FAZ: „[...] begrenzt ist offensichtlich nicht das Potential adulter Stammzellen, sondern die Fähigkeit mit ihnen umzugehen.“ (FAZ, 5.7.2001, S.1) Der medizinische Vorteil gegenüber dem Einsatz von ES-Zellen liegt darin, dass sie beim Patienten keine Abstoßungsreaktionen hervorrufen. Im August 2001 gelingt es dem Kardiologen Bodo Ekkehard Strauer von der Universität Düsseldorf, einen Herzinfarktpatienten mit adulten, aus seinem eigenen Knochenmark gewonnen Stammzellen erfolgreich zu behandeln. Die RHEINISCHE POST titelt: „Der Anfang einer neuen Epoche.“ (RP, 25.8.2001) Stammzellen aus Nabelschnurblut können ebenso wie adulte Stammzellen bei Schädigung des Gewebes als Zellersatz oder als Therapiemöglichkeit bei Leukämie eingesetzt werden. Schon 1993 meldete die FAZ: Nabelschnurblut als Lebensretter. (FAZ, 22.9.1993, S. 1)

Es ist allgemein anerkannt, dass die Verwendung von adulten Stammzellen als ethisch unbedenklich gilt. Die Forschung an embryonalen Stammzellen dagegen evoziert rechtliche und ethische Probleme, da sie aus menschlichen Embryonen stammen. Inhaltlich weist die neu entfachte Diskussion Ähnlichkeiten und Überschneidungspunkte mit dem Abtreibungsdiskurs auf. Beiden gemeinsam ist der ethische Dissens über den Beginn des menschlichen Lebens und die Frage nach dem Grad seiner Schutzbedürftigkeit. Für den Beginn menschlichen Lebens existiert keine verbindliche Definition, da in den Bestimmungsversuch – je nach Position – religiöse Grundsätze, gesellschaftliche Normen, wissenschaftliche Erkenntnisse und individuelle Wertvorstellungen mit einfließen. Nach christlich gepräg-

ter Tradition gilt, „dass mit Verschmelzung von Ei- und Samenzelle ein neuer Mensch entstanden ist." (der CDU-Abgeordnete Hubert Hüppe in der SZ, 1.6.2001, S. 7)
Die Befürworter der ES-Forschung differenzieren diesen Status des Menschseins und gehen von einer abgestuften Schutzwürdigkeit des menschlichen Lebens in seinen verschiedenen Entwicklungsphasen aus. Hubert Markl, Präsident der Max Planck Gesellschaft, sieht eine „Überfokussierung auf den Akt der Gametenverschmelzung zur Zygote." (SZ, 25.6.2001, S. 14) Weiter bemerkt er:

> „Der neue Mensch ist nicht fertig in der Zygote, [...] Mensch [ist] ein kulturbezogener Zuschreibungsbegriff von Menschen und keine rein biologische Tatsache." (SZ, 25.6.2001, S.14)

Die SÜDDEUTSCHE ZEITUNG hält dagegen: „Natürlich ist ein Mensch immer ein Mensch, wenn es zu dessen Wesen zählt, sich zum Mensch zu entwickeln." (SZ, 2.6.2001, S. 14)
Unter Bezugnahme auf den Artikel 1 des Grundgesetzes („Die Würde des Menschen ist unantastbar") entwerfen die Forschungsbefürworter und ihre Gegner ein konkurrierendes Sprachkonzept von der ethisch und rechtlich richtigen Behandlung der embryonalen Stammzellen.

> „Bisher gab es Übereinstimmung, dass jeder Lebensrecht und Würde besitzt. Angesichts der neuen Techniken scheint das alles nicht mehr zu gelten." (der CDU-Abgeordnete Hubert Hüppe in der SZ, 1.6.2001, S. 7)

Die Befürworter der Forschung betonen, dass die ES keineswegs schon als menschliches Leben und somit schützenswertes Rechtssubjekt anzusehen sind. Demzufolge verwenden sie als Synonym für ES medizinische, entpersonalisierende Ausdrücke. Hubert Markl wählt naturwissenschaftliche Ausdrücke wie *Zellkultur* und *Zellmaterial*, die keine Assoziationen bezüglich menschlichen Lebens nahe legen. (SZ, 11.6.2001, S. 3) Ebenso verwendet Oliver Brüstle einen emotional distanzierten Sprachgebrauch indem er betont, „dass hier nur mit Zellhaufen gearbeitet wird." (SZ, 11.6.2001, S. 3)

Der Sprachgebrauch der Forschungsgegner weist eine hohe Anzahl an anthropomorphisierenden Ausdrücken auf; während die FAZ die ES als „Teile von menschlichen Embryonen" (FAZ, 5.7.2001, S. 41) bezeichnet, verwendet Hans Magnus Enzensberger eine technische Metapher und spricht – ähnlich wie schon 1998 die TAZ von „Vorratslagern" – „von der Züchtung von menschlichen Ersatzteillagern." (DER SPIEGEL Nr. 23, 2001, S. 220) Die Kritik kommt hier sprachlich auch durch die explizite Nennung des metaphorischen Rahmens (*menschlich*) und dessen Zusammenbindung mit dem rein technischen Bildspender (*Ersatzteillager*) zum Ausdruck.

Zentrales Referenzobjekt bzw. Motiv in der Argumentation der Forschungsskeptiker ist die *Tötung des werdenden Lebens*.

Sie bezeichnen die ES als „Zellen [...] die durch die Zerstörung weniger Tage alter, menschlicher Embryonen gewonnen wurden". (SZ, 25.6.2001)

DER SPIEGEL kommentiert: „Sie werden aus dem Innern der Keime gesaugt, die den Eingriff nicht mehr überleben." (DER SPIEGEL Nr. 24, 2001, S. 216)

Bundespräsident Johannes Rau mahnt in Anspielung auf Wortschatz und Verbrechen der Nationalsozialisten in seiner Berliner Rede vom 18. Mai 2001: „Wer einmal anfängt, zwischen lebenswert und lebensunwert zu unterscheiden, der ist auf einer Bahn ohne Halt."[338]

Die Ausdrücke *Recht auf Leben* und *Recht auf Heilung* stehen sich als konkurrierende Leitvokabeln in einem semantischen Kampf gegenüber. Die Befürworter der ES-Forschung verwenden die Hochwertvokabel *heilen* als Le-

---

[338] Dokumentiert unter http://www.bundespraesident.de, 5.7.2001.

gitimation. Bundeskanzler Gerhard Schröder stellt die rhetorische Frage:

> „Aber ich frage mich, ist nicht der Wunsch, alles nur Menschenmögliche für die Heilung zu unternehmen, ebenso zu respektieren? Ich denke, die Ethik des Heilens und des Helfens verdient ebensolchen Respekt wie die Achtung vor der Schöpfung." (SZ, 1.6.2001, S. 6).

Mit dem Ausdruck *Heiligkeit des Lebens* wollen die Gegner der ES-Forschung die „Menschenwürde von Anfang an geschützt wissen." (DIE ZEIT, 5.7.2001, S. 27)
Um die eigene Position zu stärken, instrumentalisieren die Forschungsbefürworter das Fahnenwort der Gegner. Zu diesem Zweck werden Komposita mit dem Substantiv *Leben* gebildet, um den möglichen Heil bringenden Zweck von ES-Forschung zu betonen. So werden z.B. die Forscher als *Lebenswissenschaftler* (Hubert Markl in der SZ, 25.6.2001, S. 25) und die Forschung als *Lebenswissenschaften* bezeichnet. (Margot von Renesse, Vorsitzende der medizinischen Enquete-Kommission des Bundestages, in der SZ, 1.6.2001, S. 7)
Bundespräsident Rau wiederum stellt in der erwähnten Rede vom 18. Mai 2001 das ironisierende *so genannte* vor *Lebenswissenschaftler*, um das Kompositum der Gegenpartei zu entkräftigen.[339]
Angesichts der neuen biomedizinischen Entwicklungen gibt es keinen Konsens über gesellschaftlich normierte Moralvorstellungen. Die SÜDDEUTSCHE ZEITUNG hebt hervor: „Beim Streit um Embryonenforschung geht es um Ethik und Moral." (SZ, 6.6.2001, S. 4)
Der heterogene Sprachgebrauch führt auf parteipolitischer Ebene zu semantischen Kämpfen. Und selbst innerhalb der Parteien beginnt „ein Streit um das ethische Selbstverständnis der Gattung." (Jürgen Habermas, SZ, 30.6.2001,

---

[339] Dokumentiert unter http://www.bundespraesident.de, 5.7.2001.

S. 13) Der Dissens über ES-Forschung wird öffentlich als *Bioethikdebatte* (SZ, 1.6.2001, S. 7) bezeichnet. Während die Befürworter betonen, dass sich angesichts der biomedizinischen Entwicklungen neue Norm- und Ethikvorstellungen ergeben sollten, berufen sich die Gegner auf gesellschaftlich etablierte Moralvorstellungen und auf die Würde des Menschen.
Ebenso wie Bundeskanzler Schröder verwendet der nordrhein-westfälische Ministerpräsident Wolfgang Clement (SPD) die positiv konnotierten Ausdrücke *Ethik des Heilens und des Helfens*, um den medizinischen Umgang mit ES-Zellen zu legitimieren. (RP, 5.6.2001)
Als Reaktion auf die Forderung nach einer neuen *Ethik des Heilens* gründet Hubert Hüppe (CDU) das *Bündnis Menschenwürde gegen PID*[340]*, Klonen und Embryonenforschung.* (DER SPIEGEL Nr. 27, 2001, S. 199) Die Erfolg versprechenden Behandlungsmethoden mit adulten Stammzellen kommentiert Michael Müller (Stellvertretender Vorsitzender der SPD-Bundestagsfraktion): „Es geht auch ethisch sauber." (RP, 25.8.2001)
Volker Beck, rechtspolitischer Sprecher von Bündnis 90/DIE GRÜNEN, urteilt: „Die ethische Stellung des menschlichen Lebens wird sich grundsätzlich wandeln." (SZ, 7.5.2001, S. 6) Bezüglich der Forschung an künstlich befruchteten und nicht in den Mutterleib eingesetzten Embryonen äußert Jürgen Habermas seinen „Abscheu vor verbrauchender Forschung." (SZ, 30.6.2001, S. 13) Bundeskanzler Gerhard Schröder hingegen fragt: „Ist es dann nicht doch vertretbar angesichts der Tatsache, dass sie weggeworfen werden, begrenzte Forschung an ihnen zu ermöglichen?" (SZ, 1.6.2001, S. 1)
Die Metapher der Grenzziehung beanspruchen sowohl Forschungsbefürworter als auch Gegner für sich. So fordert Bundespräsident Johannes Rau in seiner Berliner Rede

[340] PID: diagnostisches Verfahren um pathologische Veränderungen des Erbmaterials an künstlich befruchteten Embryos feststellen zu können.

vom 18. Mai 2001 eine Forschung nach menschlichem Maß. „Ethische Grundsätze zu formulieren, das bedeutet, sich auf Maßstäbe und auf Grenzen zu verständigen. Ohne Grenzen, ohne Begrenzung, gibt es kein Maß." Als Symbol für die unmenschliche Grenzüberschreitung der ES-Forschung wählt er den Topos Rubikon:

> „Ich bin fest davon überzeugt, dass wir unendlich viel Gutes erreichen können, ohne dass Forschung und Wissenschaft sich auf ethisch bedenkliche Felder begeben müssen. Es gibt viel Raum diesseits des Rubikons."[341]

Ebenso beansprucht der Präsident der Max Planck Gesellschaft, Hubert Markl, den Topos des Rubikons, um seine persönliche Einstellung zu untermauern. „Wenn dies der Rubikon wäre, den es nicht zu überschreiten uns Weisheit riete, dann hieße es für mich genauso viel, wie Freiheit und Selbstverantwortung des Menschen zu entsagen und sich blind hoffend und leidend dem Naturgeschehen auszuliefern." (SZ, 25.6.2001, S. 14) Die SÜDDEUTSCHE ZEITUNG stellt fest, „der Rubikon, dieser vielbeschworene Grenzfluss, dessen Überschreitung fast täglich beklagt wird, schillert in neuem Licht" (SZ, 25.6.2001, S. 3).
Innerhalb der Wissenschaft besteht Uneinigkeit über den Nutzen von ES-Zellen. Drängen einige Forscher darauf, mit embryonalen Stammzellen arbeiten zu können, so lehnen andere die Forschung kategorisch ab. Schon im Juni 2001 warnt der Direktor des Instituts für Zellbiologie der Uni Bonn, Volker Herzog: „Es ist ein Sündenfall mit menschlichen ES-Zellen zu arbeiten. Denn daraus folgt unweigerlich das Klonen von Menschen." (DER SPIEGEL Nr. 28, 2001, S. 178) →*Klonen*
Die öffentlich explizite Thematisierung der moralischen Beurteilung von ES-Forschung wird auf juristischer Ebene weitergeführt. Die rechtliche Grundlage für die Stamm-

---

[341] http://www.bundespraesident.de, 5.7.2001.

zellenforschung bildet das Embryonenschutzgesetz (EschG). Bis es 1991 in Kraft trat, war der Embryo durch den §218 StGB geschützt, der jedoch eine Schwangerschaft voraussetzt, und somit den Schutz von künstlich erzeugten Embryonen nicht mit berücksichtigt. Allerdings kann auch das EschG nicht alle neu aufgeworfenen Fragen beantworten und steht daher vermehrt in der parteipolitischen Diskussion. Strafrechtlich ist unter anderem „die gezielte Erzeugung menschlicher Embryonen zu Forschungszwecken" (EschG §1 Abs. 1, Nr. 2) verboten. In ihrer Empfehlung lehnt die Enquete-Kommission „Recht und Ethik der modernen Medizin" des deutschen Bundestages am 27. November 2001 den „ethisch heiklen Import" (DER SPIEGEL Nr. 28, 2001, S. 178) embryonaler Stammzellen aus Ländern wie z.B. den USA oder Israel ab.[342] Hubert Hüppe (CDU, stellvertretener Vorsitzender der Enquete-Kommission) äußert seine ablehnende Position mit der Aussage, „dass der Import von embryonalen Stammzellen im Nachhinein die Tötung menschlichen Lebens zur Gewinnung dieser Zellen legitimiert" (HANDELSBLATT, 3.12.2001, S. 1). Dagegen spricht sich der von Bundeskanzler Schröder einberufene Ethikrat am 29. November 2001 mehrheitlich für einen Import aus.[343] Prof. Jochen Taupitz, Mitglied des Ethikrats und Professor für Medizinrecht, begründet den Beschluss für den Import damit, dass die importierten ES aus „überzähligen" Embryonen stammen, „die ohnehin dem Tod geweiht sind." (RP, 3.12.2001, S. 2)

Nach einer monatelangen kontroversen Debatte stimmt der Bundestag in einem Grundsatzbeschluss am 30 Januar 2002 mit einer knappen Mehrheit für einen Import unter strengen Auflagen.[344] Der Beschluss erlaubt die Einfuhr

---

[342] Vgl. http://www.bundestag.de/gremien/medi/index.html.

[343] Vgl. http://www.nationalerethikrat.de.

[344] Der Antrag erhielt 340 von 617 gültigen Stimmen. 265 Abgeordnete votierten für ein völliges Verbot des Imports. Vgl. http://www.spiegel.-de/politik/deutschland/0,1518,183676,00.html,31.01.2002.

bereits existierender Stammzelllinien, die schon vor dem 1. Januar 2002 existierten, allerdings nur dann, wenn nicht an ethisch unbedenklichen, z.B. adulten Stammzellen, geforscht werden kann. Der fraktionsübergreifende Kompromissantrag ist, so Margot von Renesse (SPD), „das Ergebnis einer Verständigung zwischen Befürwortern und Gegnern des Imports." Bundeskanzler Schröder bewertet den Entschluss positiv, „da nun rationale Grenzen gesetzt [sind], ohne Kranken den Weg zu neuen Therapien zu verwehren."[345] Die TAZ bemerkt daraufhin kritisch: „Wollen wir in einer Welt leben, in der für Heilversprechen Grundwerte nicht nur zunehmend in Frage gestellt, sondern nach und nach gänzlich aufgegeben werden?"[346] Die bundespolitische Entscheidung über den Umgang mit embryonalen Stammzellen kommentiert die FAZ daraufhin: „Der Rubikon ist auf diesem Steckenverlauf kanalisiert, ein Damm gegen den Embryonenverbrauch errichtet, die Tür allerdings einen Spalt geöffnet."[347]

Am 25. April 2002 stimmt der Bundestag einem von einer fraktionsübergreifenden Abgeordnetengruppe erarbeiteten Gesetzentwurf mit einer Stichtagsregelung zu – es dürfen nur Stammzellen importiert werden, die vor dem 1. Januar 2002 gewonnen wurden und in Labors in Kulturen gelagert worden sind.

KD

345 http//:www.faz.net/IN/Inte, 31.01.2002.
346 http://www.taz.de/pt/2002/01/31/a0027.nf/text.
347 http//:www.faz.net/IN/Inte, 31.01.2002.

24 Entartete Kunst

> „**ent|art|en** <sw. V.; ist> [mhd. entarten, zu ↑Art]: **a)** [...]; entartete Kunst *(nationalsozialistische Bezeichnung für das gesamte moderne Kunstschaffen, das nicht der nationalsozialistischen Kunstauffassung entsprach)*; **b)** *sich in etw. [Negatives] verkehren, ausarten:* der Staat war zu einem Monstrum entartet; Ob nicht unser ganzes Weihnachtsfest zur gottlosen Klamotte entartet ist (MM 28./29.12.85, 20).“ Duden (1999), S. 1031.

In der deutschen Gegenwartssprache gehört der Ausdruck *entartete Kunst* – neben *entarten* und *Entartung* – zu den so genannten „belasteten Wörtern“, das heißt, zu den sprachlichen Mitteln, die in der Öffentlichkeit als typische Vokabeln und als Ausdruck nationalsozialistischer Denkweise bekannt sind.
Die in diesem Fall zur Aufdeckung der Tradition der Denkweise relevante Wortgeschichte, die die Bedeutungsentwicklung des Ausdrucks rekonstruiert, hat Cornelia Schmitz-Berning in zwei sehr differenzierten und belegreichen Ansätzen 1964 und 1998 dargestellt. Ihre Ergebnisse sind die Grundlage der folgenden Darstellung.
Als Erstbeleg für das Deutsche bucht Schmitz-Berning die Wortverbindung *entartete Kunst* 1797 in Friedrich Schlegels kunsttheoretischem Aufsatz „Über das Studium der griechischen Poesie“ und schreibt diesen Neologismus dem „Einfluß des Sprachgebrauchs der französischen Enzyklopädisten und Aufklärer“ zu, „für die seit Buffons ‚Histoire naturelle‘ mit dem Kapitel ‚De la dégénération des animaux‘ (1766) der Ausdruck *dégénération* zu einem wichtigen biologischen, politischen, gesellschaftskritischen Terminus geworden war.“[348]

[348] Schmitz-Berning (1998), S. 183f.

Für die Mitte des 19. Jahrhunderts verweist sie zum Beispiel auf Jacob Burckhardt, der „im ‚Cicerone. Eine Anleitung zum Genuss der Kunstwerke Italiens' ganz selbstverständlich von *entarteter Kunst* [spricht], um die Barockkunst zu charakterisieren", da sie einen „verwilderten Dialekt"[349] der Sprache der Renaissance spräche.
Gegen Ende des 19. Jahrhunderts registriert Schmitz-Berning die bis heute bedeutsame Verwendung des Ausdrucks *entartete Kunst*, nämlich 1888 in der „Antisemitischen Correspondence": „Die Entartung der Kunst ist aber der sichere Vorbote der sittlichen und weiterhin der leiblichen Entartung". Inzwischen hatte nämlich

> „der Ausdruck Entartung [...] durch seine Beziehung auf *Rassenkreuzung, Irrsinn, seelische Abartigkeit, erbliche Minderwertigkeit*[350] eine immer stärker ausgeprägte naturalistisch-biologische Bedeutung erhalten, die der Aussage in dem antisemitischen Blatt einen völlig neuen Sinn gibt. In dieser neuen Bedeutung verwendete auch der Journalist und Arzt Max Nordau den Ausdruck in seinem 1892 erschienen Werk ‚Entartung'"[351].

Max Nordau wird knapp 100 Jahre später in einer öffentlichen Diskussion über die deutsche Sprachgeschichte eine Rolle spielen, als 1983 der damalige bayerische Ministerpräsident Franz-Josef Strauß ihm mit dem falsch zitierten Buchtitel „Entartete Kunst. Entartung" die Prägung des Ausdrucks zuschreibt.[352]

---

[349] Schmitz-Berning (1998), S. 185.
[350] Hier weist Schmitz-Berning (1998), S. 180f. unter *entarten*, *Entartung* auf die Arbeiten von Gobineau, Morel, Lombroso und Darwin hin und erläutert deren Wirkungsgeschichte bis in die NS-Gesetzgebung.
[351] Schmitz-Berning (1998), S. 185.
[352] Siehe dazu auch Rüdiger (1981).

Nordau plädiert dafür, diesen neuen „Begriff der Entartung“ auch auf die Schöpfer der „neuen Kunst“ zu übertragen:

> „Die Entarteten sind nicht immer Verbrecher, Prostituierte, Anarchisten und erklärte Wahnsinnige. Sie sind manchmal Schriftsteller und Künstler [...] Einige dieser Entarteten des Schrifthums, der Musik und Malerei sind in den letzten Jahren außerordentlich in Schwang gekommen und werden von zahlreichen Verehrern als Schöpfer einer neuen Kunst, als Herolde der kommenden Jahrhunderte gepriesen.“[353]

Schmitz-Berning zeichnet die Tradition dieser Kunst- und Kunstausstellungskritik bis zu Hitlers „Mein Kampf“ nach, der den Kritiktopos der völkischen Kreise aufgreift und instrumentalisiert.

> „Die angebliche *Entartung der Kunst* als Werk von *Entarteten* war, vor allem in völkischen Kreisen, zu einem Topos geworden. ‚Was heute dem Volke aller Stände als Kunst geboten wird, ist zum großen Teil Entartung, von der dekadenten Tragödie bis zur Sensation des Kinematographen, und geeignet, die Entartung zu fördern.‘ (1912) Am 12.4.1913 gibt es einen Beschluß des preußischen Abgeordnetenhauses gegen die *Entartung* der Kunst.“[354]

1933 bereits begann

> „die Serie der Ausstellungen, in denen Werke der verfemten Avantgarde als *entartete Kunst* zur Schau gestellt und gebrandmarkt wurden. *Entarte Kunst* wurde zum legitimierenden Schlagwort für die Verfolgung der

---

[353] Schmitz-Berning (1998), S. 185.
[354] Schmitz-Berning (1998), S. 186.

> Künstler, deren Werke als *entartet* eingestuft wurden".[355]

Am 7. Oktober 1933 meldet die Berliner Börsen-Zeitung: „Unter dem Titel ‚Eine Ausstellung entarteter Kunst' wird im Dresdener Neuen Rathaus eine Sammlung der unter dem früheren Regime angekauften Kunstwerke gezeigt."[356]
Am 19. Juli 1937 wird dann in München die bewusstseinsprägende Ausstellung[357] eröffnet, durch die die Bezeichnung *entartete Kunst* zur „offizielle[n] Bezeichnung für die politisch mißliebige, moderne, als krankhaft bewertete, angeblich *jüdisch-bolschewistisch* beeinflußte Kunst der Avantgarde"[358] wurde. Die deutsche Presse meldete am nächsten Tag:

> „Der Präsident der Reichskammer der bildenden Künste, Prof. Ziegler, eröffnete am Montag in München die Ausstellung ‚Entartete Kunst', die eine Sammlung kulturbolschewistischer Scheußlichkeiten enthält"[359].

1938 ging die Wendung *entartete Kunst* in die Gesetzessprache ein – nachdem sie 1913 schon als parlamentarischer Terminus im preußischen Abgeordnetenhaus etabliert worden war –, in das „Gesetz über Einziehung von Erzeugnissen entarteter Kunst vom 31.5.1938"[360].
Im gleichen Jahr beginnt die Wanderausstellung in Düsseldorf:

---

[355] Schmitz-Berning (1998), S. 187.
[356] Zitiert nach Schmitz-Berning (1998), S.187.
[357] Zur Rekonstruktion der Münchner Ausstellung und der „Wanderausstellung" in anderen Städten siehe Barron (1992) mit dem „Führer durch die Ausstellung Entartete Kunst", S. 359-390.
[358] Schmitz-Berning (1998), S. 183.
[359] KIELER NEUESTE NACHRICHTEN, 20.7.1937, zitiert nach Schmitz-Berning (1998), S. 187.
[360] Schmitz-Berning (1998), S. 187.

„Die mit so großem Erfolg in den Ausstellungshallen am Düsseldorfer Ehrenhof gestartete Wanderausstellung ‚Entartete Kunst', die einen einprägsamen Überblick über die politisch verseuchte Verfallskunst einer überwundenen Zeit gibt, weist von Tag zu Tag steigenden Besuch auf.“[361].

Offenbar haben die Nationalsozialisten die schon vor ihnen gebräuchliche populistische kunstkritische Vokabel *entartete Kunst* neu aufgeladen und als schlagwortartiges Schimpfwort für das so genannte gesunde Volksempfinden zur Diffamierung avantgardistischer Kunst für breite Kreise etabliert.

Für die Zeit nach 1945 ist bemerkenswert, dass der Ausdruck *entartete Kunst* nicht von Anfang an als (nationalsozialistisch) „belastet“ erkannt und vermieden wurde.

Im Gegensatz zu den von den Nationalsozialisten eingeführten Vokabeln der so genannten Institutionen-Sprache – wie beispielsweise die von Goebbels angeordneten Ersatzwörter *Kunstschriftleiter* (statt *Kritiker*) und *Kunstbericht* (statt *Kunstkritik*)[362] –, die mit dem Ende der Nazi-Herrschaft sofort verschwanden, gehört *entartete Kunst* zu dem weiter verwendeten Vokabular. Schmitz-Berning verweist darauf, dass zum Beispiel im Rechtschreib-Duden von 1948 das Stichwort *Dadaismus* das gleiche Interpretament hat wie in der vorhergehen Auflage von 1941: „entartete Kunstrichtung der Zeit nach dem ersten Weltkrieg“.[363]

Wie wirksam die Tradition der Diffamierung der Werke von Emil Nolde, Ernst Barlach, Ernst Ludwig Kirchner, Max Beckmann, Oskar Kokoschka, Otto Dix, Paul Klee und anderer als *Verfallskunst* waren, wird exemplarisch

[361] DER MITTAG, 19.7.1938, zitiert nach Schmitz-Berning (1998), S. 188.

[362] Vgl. Schmitz-Berning (1998), S. 364 und 366.

[363] Duden-Rechtschreibung (1948) zitiert nach Schmitz-Berning (1998), S. 188.

belegt durch einen Leserbrief von 1949, der über ein von den Nationalsozialisten entferntes Gefallenendenkmal Barlachs urteilt, man habe „bei aller Toleranz andersartiger Kunstauffassungen doch den Eindruck, hier eine Untergrundgestalt entarteter Kunst vor sich zu haben.“[364]
Offenbar setzte schon in der unmittelbaren Nachkriegszeit eine kunsthistorische Reaktion auf die Kunstpolitik der Nationalsozialisten ein, zumal die teilweise erhaltenen Kunstmuseen ohnehin ihre Ausstellungen revidieren mussten. Zahlreiche Ausstellungen[365] widmeten sich der *verfemten Kunst*, wie sie jetzt genannt wurde. Ausstellungstitel wie *Befreite Kunst* (1946 in Celle) bzw. *Lebendiges Erbe* (Düsseldorf 1946) oder *Moderne deutsche Kunst* (1947 Tübingen) verdeutlichen Tendenzen der kritischen Aufarbeitung, zumindest der kritischen Distanzierung bzw. der bewussten Traditionsbildung oder Traditionsanknüpfung an die Kunst vor 1933; allesamt bekunden sie „den künstlerischen wie auch kunst- und ausstellungspolitischen Paradigmenwechsel gegenüber dem Nationalsozialismus“[366].
In der kunstgeschichtlichen Diskussion fand in der unmittelbaren Nachkriegszeit eine sachliche Rehabilitation der *entarteten Kunst* statt. Der Ausdruck *entartete Kunst* diente ausschließlich als historische Vokabel zur Bezeichnung der von den Nationalsozialisten verfemten Kunst.[367] Erst Mitte der fünfziger Jahre entwickelte sich eine sprachliche Sensibilität in der Öffentlichkeit gegenüber diesem sprachlichen Ausdruck Zu dem Zeitpunkt sollte nämlich mit *entartete Kunst* nicht mehr die von den Nationalsozialisten verfemte Kunst, sondern künstlerisches Schaffen bzw. künstlerische Werke der damaligen Gegenwart bezeichnet

---

[364] Zitiert nach Schmitz-Berning (1998), S. 188.
[365] Siehe Papenbrock (1996).
[366] Papenbrock (1996), S. 14.
[367] Z.B. in dem populären Knaurs Lexikon Moderner Kunst (1955), hrsg. von Buchheim, mit einem eigenen Artikel, S. 102, „Entartete Kunst“.

und kritisiert werden. Als der Ausdruck *entartete Kunst* auf die Gegenwart „übertragen" werden sollte, wirkte sich das öffentliche historische Bewusstsein als sprachkritische Barriere aus. Die kunstgeschichtliche und journalistische Darstellung hatte inzwischen *entartete Kunst* als einen von den Nationalsozialisten mit einem „spezifischen [...] Inhalt" aufgeladenen „Begriff" bewusst gemacht. Sie hatte die Berufsverbote der betroffenen – als *entartet* diffamierterten – Künstler angeprangert und die Devisen bringende Versteigerung ihrer Werke 1938 im schweizerischen Luzern als kunst- und menschenverachtende Untaten der Nationalsozialisten anschaulich gemacht.[368] Außer diesem aufklärerischen Umgang mit der stigmatisierenden Bezeichnung *entartete Kunst* kam in der frühen Nachkriegszeit auch eine allgemeine öffentliche Kritik an der Weiterverwendung nazitypischen Vokabulars auf durch Wörtersammlungen mit Titeln wie „Aus dem Wörterbuch des Unmenschen"[369] bzw. „LTI" (Lingua Tertii Imperii/Sprache des Dritten Reichs). So ist es nicht verwunderlich, dass sich eine öffentliche Sprachsensibilität[370] herausgefordert sah, als der Ausdruck *entartete Kunst* – sozusagen in Anknüpfung an die ältere Tradition vor dem Nationalsozialismus und in Negierung der „Belastung" durch den Wortgebrauch im „Dritten Reich" – auf das aktuelle Kunstschaffen in der Bundesrepublik Deutschland angewendet wurde.

Ein erster, auch von Schmitz-Berning als exemplarisch angeführter Fall findet sich im Sommer 1955: Offenbar hatte die RHEINISCHE POST mit einer Schlagzeile „Die Richtung führt zur Entartung" Kritik an Kunst-Konzeptionen der Werkkunstschule Krefeld geübt.

---

[368] Siehe Knaurs Lexikon Moderner Kunst (1955), hrsg. von Buchheim, S. 102.

[369] Sternberger/Storz/Süskind (1945-1948 und 1957).

[370] Siehe hierzu Stötzel (1988): „Nazi-Verbrechen und öffentliche Sprachsensibilität", besonders S. 428ff.

Unter Absehung von der konkreten Sachdiskussion machen daraufhin sowohl die FRANKFURTER ALLGEMEINE ZEITUNG, 6.8.1955, wie auch die WELT Nr. 190, 1955, S. 4, diese „(Weiter)Verwendung einer ehemals zur Kunst-Zensur und Kunst-Zerstörung ‚eingesetzten' Vokabel [...] bewußt"[371]:
Die FAZ schrieb:

> „Die Krefelder Affäre [...]. Wir fühlen uns doch beteiligt, weil in dieser Kampagne gegen die Werkkunstschule Krefeld ein sattsam bekanntes, unerfreuliches Wörterbuch benutzt wird [...]. ‚Die Richtung führt zur Entartung' – so stand – sage und schreibe – dick gedruckt über einem der letzten Artikel"[372]

Und die WELT thematisiert differenziert und mit historischem Bewusstsein die sprachlichen Mittel:

> „Uns interessieren im Augenblick nur die Waffen, mit denen gefochten wird. Da beginnt eine Attacke unter der Schlagzeile ‚Die Richtung führt zur Entartung'. Wir finden einen erschreckenden Wortschatz. ‚Entartung, entarten, entartet' – das waren einmal legitime Vokabeln aus dem naturwissenschaftlichen Bereich. Theoretisch betrachtet sind sie das heute noch – aber wirklich nur theoretisch betrachtet! Im praktischen Sprachgebrauch gelten sie dank Hitler und seinen Handlangern als diffamierende Schimpfworte für zeitgenössische Kunst [...] Mehr noch: ‚Entartet' verunglimpfte unter Hitler schließlich nicht nur eine künstlerische Artung, sondern eine bestimmte Abstammung. Wer heute schon wieder dieses Vokabular benutzt, das zwölf Jahre hemmungslos korrumpiert wurde, begibt sich in eine unheilvolle Nachbarschaft, in jene finsteren Räume, da man

---

[371] Stötzel (1988), S. 429.
[372] Zitiert nach Schmitz-Berning (1998), S. 188f.

> nicht über ‚entartete' Kunst diskutierte, sondern entartete Machthaber eine Kunst zu Tode knüppelten, die ihnen nicht genehm war."[373]

In den siebziger Jahren hatte sich u.a. im Rahmen der Auseinandersetzung mit den „linken" Vokabeln der Studentenbewegung (→APO), durch den parteipolitischen Sprachstreit über das „Besetzen von Begriffen" und durch die Entwicklung des auch sprachkritisch orientierten Umweltbewusstseins die öffentliche Sprachsensibilität erheblich gesteigert. In den achtziger Jahren verstärkt sich die Tendenz, ehemals missbrauchte – das heißt so genannte „belastete" – Ausdrücke wieder unbefangen zu verwenden. Arbeitgeber-Präsident Hundt fordert angesichts der unterstellten Ausnutzung von Sozialleistungen die „Ausmerzung von sozialem Wildwuchs" (1982) und wird prompt vom Bundesgeschäftsführer der SPD, Peter Glotz, öffentlich kritisiert mit dem Argument, sein Vokabular stamme aus „dem Wörterbuch des Unmenschen" (FR, 26.5.1982; FAZ, 27.5.1982). Es wird die „Eliten-Allergie" (→Elite) im öffentlichen Wortschatz angeprangert (1984) und es werden „innerlich freie Zeitgenossen" aufgefordert, „sich durch den einstigen Mißbrauch der Sprache nicht ausdünnen" zu lassen.[374]

---

[373] Zitiert nach Schmitz-Berning (1998), S. 189.

[374] Alle Belege in einer ausführlichen Zusammenstellung und Analyse bei Stötzel (1988), S. 428ff.; siehe dort auch (S. 420) bzgl. der Forderung H.J. Heringers, zum Geschichtswissen müsse auch sprachgeschichtliches Wissen gerechnet werden, eine historisch reflektierte Gesellschaft müsse über einen überschaubaren historischen Zeitraum wissen, wie Wörter verwendet wurden. „Zum Vokabular des Herrenmenschen griff Kultusminister Hans Zehetmair. Aids sei das Symptom einer maroden Gesellschaft, die gesellschaftlichen Randgruppen müßten jetzt ‚ausgedünnt werden'. Homosexualität gehöre in den ‚Randbereich der Entartung'. Zehetmair: ‚Das Umfeld der ethischen Werte muß wiederentdeckt werden, um diese Entartung auszudünnen.'" (DER SPIEGEL, 16.3.1987, S. 131)

In dieser Phase findet 1983 – kurz nach dem Wechsel von einer sozial-liberalen zu einer christlich-liberalen Bundesregierung, der damals so genannten „geistig-moralischen Wende" – eine breite öffentliche Auseinandersetzung über den Gebrauch des Ausdrucks *entartete Kunst* statt. Zeitungen berichten darüber, dass der bayerische Ministerpräsident Franz-Josef Strauß von Entartungen" in der modernen Kunst gesprochen habe.

> „Als Beispiel für ‚Entartete Kunst' nannte Strauß den umstrittenen Achternbusch-Film ‚Das Gespenst' sowie ein ‚geschlachtetes Schaf am Kreuz auf einer documenta-Ausstellung'. [...] ‚Wenn die Nazis diesen Begriff auch schändlich mißbraucht haben', meint der bayerische Ministerpräsident, ‚heißt das noch lange nicht, daß dieser Begriff für nichts mehr verwendet werden darf.'" (NRZ, 16.6.1983, S. „Kultur" unter dem Titel „Entartete Kunst und die Zahnbürste")

Die Begründung, mit der Strauß diese Behauptung argumentativ illustriert, wird von der betreffenden Zeitung mit ironischer Distanz als „überraschende Belehrung" zitiert:

> „Wenn man nämlich so rigoros ist mit der Vergangenheit, dann muß man sorgfältig prüfen, ob die Nazi-Führung auch Zahnbürsten verwendet hat. Und dann ist es unerträglich, daß wir sie auch benutzen." (ebd.)

Um nach dieser problematischen ‚logischen' Klarstellung die umstrittene Wendung auch historisch zu rechtfertigen, unterschiebt Strauß die Prägung des Ausdrucks pointierterweise einem jüdischen „Mitbürger" [!], dem 1849 in Budapest geborenen und nach seiner Übersiedlung von 1880 bis 1929 in Paris lebenden österreichisch-ungarischen Schriftsteller Max Nordau, der ein Buch mit dem Titel

„Entartete Kunst. Entartung“ verfasst habe.[375] Man solle nicht – so Strauß – „bei jedem Begriff einen Nazi-Vorfahren erfinden“ (ebd.). Die Kommentare in den Zeitungen zeigen, dass auch die Journalisten die Unangemessenheit derartiger Aussagen über den Sprachgebrauch verdeutlichen wollen. Diese journalistische und die lang andauernde öffentliche Kritik ist implizit darauf gegründet, dass Strauß einmal alltägliche Gegenstände wie Zahnbürsten, die indifferent sind gegenüber den Nazi-Verbrechen, und ein offensichtlich mit den Verbrechen innerlich verbundenes Medium wie die Sprache auf eine Stufe stellt, um so die „Unschuld der Wörter“ kurzschlüssig nahe zulegen und von der Verantwortung der Sprachbenutzer abzulenken. Dem gleichen Zweck, zur ungenierten Weiterverwendung der Vokabeln zu ermuntern, gilt der mit problematischen Kunstgriffen gestaltete Versuch, einen Erstbeleg vor der Nazi-Zeit nachzuweisen. Hier wird die Neigung, Geschichte mithilfe einer Verharmlosungsstrategie zuzudekken, handgreiflich. Es ist zu befürchten, dass bei fehlender bzw. instrumentalisierter „Aufarbeitung“ der Geschichte – in Zukunft wie schon in der Vergangenheit – auch öffentlich für die problemlose Weiterverwendung und für die prinzipielle Unschuld der Wörter plädiert wird.

GS

[375] Das Buch heißt richtig allerdings nur „Entartung“, 2. Bde., Berlin 1892. Cornelia Berning (1964), S. 67, weist ausdrücklich daraufhin, dass Nordau von der „Kunst der Entarteten“ spricht, dass die Formulierung „entartete Kunst“ aber bei Nordau nicht vorkommt.

25 Establishment

„**Establishment [...]**, das; -s, - s [engl. establishment = Einrichtung, organisierte Körperschaft, zu: to establish = festsetzen, einrichten < afrz. establir (= frz. établir), ↑etablieren]; **a)** *Oberschicht der politisch, wirtschaftlich od. gesellschaftlich einflussreichen Personen:* in ihren Ansprüchen passt sich die reisende Jugend dem E. an (Spiegel 22, 1968, 65); zum E. gehören; **b)** (abwertend) *etablierte bürgerliche Gesellschaft, die auf Erhaltung des Systems bedacht ist*: Dagegen hat seine Darstellung Gewicht, wo sie die Verwunderung darüber artikuliert, dass sich „das E. so hemmungslos (gegen die Unruhestörer) austobte“ (MM 10.2.68, 44).“ Duden (1999), S. 1115.

Seit dem 17. und 18. Jh. werden in England „diejenigen religiösen Körperschaften als Establishment bezeichnet, die rechtlich oder faktisch an den Staat gebunden oder ihm zugeordnet sind“[376], vor allem aber die anglikanische Kirche, „die im Gegensatz zu den freien Kirchen etabliert war, das heißt eine öffentlich-rechtliche Organisation darstellte“[377]. Im 20. Jahrhundert wird der Ausdruck *Establishment* „im englischen Sprachbereich in verschiedener Bedeutung mit gemeinsamen Grundcharakter in Anlehnung an das Verb ‚*to establish*‘ für Festsetzung, Errichtung, Gründung, Einrichtung, Einführung, Einsetzung, Versorgung, Niederlassung, Verfassung, Regierung, Organisation, Heirat, Haushalt“[378] verwendet.
Nachdem das Wort „in den fünfziger Jahren im Englischen profanisiert wurde und nun die Bedeutung ‚maßgebende

---

[376] Historisches Wörterbuch der Philosophie (1972), Herausgegeben von Joachim Ritter, Band 2:D-F, Darmstadt/Basel, S. 755-757, S. 755.
[377] Niehr (1993), S. 181.
[378] Historisches Wörterbuch der Philosophie, (1972), Herausgegeben von Joachim Ritter, Band 2:D-F, Darmstadt/Basel, S. 755-757, S. 755.

Gruppe‘ oder ‚herrschende Klasse‘“[379] besaß, wurde es Ende der fünfziger Jahre im Gefolge der Kritischen Theorie nach Deutschland importiert und dort von der →*Außerparlamentarischen Opposition* als „Ausdruck des Dissens und zur Artikulierung der Kritik an den bestehenden Herrschaftsverhältnissen überhaupt verwendet – nicht ohne Orientierung an dem in der Polemik gegen die Weimarer Republik gebrauchten Begriff des ‚*Systems*‘“.[380]
Obwohl eine erste Verwendung des Ausdrucks in diesem politisch-gesellschaftskritischen Sinn schwer zu datieren ist, dürfte Herbert Marcuses Schrift „Repressive Toleranz“ wesentlich zur schlagartigen Verbreitung der Bezeichnung beigetragen haben.[381] Darin heißt es, es gelte nicht, „einen Kompromiss zwischen Konkurrenten zu finden oder zwischen Freiheit und Gesetz, zwischen allgemeinem und individuellem Interesse, öffentlicher und privater Wohlfahrt in einer *etablierten Gesellschaft*“, sondern darum „die Gesellschaft herbeizuführen, worin der Mensch nicht an Institutionen versklavt ist, welche die Selbstbestimmung von vorneherein beeinträchtigen. Mit anderen Worten, Freiheit ist selbst für die freiesten der bestehenden Gesellschaften erst noch herzustellen.“[382]
In der Folge einer sprachbezogenen Ideologiekritik wird der bis dahin (relativ wertneutrale) Ausdruck *Establishment* von der studentischen Protestbewegung Mitte der sechziger Jahre als negativ konnotiertes „Feind- bzw. Stigmawort“[383] gegen das herrschende System eingeführt. Ziel dieser semantischen Umwertung zur abwertenden Vorwurfsvokabel ist die Veränderung bzw. Überwindung der als autoritär und repressiv empfundenen „etablierte[n]

---

379 Schmid (1969), S. 400 zitiert nach Niehr(1993), S.181.
380 Historisches Wörterbuch der Philosophie, Bd. 2, (1972), Herausgegeben von Joachim Ritter, Band 2:D-F, Darmstadt/Basel, S. 755-757.
381 Vgl. Historisches Wörterbuch der Philosophie, (1972), Herausgegeben von Joachim Ritter, Band 2:D-F, Darmstadt/Basel, S.757.
382 Marcuse (1968), S. 10. Kursivierung T.E.
383 Vgl. Wengeler (1995), S. 397.

bürgerliche[n] Gesellschaft, ihre[r] auf Erhaltung des bestehenden Systems und der herrschenden Normen gerichtete[n] Ideologie und die sie vertretenden Institutionen“[384]. Dabei werden vor allem die Vertreter des Establishments mit diffamierenden Attribuierungen wie „*reaktionär*, *saturiert*, *festgefahren*, *privilegiert* oder *elitär* angegriffen“[385]. So heißt es 1968:

> „Establishment – das sind die Etablierten in Politik, Wirtschaft, Bürokratie, die Manager und Funktionäre in Ost und West [!], die ‚Beamten‘ der öffentlichen Verwaltung und der Kirchen, das sind alle, die sich mit dem ‚System‘ identifizieren, also die große Mehrheit des Bürgertums. Establishment – das ist das ‚System‘ selbst, die antiquierte politische Ordnung, ihre Erstarrung, ihr Festhalten an verbrauchten Werten und Autoritäten [...].“ (FH 12, 1968, S. 847)

Während diese erweiterte Definition, die die Normen und Verhaltensweisen der Gesellschaft in ihre Wertekritik mit einbezieht, als Selbstinterpretation derjenigen zu verstehen ist, die das Establishment bekämpfen[386], tendieren die Kritiker der *neuen Linken* zu einer engeren Definition. Demnach bezeichnet *Establishment* im polemischen „linken“ Wortgebrauch

> „sowohl die Inhaber öffentlicher Ämter als auch eine nicht exakt definierbare Oberschicht, den Klüngel der herrschenden Klasse, die den Außenseiter wirtschaftlich nicht an die Fleischtöpfe heranlässt und ihn politisch ausschaltet.“[387]

---

[384] Strauss/Haß/Harras (1989), S. 138.
[385] Strauss/Haß/Harras (1989), S. 138.
[386] Vgl. Niehr (1993), S. 181.
[387] Niehr (1993), S.181.

Die Besetzung und Popularisierung der Vokabel erfolgt seitens der Studenten durch spezifische Kontextualisierung, wie sie sich in dem Spruch: „Wer zweimal mit derselben pennt, gehört schon zum Establishment" manifestiert. Dieser, den Kommunen zugeschriebene Slogan stammt, wie ein Zeitzeuge 1998 rückblickend in der SÜDDEUTSCHEN ZEITUNG berichtet, angeblich von einem Anwalt aus Hessen. Dieser habe den Ausdruck 1967, bevor

> „das Wort Establishment [...] Mode gewesen sei in einem Gespräch unter Freunden geprägt. Nach der Sportschau hätten sie sich über eine gewisse flatterhafte Claudia unterhalten, die schon wieder ihren Freund gewechselt habe. Da sei ihm der Satz eingefallen, den ein befreundeter Publizist mit vielen Kontakten immer wieder fallen gelassen habe – bis er Wochen später von den Kommuneleuten publik gemacht wurde." (SZ, 30.5.1998, S. 9)

Gegen diese „politisch-semantische ‚Doppelstrategie', ‚Begriffe' (das heißt Ausdrücke) anders zu verwenden, als sie dem Bewusstsein vieler Rezipienten geläufig sind"[388], wenden sich die Konservativen, die der „linken Sprache" vorwerfen, sie sei ideologisiert.

Bundespräsident Gustav Heinemann hingegen gebraucht *Establishment* öffentlich als Kritikvokabel in seiner Neujahrsansprache 1969, was DIE WELT 1999 rückblickend als „Sieg" der 68er (im Sprachkampf) bezeichnet: „An Silvester1969 haben die 68er gesiegt"[389]

In der Folgezeit „verliert das Wort allmählich seinen polemischen Charakter und wird jetzt von den so Genannten selbstironisch gebraucht"[390], wobei diese „Umdeutung des Wortes auf eine Begriffsverengung hinaus[läuft]: Esta-

---

[388] Wengeler (1995), S. 393.

[389] http://www.welt.de/daten/1999/12/31/1231b05145066.htx?search=establishment

[390] Von Weiss (1974), S. 111.

blishment meint jetzt (herausragende) Vertreter eines Gesellschaftssystems“[391] im Sinne einer

> „sozialen Minderheit (nicht immer die Besten!), die aufgrund angeblicher, natürlicher, sozialer, geistiger o.ä. Merkmale bzw. durch Herkunft, Besitz, Leistung oder Funktion dazu bestimmt sei, Schlüssel- oder Spitzenpositionen in der Gesellschaft einzunehmen, politische, wirtschaftliche, kulturelle o.ä. Leitungsaufgaben im Staat zu erfüllen und allgemein als politisch führende und gesellschaftlich prägende Oberschicht anerkannt zu werden.“[392]

Als Hintergrund dieses Paradigmenwechsels hin zu *Establishment* als Elitebezeichnung wird der Aufstieg vieler ehemaliger Protestler in gesellschaftliche Schlüsselpositionen gesehen, wobei Ausdrücke wie *Systemkritik* und *Utopie* zu Fremdwörtern werden. „‚Kritik‘ als Grundhaltung“, wird eine 68er Publizistin in der FRANKFURTER RUNDSCHAU 1997 zitiert, „habe sich längst überholt, ‚Utopie‘ sei eh eine Fata Morgana“ – die Alternative „liegt nicht außerhalb des Systems, sondern in ihm.“ (FR, 8.11.1997, S. 7). Auch eine Berliner Marketingstudie von 1995 mit dem Titel „Die 68er – Rebellen von gestern, Wertkonservative heute?“ bestätigt diesen Werte- und Gesinnungswandel. Das darin untersuchte Konsumverhalten der zwischen 40- bis 60jährigen zeigt, dass diese Zielgruppe „die Kaufkraft der Arrivierten und finanzielle Potenz“ verkörpert (SZ, 31.10.1995), woraus folgt, dass sich neben den Bezeichnungen auch scheinbar kollektive, stabile Einstellungsmuster und Handlungsorientierungen mit der Zeit verändern.

Vereinzeltes Unbehagen arrivierter, inzwischen zum Polit-Establishment gehörender Ex-Protestler richtet sich gegen

---

[391] Niehr (1993), S. 182.
[392] Strauss/Haß/Harras (1989), S. 134.

die heutige Generation der zwanzig- bis dreißigjährigen. So wird Joschka Fischer in der ZEIT mit den Worten zitiert: „Eure Generation deprimiert mich. Ihr seid langweilig und dröge. [...] Ihr seid eine Heiapopeia-Jugend." (DIE ZEIT, 21.2.1997)

Diese Kritik deutet an, dass sich im Zusammenhang mit dem Ausdruck *Establishment* immer wieder das Diskursfeld „Generation" eröffnet. War dieses Paradigma 1968 noch als *Generationenkonflikt*[393] ein Auslöser der antiautoritären, nicht nur wortgewalt(tät)igen Revolte „gegen ein ‚Establishment', das als verlogen empfunden wurde" (DIE ZEIT, 21.2.1997), so hat es sich dreißig Jahre später dahingehend geändert, dass jetzt das „Feindbild fehlt, was jugendliche Kohorten brauchen, um zur Generation zu wachsen." (FR, 1.10.1999)

Dagegen wird das *Establishment* des Jahres 1997 in der ZEIT sehr vage und verallgemeinernd als „polymorphes Gebilde" bezeichnet, „in dem es alles gibt und alles möglich ist", wobei es mit einem „unübersichtlichen System" gleichgesetzt wird, das alle Kategorien von Rechts bis Links auflöst und keine „Rebellen", sondern „Lebenskünstler" verlangt. (DIE ZEIT, 21.2.1997).

Unzählige Kontextualisierungen deuten auf einen heterogenen, nahezu inflationären und teilweise unscharfen Gebrauch des Ausdrucks *Establishment* hin. So fragte die TAZ 1991 nach einer „antiautoritären Revolte von rechts", da die Kinder des DDR-Establishments dem „wahren Deutschtum irgendwie näher geblieben" (TAZ, 8.7.1991, S. 11) sind. Ein Jahr später werden Horst Mahler und Ulrike Meinhof als „ÜberläuferInnen aus dem linksliberalen Establishment" (TAZ, 24.4.1992, S. 11) bezeichnet. In einem mit **„Angriff aufs Establishment"** übertitelten Wirtschaftsartikel in DIE ZEIT „rüttelt" der Gründer des amerikanischen Software-Giganten Microsoft, Bill Gates, mit einer neuen Finanz-Software für Privathaushalte „an den

[393] Vgl. Leggewie (1988), S. 7.

Grundfesten des Geld-Establishments“ (DIE ZEIT, 17.3.1995), das heißt der Banken. Dagegen zählt die FRANKFURTER ALLGEMEINE ZEITUNG namentlich „Quine, Davidson, Kim, Rorty und Churchland zum „philosophischen Establishment“ der analytischen Philosophie in den Vereinigten Staaten und bezeichnet sie als „Hüter des Dogmas.“ (FAZ, 6.9.1995, S. 5). Im Rückblick auf die Theologen Franz Overbeck (1837-1905) und Paul de Lagarde (1827-1891) spricht die FRANKFURTER ALLGEMEINE ZEITUNG von deren „Protest gegen das theologische Establishment“ (FAZ, 27.11.1996, S. 6) im 19. Jahrhundert, während die FRANKFURTER RUNDSCHAU unter dem Titel „Das Establishment schlägt zurück“ auf den Generationenkonflikt im Damentennis zwischen Steffi Graf und Anna Kurnikowa hinweist (FR, 24.6.1998, S. 19). 1999 gedenkt die FRANKFURTER RUNDSCHAU des Dichters Peter Handke, der dem „Establishment der deutschsprachigen Gegenwartsliteratur“ (der Gruppe 47) seinerzeit in Princeton 1967 „langweilige Beschreibungsprosa“ (FR, 9.4.1999, S. 11) vorwarf, und die SZ erinnert in einem Artikel an den Logiker Kurt Gödel, den sie zum „mathematischen Establishment“ (SZ, 27.9.1999) rechnet. Neben Komposita wie „Wirtschaftsestablishment“ (FR, 25.8.1997, S. 11), „SPD-Establishment“ (SZ, 16.7.1997), wird auch der Ausdruck „verkrustetes ex-sozialistisches Establishment“ (SZ, 14.8.1998) gegen die ehemals in der DDR Etablierten verwendet.

Unter der Schlagzeile „Wer ist das neue Establishment?“[394] versucht DIE WELT im Januar 2002 die Vokabel gesellschaftlich zu verorten und positiv zu besetzen, wobei die Betonung wie schon bei vorhergehenden Definitionsversuchen auf dem „Auserlesenen, Qualifizierten und Exklusiven liegt“[395]. Das führt dazu, dass der Ausdruck *Establish-*

---

394 http://www.welt.de/daten/2002/01/06/0106pg306117.htx?search=establishment, 16.1.2002.

395 So die Charakterisierung bei Strauss/Haß/Harras (1989), S. 138.

ment nahezu synonym mit →*Elite* verwendet und gleichzeitig mit dem Generationendiskurs verknüpft wird: „Sie sind gut erzogen, erfolgreich, erben Milliarden: Eine junge Elite statusbewusster, stilsicherer und pragmatischer Individualisten wird unser Land in Zukunft prägen."[396] Die positive anthropologische Attribuierung („hoch gebildet, kreativ, ehrgeizig") soll, ebenso wie die Gleichsetzung von *Establishment* mit *Elite*, ein identifikatorisches Moment schaffen, in dem die negative 68er Konnotation aufgehoben und ins Gegenteil verkehrt werden kann. Gleichzeitig findet eine inhaltliche Abgrenzung zu den 68ern statt, die „lange Jahre in Kommunen, bei Sit-ins und Selbstfindungstrips nach Indien verbracht"[397] haben, wohingegen die neue Elite „mit emotionaler Intelligenz und Altruismus, mit Toleranz und Teamwork nicht nur an Sozialkompetenz gewinnt, sondern auch Karriere macht."[398] Anders als ihre Vorgängergeneration „definieren sich die heute 25- bis 40-jährigen nicht über einen Akt der Rebellion, sondern über einen der Distinktion. [...] Einen Generationenkonflikt gibt es kaum."[399]

TW/TE

---

[396] http://www.welt.de/daten/2002/01/06/0106pg306117.htx?search=establishment, 16.1.2002.

[397] http://www.welt.de/daten/2002/01/06/0106pg306117.htx?search=establishment, 16.1.2002.

[398] http://www.welt.de/daten/2002/01/06/0106pg306117.htx?search=establishment, 16.1.2002.

[399] http://www.welt.de/daten/2002/01/06/0106pg306117.htx?search=establishment, 16.1.2002.

26 Fixerstuben

„**Fi|xer|raum**, der (ugs.): *unter behördlicher Kontrolle stehender Raum für Fixer:* Mitarbeitern städtischer Fixerräume drohen Strafanzeigen, weil sie den Drogenkonsum zulassen (Woche 19.12.97, 33).“ Duden (1999), S. 1248.

Das Kompositum *Fixerstuben* bezeichnet seit 1994 bestehende kommunale Einrichtungen, in denen sich Rauschgiftkonsumenten – umgangssprachlich *Fixer* – unter hygienischen Bedingungen Heroin – selten andere Drogen – injizieren können. In diesen Räumen erhalten Drogenabhängige sterile Spritzen und – falls gewünscht – medizinische sowie soziale Hilfe. Bei den *Fixerstuben* handelt es sich größtenteils um gekachelte Räume, die mit einer „langen Spiegelreihe, davor eine Ablage aus Edelstahl und bequemen Stühlen“ (DER SPIEGEL Nr. 6, 1995) ausgestattet sind.

Die Diskussion über *Fixerstuben* rückt Mitte der 90er Jahre ins öffentliche Interesse: Die „Medienpräsenz“ des Wortes *Fixerstube* verstärkt sich, weil von Seiten der Politik dieses Thema zunehmend problematisiert wird. Dieses lässt auf folgende veränderte gesellschaftlich-soziale Wahrnehmung schließen: In Anbetracht der durch illegalen Drogenkonsum[400] entstandenen „enormen gesellschaftlichen Lasten, die auf Dauer nicht mehr tragbar sind“ (NGZ, 6.6.1997, Titelseite, Zitat des NRW-Gesundheitsministers Horstmann, SPD), fordern Verantwortliche – aus Drogenhilfe

[400] Folgende Zahlenbeispiele belegen die aktuelle Brisanz, die sich aus dem ständig größer werdenden Drogenproblem in Deutschland ergibt: Für das Jahr 1994 war eine Zunahme um 11,2 % im Konsum illegaler Drogen im Vergleich zum Vorjahr zu verzeichnen (NGZ, 26.5.1997, Politische Umschau). Ebenso gestiegen ist die Zahl der Drogentoten im ersten Halbjahr 1999 auf 798, gegenüber 735 Opfern im gleichen Zeitraum des Jahres 1998 (RP, 29.7.1999, Politische Umschau).

und Politik – neue Perspektiven für die Betroffenen durch Einrichtung von mehr Fixerstuben.
Neben der Bezeichnung *Fixerstuben* existieren in diesem Kontext des öffentlichen Sprachgebrauchs noch weitere Alternativbezeichnungen wie *Druckräume* (DIE ZEIT, 5.5.1996), *Gesundheitsräume* (TAZ, 1.11.1994, S. 20), *Schutzräume*, *Konsumräume* (TAZ, 16.1.1997, S. 21) und *Fixerläden*. Diese häufig synonym gebrauchten Wörter für *Fixerstuben* haben sich jedoch nicht gleichermaßen durchgesetzt, da das Kompositum *Fixerstube* am bildlichsten darstellt, was damit vermittelt werden soll. Der Ausdruck weckt negativ besetzte Assoziationen, da Fixerstuben als Versteck für straffällig gewordene Abhängige oder solche, die illegal Drogen nehmen, dienen können; es ist ein ihnen nicht zustehender gemütlicher Ort, der normalerweise nur von „ordentlichen Bürgern" genutzt werden darf (*...stube*). Andererseits weckt die Bezeichnung auch positive Assoziationen, da *Fixerstuben* aus der Sicht der Betroffenen bzw. der Befürworter eines derartigen Drogenkonzepts einen sicheren Raum bezeichnen, der Schutz, Wärme und Intimität garantiere.
Schon vor Eröffnung der ersten *Fixerstube* Ende 1994 in Frankfurt am Main löste das Thema eine heute noch aktuelle Kontroverse aus. Als Hauptstreitpunkt kristallisiert sich die Frage nach der Legalität der *Fixerstuben* heraus: Denn laut Strafgesetzbuch steht bereits „das Verschaffen einer Gelegenheit zum Drogenkonsum" unter Strafe. Im Hinblick darauf lautet die nicht leicht nachzuvollziehende Argumentation der Befürworter – zunächst hauptsächlich Politiker aus dem Kreis der SPD und Grünen –, dass es sich in den *Fixerstuben* nicht um eine verbotene „Gelegenheit" zum Drogenkonsum handelt, sondern lediglich die „Möglichkeit" dazu verschafft werden soll (NGZ, 6.6.1997, Titelseite).
In *Fixerstuben* wird zwar kein Rauschgift ausgegeben – die Abhängigen müssen es sich von außerhalb beschaffen –, aber dennoch blieb diese Einrichtung bis Ende Juli 1999

eine von Polizei und Staatsanwaltschaft lediglich geduldete Grauzone.

Die Gegner bewerten *Fixerstuben* unter anderem als „Fixerläden, die nur Hilfe zur ungestörten Injektion von Heroin" sind (CSU München, BAYERNKURIER Nr. 7, 1997), als Ausdruck einer „resignative[n] Scheintherapie" (BERLINER MORGENPOST, 10.12.1998, Zitat von Innensenator Werthebach, CDU) und als „Behinderung der Prävention" (Junge Union Düsseldorf, Positionspapier Drogenpolitik). Außerdem sehen sie in *Fixerstuben* eine „Billigung des Drogenmissbrauchs" (RP, 31.10.1998, CDU), die „suchtverfestigend" wirke und gleichbedeutend sei mit der „Beihilfe zum Selbstmord" (Junge Union Düsseldorf, Positionspapier Drogenpolitik).

Die Befürworter hingegen sehen in den *Fixerstuben* eine „notwendige Hilfe für Abhängige" (WDR, Westpol am 29.11.98), mit der „Krankheiten wie AIDS, Gelbsucht, Thrombosen und Abszesse vermieden werden, und der Verelendung der Süchtigen entgegengewirkt werden" könnte (DIE WELT, 21.4.1998). Sie charakterisieren *Fixerstuben* als einen Ort, an dem „die Abhängigen menschenwürdige, hygienische Verhältnisse" antreffen (RP, 31.10.1997), was dazu führen könnte, dass selbst „schwierige Abhängige" erreicht werden, „die sonst jegliche Hilfe ablehnen".

Die öffentliche Diskussion über *Fixerstuben* hat erst nach etwa fünf Jahren zu einer generellen Veränderung hinsichtlich ihrer Legalität geführt: Am 28. Juli 1999 „macht die Bundesregierung den Ländern den Weg zur Einrichtung von Fixerstuben frei" (RP, 29.7.1999, Politische Umschau). Nach dem Gesetzentwurf könne jedes Bundesland von nun an selbst entscheiden, ob es diese Räume als „Überlebenshilfe für Heroinabhängige" zulasse.

Während es zwar einerseits zu dieser Einrichtung von offiziell legitimierten *Fixerstuben* gekommen ist, mangelt es hingegen im öffentlichen Sprachgebrauch nach wie vor an Homogenität und Neutralität, was letztendlich ein Zeichen für die immer noch bestehende Bewertungsproblematik ist: In der bis dato andauernden öffentlichen Diskussion wird der Ausdruck *Fixerstube* willkürlich mit oder ohne Anführungszeichen verwendet; teilweise wird auch die Legitimierung der *Fixerstube* durch das Wort *so genannt* reduziert.

AJM

27 Friedliche Revolution / Wende

„**Re|vo|lu|ti|on,** die; -, -en [frz. révolution, eigtl. = Umdrehung, Umwälzung; < spätlat. revolutio = das Zurückwälzen, -drehen, zu lat. revolutum, ↑revoltieren]: **1.** *auf radikale Veränderung der bestehenden politischen u. gesellschaftlichen Verhältnisse ausgerichteter, gewaltsamer Umsturz[versuch]*: die russische, chinesische, islamische R.; die Französische R. [...]" Duden (1999), S. 3191.

„**fried|lich** <Adj.> [mhd. vridelich]: **1.a)** *ohne Gewalt od. Krieg [bestehend, sich vollziehend]; nicht kriegerisch* [...]" Duden (1999), S. 1321.

„**Wen|de**, die [...]: **1.a)** *einschneidende Veränderung, Wandel in der Richtung eines Geschehens od. einer Entwicklung:* eine radikale, dramatische schicksalhafte W.; eine historische, weltgeschichtliche, verkehrspolitische, ökonomische W.; [...] **b)** [...] (hist.) *der große politische u. gesellschaftliche Umbruch des Jahres 1989 in der DDR:* Nach der W. fielen die rund 1500 Grundstücke an der Mauer an die Bundesrepublik als Rechtsnachfolgerin der DDR (taz 9.11.98, 22) [...]" Duden (1999), S. 4486.

Der Ausdruck *friedliche Revolution* ist eine Bezeichnung für die politischen Ereignisse des Jahres 1989 in der ehemaligen DDR. Welcher Zeitraum als *friedliche Revolution* angesehen wird, ist strittig. Für den Historiker Jürgen Kocka bezeichnet die Vokabel den Zeitraum zwischen Sommer 1989 und dem 18. März 1990[401]. Der RHEINISCHE MERKUR (26.1.1990) dagegen datiert den Beginn der *friedlichen Revolution* bereits auf den Amtsantritt Michail Gorbatschows im Jahre 1985.

---

[401] Vgl. Kocka (1990), S. 53. Am 18. März 1990 fanden die ersten freien Volkskammerwahlen in der DDR statt.

Zum Teil wird ihr Beginn auf den 9. Oktober 1989 datiert, den Tag einer besonders strittigen, entscheidenden und Namen gebenden *Montagsdemonstration* in Leipzig, als die „Angst mit[schwingt], es könne zu schweren Auseinandersetzungen kommen" (TAZ, 11.10.1989, S. 7). Der Landesbischofs Hempel warnt an diesem Tag in der Nikolai-Kirche: „Menschenleben sind wichtiger als Freiheit oder Demokratie" (ebd.). Dass die Demonstrationen dennoch gewaltfrei abliefen, und somit der *Revolution* das Attribut *friedlich* verliehen, wird den so genannten ‚Sechs von Leipzig'[402] zugeschrieben.

Friedliche Revolution bezeichnet – so hat es sich durchgesetzt – in der Regel die Ereignisse des Herbstes 1989 in der DDR.[403]

Der Terminus *Revolution* war definitorisch wie politisch umstritten. Definitorisch, da er als Kennzeichnung für die friedlich verlaufenden, politischen Ereignisse innerhalb der DDR in Anbetracht seiner herkömmlichen Bedeutung als nicht adäquat erschien. Zwei Strategien zeigen den Versuch, dieser Diskrepanz Rechnung zu tragen:

1. Die Attribuierung des Ausdrucks *Revolution* mit *friedlich* (z. B. DER SPIEGEL, 13.11.1989, S. 18), *sanft* (z.B. DIE ZEIT, 17.11.1989), *gewaltfrei*[404], *still*[405], *fröhlich* (LEIPZIGER ANDERE ZEITUNG, 1.3.1990) etc. und auch Kompositabildungen wie *Bilderbuchrevolution* (WO-

---

[402] Die ‚Sechs von Leipzig' sind die Sekretäre der SED-Bezirksleitung Kurt Meyer, Jochen Pommert und Roland Wötzel, die mit dem Gewandhaus-Dirigenten Kurt Masur, dem Theologen Peter Zimmermann und dem Kabarettisten Bernd-Lutz Lange eine Erklärung verfasst hatten, die zum einen Gesprächsbereitschaft signalisierte und zum anderen zu Besonnenheit und Gewaltlosigkeit aufrief. Diese Erklärung wurde am 9.10.1989 in den Leiziger Kirchen und ab 18 Uhr über Lautsprecher in der Stadt verbreitet. (Vgl. http://www.chronik-der-wende.de/lexikon/-glossar/glossar.jsp?key=6vonL)

[403] Vgl. Herberg/Steffens/Tellenbach (1997), S. 24.

[404] Antje Vollmer (Die Grünen), Plenarprotokoll der 173. Sitzung des Deutschen Bundestages vom 8.11.1989, S.13030.

[405] CDU/CSU-Abgeordneter Lintner, Plenarprotokoll der 177. Sitzung des Deutschen Bundestages vom 28.11.1989, S. 13551.

CHENPOST, 26.9.1990) oder *Kerzenrevolution* (SACHSENSPIEGEL, 2.11.1990). Dadurch sollte der Aspekt ‚gewaltlos', der der Definition von ‚Revolution' im herkömmlichen Sinne widerspricht, einbezogen werden.

2. Die Neudefinierung, wobei der Hauptakzent auf „Änderung einer gesellschaftlichen Ordnung, die nicht durch politische Wahlen zustande kam"[406] gelegt wurde. Der Terminus *Revolution* sollte so auf die Entwicklung in der DDR anwendbar werden.

Unabhängig von diesem definitorisch motivierten Problem wurde die Bezeichnung *Revolution* auch mit Blick auf den politischen Verlauf der Ereignisse des Herbstes 1989 brisant. Mit *Revolution* sollte der Umbau der DDR signalisiert werden. Bei den Demonstrationen, die sich aufgrund der Flüchtlingswellen des Sommer 1989 entwickelt hatten, forderten die Protestierenden Veränderungen des Systems und skandierten „Wir bleiben hier". Die Nacht des Mauerfalls, am 9. November 1989 führte jedoch dazu, dass die *Revolution* als die DDR als eigenen Staat betreffendes Ereignis als gefährdet betrachtet wurde:

> „Das Schicksal der demokratischen Revolution in der DDR wird sich allerdings vor allem daran entscheiden, ob die ostdeutsche Republik in der Lage sein wird, ihre Ökonomie in einem überschaubaren Zeitraum mit für die Bürger greifbaren materiellen Ergebnissen so zu reformieren, daß sie als demokratisch verfaßte Republik nicht entlang des Wohlstandsgefälles zur BRD an Menschen leerblutet." (Joschka Fischer, Bündnis90/DIE GRÜNEN, in: TAZ, 16.11.1989, S. 12)

Die breite Bevölkerung, die spätestens durch die Wahl im März 1990 den Wunsch nach bundesrepublikanischen Verhältnissen signalisierte, stellte sich gegen die ursprünglichen Ziele der Oppositionsgruppen:

---

[406] Opp (1993), S. 217f.

> „Die Mehrheit der DDR-Bürger [war] nicht dazu bereit [...], eine andere Spielart des Sozialismus mit einer geläuterten SED auszuprobieren, aber auch basisdemokratischen Experimenten [erteilte sie] eine eindeutige Abfuhr [...].“[407]

Der Entschluss, die Eigenstaatlichkeit der DDR aufzugeben und stattdessen der Bundesrepublik nach Artikel 23 des Grundgesetzes beizutreten, markierte schließlich den Schlusspunkt der Diskussion um den Fortbestand der DDR. Viele Oppositionelle sahen damit die Revolution als gescheitert an und erachteten daher die Vokabel als nicht mehr adäquat:

> „Die Revolution vom vergangenen Herbst ist mißglückt. Ich selbst gebrauche eigentlich das Wort ‚Revolution‘ in diesem Zusammenhang gar nicht, sondern ich sage ‚Umbruch‘. [...] Und in dieser Nacht hat das Materielle noch überhaupt keine Rolle gespielt, was dann aber sehr schnell gekommen ist. Ich denke, der Umbruch, die Revolution, wenn sie so wollen, ist von den Warenbergen, die die darauf unvorbereiteten DDR-Bürger zu Gesicht bekommen haben, erdrückt worden.“ (Konrad Weiß[408] in FR, 12.5.1990)

Nach Weiß haben die Bürger der DDR, beeinflusst vom materiellen Wohlstand der Bundesrepublik, die sich ihnen bietende Chance, ihren Staat zu revolutionieren, nicht wahrgenommen. Dies wird auch in dem im Frühjahr 1990 volksläufigen Slogan „Kommt die D-Mark, bleiben wir, kommt sie nicht, gehen wir zu ihr“ deutlich, der die ökonomisch motivierte Forderung nach Vereinigung zeigt.
Dass sich *friedliche Revolution* letzten Endes im öffentlichen Sprachgebrauch nicht durchgesetzt hat, sondern von

---

[407] Maier (1991), S. 45.
[408] Konrad Weiß war Sprecher der Bürgerbewegung ‚Demokratie jetzt‘.

Vokabeln wie *Wende* und dem seltener gebrauchten *Umbruch* abgelöst wurde, ist im Scheitern der ursprünglichen Zielsetzung des demokratischen Neuaufbaus im eigenen Land begründet.
Wende – das Wort, das Christa Wolf[409] am 4. November 1989 in ihrer Rede auf dem Alexanderplatz vehement abgelehnt hatte –, setzte sich schließlich als allgemeine Bezeichnung durch; ähnlich wie *Revolution* schreibt es den Ereignissen des Herbstes 1989 die Eigenschaft ‚grundlegende/einschneidende Veränderung' zu. Darüber hinaus charakterisiert *Wende* auch noch die Richtungsänderung gegenüber einem bisherigen – als unveränderbar eingeschätzten bzw. behaupteten – Verlauf[410] und eignet sich auch, um über die DDR-spezifischen Veränderungen hinaus, die Entwicklung der deutschen Frage insgesamt zu bezeichnen.
Die Tatsache, dass die Situation in der DDR bis zum 9. November des Jahres 1989 brisant war, und eine ‚chinesische Lösung' aufgrund der zustimmenden Reaktion Ostberlins auf die Niederschlagung der chinesischen Studentenrebellion im Juni 1989 durchaus nicht unwahrscheinlich war, führt dazu, dass *friedliche Revolution* als historische Vokabel der ersten Stunde fungierte, von Anfang an aber mit *Wende* konkurrierte und heute fast ausschließlich zu Jahrestagen, bei Gedenkfeiern und in der Presse weiterhin Verwendung findet.

LP

[409] Siehe dazu Hahn (1995), S. 329.
[410] Vgl. DUDEN-Universalwörterbuch (1996), Deutsches Universalwörterbuch. Mannheim/Leipzig/Wien/Zürich 1996, 3.Auflage, S. 1730.

28 Gastarbeiter

„**Gast|ar|bei|ter**, der (veraltend): *Arbeiter, der für eine gewisse Zeit in einem für ihn fremden Land arbeitet; ausländischer Arbeitnehmer*: die italienischen, spanischen, türkischen G. in Deutschland; Rund 800 000 G. verdienen sich ihr Brot im Libanon und schicken den Lohn zu ihren Familien nach Hause (Zeit 17.9.98, 4); (scherzh.:) G. in Weiß. Ausländische Ärzte in der Bundesrepublik (Hörzu 25, 1975, 48); Vor 35 Jahren wurde der bilaterale Vertrag zur Anwerbung türkischer »Gastarbeiter« zwischen Deutschland und der Türkei unterzeichnet. (Zeit 13. 6.97, 10).“ Duden (1999), S. 1381.

Zwischen 1950 und 1970 wuchs der Anteil der ausländischen Bevölkerung in Deutschland von 50 600 auf knapp drei Millionen. Dieser Anstieg war das Ergebnis der gezielten Anwerbung ausländischer Arbeitnehmer, der ab 1960 so genannten *Gastarbeiter*, welche die sich rasant entwickelnde westdeutsche Wirtschaft aufbauen helfen sollten (vgl. DIE WELT, 28.8.1998).
Aufgrund eines sich abzeichnenden Arbeitskräftemangels[411] kam es im Jahre 1955 zum ersten offiziellen *Anwerbeabkommen* zwischen Deutschland und Italien, dem weitere mit Griechenland und Spanien (1960), der Türkei (1961), Marokko (1963), Portugal (1964), Tunesien (1965) und Jugoslawien (1968) folgten. In den ersten Jahren bis 1959 handelte es sich um eine eher geringe Zahl an in der Bundesrepublik lebenden ausländischen Arbeitnehmern, die bis dahin in der Amtssprache als *ausländische Arbeitskräfte/Arbeiter* bzw. *italienische Arbeitskräfte* und *Ausländer* geführt wurden.[412]

[411] Vgl. Klee (1975), S. 25f.
[412] Vgl. Wengeler (1995), S. 716.

In der Öffentlichkeit und in den Medien war es aber auch üblich von *Fremdarbeitern* zu sprechen, das heißt eine historisch belastete Vokabel zu gebrauchen, mit der während des Dritten Reiches nach Deutschland verschleppte Zwangsarbeiter benannt wurden.[413] Die Fremdbezeichnung *Gastarbeiter*[414] galt ab 1960 bis zur Mitte der 70er Jahre als primäre Bezeichnung für die in Deutschland lebenden und arbeitenden Menschen aus anderen Nationen. Zunächst als Ablösevokabel der problematischen Bezeichnung *Fremdarbeiter* begrüßt, wurde *Gastarbeiter* schnell zum politischen Schlagwort in einer durch Ressentiments angefachten öffentlichen Diskussion.

Das Kompositum *Gastarbeiter* mit seinem Grundwort *Arbeiter* und dem Bestimmungswort *Gast* wurde im Verlaufe dieser Auseinandersetzung von Vertretern unterschiedlicher politischer Lager immer wieder sprachkritisch in seine Elemente zerlegt, das heißt remotiviert. Meist wurden in den 60er Jahren die mangelhaften Lebensumstände kritisiert, die die Neuankömmlinge hier erwarteten. Es wurde argumentiert, dass man schlechte Wohnverhältnisse und eine unwürdige Behandlung *Gästen* nicht zumuten könnte. So schlug bereits 1966 der Präsident des Bundesverbandes der Arbeitgeber (BDA), Siegfried Balke, eine Alternativvokabel für *Gastarbeiter* vor, als er die Arbeitsbedingungen mit Blick auf das in diesem Zusammenhang euphemistisch gebrauchte Wort *Gast* unterstrich:

> „Man sollte nicht mehr von Gastarbeitern sprechen. Richtig ist: ausländische Arbeitnehmer. Denn wir können die Ausländer nicht als Gäste ansehen, weil einem

---

413 Vgl. Wengeler (1995), S. 716ff. Artikel mit den exemplarischen Überschriften „Fremdarbeiter statt Rekruten" (HAMBURGER ECHO, 10.11.1954) oder „Fremdarbeiter nur im Notfall" (RP, 6.12.1955) sind ein Zeichen für mangelndes Geschichtsbewusstsein und unsensiblen Umgang mit Sprache.

414 Vgl. Heberth (1977), S. 79: Die Vokabel *Gastarbeiter* ist erstmals 1954 im Großen Herder vermerkt.

Gast in der Regel nicht zugemutet wird, Arbeit zu verrichten, die man selbst nicht zu leisten vermag oder gewillt ist." (KÖLNISCHE RUNDSCHAU, 26.4.1966)

Während in dieser Phase „Goodwill-Informationen über die ‚Gastarbeiter'"[415] von den Medien verbreitet und Missstände wie z.B. ausbeuterische Methoden von Wohnungsvermietern beleuchtet und kritisiert wurden[416], waren es später die Ausländer selber, bei denen Presse und deutsche Öffentlichkeit die Schuld an einer zunehmenden *Gettoisierung* suchten: „Wer sich unbedingt nur im Schmutz wohlfühlt, dem ist letztlich auch nicht zu helfen." (BONNER RUNDSCHAU, 12.5.1967). Die Rezession in den Jahren 1966/67 ließ fremdenfeindliche Stimmungen in der BRD stärker aufkommen, die durch Negativ-Berichte in der Presse und durch politische Agitation gerade von rechtskonservativer Seite und bei der nationalistischen NPD geschürt wurden. In der deutschen Bevölkerung wurden vor allem wirtschaftliche Ängste wachgerufen:

> „Heute sind die Gastarbeiter unter einem besseren Kündigungsschutz als ihre deutschen Kollegen. Sie haben Jahresverträge, deutsche Arbeiter können kurzfristig gekündigt werden. Die z.Z. in Westdeutschland tätigen Gastarbeiter kosten uns pro Jahr 3 Milliarden an Devisen." (Vertrauliche Anweisung der NPD für Diskussionen)[417]

---

[415] Delgado (1972), S. 126.

[416] „Aber nicht nur von Wallraff wurde festgestellt, daß die ausländischen Arbeiter ein willkommenes Ausbeutungsobjekt geworden sind - für die Wirtschaft und Wohnungsvermieter. Sie hausen in überteuerten und überbelegten Wohnlöchern von Privatvermietern oder in anderen von den Fabriken kontrollierten Wohnbaracken." Baroth (1969), S. 125.

[417] Götz/Bossle (1967), S. 60.

Der in den 70er Jahren einsetzende *Familiennachzug*[418] nährte noch die sozialen Vorbehalte der Deutschen gegen die ausländischen Arbeitnehmer, die meist mit kinderreichen Familien in beengten und miserablen Wohnverhältnissen leben mussten und körperlich schwere, unattraktive Arbeit leisteten. Vorschnell wurden sie pauschal als *asozial*[419] abgestempelt, nichtsdestotrotz aber auch als Arbeitsplatzkonkurrenten empfunden. Das Grundwort *Arbeiter* im Kompositum *Gastarbeiter* verdeutlicht die damit verbundenen Vorstellungen vom Ausländer in Deutschland als einfachem Arbeiter. Bezeichnend ist, dass ein Kompositum wie *Gastangestellter* nicht existierte. Ebenso auffällig erscheint, dass Arbeitskräfte aus den reicheren Nachbarländern Österreich, Niederlande und Frankreich nicht als *Gastarbeiter* bezeichnet wurden.

Die sozialen Disparitäten hatten ihren Ursprung da, wo man ausländische Arbeitskräfte anwarb, sich aber nicht weiter um ihre Eingliederung in die bestehende Gesellschaft kümmerte: *Integration* war eine weitere brisante Vokabel, die immer wieder seit den 70er Jahren kontrovers diskutiert wurde. Ebenso die Frage, ob die BRD ein →*Einwanderungsland* sei oder nicht:

> „[...] In dieser Zeit [1950-1970] ist die Bundesrepublik kein Einwanderungsland, da die Anwerbung lediglich für eine Arbeit auf Zeit ausgerichtet sein sollte. Denn eine dauerhafte Integration der hier arbeitenden und lebenden Ausländer war von beiden Seiten (!) damals nicht vorgesehen. Diese Vorstellung von ‚Gastarbeiter' erwies sich als wirklichkeitsfremd. [...]" (DIE WELT, 28.8.1998, Jörg Schönbohm, Berliner Innensenator der CDU)

---

[418] Vgl. Wengeler (1995), S. 720.

[419] Ein Mädchen des 8. Schuljahres einer Mainzer Hauptschule schreibt in einem Aufsatz: „Viele Leute bezeichnen Gastarbeiter als asoziale Bagasche [sic!] und als Sittenstrolche." Ney (1975), S. 158.

Die Bezeichnung *Gastarbeiter* für einen ausländischen Arbeitnehmer wurde von vornherein kritisiert: Die Realität, dass ein ausländischer Arbeitnehmer selten vorhersehen konnte, wie lange er sich tatsächlich in der BRD aufhalten würde, wird ausgeklammert. Die Remotivierung des Bestimmungswortes *Gast* beherrschte immer mehr die öffentliche Auseinandersetzung. So wurde polemisiert, dass *Gäste* irgendwann auch wieder nach Hause gehen müssten und dass sie z.B. bei Straffälligkeit ihr *Gastrecht* missbrauchten. Das Kompositum *Gastarbeiterproblem* beherrschte den *Einwanderungsdiskurs* und implizierte, dass die Anwesenheit von Ausländern in Deutschland als ein zu lösendes Problem aufzufassen sei. Politische Schlagworte aus dem Bereich der Flut-Metaphorik wie z.B. *Gastarbeiter-Zustrom* (RP, 8.8.1973) schürten mit sprachlichen Mitteln die Angst vor *Überfremdung* (Unwort des Jahres 1993). Weitere Einträge in deutschen Wörterbüchern belegen generell die negative Konnotation der Bezeichnung *Gastarbeiter*: „Gastarbeiter [...] 2 (scherzh.) 2.1 gelegentlicher Mitarbeiter, jmd., der nur vorübergehend od. unregelmäßig irgendwo arbeitet; er ist nur - bei uns 2.2 jmd., der häufig an seinem Arbeitsplatz fehlt“.[420]

Diese Tendenzen sprachkritisch beleuchtend führte der WDR im November 1970 ein aufwendiges Preisausschreiben durch, um ein anderes Wort für *Gastarbeiter* zu finden, das zu einem besseren Inhaltsverständnis beitragen sollte. Hieraus ging die schon oben angesprochene Bezeichnung *ausländische Arbeitnehmer* als Ablösevokabel hervor. Erschreckend war die große Anzahl von Schimpfworten, die beim WDR in diesem Zusammenhang einging.[421]

---

[420] Brockhaus Wahrig (1981), (hrsg. Von Gerhard Wahrig), Deutsches Wörterbuch in sechs Bänden, Band 3, Wiesbaden, S. 61.

[421] „[...], darunter waren aber auch Benennungsvorschläge wie Arbeitsplatzräuber, Judensäue, Dreckschweine, Zuhälter, Makkaronifresser, Kameltreiber und Bärenführer.“(DER SPIEGEL, 14.12.1970, S. 20).

Die Bezeichnung *Gastarbeiter* blieb unter der Bevölkerung – trotz dieser und anderer Bemühungen einer Sprachregelung – gegenüber dem Verwaltungsterminus *ausländischer Arbeitnehmer* die geläufigere Variante. Im Zusammenhang mit der Verkündung des Anwerbestopps 1973 setzten sich ab Mitte der 70er Jahre die Vokabel *Ausländer* sowie herkunftsspezifische Bezeichnungen wie *Türken* im alltäglichen und öffentlichen Sprachgebrauch durch. Sie werden jedoch in ähnlicher Weise – zumindest zum Teil – stigmatisierend gebraucht, wie vorher das Wort *Gastarbeiter*.
Im Laufe des Jahres 2000 gewinnt die Vokabel *Gastarbeiter* erneut an Brisanz. Im Zusammenhang mit der Forderung von SPD-Bundeskanzler Gerhard Schröder im Februar 2000, *ausländische Fachkräfte* aus der Informationstechnologie-Branche, so genannte *Hightech-Gastarbeiter*, anzuwerben, wird eine öffentliche Diskussion ausgelöst (vgl. DER SPIEGEL online, 23.2.2000). *Hochqualifizierten ausländischen Experten*, die überwiegend aus Osteuropa oder Asien stammen, soll ein zeitlich begrenztes Visum – nach dem Vorbild der US-*Green Cards* – erteilt werden können. In der Diskussion wird generell vermieden, das Wort *Gastarbeiter* in seinem herkömmlich besetzten Kontext zu gebrauchen. Die Negativ-Konnotation aus vergangener Zeit haftet dem Wort noch an. Außerdem haben die „tatsächlichen" *Gastarbeiter* von einst nichts mit den aktuell geforderten *IT-Spezialisten* (Informations- und Telekommunikations-Spezialisten) zu tun, so dass vielseitig nach sprachlichen Alternativen gesucht wird. So lautet zum Beispiel ein Kommentar mit dem Titel *Handkuss-Gastarbeiter*: „Die neuen Gastarbeiter sollen also kommen. Wir werden sie neugieriger und freundlicher begrüßen als die alten." (DIE WELT, 28.2.2000).
Wichtig scheint die Abgrenzung zur herkömmlichen Bezeichnung *Gastarbeiter* zu sein, denn alle an der Diskussion Beteiligten bemühen sich um ergänzende positiv besetzte Komponenten: *Computer-Gastarbeiter* (DIE WELT, 26.2.2000), *Super-Inder* (DIE WELT, 28.2.2000) oder neu-

traler *ausländische Fachkräfte* oder *Experten* (DIE WELT, 26.4.2000) heißen andere Varianten.
„Eine alternde und schrumpfende Gesellschaft benötigt nicht Gastarbeiter auf Zeit, sondern Einwanderer, die dauerhaft bleiben.“ (DIE ZEIT, 31.5.2000)

AJM

29 Grün / Die Grünen

„**grün** ‹Adj.› [mhd. grüene, ahd. gruoni, zumhd. grüejen, ahd. gruoen = wachsen, grünen, urspr. entw. =wachsend, sprießend od. = grasfarben, verw. mit ↑Gras]: [...] **4. a)** (Politik) *zu einer Partei gehörend, sie betreffend, zu deren hauptsächlichen Anliegen die Ökologie gehört:* -e Abgeordnete; eine -e Partei; -e Politik machen; g. wählen; [...]"
Duden (1999), S.1601

Bis in die 70er Jahre tauchte das Farbadjektiv *grün* als Vokabel des öffentlichen Wortschatzes im Kontext der Landwirtschaft auf. Der so genannte *Grüne Bericht* war der Bericht über die Lage der Landwirtschaft, den die Bundesregierung dem Bundestag und Bundesrat laut §5 des Landwirtschaftsgesetzes vom 5. August 1955 jährlich vorzulegen hatte[422] und der als Grundlage für den ebenfalls 1956 eingeführten so genannten *Grünen Plan* galt, der Maßnahmen zur Verbesserung der wirtschaftlichen und sozialen Verhältnisse in der Landwirtschaft aufführte.[423] Der Ausdruck *Grüne Front*, der ursprünglich für ein von 1929 bis 1933 bestehendes wirtschaftspolitisches Bündnis zwischen „Reichslandbund" und der „Vereinigung der deutschen Bauernvereine" gewählt worden war, wurde bis in die 70er Jahre als Bezeichnung für die Landwirtschaftslobby gebraucht.[424] Auch Gelegenheitsformulierungen wie *Grüne Wissenschaftler* (DER SPIEGEL Nr. 30, 1971, S. 32) – gemeint sind Agrarwissenschaftler –, *mit der grünen Faust drohen* (ebd. S. 33) als Ausdruck für die radikalisierten

---

[422] Vgl. Brockhaus (1969), in 20 Bänden, 17. Auflage, Band 7, Wiesbaden, S.737.
[423] Vgl. Brockhaus (1969), in 20 Bänden, 17. Auflage, Band 7, Wiesbaden, S. 738.
[424] Vgl. Brockhaus (1979), in 20 Bänden, 18. Auflage, Band 5, Wiesbaden, S. 67.

Proteste der Bauernverbände oder *grüne Wähler* (DER SPIEGEL Nr. 30, 1975, S. 18) als Bezeichnung für Bauern zeigen, dass das Adjektiv *grün* fest im Kontext der Landwirtschaft verankert war. Die *Grüne Woche* ist aus diesem Wortfeld die einzige Vokabel, die auch in den 90er Jahren noch gebräuchlich ist; sie bezeichnet die jährlich in Berlin stattfindende Leistungsschau der landwirtschaftlichen Betriebe.

Als Anfang der 70er Jahre ein zunehmendes Bewusstsein für Naturschutz und Bewahrung der →*Umwelt* einsetzte, änderte sich allmählich der öffentliche Gebrauch der Vokabel *grün*. Der Ausdruck, der in der Farbensymbolik gleichbedeutend mit der Farbe der jungen Saat, des Wachstums und des Lebens ist[425], war für die konventionelle Agrarwirtschaft nicht länger verwendbar, die nun als *Spitze der Umweltverschmutzer* (DER SPIEGEL Nr. 44, 1972, S. 104) bewertet wurde.[426] Überdüngung, Einsatz von Pestiziden bzw. Antibiotika passten nicht in das veränderte Bild von Natürlichkeit, für die die Farbe *grün* nach wie vor stand. Hatte man den Deutschen Bauerntag in Wiesbaden 1975 noch als *Grünen Kongress* bezeichnet,

> „entstand drei Jahre später der *Grüne Moloch*, eine vom Verbraucherschutzverband Hessen verfaßte Schrift über die deutsche Landwirtschaft, die von den Abgeordneten der *Grünen Front* quer durch die Fraktionen als eine Kampfansage aufgefaßt wurde.“[427]

Grün wurde nun zur Identifikationsvokabel der *Umweltbewegung*. Ende der 70er Jahre traten so genannte *Grüne Listen* bei Landtags- und Kommunalwahlen an. Sie bildeten sich aus der *Anti-AKW-Bewegung* und vertraten noch

---

[425] Vgl. Brockhaus (1979), in 20 Bänden, 18. Auflage, Wiesbaden, Band 5, S. 67.

[426] Vgl. auch SPIEGEL-Titel Nr. 44, 1978: Vergiften uns die Bauern? Chemie in der Landwirtschaft.

[427] Knobloch (1991), S.173.

keine einheitliche politische Richtung. Neben *Grünen* gab es auch *Bunte Listen*, die durch das von ihnen gewählte Adjektiv das offene politische Spektrum hervorhoben. Letzteres war auch 1980 bei der Gründung der Bundespartei *DIE GRÜNEN* Teil des Programms: „Wir sind nicht rechts, wir sind nicht links, wir sind vorn." (DER SPIEGEL Nr. 13, 1980, S. 19)

Mit *grün* hatte man ein positiv konnotiertes Adjektiv gewählt. Die autonome Selbstbezeichnung griff die Tradition auf, Parteien in ein Farbspektrum einzuordnen. Als *Antiparteien-Partei*[428], die neue Wege zu beschreiten versprach, machte man sich auch die volkstümliche Assoziation „grün als Farbe der Hoffnung" zu eigen – noch im Wahlkampf zur Bundestagswahl 1998 lautete ein Slogan: „Grün ist der Wechsel". Gegner und Zweifler hingegen führten *grün* remotivierend auf eine negativ konnotierte Bedeutungskomponente zurück: Die Neulinge im politischen Geschehen wurden als *Grünschnäbel* (DER SPIEGEL Nr. 42, 1979, S. 23) oder *Greenhorns* (DER SPIEGEL Nr. 5, 1978, S. 46) abgewertet. Da sich DIE GRÜNEN jedoch dauerhaft in der Parteienlandschaft etablierten, wurde diese Strategie bald unbrauchbar.

Die Flügelkämpfe, die innerhalb der GRÜNEN zwischen Fundamentalisten und Realpolitikern, kurz *Fundis* und *Realos*, stattfanden, lähmten die Entscheidungsfähigkeit der Partei. Diese Tatsache sowie die radikale Ablehnung gewohnter Lebensweisen durch die GRÜNEN nahmen ihre Gegner zum Anlass, die Parteimitglieder als *grüne Spinner* zu diffamieren. Als sich Mitte der 80er Jahre die Möglichkeit abzeichnete, dass SPD und GRÜNE koalieren könnten, warnten die politischen Kontrahenten fortan – z.B. anlässlich der Hessen-Landtagswahl von 1984 – vor einem *rot-grünen Chaos* (DER SPIEGEL Nr. 36, 1984, S. 19).

---

[428] Anfangs gebrauchte Selbstbezeichnung, u.a. von Petra Kelly gebraucht und zitiert in DER SPIEGEL Nr. 14, 1983, S. 24.

Aber auch diese Strategie der Abwertung vermochte es nicht, *grün* zu einer negativ konnotierten Vokabel zu machen.
Stattdessen wird *grün* auch außerhalb des politischen Bereichs zu einem häufig gebrauchten Adjektiv mit werbendem Charakter. Das *grüne Telefon* ist für „alle umweltrelevanten Fragen“ zuständig (FR, 26.7.84), die Wertstofftonne wird *grüne Tonne* genannt und der *grüne Punkt* soll den ökologischen Aspekt eines Recycling-Konzepts vermitteln. Dass *grün* bzw. *green* als verkaufsfördernd eingeschätzt wird, zeigt die Bezeichnung diverser Produkte und Firmen: in Bio-Läden wird Gemüse in *Green-Bags* verkauft, *green cotton* ist ein Markenzeichen in der Bekleidungsbranche, *Grüne Erde* nennt sich ein nach ökologischen Prinzipien arbeitender Möbelhersteller, *Greenfreeze* ist die Bezeichnung eines Energie sparenden Kühlschranks von *Greenpeace*, *Grüner Strom AG* nennt sich ein privater Anbieter im Stromnetz.
Im Bereich der Stadtplanung etablierten sich technische Ausdrücke wie *Stadt-*, *Verkehrs-*, *Straßenbegleit-* und *Böschungsgrün*[429]. Die damit verbundenen Baumaßnahmen sollten dem verstärkten Wunsch der Bürger nach einer natürlicheren Lebensweise bzw. nach einer weniger belasteten Umwelt entgegenkommen und die *Grünbilanz*[430] einer Stadt erhöhen. So wurde in einer Berliner Studie mehr *Pantoffelgrün* gefordert (TAGESSPIEGEL, 17.6.1978), *Grünflächen*, die so nahe in den Wohngebieten gelegen sind, dass man sie in Pantoffeln erreichen kann.
Daneben etablierte sich durch die in dieser Zeit anhaltende Landflucht und „Zersiedelung der Landschaft“, hervorgerufen durch den steigenden bürgerlichen Wohlstand und den damit verbundenen Drang zum „Eigenheim“, der negativ konnotierte Ausdruck *grüne Witwe*, der eine nichtberufstätige Ehefrau bezeichnet, die den Tag allein im Ei-

---

[429] Vgl. Brechmacher-Ihnen (1978), S. 60.
[430] Brechmacher-Ihnen (1978), S. 60.

genheim in einer infrastrukturschwachen Umgebung, *im Grünen*, verbringt.

Parallel zu den genannten Ausdrücken blieb *grün* anerkannter Ausdruck für eine Oppositionspartei, die zunächst dem linken Spektrum zugeordnet wurde, sich dann immer stärker an der politischen Macht beteiligte. Der damit verbundene Zwang zu erhöhter Kompromissbereitschaft fand viele Kritiker innerhalb der eigenen Reihen. Ausdrücke wie *rot-grün* oder *schwarz-grün* wurden parteiintern kritisiert, da die Nennung des politischen Partners an erster Stelle die Assoziation wecken konnte, die Komponente *grün* müsse sich unterordnen. Stattdessen wurde zuweilen die umgekehrte Version *grün-rot*[431] benutzt, die sich jedoch nicht durchsetzen konnte. Forderungen, *klar-grüne*[432] bzw. *grün-pure*[433] Politik zu betreiben, zeigten die Bestrebungen, auf Wortebene die Unabhängigkeit und Unverwechselbarkeit der Partei hervorzuheben.

Geläufig war seit Januar 1993 auch ein anderes Kompositum mit *grün*. In der Folge der Vereinigung der beiden deutschen Staaten hatten sich DIE GRÜNEN nach langen Vorarbeiten mit dem Bündnis 90 zusammengeschlossen. Das Bündnis 90 hatte sich im September 1991 gegründet, um die Arbeit verschiedener DDR-Bürgerrechtsbewegungen, die die →*friedliche Revolution* in Gang gebracht hatten, effektiver und wirkungsvoller zu gestalten. Derselbe Grund war ausschlaggebend dafür, sich mit den westdeutschen GRÜNEN zusammenzuschließen. Bei gesamtdeutschen Wahlen konnte man nur gemeinsam die Fünf-Prozent-Hürde überwinden. Der Name der neuen Partei, *Bündnis 90/DIE GRÜNEN*, sollte den gleichberechtigten Status der beiden Partner betonen. Diese Gleichberechtigung hatten besonders die Ostparteien beim Vereinigungsprozess der beiden deutschen Staaten vermisst. Werner

---

[431] Fischer (1994), S. 28.

[432] Parteisprecherin Antje Radtke auf dem Bundeskongress von Bündnis 90/DIE GRÜNEN im Oktober 1999.

[433] Vgl. Fischer (1994), S. 31.

Schulz, damals Mitglied des Bundessprecherrates von Bündnis 90, erklärte die mit der Namensfindung verbundene Absicht:

> „Damit bleibt die Farbe Grün richtungsbestimmend, so wie Schwarz und Rot ihre Zuordnung haben. Allein die internationale Reputation wird dafür sorgen, daß der Begriff Grüne im Sprachgebrauch bleibt. Mit Bündnis 90 am Anfang wird die Tradition des Herbstes 89, der einzig positiv besetzte politische Begriff aus dem Osten, hochgehalten. So wird es deutlich: es ist ein Zusammengehen, kein Anschluß." (TAZ, 13.11.1992, S. 10)

Das Adjektiv *grün* hatte sich im öffentlichen Sprachgebrauch so weit als Bezeichnung einer Partei mit ökologischer Programmatik durchgesetzt, dass man es für die neugegründete Partei als Bezeichnungskomponente beibehalten wollte. Sowohl praktisch – z. B. bei der Ämtervergabe – als auch formal versucht man seither, die Gleichberechtigung der Partner hervorzuheben und zu verwirklichen. In öffentlichen Stellungnahmen bemühen sich Parteisprecher stets, den kompletten Parteinamen zu nennen oder den Ausdruck *Bündnisgrüne* zu verwenden. Im allgemeinen Sprachgebrauch hingegen lässt sich beobachten, dass auch nach 1993 meist von *den GRÜNEN* die Rede ist, wenn *Bündnis 90/DIE GRÜNEN* gemeint sind.

SWE

30 Hirntod

„**Hịrn|tod**, der (Med.): *endgültiges und vollständiges Erloschensein der lebensnotwendigen Gehirnfunktionen nach schweren Gehirnschädigungen.*“
„**hịrn|tot** <Adj.> (Med.): *keine Gehirnfunktion mehr aufweisend:* Erstmals soll in Deutschland eine -e Frau eine Schwangerschaft austragen (Rheinpfalz 15.10.92, 32).“ Duden (1999), S. 1830.

In Zeiten des moralischen oder technischen Wandels werden die in der Allgemeinsprache sedimentierten bzw. aufgehobenen Werte und Grenzlinien fragwürdig, und der allgemeinsprachliche Diskurs gerät in Spannung zu den rechtssprachlichen Spezialdiskursen der Gesetzgebung und der Rechtsprechung.[434] Dabei steht immer auch der bisher geltende allgemeine Wertekanon der Gesellschaft zur Debatte. Medizinische Erfindungen und neue Operationsmöglichkeiten haben in den letzten Jahrzehnten dazu geführt, eine neue Grenze zwischen Leben und Tod zu ziehen, um die Möglichkeiten der Transplantation lebender Organe von Sterbenden ausschöpfen zu können, ohne gegen das Grundrecht auf Schutz des Lebens zu verstoßen. Die wesentlichen Stationen und Ergebnisse dieses Grundrecht-Diskurses sollen hier skizziert werden.
Der Ausdruck *Hirntod* bezeichnet ein neues Kriterium, mit dem der Todeszeitpunkt eines Menschen festgesetzt werden kann. Mit der Hinwendung zum Kriterium des Hirntodes wird der Herz-Kreislauf-Stillstand als zuverlässiges Todeskriterium seit Ende der 50er Jahre (vgl. DIE ZEIT, 13.11.1992, in einem historischen Rückblick) zunehmend infrage gestellt. Die fortschreitenden medizinisch-technischen Möglichkeiten (z.B. künstliche Beatmung sowie Herz-Druck-Massage) erlauben es, das Herzversagen

[434] Stötzel (2002), S. 7.

rückgängig zu machen. Parallel zu dieser Entwicklung wird es möglich, Hirnschädigungen – nicht selten bei reanimierten Patienten – festzustellen, die nicht mehr zu therapieren sind. 1959 wird von Mollaret und Goulon der Zustand eines vollständigen Funktionsversagens des Gehirns bei gleichzeitig intakter Herz-Kreislauf-Funktion („ein totes Gehirn in einem desintegrierten Körper mit schlagendem Herzen“[435]), der *primäre Hirntod*[436], erstmals beschrieben.

Neben zahlreichen anderen Gremien erarbeitet eine Kommission von Ärzten, Juristen und Ethikern der Harvard University 1968 eine Definition der Hirntodkriterien[437], die darauf beruht, „den personalen Tod eines Menschen mit dem Ende der Funktionsfähigkeit des ‚Hirnorgans‘ gleichzusetzen.“[438] Damit wird der Terminus *Tod* – traditionell verstanden als „Tod des gesamten Organismus“[439] – auf die Bedeutung des *Absterbens* oder des *Funktionsversagens* eines (zentralen) Organs reduziert. Mit dieser Definition des Eintritts des Todes geht auch eine Bedeutungsdifferenzierung der Vokabel *Leben* einher: unterschieden wird nun zwischen *biologischem menschlichen Leben*, das nach Feststellung des Hirntodes intensivmedizinisch aufrechterhalten wird und *personalem menschlichen Leben* bei aktiver Hirntätigkeit.[440]

Das neue Todeskriterium – in Deutschland verständigt sich die Deutsche Gesellschaft für Chirurgie parallel zur Harvard-Kommission auf die Anerkennung des Hirntodes –

---

[435] Link (1997), S. 129.

[436] Angstwurm (1997), S. 113.

[437] (Harvard-Kommission) Beecher et al. (1968), A Definition of Irreversible Coma; JAMA (Journal of the American Medical Association) 205. S. 337-340.

[438] Sass (1994), S. 163.

439 „Tod und Sterben“, Encarta 98-Enzyklopädie. 1993-1997: „bevor er [der biologische Tod] eintritt, sterben in der Regel einzelne Organe, Zellen und Teile von Zellen ab. Mit dem biologischen Tod enden Herzschlag, Atmung, Bewegung, Reflexe und Gehirntätigkeit.“

[440] Vgl. Sass (1994), S. 163f.

etabliert sich mit den Alternativbezeichnungen *Hirntod* bzw. *Gehirntod*[441] zwar schnell im öffentlichen Sprachgebrauch (worauf z. B. 1968 die Vokabelverwendung in DER SPIEGEL hindeutet, s. u.), insgesamt wird ihm aber keine große Aufmerksamkeit geschenkt.[442] Das Kriterium bleibt hingegen international u. a. in der juristischen Fachdiskussion weiterhin umstritten: „Verträgt sich [...] diese Hirntod-Theorie mit dem Grundrecht auf Leben?“ (z. B. Jurist Jagusch in DER SPIEGEL, 1.4.1968, S. 174). In den USA fordert 1975 die amerikanische Rechtsanwaltskammer „eine neue und allgemein gültige Definition des Todes“ (RP, 26.2.1975, S. 10).

In der Bundesrepublik veröffentlicht der Wissenschaftliche Beirat der Bundesärztekammer erstmals 1982 „Richtlinien zur praktischen Feststellung des Hirntodes“[443], in denen Kriterien zur Bestimmung des Hirntodes festgelegt sind. Das Hirntodkriterium gewinnt insbesondere für die wachsende Intensiv- und Transplantationsmedizin an Bedeutung.[444] Da Organe nur toten Patienten entnommen werden

---

[441] Brockhaus Enzyklopädie (1973), Enzyklopädie in zwanzig Bänden, 17., völlig neubearbeitete Auflage des Großen Brockhaus, Wiesbaden 1966, S. 730: Der Hirntod „läßt sich schon vor Aussetzen der Herztätigkeit im Fall einer Gehirnschädigung durch äußere Gewalteinwirkung, durch Sauerstoffmangel oder erheblichem Anstieg des intrakraniellen Druckes ([...] Gehirndruck) nachweisen, wenn folgende Ausfallserscheinungen des Zentralnervensystems über zwölf Stunden gleichzeitig bestanden haben: 1. Bewußtlosigkeit, 2. fehlende Spontanatmung, 3. beidseitige Pupillenweite und -starre bei Lichteinfall, 4. keine Aktionspotentiale im Elektroenzephalogramm (EEG) bei einstündiger fortlaufender Beobachtung, 5. bei Fortbestand der Kriterien 1-3 und nochmaligem Nachweis des Fehlens der Aktionspotentiale im EEG nach 12 Stunden. Ferner ist ein Gehirntod anzunehmen, wenn bei einer [...] Angiographie des Gehirns ein Kreislaufstillstand feststellbar ist und dieser mindestens 30 Minuten bestanden hat.“

[442] Vgl. Schöne-Seifert (1996), S. 614.

[443] Schöne-Seifert (1996), S. 614.

[444] Insbesondere das Kriterium des *Teilhirntodes* – das „irreversible Erlöschen der Bewußtseinsfähigkeit bei weiterhin bestehender Integrations- und Steuerungsleistung der Körperfunktionen“ (TAZ, 26.10.1998, S. 14) – gewinnt für die Transplantationsmedizin an Bedeutung, da der

dürfen, die Organe selbst aber möglichst noch „lebend" benötigt werden, erscheinen hirntote Patienten der Medizin als potentielle Organspender geeignet. Mit der Möglichkeit, Kreislauf und Stoffwechsel über den Tod des Gehirns hinaus aufrechtzuerhalten, werden der Lebensrettung anderer Patienten, sogar der vorgeburtlichen, ungeahnte Perspektiven eröffnet.

Die in Deutschland von Theologen, Philosophen, Medizinern und Juristen geführte Debatte gerät erst Ende 1992 zunehmend in den Fokus der öffentlichen Diskussion mit der Auseinandersetzung um das „Erlanger Baby". Obwohl bei der schwangeren Marion Ploch am 8. Oktober 1992 der Hirntod diagnostiziert wird, werden ihre übrigen Körperfunktionen aufrecht erhalten, um das Leben des noch ungeborenen Kindes zu schützen und eine spätere Geburt zu ermöglichen. Dies führt zu „einer regelrechten Kampagne gegen die Anerkennung des Hirntodes als Tod des betreffenden Menschen – einer (seit Ende 1992) so nur in Deutschland geführten Kampagne, die die Anerkennung des Hirntodes als unberechtigte und gefährliche Umdeutung des Todes im Interesse der Transplantationsmedizin begreift"[445].

Der heterogene Sprachgebrauch dieser Zeit indiziert das Fehlen einer gültigen und allgemein akzeptierten Todesdefinition:

> „Ein Tagungsteilnehmer sprach von ‚Sterbenden', ein anderer vom ‚Tod mit der Überlebenszeit von acht Minuten', wenn die Beatmung abgeschaltet wird, ein dritter schließlich konstatierte: ‚Der Hirntote wird in derselben Woche sterben', wenn er nicht künstlich beatmet wird. Die nicht nur begriffliche Verwirrung faßte ein

Teilhirntod noch vor dem *Ganzhirntod* festzustellen ist und damit Organe früher zur Verfügung stehen. Den Erstbeleg für den Ausdruck *Ganzhirntod* fanden wir in der FR vom 16.10.1992, S. 3.

[445] Schöne-Seifert (1996), S. 614. Siehe hierzu auch: DIE ZEIT, 13.11.1992, S. 56.

> Teilnehmer so zusammen: ‚Die gesellschaftliche und kulturelle Akzeptanz des Hirntodes ist bei weitem noch nicht erreicht. Die Diskussion ist und bleibt offen.'" (FR, 16.10.1992, S. 3.)

Kritiker des Hirntod-Kriteriums sehen in ihm eine „Farce" und „plädieren für menschenwürdige Todeskriterien" (DIE ZEIT, 13.11.1992, S. 56):

> „Doch das Unvermögen, sich mit einem Todesbegriff wirklich abzufinden, der von einer Toten spricht, obwohl ihr Körper noch lebt, teilt sich in hilflosen Wortspielen mit: von einer ‚Verstorbenen, die sich im Zustand zwischen Tod und Verwesung befindet' ist die Rede, oder es wird gefordert, die ‚Tote in Würde sterben zu lassen'. Niemand wagt, es auszusprechen: Marion Ploch lebt." (DIE ZEIT, 13.11.1992, S. 56)

Die Gegner wenden sich gegen eine Reduzierung des Menschen auf seine intakte Hirnfunktionen (vgl. TAZ, 20.6.1995, S. 13) und definieren eine hirntote Person im Gegensatz zu den Hirntod-Befürwortern als *lebenden* bzw. *sterbenden Menschen*:

> „Vom ‚Tod eines Menschen' könnte demnach erst in dem Augenblick gesprochen werden, in dem eine unumkehrbare Unterbrechung derjenigen Interaktion zwischen den Organen vorliegt, die für die Erhaltung eines inneren Gleichgewichts verantwortlich ist und das Leben des ‚Organismus als Ganzem' aufrechterhält." (DIE ZEIT, 13.11.1992)

Dagegen wenden Befürworter von Seiten der Bundesärztekammern, der evangelischen sowie katholischen Kirche ein, dass der „Tod als Ende des Menschen in seiner Ganzheit [...] noch ‚nie als Tod aller Körperteile bis zur letzten Zelle' verstanden worden" sei (DAS PARLAMENT,

7.7.1995) und wehren sich gegen die Vorwürfe durch eine „medizinische Verabredung“ den Tod im Sinne der Transplantationsmedizin vorzuverlegen:

> „Es gibt nur einen Tod, aber verschiedene Ursachen, Eintrittsweisen, Zeichen und Nachweise. Seine Begriffsbestimmung kann nicht anders als von Leben her geschehen, als das Ende des Lebens. Seine Feststellung erfolgt als Nachweis eines bereits unabänderlich bestehenden Zustands. Daher hängt sie weder von der Uhrzeit des Todeseintritts noch von irgend etwas anderem ab, auch nicht von einer Organspende nach dem Tod. Todeszeichen sind naturgegeben und daher unveränderlich. [...] Ein Lebewesen, dessen letzte Zelle abgestorben ist, ist zweifellos tot. Aber ebenso gewiß ist ein Lebewesen schon dann tot, wenn es für immer die Lebensmerkmale verloren hat, die es als Lebe-Wesen kennzeichnen.“ (FAZ, 28.9.1994, S. 3)

Insbesondere im Zusammenhang mit den Beratungen im Bundestag zu einem Transplantationsgesetz gerät die Auseinandersetzung über die Bedeutung des Hirntodes für die Todesdefinition Mitte der 90er Jahre immer wieder in den Fokus der Debatte: „Die Frage ‚Wann ist der Mensch tot?‘ harrt der Beantwortung“, denn die Todesdiagnose ist Voraussetzung für die Organentnahme. Doch bisher bestehen „Zustimmung oder Zweifel am Hirntod als Kriterium für den Tod.“ (RP, 29.6.95). Am 25. Juni 1997 wird das Transplantationsgesetz im Bundestag mit Zweidrittelmehrheit beschlossen, welches u.a. die Organentnahme nur dann für zulässig erklärt, wenn „der Tod des Organspenders nach Regeln, die dem Stand der Erkenntnisse der medizinischen Wissenschaft entsprechen, festgestellt ist“ (Fr, 26.6.1997). Obwohl damit nicht wörtlich auf den Hirntod Bezug genommen wird, „bedeutet dies derzeit allerdings den Zeitpunkt des Hirntodes“ (RP, 26.6.97, S. 1).

SS

31 Homo-Ehe

„**Ehe,** die; -, -n [mhd. ē[we], ahd. ēwa = Ehe(vertrag); Recht, Gesetz, viell. urspr. = seit ewigen Zeiten geltendes Recht od. viell. = Gewohnheitsrecht]: **a)** *gesetzlich [u. kirchlich] anerkannte Lebensgemeinschaft von Mann u. Frau*: eine glückliche, zerrüttete E.; Die bürgerliche E. funktioniert durch die Aufzucht von Kindern und die Unterdrückung der Frau (Praunheim, Sex 191); [...]; **E. ohne Trauschein,** (veraltend:) **wilde E.** (*Zusammenleben von Mann u. Frau ohne standesamtliche Trauung*); **b)** *gleichgeschlechtliche Lebensgemeinschaft, die sich an der Ehe* (a) *orientiert;* Zwei homosexuelle Männer konnten ... ihr [sic!] schwule E. unter den Segen der evangelischen Kirche stellen (Spiegel 29, 1994, 47)." Duden (1999), S. 920.

Die Verwendung der Vokabel *Homo-Ehe* in der öffentlichen Sprache ist Ausdruck eines fundamentalen Wertewandels, der eine zentrale Institution des christlichen Abendlandes – die Ehe – infrage stellt.
Noch in der deutschen Gegenwartsgeschichte wurde Homosexualität in der Bundesrepublik strafrechtlich verfolgt. Erst mit der Reform des §175, der homosexuelle Handlungen unter Strafe stellte, endet die Kriminalisierung der Homosexualität. Nach einer schrittweisen Novellierung in den Jahren 1969 und 1973 wird erst im Jahr 1994 der „Schandparagraph"[446] endgültig und ersatzlos gestrichen. In der Folge der Liberalisierung des Sexualstrafrechtes bildet sich in den siebziger Jahren eine homosexuelle Emanzipationsbewegung, die einen gesellschaftlichen Wandel hin zu mehr Toleranz und Akzeptanz zu erreichen versucht. 1971 erscheint der Film „Nicht der Homosexuelle ist

---

[446] Volker Beck, damals Sprecher des Schwulenverbandes in Deutschland, in: FOCUS, 12.5.1997, S. 62. Erst 1969 wird die „widernatürliche Unzucht" aus dem Gesetzestext des §175 gestrichen.

pervers, sondern die Situation, in der er lebt" von Rosa von Praunheim und Martin Dannecker. Die Autoren lehnen darin eine von Blazek im historischen Rückblick so genannte „„Homo-Ehe""[447] ab und begründen diese Ablehnung: „Da die Schwulen vom Spießer als krank und minderwertig verachtet werden, versuchen sie, noch spießiger zu werden, um ihr Schuldgefühl abzutragen mit einem Übermaß an bürgerlichen Tugenden."[448]

1979 treten in den USA erstmals Fälle der Immunschwächekrankheit →*Aids* auf. Durch die ab 1983 in der Bundesrepublik beginnende Auseinandersetzung mit Aids rücken Homosexuelle wieder verstärkt in das Blickfeld der Öffentlichkeit, da vor allem homosexuelle Männer in die Gruppe der besonders Ansteckungs-Gefährdeten eingestuft werden.

Als Folge davon führt „die Angst davor, sich mit dem Virus zu infizieren, [...] zu einer Einschränkung der Partnerzahlen bei promisken [sic!] Schwulen und zu einer Zunahme fester und monogamer homosexueller Partnerschaften."[449]

Fragen nach rechtlicher und finanzieller Absicherung des Partners und nach dem Auskunftsanspruch im Krankheitsfall werden durch die Konfrontation mit Aids wieder aktuell und vermehrt in der Öffentlichkeit diskutiert.

Im Zuge der zunehmenden gesetzlichen Gleichstellung Homosexueller in anderen Ländern (1989 führt Dänemark als erstes Land der Welt eine registrierte Partnerschaft für Homosexuelle ein, 1993 folgt Norwegen, dann Schweden 1995, Island 1996, die Niederlande 1998)[450] äußern auch in Deutschland viele Homosexuelle den Wunsch nach einer der Institution der Ehe ähnlichen, „„registrierten Partnerschaft"" (RP, 16.1.1998, Heutzutage). Nachdem Rita Süssmuth (CDU) im Sommer 1991 „eine Eheschließung

[447] Blazek (1996), S. 267.
[448] Zitiert nach: Blazek (1996), S. 267.
[449] Blazek (1996), S. 290.
[450] Vgl. http://gaystation.de/history, 14.4.2001.

wie zwischen Mann und Frau“ (DER SPIEGEL Nr. 32, 1991, S. 23) für gleichgeschlechtliche Partner ausgeschlossen, im Gegenzug jedoch für Reformen „im Hinterbliebenenrecht, bei der Rente und auch bei der Besteuerung“ (ebd.) plädiert hatte und 1992 prominente Schwule und Lesben (unter ihnen die Kabarettistin Hella von Sinnen und die Tochter des ehemaligen Bundespräsidenten Cornelia Scheel) zur so genannten *Aktion Standesamt* aufrufen, intensiviert sich die öffentliche Diskussion:

> „Dem Schwulenverband gelang es 1992 mit seiner ‚Aktion Standesamt‘ erstmals, einer breiten Öffentlichkeit die Diskriminierung schwuler und lesbischer Lebensgemeinschaften zu verdeutlichen. Damals zogen etwa 250 schwule und lesbische Paare zu den Standesämtern, um dort das Aufgebot zu bestellen.“[451]

Der Versuch der Paare, das Recht auf Heirat vor dem Bundesverfassungsgericht einzuklagen, scheitert 1993, denn laut BVerfG ist „Ehe nach Art. 6 Abs. 1 GG die Vereinigung von Mann und Frau zu einer Lebensgemeinschaft“, woraus folgt,

> „daß aus dieser Grundrechtsnorm ein Recht auf Eingehung einer Ehe mit einem gleichgeschlechtlichen Partner nicht hergeleitet werden kann. Insbesondere ist das Bundesverfassungsgericht auch in seiner Transsexuellenentscheidung davon ausgegangen, daß die Geschlechtsverschiedenheit zu den prägenden Merkmalen einer Ehe gehört [...].“[452]

---

[451] http://www.hgdoe.de/pol/bruns.htm, 19.02.2001.

[452] So die Begründung der Ablehnung der Annahme der Verfassungsbeschwerde durch das Bundesverfassungsgericht, AZ 1 BvR 640/93, unter Berufung auf die ständige Rechtsprechung des Bundesverfassungsgerichtes, BVerfGE 10.

Die *Aktion Standesamt* wird von der Öffentlichkeit als Provokation aufgefasst. Mit der Einführung einer „Homo-Ehe" (DER SPIEGEL Nr. 23, 1992, S. 129), so Hans-Jürgen Schmid vom Bundesjustizministerium, „wäre das Institut der Ehe ex und hopp" (ebd. S. 128). Befürworter wie die Anwältin von Hella von Sinnen und Cornelia Scheel berufen sich auf den „gesellschaftlichen Wandel" (ebd.), dem auch die Gerichte Rechnung zu tragen hätten.

In der öffentlichen Kontroverse etablieren sich Alternativbezeichnungen wie „Ehe für Homosexuelle" (RP, 15.12.1998), „Heirat für homosexuelle Paare" (FOCUS, 12.5.1997, S. 62), „Registrierte Partnerschaft für Homos" (RP, 16.1.1998, Heutzutage), „Homo-Liebe"[453], „Schwulen-‚Ehe'" (FR, 13.2.1999, S. 23), „Schwule ‚Ehe'" (NGZ, 7.5.1999, Heutzutage) und „gleichgeschlechtliche Ehe" (RP, 16.7.1993), wobei die Verwendung der umgangssprachlichen Abkürzung *Homo* für Homosexuelle(r) „eher einen neutralen, allerdings auch lässigen Ton erkennen [lässt]."[454]

Die Vielzahl der Alternativvokabeln, die (nicht durchgängige) Verwendung von Distanzindikatoren wie *so genannt* oder Anführungszeichen insbesondere bei der Vokabel *Ehe* bzw. *Homo-Ehe*, die Attribuierung von *Ehe* und *Heirat* als *homosexuell* und die Verwendung von *Ehe*-Metaphern wie „Lebensbund besiegelt" (DER SPIEGEL Nr. 6, 1991 S. 223), „Kein Trauschein für Homosexuelle" (RP, 14.10.1993), „Ein Ja-Wort unter Männern" (WZ, 26.7.1997) verdeutlichen die Unsicherheit der Öffentlichkeit bei der Benennung der *Homo-Ehe*.

1997 verstärkt sich die öffentliche Debatte um die *Homo-Ehe*, als in der sonntäglichen Fernsehserie „Lindenstraße" eine Homosexuellen-Heirat gefeiert wird: „Carsten und Theo lassen sich trauen und groß feiern – mit der lesbi-

---

[453] Spiegel-online 29/2000: http://www.spiegel.de/spiegel.de/spiegel/0,-1518,68345,00.html, 24.01.2001.

[454] Skinner (1997), S. 83f.

schen Galionsfigur Hella von Sinnen als Gastkampfrednerin. ‚Wir wollen ein Zeichen setzen', so ‚Lindenstraßen'-Übervater Hans W. Geißendörfer." (WZ, 26.7.1997, S. 18). Als zu Beginn des Jahres 1998 in den Niederlanden ein neues Gesetz zu gleichgeschlechtlichen Partnerschaften in Kraft tritt und am 16.1.1998 dort die erste „‚Homohochzeit'" (RP, 16.1.1998, Heutzutage) gefeiert wird, gewinnt die Diskussion auch in der Bundesrepublik an politischer und öffentlicher Brisanz, insbesondere da die SPD noch im Mai desselben Jahres ihren Entwurf für ein *Gleichbehandlungsgesetz* vorlegt, das den Weg für eine „Lebenspartnerschaft" (NGZ, 2.5.1998, Politische Umschau) für homosexuelle Paare ebnen soll. Die Familienrechtsexpertin der SPD, Margot von Renesse, begründet den Entwurf im Dezember 1998:

> „Die Ehe nach bürgerlichem Recht ist nicht auf mögliche Elternschaft begründet. Auch die kinderlose Ehe, selbst die gewollt kinderlose, bleibt vollgütige Ehe. Wenn wir dieses zur Kenntnis nehmen, stellt sich die Frage nach dem Unterschied zu homosexuellen Partnerschaften wieder mit aller Wucht." (RP, 16.12.1998, Politische Umschau)

Die Union lehnte den Entwurf als „völlig abwegig" (ebd.) und „inakzeptabel" (zitiert nach RP, 3.5.2000, Politische Umschau) ab und bezeichnet ihn in realistischer Diktion als „nichts anderes als ein rot-grüner Angriff auf die deutsche Werteordnung" (NGZ, 5.10.1998, Politische Umschau). Der Verfassungsrechtler Prof. Rupert Scholz (CDU) begründet die Haltung der Union:

> „Artikel 6 Grundgesetz stellt ausdrücklich Ehe und Familie unter den besonderen staatlichen Schutz und nicht auch gleichgeschlechtliche Lebensgemeinschaften. Der Grund hierfür besteht darin, dass die Familie die kleinste und wichtigste soziale Einheit in unserem Gemein-

> wesen ist. [...] nur über Ehe und Familie werden vor allem Kinder gesichert [...]. Ehe und Familie gründen sich in diesem Sinne notwendig auf die heterosexuelle und nicht die homosexuelle Paarbeziehung." (ebd.)

Die konservative Presse kommentierte den Gesetzentwurf stigmatisierend als „Entleerung der Ehe" (RP, 2.5.1998, S. 2), „geplanten Abschied vom Leitbild der Ehe" (RP, 6.5.1998, S. 2) und als „Ehe im freien Fall" (so DIE WELT, 6.7.2000, zu dem am 1.8.2001 in Kraft getretenen Gesetz). Obwohl die rot-grüne Regierungskoalition betont, dass die Institution „Ehe nicht angerührt" (RP, 16.12.1998, Politische Umschau) werde, wirft ihr die katholische Kirche vor, „Gleichmacherei" (NGZ, 15.1.1999, Politische Umschau) zu betreiben. Der Gesetzentwurf sei „schädlich für die Menschen und von Grund auf zerstörerisch für die Gesellschaft".[455]

Im Frühjahr 1998 kündigen die Presseorgane an, dass am 6. Mai 1999 die so genannte „‚Hamburger Ehe'" (WAZ, 7.4.1999, Heutzutage) möglich sein soll. Diese soll lediglich ein symbolischer Akt sein, der keine Auswirkungen auf Rechte und Pflichten der Paare hat; sie soll erstmals Homosexuellen die Möglichkeit geben, sich standesamtlich in ein „Partnerschaftsbuch" eintragen zu lassen. Dieses „‚Signal aus Hamburg'" (WAZ, 8.4.1999) wird vom Lesben- und Schwulenverband Deutschland (LSVD) vorweg als ein „Schritt zum Abbau von Vorurteilen" (KÖLNER STADT-ANZEIGER, 9.4.1999, S. 1) begrüßt, während die geplante *Hamburger Ehe* bei Norbert Geis, dem rechtspolitischen Sprecher der CSU im Bundestag, auf Ablehnung stößt:

---

[455] NGZ, 15.1.1999, Politische Umschau. Die Zeitung zitiert einen am 17.1.1998 in allen Kirchen verlesenen Hirtenbrief.

„Wir sind gegen solch eine Registrierung, weil sie auf eine Gleichstellung mit der Ehe hinausläuft. Die besondere Stellung der Ehe in der Verfassung wäre damit weg“ (ebd.).

Diese Befürchtungen werden ein Jahr später durch pejorisierende Vokabeln, wie *verkappte Ehe* (RP, 3.5.2000, Politische Umschau), *Kopie der Ehe* (NGZ, 5.7.2000, Politische Umschau), „*Ehe-Imitat* als Kopie einer ‚bürgerlichen‘ Lebensform“ (ebd. Kursivierung T.E.), „‚*Ehe light*‘“ (ebd. Kursivierung T.E.) verdeutlicht.
Umstritten war von Anfang an die Frage, wie das zu schaffende Rechtsinstitut der gleichgeschlechtlichen Lebenspartnerschaft zu bezeichnen sei. Der grüne Bundestagabgeordnete Volker Beck begründet in einem Streitgespräch mit dem Fuldaer Erzbischof Dyba, weshalb die Koalition bei der Benennung des Gesetzentwurfes auf die Bezeichnung *Ehe* verzichtet hat:

„Die Diskussion wollen wir auch mit den Kirchen. Wir haben versucht, Ihnen begrifflich entgegenzukommen. Auch um bestimmte Werte und Gefühle nicht zu verletzen, haben wir gesagt, wir nehmen nicht den Begriff Ehe, sondern den der Partnerschaft und versuchen auch, auf einen Abstand ein Stück weit Wert zu legen, weil wir das für verfassungsrechtlich notwendig halten.“ (NGZ, 15.1.1999, Politische Umschau)

Dyba kritisiert dies als manipulative Sprachstrategie: „Sie haben doch nur von der Ehe abgekupfert, ohne dass sie es Ehe nennen.“ (NGZ, 15.1.1999, Politische Umschau)
Auch die SPD betont mehrmals in dieser sich über mehrere Jahre hinziehenden Diskussion, das Gesetz zur eingetragenen Lebenspartnerschaft gleichgeschlechtlicher Paare sei mit der *Ehe* nicht gleichzusetzen. Der SPD-Fraktionsführer im Bundestag, Peter Struck, unterstreicht diesen Umstand im Namen seiner Fraktion:

„Der Begriff Homo-Ehe ist falsch“[456], zur Ehe gebe es auch künftig „deutliche Unterschiede“.[457]
Erzbischof Johannes Dyba fordert hingegen: „Man muss Ungleiches ungleich behandeln.“[458] Die Gleichsetzung einer *homosexuellen Partnerschaft* mit *Ehe* und *Familie* bezeichnet er in drastischer Diktion als einen

> „Schritt in die Degeneration, weil die Förderung einer künftigen Generation dadurch in Frage gestellt wird. [...] Homosexuelle können nicht die Rechte der Ehe in Anspruch nehmen, weil sie eheunfähig sind. [...] Das deutsche Recht geht bei der Ehe von Mann und Frau aus.“ [459]

Ein neuer Aspekt geht in die Diskussion ein, als die Frage nach einer möglichen Verfassungswidrigkeit in Bezug auf eine eingetragene Partnerschaft für Homosexuelle aufgeworfen wird. Der ehemalige Richter am BVerfG Paul Kirchhoff nimmt in einem Interview mit der Zeitung DIE WELT dazu Stellung:

> „Ja [es liegt eine Verfassungswidrigkeit vor; Anm. T.E.], denn das Grundgesetz fordert in Artikel 6 einen besonderen Schutz der Ehe und Familie.[...] Mit einem eheähnlichen Konstrukt für gleichgeschlechtliche Paare würde man diesen Schutz schwächen, weil er dann nichts besonderes mehr wäre. [...] Ich frage mich, ob es im geltenden Recht nicht schon gegenwärtig genügend Gestaltungsmöglichkeiten für Freundschaften aller Art

---

456 DER SPIEGEL online 29/2000: http://www.spiegel.de/spiegel/0,1518,-85321,00.htm, 24.1.2001.
457 DER SPIEGEL online 29/2000: http://www.spiegel.de/spiegel/0,1518,-85321,00.htm, 24.1.2001.
458 DER SPIEGEL online 29/2000: http://www.spiegel.de/spiegel/0,1518,-85321,00.htm, 24.1.2001.
459 DER SPIEGEL online 29/2000: http://www.spiegel.de/spiegel/0,1518,-85321,00.htm, 24.1.2001.

gibt, ohne einzelne hervorzuheben. Jede Gleichstellung von Freundschaften mit Familien veranlasst nur neue Diskriminierung, nämlich die von Familien mit Kindern.“ (DIE WELT, 28.02.2000)

Kirchhoff geht noch weiter und glaubt, der Gesetzentwurf verletze Artikel 3 des Grundgesetzes, da

> „der Gesetzgeber mit den Lebenspartnerschaftsgesetzen ausschließlich die gleichgeschlechtlichen, sexuell orientierten Partnerschaften privilegiere, nicht aber Lebensgemeinschaften ohne sexuelle Orientierung.“ (NGZ, 5.3.2001, S. 2)

Er sieht in dem Umstand, dass alle Rechtsfolgen davon abhingen, „dass zwei Menschen ihre gleichgeschlechtliche Partnerschaft vor dem Staat erklärten“ (ebd.), eine „bedenkliche Zäsur der Rechtsentwicklung“ (ebd.).
Der LSVD (Lesben- und Schwulenverband Deutschland) hingegen wirbt mit dem Slogan „Gleiches Recht für gleich viel Liebe“ für die eingetragene Lebenspartnerschaft für Homosexuelle. Der Verfassungsrechtler Peter Tettinger greift diesen Slogan auf und fragt provokativ:

> „Unter dem Gesichtspunkt der Gleichbehandlung kann man noch andere Konstruktionen diskutieren. Wenn man den Ehebegriff schon so weit aufweicht: Warum dürfen dann nicht Geschwister ‚heiraten‘?“ (NGZ, 5.7.2000, Politische Umschau).

Am 10. November 2000 verabschiedet der Bundestag das „Gesetz zur Beendigung der Diskriminierung gleichgeschlechtlicher Gemeinschaften: Lebenspartnerschaften“. Somit etabliert sich neben der Ehe ein zweites familienrechtliches Institut.

Kurz vor der Abstimmung hat die Koalition ihren Gesetzesentwurf in zwei Teile gesplittet, um ein Scheitern des gesamten Gesetzes zu verhindern.[460]
Während die Union an der Behauptung festhält, das Gesetz sei *verfassungswidrig* und mit dem Gang zum Bundesverfassungsgericht droht, bezeichnen die Grünen das Gesetz als „historischen Schritt" (DIE WELT, 11.11.2000), mit dem die Homosexuellen „vom Rand in die Mitte der Gesellschaft" (ebd.) geholt würden. Der Verfassungsjurist Peter Kirchhoff warnt vor solch voreiligen Schlussfolgerungen: „Mit rechtlichen Institutionen kann man kaum Vorurteile ausräumen." (DIE WELT, 28.2.2000).
Um ein Inkrafttreten des zustimmungsfreien Teils des Lebenspartnerschaftsgesetzes am 1. August 2001 zu verhindern, beschließen die Länder Bayern, Sachsen und Thüringen am 20. März 2001, eine Normenkontrollklage beim Bundesverfassungsgericht einzureichen (DIE WELT, 21.3.2001).

---

[460] Das verabschiedete Gesetz regelt folgende Bereiche: Behördliche Eintragung der Lebenspartnerschaft, Regelungen für den Fall der Trennung, Namensrecht, Regelungen zum Güterstand, Unterhaltsverpflichtung, Sorgerecht für Kinder in der Partnerschaft (so genanntes *kleines Sorgerecht*), Angehörigenstatus und damit auch umfassende Zeugnisverweigerungs- und Auskunftsrechte, Schaffung von Verwandtschaftsverhältnissen (Schwiegereltern, Schwägerschaft), Mitrecht (der überlebende Partner darf in der Mietwohnung wohnen bleiben), Gesetzliches Erbrecht wie Ehegatten mit der Folge, dass sich die Pflichtteilansprüche überlebender Eltern entsprechend verringern, Einbeziehung der Lebenspartner in die Kranken- und Lebensversicherung, Gesetzliche Unfallversicherung, Bundeserziehungsgeldgesetz, Arbeitsförderungsrecht, Unterhaltssicherungsgesetz (für Lebenspartner von Grundwehrdienstleistenden), Ausländerrecht (Nachzugsrecht für den ausländischen Lebenspartner einschließlich Arbeitsgenehmigung) Noch nicht rechtskräftig, weil zustimmungspflichtig durch den Bundesrat, sind folgende Regelungen: öffentliches Dienstrecht (Beamtenbesoldung, Beihilfe), Steuerrecht (Erbschafts-, Einkommens-, Grunderwerbsteuer), Ausbildungsförderungsgesetz, Bundessozialhilfegesetz, Wohngeldgesetz.

Das Bundesverfassungsgericht lehnt den ebenfalls gestellten Eilantrag Bayerns auf Erlass einer einstweiligen Anordnung gegen das Inkrafttreten (AZ 1 BvQ 23/01, 1 BvQ 26/01) am 18. Juli 2001 ab. Am 1. August 2001 tritt das Lebenspartnerschaftsgesetz in Kraft.

TE

32 Hure

„**Hu|re,** die; -, -n [mhd. huore, ahd. huora, zu: huor = Ehebruch, urspr. wohl = Liebhaberin u. Substantivierung eines Adj. Mit der Bed. »lieb; begehrlich«]: **a)** (oft abwertend) *Prostituierte:* eine frühere H.; ein paar -n lungerten an den Ecken herum (Remarque, Triomphe 165); Er lebte unter Bettlern, Dieben, Strichjungen und -n (Genet [Übers.], Tagebuch 32); [...]; **b)** (abwertend, oft Schimpfwort) *Frau, die als moralisch leichtfertig angesehen wird, weil sie außerehelich od. wahllos mit Männern geschlechtlich verkehrt:* er scheint alle Frauen für -n zu halten; Man schrie ihr nach: »Hure« (Jahnn, Geschichten 15).“ Duden (1999), S.1886.

Im heutigen Sprachgebrauch bezeichnet die Vokabel *Hure* eine weibliche Person, die sich gegen Entgelt für *sexuelle Dienstleistungen*[461] anbietet oder auch als *„professionelle“ Frau*, das heißt als Prostituierte, tätig ist. Die Bezeichnung *Hure* ist im öffentlichen Sprachgebrauch negativ konnotiert und wird in der Umgangssprache als Schimpfwort benutzt. Mit weiteren diffamierenden Fremdbezeichnungen wie *Nutte*, *Thusnelda* und *Tarif-Schönheit*[462] wurden in der Umgangssprache ebenfalls Prostituierte bezeichnet. Eine Diskussion über den Schimpfwort- und Ächtungscharakter der Vokabel *Hure* in der Alltags- und Umgangssprache fand bis in die achtziger Jahre weder explizit noch implizit statt. In den Jahren zwischen 1949 und dem Beginn der achtziger Jahre werden neben der Bezeichnung *Prostituierte* andere Vokabeln bevorzugt, um das Thema Prostitution im öffentlichen Sprachgebrauch darzustellen.

---

[461] Vgl. die Forderungen verschiedener Prostituiertenvereinigungen zur rechtlichen und sozialen Gleichstellung von *Prostituierten* mit anderen Erwerbstätigen in der Broschüre Prostitution – Job – Beruf – Arbeit, 1996, S.1ff.

[462] Siehe Küpper (1964), S. 93.

In den 50er Jahren, während der so genannten „Prüderie der Adenauer-Ära“[463], werden vor- und außereheliche sexuelle Beziehungen tabuisiert. „Eltern wachten über die Unschuld der Mädchen. [...] Sünderinnen [wurden] vom Vater verprügelt und von der Mutter [als] Hure beschimpft.“ (so die TAZ, 13.8.1988, in einem historischen Rückblick) Die Tabuisierung verhinderte eine öffentliche Diskussion und damit auch die Entwicklung eines angemessenen Sprachgebrauchs.[464] Vorsichtig wird der amerikanische Ausdruck *Callgirl* (DER SPIEGEL, 4.2.1959, S. 92) als Synonym für eine Prostituierte verwendet. Prostituierte des Straßenstrichs werden ironisierend als *Bürgersteig-Kurtisanen* (DER SPIEGEL, 18.11.1959, S. 74) oder *Bordstein-Schwalben* bezeichnet.

In den sechziger Jahren wurden Prostituierte vermehrt *Dirnen* genannt. Diese Vokabel wurde in zahlreichen Textbeiträgen zum Thema Prostitution synonym zu der neutraleren Bezeichnung *Prostituierte* verwendet.[465]

Trotz der sexueller Aufklärung der 60er Jahre änderte sich der öffentliche Sprachgebrauch in den siebziger Jahren im Umgang mit dem Thema Prostitution nicht wesentlich; dominierend war immer noch die Vokabel *Dirne.*[466] Komposita und Ableitungen wie *Dirnen-Wohnheim, Dirnen-Sperrgebiet, Luxus-Dirne* und *Dirnenwesen* weisen auf die starke Frequenz und damit auf die Gebräuchlichkeit des Ausdrucks *Dirne* hin.

Die Vokabel *Hure* erschien vereinzelt in ihrer abwertend-diffamierenden Bedeutung (DER SPIEGEL, 29.3.1976: „Hier wohnt die Hure Gaby“).

---

[463] So eine Kapitelüberschrift bei Tönnesen (1995), S. 593.

[464] Vgl. Tönnesen (1995), S. 595.

[465] Beispielsweise entstanden Gelegenheitskomposita wie „nach *Dirnenart*“ (DER SPIEGEL Nr. 27, 1967), *dirnenhalber* (DER SPIEGEL Nr. 40, 1964) oder die so genannten *Dirnenquartiere* (DER SPIEGEL, 19.9.1966, S. 90).

[466] Vgl. DER SPIEGEL, 29.3.1976: „Sex im Salon“

Eine bis heute im öffentlichen Sprachgebrauch wahrnehmbare Brisanzphase der Vokabel *Hure* begann Anfang der achtziger Jahre mit der in Deutschland entstehenden so genannten *Hurenbewegung* (TAZ, 1.2.1988, S. 9), in der noch heute Huren um die Anerkennung der Prostitution als Beruf kämpfen. Die Vokabel *Hurenbewegung* wurde analog zur *Frauenbewegung*, die die Huren nicht integrierte (vgl. TAZ, 2.6.1989), gebildet. Im öffentlichen Kampf um Anerkennung bezeichneten sich die Prostituierten selbst mit der Stigmavokabel *Hure*. Sie verwenden es als Fahnenwort, um dem Wort die pejorative Funktion zu nehmen. Die Eigenbezeichnung hat zur Folge, dass die Vokabel *Hure* durch das geweckte öffentliche Interesse in der aufklärerischen Berichterstattung der Medien ohne distanzierende Anführungsstriche erscheint und nun synonym für *Prostituierte* verwendet wird.[467] Die erste autonome deutsche *Hurenorganisation* (WAZ, 19.5.2000, Vom Kiez in die Küche) wurde 1980 in Berlin gegründet und trägt den Namen *Hydra*, der häufig „synonym mit der deutschen Hurenbewegung gesetzt" (Zeitschrift WEIBBLICK, Mai/Juni 1997) wird. Hydra ist ebenfalls der Initiator des ersten nationalen *Hurenkongresses* 1985 (siehe RP online, 2.6.2000), zu dem sich seitdem *Huren* und *Strichjungen*, *Callboys* und *-girls*[468] zweimal im Jahr versammeln, und des ersten „Hurenballs" am 6. Februar 1988 (DER SPIEGEL, 18.11.1988, S. 189), auf dem Prostituierte aus „aller Huren Länder"[469] gesellschaftliche Diskriminierung und Stigmatisierung öffentlich ins Bewusstsein der Bevölkerung rufen wollten. „Huren wehren sich gemeinsam (HWG)" (TAZ,

---

467 Vgl.: MANNHEIMER MORGEN, 3.1.1996, „Mit dem Fiskus im Clinch"; SZ, 8.8.1999, „Arbeitsplatz Bordell" und DIE WELT online, 23.8.1999, „Die ‚Sexarbeit' der sanften Söldnerinnen".

468 Männliche und weibliche Prostituierte, die auf telefonischen Anruf Besucher empfangen oder Besuche abstatten. Vgl. DUDEN-Fremdwörterbuch (1997), S. 136.

469 Vgl. Carstensen (1988), S. 106: „In Berlin fand im Februar der erste **Hurenball** statt, der von der Prostituierten-Selbsthilfegruppe Hydra veranstaltet wurde; begrüßt wurden ‚Gäste aus aller Huren Länder'."

20.10.1986, S. 5) ist ein weiteres *Hurenprojekt* (STERN, 26.8.1999, S. 120), das sich seit 1985 ebenfalls für die Rechte der *Huren* einsetzt.
Das Hauptziel der Hurenbewegung ist die Anerkennung des Berufs Hure, das heißt die rechtliche Gleichstellung mit anderen Erwerbstätigen. Prostituierte durften bis Ende des Jahres 2001 nicht sozialversicherungspflichtig beschäftigt werden, da dies als Förderung der Prostitution (StGB §180a) strafrechtlich verfolgt wurde.[470] Die Bemühungen der so genannten *engagierten Prostituierten* schlugen sich politisch erstmals erkennbar im Jahre 1990 nieder, als vom Arbeitskreis „Frauenpolitik" der Grünen ein Gesetzentwurf zur „Beseitigung der rechtlichen Diskriminierung von Prostituierten" (TAZ, 6.3.1990, S. 4) erarbeitet wurde; er wurde jedoch nicht verabschiedet, da die Bundestagsfraktion der Grünen nicht zustimmte. In einem Urteil des Berliner Sozialgerichtes von 1991 wurde erstmals die Arbeitszeit einer Prostituierten als berufliche Tätigkeit im Sinne des 42. Arbeitsförderungsgesetzes anerkannt.[471] Dies unterstützte die Bemühungen der Hurenbewegung nach beruflicher Anerkennung. 1996 stellten die Hurenorganisationen in einem gemeinsamen Projekt einen eigenen Gesetzentwurf zur rechtlichen und sozialen Gleichstellung von Prostituierten mit anderen Erwerbstätigen vor.[472] Im

[470] Sie konnten sich nicht versichern, da keine Kranken-, Arbeitslosen- und Rentenversicherung mit der Berufsbezeichnung „Prostituierte" existierten. Die Einnahmen ihrer Tätigkeit wurden zwar versteuert, „das Verdikt der Sittenwidrigkeit" verhinderte aber, ein Honorar „trotz erbrachter Leistung" einzuklagen. Vgl. die Broschüre Prostitution – Job – Beruf – Arbeit (1996), S. 2.

[471] Die 66. Kammer des Sozialgerichtes stellte fest, dass es sich bei der Beschäftigung einer *Prostituierten* „inzwischen um eine von der Gesellschaft in vielerlei Hinsicht akzeptierte Tätigkeit handelt." Zitiert nach TAZ, 26.10.1991, S. 31.

[472] Sie forderten u.a. durch die Abschaffung von §180a StGB und §181a: StGB eine Entkriminalisierung der Prostitution und die Abschaffung der Sittenwidrigkeit, was ein Abschließen regulärer Arbeitsverträge zur Folge gehabt hätte. Des weiteren standen die Möglichkeit der sozialen Absicherung, eine Abschaffung der Sperrgebiete (geregelt durch

Deutschen Bundestag wurde am 17. April 1997 erstmals über die Beseitigung der rechtlichen Diskriminierung von Prostitution debattiert.[473] Im August 1998 scheiterte Familienministerin Bergmann (SPD) mit ihrem „Vorstoß" einer gesetzlichen Anerkennung der Prostitution als Dienstleistung und somit als Beruf.[474] Am 19. Oktober 2001 wurde das Gesetz zur „Verbesserung der sozialen und rechtlichen Situation von Prostituierten" im Bundestag verabschiedet. Demnach ist seit Januar 2002 Prostitution als Beruf anerkannt und nicht mehr sittenwidrig. Mit der Anerkennung als Beruf haben die Huren Anspruch auf Pflichtversicherung in den gesetzlichen Kranken-, Arbeitslosen- und Rentenversicherungen (vgl. DER TAGESSPIEGEL, 7.1.2002, S. 12).

Auch die gesellschaftliche Stellung der Huren ist ein Thema in der Hurenbewegung. Insbesondere wird die Entmystifizierung der Prostitution gefordert: „Käufliche Sexualität sei nicht das Ausleben von Perversion, sondern eine gesellschaftliche Massenbewegung und müsse daher als realexistierende Form der Sexualität akzeptiert werden".[475] Die Huren versuchen, ihrem Negativimage entgegenzuwirken und „der Öffentlichkeit ein differenzierteres Bild über Huren zu vermitteln" (WEIBBLICK, Mai/Juni 1997).[476]

Art. 297 EGStGB) und der Untersuchungspflicht (§4, Abs.1) neben einem angestrebten Recht auf Werbung (Streichung der §§119 und 120 OwiG) und Umschulung durch das Arbeitsamt, im Mittelpunkt des Interesses. Vgl. Prostitution – Job – Beruf – Arbeit (1996), S. 1-35.

[473] Vgl. Deutscher Bundestag: Plenarprotokoll 13/169. 169. Sitzung, 17.4.1997: Die Fraktion Bündnis 90/DIE GRÜNEN legte in dieser Sitzung einen Gesetzentwurf (Drucksache 13/7440) zur sozialen Absicherung der Prostitution vor, der – wie der Gesetzentwurf der SPD (Drucksache 13/8049) vom 25.6.1997 – im Juni 1998 von der Mehrheit im Ausschuß abgelehnt wurde (Deutscher Bundestag: Drucksache 13/11174, 23.6.1998).

[474] Vgl. DIE WELT online, 7.8.1999 und 23.8.1999.

[475] So Cora Molloy von der Frankfurter Selbsthilfegruppe „Huren wehren sich gemeinsam" (HWG, in TAZ, 6.3.1990, S. 12).

[476] So gibt es zum Beispiel den „Tag der Sexarbeiter", der erstmals am 1. Mai 2000 in Berlin unter dem Motto „Sex ist Arbeit" gefeiert wurde.

Dass der Ausdruck *Hure* dennoch umstritten ist, zeigt sich an verschiedenen Formen der Thematisierung der Vokabel. Die Autorin des Buchs „Huren Stigma", Gail Pheterson, fordert die Einführung „neutraler Begriffe" wie *Sexarbeiterin*, wodurch „die Ehre derselben unangetastet bleiben soll" (TAZ, 3.8.1990, S. 12). Mit diesem Kompositum sollte eine neutrale (Fach-)Vokabel gefunden werden, die auch die Nicht-Huren, wie zum Beispiel sog. *Stripper*, integriert[477]. Die Vokabeln *Sexarbeit* und *Sexdienstleister* (DIE WELT online, 25.9.1999, Ein Beruf wie jeder andere), erscheinen ebenfalls in der Pressesprache und suggerieren den Wunsch nach Legalität und Anerkennung der Professionalität. Allerdings bleibt der Erfolg einer allgemeinsprachlichen Neutralisierung der Vokabel *Hure* infolge eines intendierten Gebrauchswandels fraglich, da die Vokabel in der Umgangssprache weiterhin pejorativ gebraucht wird. Zwar hat der Ausdruck *Hure* einen Teil seiner stigmatisierenden Bedeutung verloren, wird aber nicht von jedem Sprecher als neutrale Vokabel akzeptiert, wie insbesondere der generationsspezifische Gebrauch zeigt. Der Sprachgebrauch ist heterogen und eine anhaltende Brisanzphase des Ausdrucks *Hure* wird gerade in der Pressesprache deutlich, in der er in Schlagzeilen oft eindeutige Reizwortfunktion ausübt.[478]

AJM

Bei dem „KultHur-Festival" (SZ, 6.6.2000, S. 11), einem internationalen *Huren-Festival* (ebd.) im Juni 2000, wurde für die Anerkennung der Prostitution demonstriert, ebenso beim *Welt-Huren-Tag* (TAZ, 1.7.1996, Diskriminierung des Berufs Hure beseitigen) am 1. Juli 1996.

[477] Laut einer Befragung der Hurenprojekte Hydra, Kassandra und Nitribitt.

[478] Beispielsweise in der TAZ, „Beruf: Hure", 6.11.1990, S. 21 oder auch in der RP vom 16.8.1999, in der ein Interview die Überschrift „Kripo-Expertin: Hure ist kein Beruf" trägt, obwohl im dazugehörigen Text nur das Wort *Prostituierte* gebraucht wird.

33 Klonen

„**klo̲nen** <sw. V.; hat> (Biol.): *durch künstlich herbeigeführte ungeschlechtliche Vermehrung genetisch identische Kopien von Pflanzen od. Lebewesen herstellen; klonieren*: Mithilfe moderner Gentechnik lassen sich nun Zellen herstellen, die solche zielgenauen Antikörper beliebig oft und identisch vervielfältigen (»klonen«) (Spiegel 53, 1981, 102); Wissenschaftlern ... ist es erstmals in Deutschland gelungen, aus der Körperzelle einer erwachsenen Kuh ein genetisch identisches Tier zu k. (Handelsblatt 26.1.99, 42); In Japan werden Kälber aus Milch geklont (FR 11.11.98, 33)." Duden (1999), S. 2150.

Bei dem gesellschaftlichen Diskurs über diese neue medizintechnische Möglichkeit geht es um ethisch fundamentale Fragen der Herstellung und Zerstörung von menschlichem Leben. *Klonen* ist eine Leitvokabel innerhalb eines Teildiskurses in der Diskussion um Gen- und Fortpflanzungstechniken. In den 80er Jahren findet sich der ursprünglich biologisch-wissenschaftliche Fachterminus *klonen* selten in der öffentlich-politischen Auseinandersetzung.[479] Seit Anfang der 90er Jahre gewinnt das Thema jedoch stetig an Brisanz. 1990 wird in Deutschland das Embryonenschutzgesetz (ESchG) verabschiedet, in dem das Klonen menschlicher Embryonen untersagt wird. 1993 löst der US-Forscher Jerry Hall mit der Klonierung von Menschen-Embryonen weltweite Proteste aus.

[479] 1963 wurde erstmals der Ausdruck *Klon* benutzt. Der britische Biologe J. B. S. Haldane verwendete ihn in seiner Rede „Biologische Möglichkeiten für die menschliche Rasse der nächsten 10000 Jahre". Obwohl viele Wissenschaftler den Prozess des Klonens beschrieben und durchgeführt haben, wurde die Vokabel *klonen* bis dahin nie verwendet. Vgl. http://www.Isbk.de/projekt/gentech/geschichte.htm, 1.4.2001.

Wurde die Vokabel *klonen* in den 80er Jahren im neutral wissenschaftlichen Sinne verwendet, zeichnet sich ab den 90ern ein pejorativer Sprachgebrauch ab. Klonen wird in realistischer Diktion stigmatisierend als *Massenzüchtung identischer Lebewesen* (TAZ, 16.8.1990, S. 8) und *Fabrikation menschlichen Lebens* (TAZ, 27.10.1993, S. 6) bezeichnet. Kritiker befürchten als mögliche Konsequenz des Klonens menschlicher Embryos das Anlegen von *Ersatzteillagern* (FAZ, 27.10.1993, S. 11).

1997 berichten Forscher des schottischen Roslin-Instituts vom ersten erfolgreichen Klonen aus Körperzellen bereits erwachsener Tiere (*Klonschaf Dolly*, TAZ, 10.3.1997, S. 12). Ab jetzt seien für das Klonen keine Embryonalzellen mehr erforderlich. Der *Schafklon Dolly* (TAZ, 26.2.1997, S. 7) löst eine heftige ethische Debatte aus, deren zentrales Thema DER SPIEGEL deutlich formuliert: „Wissenschaft auf dem Weg zum geklonten Menschen – der Sündenfall" (DER SPIEGEL, 3.3.1997, Titelblatt). „Das Klonen von Menschen rückt nun in den Bereich des ‚Machbaren'" (TAZ, 25.2.1997, S. 1). Zunächst herrscht Einigkeit unter den Politikern und Wissenschaftlern. „Den geklonten Menschen darf und wird es nicht geben" (TAZ, 3.3.1997, S. 12), versichert Forschungsminister Jürgen Rüttgers (CDU). In der zu diesem Zeitpunkt weltweit einsetzenden öffentlichen Diskussion verwenden Klongegner Stigmavokabeln wie *Menschendesign* (DER SPIEGEL, 3.3.1997, S. 223) oder *Züchtbarkeit des Menschen* (ebd., S. 219). Die Vokabel *klonen* wird mit diffamierenden Metaphern aus dem Bereich der Krankheit kontextuiert. „Das Klonen ist [...] eine Form von Epidemie, von Seuche, von Metastase der Spezies [...]" (DIE ZEIT, 14.3.1997).

Im Verlauf der Debatte verschaffen sich Stimmen Gehör, die auf den Nutzen der neuen Technologie nicht verzichten wollen: Die INTERNATIONAL HERALD TRIBUNE feiert Dolly als die „größte wissenschaftliche Sensation des Jahres, womöglich des Jahrhunderts" (DER SPIEGEL, 3.3.1997, S. 216f.).

Eine von US-Präsident Bill Clinton eingesetzte Ethikkommission will das Klonen von menschlichen Embryonen zu Forschungszwecken erlauben.
In Europa ist die Entwicklung zunächst gegenläufig. Am 12. Januar 1998 unterzeichnen in Paris 19 der 40 Mitgliedsländer des Europarats ein Zusatzprotokoll zur Bioethik-Konvention, in dem das Klonen von Menschen untersagt wird. Das Protokoll ist das erste international verbindliche Rechtsinstrument, das „alle Interventionen" untersagt, die darauf abzielen, „ein menschliches Wesen zu schaffen, das mit einem anderen menschlichen Wesen, sei es lebendig oder tot, genetisch identisch ist." (FAZ, 7.11.1997, S. 4) Nicht verboten sind gentechnische Verfahren zum Klonen einzelner menschlicher Zellen oder Gewebeteile. Die Bundesrepublik kann den Text nicht unterzeichnen, da sie die Europäische Bioethik-Konvention, die durch das Protokoll ergänzt wird, nicht unterschrieben hat.[480]
1998 gelingt es US-Forschern, menschliche Embryostammzellen zu klonen. Damit beginnt eine neue Phase in der kontroversen Klondebatte, in der die dem biotechnischen Fachbereich entnommenen Neologismen *reproduktives Klonen* (DIE ZEIT, 16.1.1998) und *therapeutisches Klonen*[481] brisant werden. Mit der negativ konnotierten Vokabel *reproduktives Klonen* wird die „Herstellung eines Menschen" mit den gleichen Erbinformationen eines bereits existierenden Menschen bezeichnet. Das Schlagwort wird in der Öffentlichkeit explizit thematisiert und als angebliche Tautologie entlarvt:

---

[480] Die Bundesrepublik hat die Europäische Konvention zur Bioethik nicht unterzeichnet, da ihr die Konvention nicht weit genug greift. Drei Punkte erregen Anstoß: der unvollständige Schutz für Embryonen, der erlaubte Eingriff ins menschliche Genom und die Forschung an Personen, die nicht mehr im Stande sind, solchen Versuchen zuzustimmen oder ihnen zu widersprechen. Das deutsche ESchG von 1990 verbietet jegliche Forschung an lebensfähigen Embryonen.
[481] http://www.berliner-morgenpost.de/archiv1999/990122/uni/story88193.html, 28.1.2001.

„Klonen bedeutet ‚ungeschlechtlich verdoppeln, und das kann man mit Zellen, Organen und möglicherweise Organismen tun. Der Ausdruck ‚reproduktives Klonen', der jetzt häufig in der politisch-juristischen Diskussion verwendet wird, ist ein schwarzer Rappe: Klonen ist dem Begriff nach reproduktiv. Man sollte ‚Klonen menschlicher Individuen (oder Organismen)' sagen, wie es auch gemeint ist." (DIE ZEIT, 16.1.1998)

Mit dem Fahnenwort *therapeutisches Klonen* wollen Befürworter das Klonen von Stammzellen aus Embryonen legitimieren. Dabei sollen Stammzellen eines wenige Tage alten menschlichen Embryos genutzt werden, aus denen beinahe jede Art menschliches Gewebe einschließlich Nerven, Muskeln, Blut und Knochen entstehen kann. Befürworter des therapeutischen Klonens erhoffen sich neue Therapien gegen unheilbare Krankheiten wie Krebs, Alzheimer oder Parkinson. Die TAZ kommentiert kritisch:

„Klonen ist ein Unwort, vor allem in Bezug auf den Menschen. [...] Der Begriff ‚therapeutisches Klonen' soll nun helfen, die ethischen Bedenken von Öffentlichkeit und Gesetzgebern zu überwinden. Wer ist schon gegen Therapie?" (TAZ, 17.8.2000, S. 4)[482]

Ende 1998 sprechen sich britische Wissenschaftler dafür aus, Klon-Experimente für therapeutische Zwecke zu erlauben. Das Bundesjustizministerium in Deutschland bezieht dazu Stellung: „Es geht bei dem Klonen von Menschen nicht um Krankheitstherapie, sondern um die Manipulation menschlichen Lebens"[483]. Kritiker haben Bedenken, dass das therapeutische Klonen der erste Schritt zum Klonen ganzer Menschen sei. Wolfgang Frühwald, ehema-

[482] http://www.taz.de/tpl/2000/08/17/a0095.nf/stext.Name,ask26204aaa.idx,91, 1.2.2001.
[483] http://www.welt.de/daten/1999/01/22/0122s159597.htx, 4.2.2001.

liger Präsident der Deutschen Forschungsgemeinschaft (DFG), kommentiert diese Befürchtungen mit dem Slogan: „*Erst die Kuh, dann du!*“[484]. Die TAZ schreibt ironisierend: „Der Trend geht zur Zweitleber“ (TAZ, 17.8.2000, S. 4).[485] Die Ethikexperten der SPD und der Union sind strikt dagegen, das Klonen mit embryonalen Stammzellen zu erlauben. Gesundheitspolitiker Wolfgang Wodarg, Ethikexperte der SPD, sagt hierzu: „Hier werden ganze Menschen beziehungsweise ihre Knospen, die Embryonen, genutzt und dann zu Medikamenten gemacht.“ (ebd. S. 4)[486] CDU-Ethikexperte Hubert Hüppe diffamiert in realistischer Diktion die Gewinnung embryonaler Stammzellen als *Tötung menschlicher Embryonen*[487]. Ebenso bezeichnet er das therapeutische Klonen als *therapeutischen Kannibalismus*[488] und nimmt durch die Attribuierung *therapeutisch* – einer Fahnenvokabel der Befürworter der Stammzellentherapie – die positive Konnotation. Der evangelische Bischof Wolfgang Huber, der sich gegen eine Zulassung des therapeutischen Klonens ausgesprochen hat, bezeichnet die Vokabel als Euphemismus: „Der Begriff ‚therapeutisches Klonen‘ [ist] ein beschönigender Ausdruck. In Wahrheit geh[t] es um ‚verbrauchende Embryonenforschung mit therapeutischer Verheißung‘.“ (TAZ, 29.8.2000, S. 19)[489]
Am 19. Dezember 2000 stimmt das britische Parlament einem Gesetz zu, das das Klonen von Embryos zu therapeutischen Zwecken erlaubt. Großbritannien wird damit das erste Land Europas, in dem bis zu 14 Tage alte Embryos

---

[484] http://www.welt.de/daten/1999/02/09/0209fo60722.htx?print=1, 4.2.2001.
[485] http://www.taz.de/tpl/2000/08/17/a0090.nf/stext.Name,ask26204aaa.idx,90, 1.2.2001.
[486] http://www.taz.de/tpl/2000/08/17/a0093.nf/stext.Name,ask26204aaa.idx,89, 1.2.2001.
[487] http://www.cducsu.bundestag.de/texte/huepp23i.htm, 25.1.2001.
[488] http://www.berliner-morgenpost.de/archiv2000/001221/blickpunkt/story377058.html, 28.1.2001.
[489] http://www.taz.de/tpl/2000/08/29/a0181.nf/stext.Name,ask26204aaa.idx,82, 1.2.2001.

geklont werden dürfen. Der Kölner Erzbischof Joachim Kardinal Meisner verurteilt den Beschluss als *Unrechtsgesetz*[490]. „Das britische Gesetz entspringt einer Perversion menschlichen Denkens."[491] Für den Vorsitzenden der katholischen Deutschen Bischofskonferenz, Karl Lehmann, stellt das Gesetz einen „Dammbruch für Europa"[492] dar. Es werde „Leben produziert, um es zu verbrauchen"[493].

Die Meldung von geklonten menschlichen Embryonen der amerikanischen Biotechnologie Firma Advanced Cell Technology (ACT) vom 25. November 2001verknüpft die Diskussion über *therapeutisches Klonen* mit der kontroversen Debatte über →Embryonale Stammzellenforschung, die 2001 an Brisanz gewonnen hatte. Die Klon-Experimente sollen der Herstellung von embryonalen Stammzellen dienen, und sind somit laut ACT „eine potentiell unerschöpfliche Quelle für künstlichen Gewebeersatz und die Transplantationsmedizin." (DER SPIEGEL Nr. 49, 2001, S. 238)

Während ACT betonte, die geklonten Zellen seien „kein menschliches Leben" (TAZ, 27.11.2001, S. 2), stigmatisierte der Präsident der Bundesärztekammer, Jörg Dietrich Doppe, die Klon-Experimente als „Menschenversuche" (DIE WELT, 28.11.2001, S. 5). Die Nachrichten aus der amerikanischen „Klonschmiede" (FAZ, 29.11.01, S. 3) stießen also auf bundesweite Ablehnung.

Kritiker der ES-Forschung wie der Bonner Zellbiologe Volker Herzog warnten vor der Forschung mit humanen Stammzellen, „denn daraus folgt unweigerlich das Klonen von Menschen." (DER SPIEGEL Nr. 28, 2001, S. 178)

---

490 http://www.berliner-morgenpost.de/archiv2000/001221/ blickpunkt/story377057.html, 28.1.2001.

491 http://www.berliner-morgenpost.de/archiv2000/001221/ blickpunkt/story377057.html, 28.1.2001.

492 http://www.berliner-morgenpost.de/archiv2000/001221/ blickpunkt/story377057.html, 28.1.2001.

493 http://www.berliner-morgenpost.de/archiv2000/001221/ blickpunkt/story377057.html, 28.1.2001.

Diese Diskussion führte am 30. Januar 2002 zu einem Grundsatzbeschluss des Bundestages und am 25. April 2002 zu einem Gesetzesbeschluss (360:190 Stimmen) über die Einfuhr von embryonalen Stammzellen unter strengen Auflagen.
Der in den USA arbeitende deutsche Genforscher Rudolph Jaenische legitimierte allerdings das „therapeutische“ Klonen als eine „besondere Form der Organspende“ (FR, 15.1.2002).
Seit dem Bekanntwerden amerikanischer Klonversuche der Firma ACT häufen sich Pressemeldungen von internationalen Klonversuchen. In Texas hatte ein Forscherteam erstmals im Dezember 2001 eine Katze geklont[494], der SPIEGEL berichtete im Februar 2002, dass der umstrittene US-Mediziner Panayiotis Zavos das Klonen von Menschen plane[495] und die RHEINISCHE POST meldete im März 2002, dass in Südkorea „das Erbmaterial einer menschlichen Körperzelle in die entkernte Eizelle einer Kuh übertragen worden [sei].“[496]
Am 8. April greift die RHEINISCHE POST Berichte über die angeblichen Menschen-Klon-Versuche des italienischen Gynäkologen Severino Antinori auf und titelt auf ihrer ersten Seite: „Schuf Forscher den ersten Klon-Embryo?“

SB/KD

---

494 http://www.spiegel.de/wissenschaft/mensch/0,1518,druck-182442.00html, 25.3.2002.
495 http://www.spiegel.de/wissenschaft/mensch/0,1518,druck-182445.00html, 25.3.2002.
496 http://www.rp-online.de/news/wissenschaft/medizin/2001-0308/klonen_gelungen.html, 25.3.2002.

34 Konzentrationslager

„**Kon|zen|tra|ti|ons|la|ger**, das <Pl. -> [wohl LÜ von engl. concentration camp, Bez. für die erstmals 1901 vom brit. Feldmarschall H.H. Kitchener (1850-1916) eingerichteten Internierungslager im Burenkrieg (1899-1902)]: **1.** (nationalsoz.) (*zur Zeit der nationalsozialistischen Herrschaft) Lager, in dem Gegner des nationalsozialistischen Regimes sowie Angehörige der als minderwertig erachteten Völker und andere nicht erwünschte Personengruppen in grausamer Weise unter menschenunwürdigen Bedingungen gefangen gehalten [und in großer Zahl ermordet] werden:* 1933 wurden die ersten Schwulen in K. gebracht (Schwamborn, Schwulenbuch 104); [...]" Duden (1999), S. 2232

Angesichts der Nazi-Verbrechen muss eine Skizze wortgeschichtlicher Aspekte innerhalb des Nazi-Komplexes als abstrakt und oberflächlich erscheinen. In der Diskussion über die Einmaligkeit der Nazi-Verbrechen spielt die Bezeichnung *Konzentrationslager* in zweifacher Hinsicht eine Rolle. Einerseits wird – wie es auch das Duden-Wörterbuch oben richtig gebucht hat – auf die Vorgeschichte des Wortes (als Internationalismus) und die als *Konzentrationslager* bezeichneten Einrichtungen – hingewiesen. Dieser Aspekt wird hier – wegen der Relevanz für die problematische Vergleichspraxis im so genannten *Historikerstreit* – um die sowjetische Vorgeschichte erweitert. Die zweite Erweiterung gegenüber dem Duden-Eintrag betrifft die metaphorische Weiterverwendung des Ausdrucks *Konzentrationslager* in der deutsch-deutschen Auseinandersetzung. Hier geht es einmal um die Bezeichnung der DDR als *Konzentrationslager* kurz nach dem Mauerbau 1961 und um spätere derartige Wortverwendungen, die öffentlich als verharmlosende Nazi-Vergleiche kritisiert werden, die die Einmaligkeit der Nazi-Verbrechen relativierten.

„Zwei Monate, nachdem Lenin als Führer einer kleinen bolschewistischen Minderheit durch einen bewaffneten Aufstand gegen die republikanische Regierung die totale Macht in Russland an sich gerissen hatte“[497], schrieb er im Januar 1918, dass „die Gewähr für die Erreichung des gemeinsamen, einheitlichen Ziels [...die] *Säuberung* der russischen Erde von allem Ungeziefer, von den Flöhen – den Gaunern, von den Wanzen – den Reichen usw. usf. [sei].“[498] Am 17. Februar 1919 verfügt in Russland ein neues Gesetz, dass „fremde Klassenelemente in Konzentrationslager“ der Terrorpolizei Tscheka eingesperrt werden sollen. In der Folge wird der Terminus *Konzentrationslager* für die überall in der Sowjetunion entstehenden Lager bis 1922 offiziell beibehalten. Alternativvokabeln sind *Besserungsarbeitsanstalten*, *Besserungsarbeitslager* oder *Sonderlager*.[499]

Cornelia Schmitz-Berning[500] belegt (S. 354), dass der „Völkische Beobachter“ 1920 und der „Berliner Lokalanzeiger“ den Ausdruck *Konzentrationslager* verwenden und ihn „auf Sammellager für ‚lästige Ausländer‘“ beziehen. Bezüglich der Ausländer in den Konzentrationslagern bemerkt der „Völkische Beobachter“ (15.4.1920, S. 3): „Es ist wohl keine Frage, daß es sich in erster Linie um polnische und galizische Juden handelt.“ Am 13.3.1921 schrieb Hitler im „Völkischen Beobachter“: „Man verhindere die jüdische Unterhöhlung unseres Volkes, wenn notwendig durch die Sicherung ihrer Erreger in Konzentrationslagern.“[501] Erst 1934, „als sich die Nationalsozialisten dieses modernen Herrschaftsmittels bedienen, verschwindet der Begriff endgültig aus dem offiziellen Sprachgebrauch der Sowjetunion.“[502] In seinem Buch „Konzentrationslager

[497] Kamiński (1990), S. 74.
[498] Zitiert nach Kamiński (1990), S. 74.
[499] Vgl. Kamiński (1990), S. 86.
[500] Schmitz Berning (1998).
[501] Zitiert nach Jäckel (1969), S. 65.
[502] Sträter (1999), S. 162f.

1896 bis heute“ äußert Andrzej J. Kamiński die Vermutung, die deutsche Forschung sei der Frage, inwieweit die sowjetischen Konzentrationslager denen der Nazis vergleichbar seien, weit gehend aus dem Weg gegangen, da immer die Gefahr bestünde, den Eindruck zu erwecken, man sähe sowjetische Verbrechen als eine Art Entschuldigung für die der Nationalsozialisten an. Diese Vergleichspraxis würde vor allem von rechtsextremistischen sowie neonazistischen Propagandazentren gerne praktiziert.[503] Die Vokabel *Konzentrationslager* ändert in den dreißiger Jahren jedoch ihre Bedeutung und

> „bezeichnet einen neuen Lagertyp. Durch den Funktionswandel der Lager von Sammellagern für politische Gegner zur Ausschaltung jeglicher Opposition nach dem Machtantritt der Nationalsozialisten bis zu Massenvernichtungslagern nahm der Ausdruck neue Bedeutungskomponenten auf, bis er zum Inbegriff des Vernichtungsterrors des nationalsozialistischen Schrekkenregimes wurde. [...] Ab März 1933 wurden politische Gegner unter Ausnutzung des Freibriefs der ‚Notverordnung‘ vom 28.2.1932 in sogenannte *Schutzhaft* genommen und in *Konzentrationslager* verschleppt.“[504]

Zu Beginn des Zweiten Weltkrieges nahm die Anzahl der Konzentrationslager (Abkürzung im Nationalsozialismus: *KL*) sprunghaft zu; es begann der systematische Massenmord an Juden und anderen Bevölkerungsgruppen.[505]

---

[503] Vgl. Kamiński (1990), S. 88f.

[504] Schmitz-Berning (1998), S. 354.

[505] Siehe Schmitz-Berning (1998), S. 356. Detaillierte Angaben hierzu siehe die Publikationen von Kühnrich (1960) und Bastian (1994). Am 20. Januar 1942 beschlossen die Teilnehmer der „Wannsee-Konferenz“ die so genannte „Endlösung der Judenfrage“ durch Einrichtung von Vernichtungslagern in Osteuropa.

„Seit 1945 steht der Ausdruck *Konzentrationslager*, wie auch seine Abkürzung *KZ*, für einen Genozid ungeheuren Ausmaßes."[506]

Im öffentlichen Sprachgebrauch der BRD wurde die Vokabel *Konzentrationslager* u.a. in den Jahren 1961 und 1986/87 thematisiert. Die Bedeutsamkeit des Ausdrucks ergibt sich in der Gegenwartssprache daraus, dass *Konzentrationslager* neben *Holocaust*, *→Entartete Kunst*, *Machtergreifung* usw. zu den Wörtern zählt, mit denen Erscheinungen, Vorgänge oder Institutionen im Nachkriegsdeutschland mit solchen der Nazis verglichen werden. Diese Vergleiche werden als unangemessen angesehen, weil sie Verbrechen der Nazis relativieren und verharmlosen.

Kurz nach dem Bau der Berliner Mauer (Beginn am 13.8.1961) erklärte Berlins Regierender Bürgermeister Willy Brandt am 12. September 1961 laut SPD-Pressedienst: „Wir müssen das schreiende Unrecht des Ulbrichtschen Mammut-Konzentrationslager in die Welt hinausrufen." Im Oktober desselben Jahres versichert Brandt in einer Rede: „Berlin wird die Landsleute in Ulbrichts KZ nicht abschreiben."[507] In dieser Zeit des Mauerbaus herrschte eine „einheitliche antikommunistische Atmosphäre"[508], und angesichts von Menschen, die aus Häuserfenstern an den Grenzbefestigungen in den Westen sprangen, wurden Vergleiche der DDR mit Nazi-Institutionen öffentlich als unproblematisch akzeptiert.

Ganz anders verhielt es sich mit der Aussage Helmut Kohls im Bundestagswahlkampf 1986/87. Kohl behauptete, dass in der DDR *Konzentrationslager* existierten, worauf die Öffentlichkeit, vor allem die SPD, mit heftigen Vorwürfen reagierte.

Diese vollkommen unterschiedliche Rezeption der DDR-KZ-Vergleiche zeigt einerseits eine gegenüber 1961 er-

[506] Schmitz-Berning (1998), S. 356.
[507] Vgl. Stötzel (1995), S. 378.
[508] Vgl. Stötzel (1995), S. 373.

höhte Sprachsensibilität der Öffentlichkeit, andererseits macht sie das Problem deutlich, dass „solche Vergleiche aufgrund einer historischen Verschiebung der politischen Konstellation zu einer bestimmten Zeit als gerechtfertigt erscheinen können und zu einer anderen Zeit starken öffentlichen Widerspruch finden.“[509]

Cornelia Schmitz-Berning macht auf jüngere Fälle ungleicher Burteilung des Gebrauchs von *Konzentrationslager* aufmerksam: In einem Leserbrief in der NEUSS-GREVENBROICHER ZEITUNG vom 24. November 1994 wurde gegen den vergleichende Bezeichnung der Bastille als *Pariser KZ* protestiert, da dieses „eine erschreckende Verharmlosung der deutschen Verbrechen“ und „Geschichtsverdrehung“ sei.

> „Ein Bericht über die Greuel des Bürgerkriegs in Bosnien-Hercegovina, in dem wie selbstverständlich von Konzentrationslagern gesprochen wird, blieb dagegen unwidersprochen. Der Schock über die Grausamkeit von Menschen gegen Menschen über ‚die systematische Ausrottung von Zehntausenden‘, verbietet es offenbar, hier Korrektheit zu fordern, obwohl die Dimension der Untaten auch in diesem Fall keineswegs vergleichbar ist.“[510]

Dass „die SS in den zwei bekanntesten Fällen – Auschwitz und Majdanek/Lublin – große Konzentrationslager mit großen Vernichtungslagern gekoppelt hat“[511], könnte im öffentlichen Sprachgebrauch zu einer Gleichsetzung der Ausdrücke *Konzentrationslager* und *Vernichtungslager* geführt haben.[512] *Konzentrationslager* im Sinne von *Häftlingslager* gab es und gibt es in vielen Ländern.

---

[509] Vgl. Stötzel (1995), S. 372.
[510] Schmitz-Berning (1998), S. 356f.
[511] Kamiński (1990), S. 32.
[512] Kamiński (1990), S. 32.

In der Bundesrepublik und für Deutschland wird diese Vokabel – wenn die historische Erfahrung nicht verdrängt wird – mit den Morden der Nationalsozialisten belastet bleiben.

AB/GS

35 Lauschangriff

> „**Lausch|ak|ti|on**, die, **Lausch|an|griff**, der: *geheimes Abhören eines Verdächtigen mithilfe einer versteckt angebrachten Abhöranlage*: großer L. (Jargon; *das Abhören von Privatwohnungen einschließender Lauschangriff)*; dass der MAD insgesamt 17 rechtlich fragwürdige Lauschangriffe unternommen habe (Welt 2.2.78, 1); Im Streit um den so genannten Lauschangriff steht die FDP weiter gegen ihren Koalitionspartner CDU/CSU (Rheinpfalz 15.9.93, 2)." Duden (1999), S. 2368f.

Der Neologismus *Lauschangriff* (DER SPIEGEL, 28.2.1977, Titelseite) wurde erstmals 1977 auf dem Höhepunkt der Terrorismusdiskussion der siebziger Jahre verwendet.[513] *Lauschangriff* war ursprünglich „ein Produkt des Sprachgebrauchs von Geheimdienstlern und Ministerialbeamten [...]. In den veröffentlichten Behördenunterlagen stand das Wort ‚Lauschangriff' und wurde dadurch in den Wortschatz der politischen Öffentlichkeit aufgenommen."[514]
Ende 1975 hatte der Präsident des Bundesamtes für Verfassungsschutz den illegalen Einsatz von *Lauschmitteln* (ebd. S. 27) gegen den Nuklearwissenschaftler und Geschäftsführer der Interatom GmbH, Klaus Traube, genehmigt, da er Kontakte zu →*Sympathisanten* der RAF hatte. Die Anfang Januar 1976 in seiner Wohnung installierten, traditionell als *Wanzen* (ebd. S.19) bezeichneten elektronischen Abhörgeräte wurden nach zweimonatigem, ergebnislosem Überwachen entfernt.[515]
Die Aufdeckung dieses *Abhörskandals* (DER SPIEGEL, 7.3.1977, S. 19) und der so genannten *Stammheimer Lauschoperation* (DER SPIEGEL, 21.3.1977, S. 1) – die Justizbehörden hatten 1975 illegal Gespräche zwischen inhaf-

---

513 Vgl. DER SPRACHDIENST (1978), S. 3.
514 Jünschke/Mertens (1994), S. 54. Vgl. auch Schlosser (1994), S. 17.
515 Vgl. Aust (1989), S. 421f.

tierten Mitgliedern der RAF und ihren Anwälten in der Justizvollzugsanstalt Stuttgart-Stammheim abgehört – löst 1977 eine öffentliche Debatte über die Rechtmäßigkeit der Maßnahmen des Staates zur Bekämpfung des Terrorismus aus.[516]

Brisant wurde die Vokabel *Lauschangriff* vor allem dadurch, dass die Abhörmaßnahmen gegen Traube und die einsitzenden RAF-Mitglieder und deren Verteidiger ohne gesetzliche Grundlage – also unter Bruch der Artikel 2 und 13 GG – von höchster Regierungsstelle genehmigt wurden.[517] Es wurde befürchtet, dass „die als einmaliger Ausnahmefall dargestellte Wanzen-Attacke gegen Traube [...] gängige Praxis" sei, „nach dem Motto: Gegen den Terrorismus ist jedes Mittel recht, selbst wenn es gegen Gesetz und Verfassung verstößt." (DER SPIEGEL, 21.3.1977, S. 23) Die für die in Stuttgart-Stammheim durchgeführte *Lauschmittel-Operation* (DER SPIEGEL, 14.3.1977, S. 23) zuständigen Minister Schieß und Bender begründeten die Maßnahme mit dem „rechtfertigenden Notstand" des §34 StGB[518]. Die Abhörmaßnahme wurde dennoch als „rechtswidrig" (DER SPIEGEL, 21.3.1977, S. 28) bzw. „gesetzeswidrig" (DER SPIEGEL, 4.4.1977, S. 122) kritisiert.

In der Folge dieser Diskussionen über mehr Transparenz polizeilicher Maßnahmen, insbesondere in der Terrorismusbekämpfung, kam es schnell zu einer Lexikalisierung

---

[516] Vgl. Peters (1991), S. 189f.

[517] Noch deutlicher als der Ausdruck *Lauschoperation* oder *Wanzenattacke* weist die damals verwendete Bezeichnung *Stammheimer Tat* (FR, 19.3.1977) auf den vielfach als kriminell eingeschätzten Charakter der illegalen Abhörmaßnahmen hin.

[518] §34 StGB: Wer in einer gegenwärtigen, nicht anders abwendbaren Gefahr für Leben, Leib, Freiheit, Ehre, Eigentum oder ein anderes Rechtsgut eine Tat begeht, um die Gefahr von sich oder einem anderen abzuwenden, handelt nicht rechtswidrig, wenn bei der Abwägung der widerstreitenden Interessen, namentlich der betroffenen Rechtsgüter und des Grades der ihnen drohenden Gefahren, das geschützte Interesse das beeinträchtigte wesentlich überwiegt. Dies gilt jedoch nur, soweit die Tat ein angemessenes Mittel ist, die Gefahr abzuwenden.

der – auch wegen des Grundwortes *Angriff* – negativ konnotierten Vokabel *Lauschangriff*[519]; sie etablierte sich im Laufe der achtziger Jahre im öffentlichen Sprachgebrauch als Bezeichnung für unerlaubtes Abhören von privaten Gesprächen.
Mit der 1990 einsetzenden Diskussion um die Bekämpfung der „Organisierten Kriminalität" gewann *Lauschangriff* erneut an Brisanz.
Der im Vorfeld des Wiedervereinigungswahlkampfes von der Koalition aus CDU/CSU und FDP eingebrachte und im Zuge des Golfkrieges 1991 erneut debattierte „Entwurf eines Gesetzes zur Bekämpfung des illegalen Rauschgifthandels und anderer Erscheinungsformen der Organisierten Kriminalität" (OrgKG) sah vor, dass

> „Polizeifahnder künftig sogar Unverdächtige mittels Richtmikrofon, Wanzen und Filmkameras überwachen dürfen. Nötig ist hierzu nur, daß die betroffene Person mit dem Straftäter ‚in Verbindung' steht." (TAZ, 26.1.1991, S. 8).

Zusätzlich erweiterte der Gesetzesentwurf die Befugnisse von so genannten „verdeckten Ermittlern". Diesen Gesetzesentwurf, der als *kleiner Lauschangriff* (TAZ, 14.5.1992, S. 2) bezeichnet und selbst von Teilen des liberalen Flügels der an der Regierung beteiligten FDP, wie z.B. Justizminister Kinkel, abgelehnt wurde, verabschiedete der Bundestag am 4. Juni 1992.[520]
CDU/CSU und Teile der SPD hingegen befürworteten zur „vorbeugenden Kriminalitätsbekämpfung" (DIE ZEIT,

---

[519] Duden (1978), Das große Wörterbuch der deutschen Sprache, Mannheim, S. 1641.

[520] Der *kleine Lauschangriff* sieht vor, dass im Rahmen von Ermittlungen gegen Personen, die schwerer Straftaten verdächtigt werden, Gespräche nur dann abgehört werden dürfen, wenn ein verdeckter Ermittler in der jeweiligen Wohnung zugegen ist. Vgl. auch: Förster (1994), S. 40.

24.9.1998) zusätzlich einen ergänzenden Gesetzesentwurf, den so genannten *großen Lauschangriff* (RP, 23.12.1992, S. 1), der das elektronische Abhören und Aufzeichnen von Gesprächen in Privatwohnungen ermöglichen sollte, ohne dass ein Ermittler zugegen sein muss.[521]
Kontrovers diskutiert wurde der *große Lauschangriff* vor allem deshalb, weil hierzu der Artikel 13 des Grundgesetzes, der die „Unverletzlichkeit der Wohnung" garantierte, geändert werden musste.[522] Eine effektivere Kriminalitätsbekämpfung versprachen sich Befürworter des *großen Lauschangriffs*, während Kritiker unkontrollierte Eingriffe in die Grundrechte der Bürger befürchteten.
Die negativ konnotierte Vokabel *großer Lauschangriff* etablierte sich als Schlagwort für die Ausweitung der Abhörmaßnahmen und wurde vor allem von den Befürwortern der Grundgesetzänderung und des OrgKG, wie dem Präsidenten des BKA, Ludwig Zachert, zurückgewiesen:

> „Rede man vom ‚großen Lauschangriff' oder von ‚bemannten oder unbemannten Wanzen', dann klinge das ‚martialisch und unsympathisch', es wecke beim Bürger ‚nicht gerade positive Gefühle'." (TAZ, 16.10.1992, S. 5)

Er schlug statt dessen die Formulierungen *Einsatz elektronischer Mittel* oder *Überwachung* (DER SPIEGEL Nr. 15, 1993, S. 15) vor. Auch der Staatssekretär des bayerischen Justizministeriums Merkl betrachtete die Verwendung des Ausdrucks *großer Lauschangriff* für „die verdeckte Informationsgewinnung zur Bekämpfung organisierter Kriminalität" als „Diffamierung mit falschen Schlagworten, die unpräzise und sachlich unangemessen sind" und empfahl als Alternativbezeichnung *Hellhören*. (SZ, 26.8.1993)

---

[521] Der Ausdruck *großer Lauschangriff* wurde 1994 von den meisten Einsendern als Unwort des Jahres 1993 vorgeschlagen, erzielte aber bei der Abstimmung der Jury keine ausreichend hohe Punktzahl.
[522] Förster (1994), S. 40.

Am 16. Januar 1998 beschloss der Bundestag mit Zweidrittelmehrheit die Einschränkung des Artikel 13 des Grundgesetzes. Diese Grundgesetzänderung war die notwendige Voraussetzung für die Umsetzung des *großen Lauschangriffs*, bedurfte jedoch der Zustimmung durch den Bundesrat.

Nachdem die SPD, die zu diesem Zeitpunkt über eine Mehrheit im Bundesrat verfügte, im angerufenen Vermittlungsausschuss eine Vielzahl von Änderungen (beispielsweise dürfen Ärzte, Journalisten, Rechtsanwälte etc. nicht abgehört werden) durchgesetzt hatte, stimmte der Bundesrat dem Gesetz am 6. Februar 1998 zu.

Im Frühjahr 2002 meldete die RHEINISCHE POST unter der Überschrift: „Lauschangriff erfolglos.“: „Der 1998 eingeführte ‚große Lauschangriff‘ hat sich [...] bisher nur in wenigen Fällen als erfolgreiches Mittel im Kampf gegen schwere Kriminalität erwiesen.“ (RP, 6.3.2002, Politische Umschau)

TE

36 Leitkultur / Deutsche Leitkultur

[Kein Eintrag im Duden.]

Als im Sommer 1998 in Baden-Württemberg der muslimischen Lehramtsanwärterin Fereshta Ludin vom zuständigen Stuttgarter Oberschulamt mit Unterstützung der baden-württembergischen Kultusministerin Anette Schavan (CDU) die Einstellung als Lehrerin verweigert wird, weil sie darauf bestand, im Unterricht ein Kopftuch als Ausdruck ihres moslemischen Glaubens zu tragen[523], entwikkelt sich in der Bundesrepublik eine kontroverse Debatte um Fragen nach Religionsfreiheit und Integration. Die Kultusministerin begründet die Entscheidung damit, dass das Kopftuch „ein Symbol für kulturelle Abgrenzung" (DIE ZEIT, 16.7.1998, Politik) sei. Während im baden-württembergischen Landtag Vertreter von CDU, SPD, den Grünen und den Republikanern die Entscheidung unterstützen, erklärt der Rat der Muslime, „es handele sich faktisch um ein Berufsverbot für praktizierende Muslime" (DEUTSCHES ALLGEMEINES SONNTAGSBLATT, 14.8.1998, S. 2).

Die links-liberale Presse kritisiert die parteiübergreifende Reaktion auf den Fall Ludin, weil sie zeige, dass bundesdeutsche Politiker allen „multikulturellen Beteuerungen zum Trotz letzten Endes nichts anderes wollen, als ihr christliches Abendland und den ihm entsprechenden Beamtenstaat zu verteidigen" (TAZ, 27.7.1998, S. 10).

---

[523] Die Begründung des Einstellungsverbots dokumentiert DIE ZEIT, 23.7.1998, Politik: „In einer öffentlichen Schule muß eine Lehrerin als erzieherisches Vorbild, als Repräsentantin des Staates und seiner Werte und Normen wirken. Von Frau Ludin muß erwartet werden können, daß sie – unabhängig von ihrer Überzeugung – um die tatsächliche Gefahr der Vereinnahmung des Kopftuches auch als politisches Symbol weiß und die damit verbundene Signalwirkung [...]. Durch ihre Entscheidung macht sie deutlich, daß ihr die Eignung fehlt, die öffentliche Signalwirkung ihrer politischen Entscheidung zu berücksichtigen."

In einem Beitrag für die Berliner Zeitung verwendete der damalige Berliner Innensenator Jörg Schönbohm (CDU) in diesem Zusammenhang zum ersten Mal öffentlich den Ausdruck *Leitkultur*. Laut Schönbohm untergrabe „eine Gesellschaft nebeneinander lebender Volksgruppen ohne allgemein anerkannte Leitkultur und Wertorientierung“[524] die Grundlagen der Demokratie. Darüber hinaus sei „das Vorhandensein eines Konsenses über die Leitkultur [...] eine Voraussetzung für den inneren Frieden in Deutschland.“[525]

Der Kanzlerkandidat der SPD, Gerhard Schröder, kritisiert die Verwendung des Ausdrucks *Leitkultur*:

> „Was bedeutet dieser Begriff? [...] Mit dem Wort kann ich nichts anfangen, das klingt so wie ‚Leithammel‘. Es soll auch in Zukunft eine deutsche Kulturnation geben. Aber sie kann es nur bleiben, wenn sie sich mit anderen Kulturen auseinandersetzt und von ihnen beeinflussen lässt.“ (DIE ZEIT, 6.8.1998, S. 13)

Im Vorfeld der Berliner Landtagswahlen 1998 fordert der Vorsitzende der SPD-Fraktion Klaus Böger „eine gewisse Anpassungsleistung“ und den „dringend notwendigen Spracherwerb der Migranten“. Er erklärt, es gebe zwar „keine deutsche Leitkultur“, aber eine „im Fluß befindliche und dennoch deutsche Kultur“ (TAZ, 30.12.1998, S. 16).

Nach dem Regierungswechsel 1998 entbrennt eine „unverkennbar deutsche Debatte“ (TAZ, 11.2.1999, S. 17) um die von der rot-grünen Koalition geplante Reform des Staatsbürgerschaftsrechts.

Die Auseinandersetzung um den so genannten →*Doppelpass*, die darauf folgende Unterschriftenaktion der hessischen CDU im Landtagswahlkampf und die (möglicher-

---

524 http://www.berlinonline.de/.bin/print.php/wissen/berliner_zeitung/-archiv/1998/0622/feuilleton,18.3.2001.

525 http://www.berlinonline.de/.bin/print.php/wissen/berliner_zeitung/-archiv/1998/0622/feuilleton,18.3.2001.

weise daraus resultierende) Wahlniederlage der SPD verschärfen die Kontroverse.
Die Beauftragte der Bundesregierung für Ausländerfragen, Marieluise Beck (Bündnis90/DIE GRÜNEN) betont, „dass die Regierung unter der Vorstellung handele, dass in Deutschland eine pluralistische Gesellschaft von Individuen beheimatet sei, die als verbindliche Grundlage die Werte der Verfassung akzeptierten und sich in der deutschen Sprache verständigten, die allerdings keiner Leitkultur folgten“ (FAZ, 10.2.2000, S. 7).[526]
War das Schlagwort *deutsche Leitkultur* bis dahin wenig brisant und umstritten, so ändert sich dies, als der CDU-Fraktionsvorsitzende Friedrich Merz es als Programmvokabel zur Integrationspolitik der CDU in seiner Bundestagsrede am 16. Oktober 2000 verwendete. Er forderte, „Zuwanderer, die auf Dauer hier leben wollten, müssten sich einer gewachsenen, freiheitlichen deutschen Leitkultur anpassen“.

> „Zur maßgeblichen *Leitkultur* zählt Merz beispielsweise die Überzeugung, dass auch die Zuwanderer einen eigenen Integrationsbeitrag leisten müssten; dass sie sich dabei anpassen müssten an die in diesem Land gewachsenen kulturellen Grund-Vorstellungen. Damit sei beispielsweise unvereinbar, Islam-Schulen außerhalb der deutschen Schulaufsicht zu unterhalten, Mädchen zwangsweise zu beschneiden oder zu verheiraten oder Kinder, sobald sie in die Pubertät kommen, vorübergehend wieder in die Heimat der Eltern zu bringen.“[527]

---

[526] Das Allensbacher Institut für Demoskopie ermittelt bei einer Umfrage zu Beginn des Jahres 2000, dass sich die Mehrheit der deutschen Bevölkerung (62%) zu einer *deutschen Leitkultur* bekennt, bei größtmöglicher Toleranz gegenüber den Sitten und religiösen Überzeugungen und Bräuchen der zugezogenen Ausländer. „Wenn kulturelle Unterschiede am Beispiel der Stellung der Frau diskutiert werden, erhöht sich der Anteil der Verfechter einer deutschen Leitkultur auf 69%.“ (FAZ, 19.4.2000, S. 5).
[527] http://www.RP-online.de/news/politik/2000-1018/merz_RP.html,

In der darauf folgenden öffentlichen Diskussion wird remotivierend die Frage nach der „eigentlichen Bedeutung" des Ausdrucks *Leitkultur* gestellt:

> „Die Süddeutsche Zeitung stellt ihn in die Nähe konservativer Kulturtheorien von Anfang des 20.Jahrhunderts, die einen ‚Untergang des Abendlandes' beklagten. Stefan Breuer von der Hochschule für Wirtschaft und Politik in Hamburg und Experte für konservative Revolution bestreitet das. ‚Ich halte den Begriff für eine moderne Wortschöpfung', sagt Breuer. Das vermutet auch der Begriffsforscher Reinhart Koselleck, in dessen zweibändigen Standardwerk ‚Lexikon der geschichtlichen Grundbegriffe' das Wort *Leitkultur* nicht auftaucht. Auch die deutsche Gesellschaft für Sprachwissenschaften [sic!] hat keinen Hinweis auf den historischen Ursprung des Begriffs, der für Breuer Pluralität unterstellt, aber gleichzeitig einen Hegemonieanspruch erhebt, ‚über den die Politik dann diskutieren kann'."[528]

Obwohl die Reaktionen auf die Forderung des CDU-Fraktionsvorsitzenden zumeist negativ waren, avancierte das Schlagwort *deutsche Leitkultur* in der Folge zum nicht unumstrittenen Fahnenwort der Union:

> „Die Formulierung, so der FDP-Vizevorsitzende Rainer Brüderle, suggeriere einen ‚Überlegenheitsanspruch', den es nicht gäbe. Sie enthalte eine ‚falsche Botschaft', kritisierte auch die Grünen-Vorsitzende Renate Künast.[...] Der Ministerpräsident von Mecklenburg-Vorpommern, Harald Ringstorff (SPD), sagte, der Ausdruck sei ‚nicht hilfreich'.[...] Sachsen Ministerpräsident Kurt Biedenkopf (CDU) forderte eine Diskussion

---

8.3.2001.

[528] http://www.berliner-morgenpost.de/print/archiv2000/001024/politik/-story357541/html, 8.3.2001.

darüber, was es heißt, Deutscher zu sein: ‚Die Deutschen müssen sich jetzt verständigen, was Deutschland eigentlich ist'."[529]

Der Präsident des Zentralrats der Juden, Paul Spiegel, bezweifelt, dass in der Bundesrepublik „die richtigen Lehren aus der Vergangenheit gezogen wurden", und kritisiert den Sprachgebrauch von Unionspolitikern und die Verwendung von Ausdrücken und Slogans wie „deutsche Leitkultur", „nützliche Ausländer" oder „Kinder statt Inder" als „Beispiele von Elite-Fremdenfeindlichkeit, die sich ganz bestimmt nicht zum demokratischen Vorbild eigneten".[530]
Alois Glück und Michael Glos (CSU) werfen Spiegel daraufhin „Polarisierung" (SZ, 13.11.2000, S. 1) vor.
Auch innerhalb der Union ist die Verwendung des Ausdrucks umstritten. Der ehemalige Generalsekretär der CDU, Heiner Geißler, lehnt die Verwendung der Vokabel ab und versucht, *Verfassungspatriotismus* (TAZ, 26.10.2000, S. 6) – eine Prägung von Dolf Sternberger – als Alternativvokabel zu etablieren.
Der Vorsitzende der baden-württembergischen CDU-Fraktion, Günther Oettinger, schlägt vor, statt von einer *deutschen Leitkultur* von einer „Kultur des Abendlandes" zu sprechen. (ebd.)
Der Bundesvorsitzende der rechtsradikalen Republikaner, Rolf Schlierer, befürwortet hingegen die Verwendung des Ausdrucks: „Die Anerkennung der deutschen Leitkultur müsse der kleinste gemeinsame Nenner in der gegenwärtigen Zuwanderungsdebatte sein."[531]

---

[529] http://www.spiegel.de/politik/deutschland/0,1518,98865,00.html, 5.3.2001.
[530] http://www.spiegel.de/politik/deutschland/0,1518,98865,00.html, 5.3.2001.
[531] http://www.RP-online.de/news/politik/2000-1020/rep_merz.html, 5.3.2001.

Bundesinnenminister Otto Schily (SPD) kritisiert die „alberne Diskussion“ über den „bürokratischen Begriff deutsche Leitkultur“, denn „in einer globalisierten Welt muss Kultur offen sein“[532].
Auch Gregor Gysi von der PDS lehnt die Verwendung der Vokabel ab und stellt dem Konzept einer *deutschen Leitkultur* das einer „europäischen Kultur“ gegenüber:

> „Der Begriff ‚*Leitkultur*‘ ist auf jeden Fall zu verwerfen und gefährlich. Natürlich hat Friedrich Merz damit nicht gemeint, eine deutsche Leitkultur solle sich als solche gegenüber anderen Kulturen europa- oder gar weltweit benehmen. Eine solche Forderung wäre nicht einmal diskussionswürdig. Sie wäre einfach nur skandalös.“[533]

Trotz aller Kritik hält die CDU am Ausdruck *Leitkultur* fest. Angela Merkel definiert den Ausdruck *deutsche Leitkultur* unter Verwendung von Hochwertvokabeln wie „Bekenntnis zur Nation, zum Vaterland, zu weltoffenem Patriotismus, zu Toleranz und Zivilcourage“[534]:

> „Sie wies darauf hin, die Rede von der Leitkultur habe Professor Bassam Tibi schon 1996 aufgebracht. Dieses ‚Beschwichtigungsmanöver‘ Merkels diente dazu zu zeigen, dass der Ausdruck von einem eingewanderten Araber stammt. Dem wirft niemand vor, ein Ausländerfeind zu sein. Er baut Brücken zwischen Ausländern und Deutschen. [...] Die FAZ assistiert Frau Merkel, indem sie nacherzählt, wie Tibi den Begriff 1996 prägte, bevor 1998 der damalige Berliner Innensenator Schön-

---

532 http://www.spiegel.de/druckversion/0,1588,101453,00.html, 6.3.2001. Über diese Problematik von regionaler Kultur und globaler Zivilisation in der Kultursoziologie von Alfred Weber vgl. Sombart (2000), S. 175-179.
533 http://www.welt.de/daten/2000/10/30/1030hb199372.htx?print=1, 5.3.2001.
534 http://www.svz.de/forum/leitkultur/, 8.3.2001.

> bohm ihn aufgegriffen habe, auf welchen Vorgang wiederum Merz zurückkomme."[535]

Dem Fahnenwort der Union *deutsche Leitkultur* setzen die Grünen das in der Einwanderungsdebatte bereits etablierte Schlagwort *Multikulturelle Gesellschaft* als Gegenvokabel entgegen. In der parteiinternen Debatte wird diese Vokabel jedoch als ebenso „unscharf" wie die *deutsche Leitkultur* bezeichnet, da sie „zu viele Interpretationsmöglichkeiten" biete und „missverständlich"[536] sei. In der Reaktion darauf warnte der frühere SPD-Vorsitzende Hans-Jochen Vogel, die Zuwanderungsdebatte mit „unglücklichen Formulierungen" zu belasten. „Leitkultur" und „Multikulti" seien Schlagworte, die mit Inhalten gefüllt werden müssten.[537] Zur Diskussion um die – wohl in Anlehnung an die freiheitlich demokratische Grundordnung nun als *freiheitlich* attribuierte – *deutsche Leitkultur* äußerte sich der Vorsitzende der CDU/CSU-Bundesfraktion, Friedrich Merz:

> „Gleich, ob dies nun die Identität unseres Landes, der Verfassungspatriotismus oder eben die *freiheitliche Leitkultur* ist, die uns geprägt hat: Einwanderung und Integration von Ausländern, die wir wollen und die wir fördern müssen, braucht Orientierung an allgemein gültigen Wertmaßstäben."[538]

Nachdem Merz diese Relativierung der Verwendung von *deutscher Leitkultur* vorgenommen hat, klingt die öffentliche Auseinandersetzung ab.

TE

---

535 http://www.freitag.de/2000/45/00450101.htm, 8..01.
536 http://www.berliner-morgenpost.de/print/archiv2000/001101/politik/-story360426.html, 20.3.2001.
537 http://www.berliner-morgenpost.de/print/archiv2000/001101/politik/-story360426.html, 20.3.2001.
538 http://www.cdu.de/ueber-uns/buvo/merz/fm-welt-leitkultur.htm, 8.3.2001.

37 Lesbe

„**Les|be**, die;-, -n (ugs.): kurz für ↑Lesbierin (2): -n, die sich vom Mann nicht zur Heterosexualität bekehren lassen (Spiegel 36, 1974, 62); Gefühlsmäßig kann ich mich noch nicht als L. akzeptieren (Jaekel, Ghetto 47)." Duden (1999), S. 2411.

Die Verfolgung *lesbischer Liebe*[539] während der NS-Zeit, in der Homosexualität als *abnormal* (DER SPIEGEL, 29.11.1950, S. 7) oder *seelische Verirrung* (DER SPIEGEL, 13.12.1950, S. 41) bezeichnet und als bevölkerungspolitisch gefährlich betrachtet wurde und Homosexuelle als „abseitig veranlagte Menschen, die krank seien"[540], galten, findet ihre Fortsetzung in der Stigmatisierung homosexueller Lebensweisen in der „Prüderie der Adenauer-Ära"[541]. Die weiter bestehende Tabuisierung sexueller Themen und die Kriminalisierung Homosexueller verhinderte eine öffentliche Auseinandersetzung über Homosexualität und die Entwicklung eines angemessenen öffentlichen Wortschatzes und damit eines neutralen und differenzierten Sprachgebrauchs.[542]
Bis weit in die 50er Jahre wurden weibliche Homosexuelle im öffentlichen Sprachgebrauch (wenn überhaupt) mit der tradierten Vokabel *Lesbierin*[543] oder als *Invertierte* (DER SPIEGEL Nr. 38, 1949) bezeichnet.
Erst 1953 wurde anlässlich der Verfassungsklage zweier

[539] Die Bezeichnung *lesbische Liebe* ist seit 1784 in deutschen Wörterbüchern belegt. Vgl. Skinner (1997), S. 110.
[540] Tönnesen (1995), S. 596.
[541] So eine Kapitelüberschrift bei Tönnesen (1995), S. 593.
[542] Vgl. Tönnesen (1995), S. 595f.
[543] Duden-Rechtschreibung (1939), Der große Duden. Rechtschreibung der deutschen Sprache und der Fremdwörter. Leipzig 1939. Elfte, neu bearbeitete und erweiterte Auflage. Erster verbesserter Neudruck. Unveränderter Nachdruck, S. 325. Unveränderter Nachdruck der Ausgabe von 1934.

Männer gegen den §175, der als einzige, von den Nazis verschärfte Gesetzesbestimmung in der Bundesrepublik weiter galt, weibliche Homosexualität öffentlich thematisiert. In der Klage wurde nicht nur die Aufhebung des Gesetzes gefordert, sondern es wurde auch ein Verstoß gegen den Gleichheitsgrundsatz des GG darin gesehen, dass weibliche Homosexualität im Gegensatz zur männlichen nicht unter Strafe stand.
In seiner Entscheidung vom 10. Mai 1957 stellte das Bundesverfassungsgericht fest, dass männliche wie weibliche Homosexualität „zwar den formalen Oberbegriff der ‚gleichgeschlechtlichen' oder ‚widernatürlichen' Unzucht" gemeinsam haben, „die Form der gleichgeschlechtlichen Unzucht" sei aber bei Frauen „von dem verschiedenen Geschlechtswesen und der Eigenart der Frau bestimmt" und stelle somit keine „soziale Gefahr" dar.[544]
Mit dieser Entscheidung wurde die Strafbarkeit männlicher Homosexualität fortgeschrieben und die weibliche sowohl juristisch wie sprachlich als sozial ungefährliche Unzucht, die nicht als strafbar einzuschätzen sei, ausgeklammert.
In den fünfziger und sechziger Jahren war weibliche Homosexualität kaum ein Thema der öffentlichen Auseinandersetzung.
Erst mit der sexuellen Liberalisierung gegen Ende der sechziger Jahre, mit den Reformen des §175 von 1969 und 1973 und der sich im Anschluss daran formierenden homosexuellen Emanzipationsbewegung änderte sich dies. Die Ausstrahlung des Praunheim-Films „Nicht der Homosexuelle ist pervers, sondern die Gesellschaft, in der er lebt" führte 1971 zur Bildung der ersten Vereinigung homosexueller Männer und Frauen, der „Homosexuellen Aktion Westberlin", aus der im Februar 1972 eine Gruppe hervorging, die sich selbst als *schwule Frauen* bezeichnete. Die Bezeichnung *schwule Frauen* wurde gewählt, um die anfangs bestehenden Gemeinsamkeiten – die gesellschaftli-

[544] Mitglieder des Bundesverfassungsgerichts (1957), S. 389ff.

chen Diskriminierungen und die gemeinsamen Aktionen dagegen – mit den männlichen *Schwulen* zu unterstreichen.[545] Hier wurde „in sogenannten Selbsterfahrungsgruppen über Themen wie ‚schwule Frauen im Berufsleben' oder ‚Beziehungen schwuler Frauen untereinander' diskutiert." (DER SPIEGEL Nr. 36, 1974, S. 61)
Wie die Emanzipationsbewegung männlicher Homosexueller die Stigmavokabel *→schwul*, so verwendet ihr weibliches Pendant nun vermehrt *lesbisch* und *Lesbe* als positiv konnotierte Eigenbezeichnung, obwohl das „Wort ‚lesbisch' [...] in den Köpfen der Leute zu einem Symbol unerwünschter, schmachvoller Neigungen geworden"[546] war. Mit dem Aufkommen der *feministischen Emanzipationsbewegung* (*→Emanzipation*), „die die weibliche Sexualität weg vom ‚Penetrationsmuß' für sich neu definieren will", wird „weibliche Homosexualität [...] als gleich- oder höherwertige Alternative zur Heterosexualität bewertet."[547]
Im öffentlichen Sprachgebrauch etablierte sich *lesbisch* neben *homosexuell* als Bezeichnung für weibliche Homosexuelle: „Die Angeklagte ist nämlich dem eigenen Geschlecht zugetan, sie ist lesbisch." (DER SPIEGEL, 26.8.1974, S. 54)
Gleichzeitig distanzierten sich Mitte der 70er Jahre die organisierten weiblichen Homosexuellen inhaltlich wie sprachlich von der *Schwulenbewegung* und orientierten sich zunehmend an der *feministischen Emanzipationsbewegung*. Als Resultat dieser Umorientierung benennt sich 1975 die Gruppe *schwuler Frauen* in *Lesbisches Aktions Zentrum* [sic!] um.[548]
In der Folge kam es zu einer Lexikalisierung der Vokabeln *lesbisch* und *Lesbe*; 1978 wurde *Lesbe* in das große Dudenwörterbuch aufgenommen: „Lesbe [...] (salopp): kurz

---

545 Vgl. Weiland (1995), S. 32ff.
546 Wolff (1973), S. 17.
547 Tönnesen (1995), S. 608.
548 Vgl. Weiland (1995), S. 32.

für Lesbierin[...].“[549], in der Schriftsprache setzte sich *Lesbe* immer mehr gegenüber *Lesbierin* durch.[550]
Dennoch blieb die Vokabel – wie auch *schwul* – im öffentlichen Sprachgebrauch umstritten. Die Deutsche Postreklame GmbH wies im Frühjahr 1988 einen Anzeigentext des Feministischen Frauengesundheitszentrums Berlin (FFGZ) mit der Begründung zurück, dass das Wort *Lesbe* im Text gegen „die guten Sitten“ verstoße.[551]
Eine Klage des FFGZ wurde vom Amtsgericht Frankfurt mit der äußerst bemerkenswerten Begründung abgewiesen, der Text verstoße

> „durch die Verwendung der an der Grenze zwischen Jargon- und Vulgärsprache angesiedelten saloppen Formulierung ‚Lesbe‘ gegen das [...] als Grundrecht deklarierte Recht auf freie Persönlichkeitsentfaltung derjenigen Frauen, die in ihrem erotischen Empfinden sich zu weiblichen Partnern hingezogen fühlen.“[552]

Noch im selben Jahr führte im Bundestag eine Kleine Anfrage der Abgeordneten Oesterle-Schwerin, Briefs, Hoss und der Fraktion der Grünen diesen Sachverhalt betreffend zu erregten Auseinandersetzungen.
Der damalige Präsident des Deutschen Bundestages Jenninger schrieb am 1. Juli 1988 in einem Brief an Oesterle-Schwerin, dass in der „Überschrift die Wendung ‚Schwule und Lesben‘ [...] durch die Wendung ‚Homosexuelle und Lesbierinnen‘ ersetzt werden“ muss, da „die Begriffe

---

[549] Duden (1978), Das große Wörterbuch der deutschen Sprache in sechs Bänden, Band 4, Mannheim, S. 1667. Dass *Lesbe* eine Verkürzung von *Lesbierin* ist, vermutet auch Skinner (1997), S. 108.

[550] Vgl. Skinner (1997), S. 109.

[551] Vgl. Pusch (1999), S. 48. Der Text der Anzeige lautete: „Feministisches Frauengesundheitszentrum: Beratung und Kurse zu allen Fragen der Frauengesundheit, u.a. zu Blasen- und vaginalen Infektionen, Verhütung, Ernährung, Menstruation, Wechseljahre. Kurse auch für Mädchen und Lesben.“

[552] Zitiert nach Pusch (1999), S. 48.

‚Schwule' und ‚Lesben' von nicht wenigen Kolleginnen und Kollegen nicht als Bestandteile der Hochsprache [...] anerkannt werden."[553]

Der CSU-Abgeordnete Wittmann hatte sich bereits im Mai beim Bundestagspräsidenten über den Gebrauch von „unwürdigen", „der Gosse zugehörigen" Vokabeln empört. (FR, 24.11.1988)

Erst nach mehrjährigen Auseinandersetzungen – unter anderem intervenierte der Vorstand des *Deutschen Lesbenrings* bei Bundestagspräsidentin Süssmuth mit der Forderung: „Diese Begriffe [*Lesben* und *Schwule*] müssen von den Mitgliedern des Deutschen Bundestages akzeptiert werden, weil wir als Betroffene so bezeichnet werden wollen"[554] – lenkte der Bundestag im Mai 1991 ein und ließ *Schwule* und *Lesben* als Bezeichnungen für Homosexuelle zu. Als Ergebnis dieser Auseinandersetzung werden beide Termini jedoch „in der Umgangssprache üblich und dienen auch als Selbstbezeichnungen"[555] für männliche und weibliche Homosexuelle im öffentlichen Sprachgebrauch.

Ende der achtziger Jahre und zu Beginn der neunziger Jahre treten Homosexuelle verstärkt für eine rechtliche Gleichstellung der *homosexuellen Lebensgemeinschaften* (NRZ, 11.4.1988) mit der grundgesetzlich geschützten →*Ehe* ein. Analog zum *Coming Out* (DER SPIEGEL, 4.2.1991, S. 223) der Homosexuellen, dem öffentlichen Bekennen der eigenen Homosexualität, wird etwa zur selben Zeit das *Outing* (DER SPIEGEL, 23.12.1991, S. 223), das Öffentlichmachen der Homosexualität Prominenter populär. Als Resultat dieser öffentlichen Auseinandersetzungen mit Homosexualität ist „das gesellschaftliche Tabu Homosexualität weitgehend gebrochen."[556]

---

[553] Zitiert nach Pusch (1999), S. 50.

[554] Zitiert nach Pusch (1999), S. 57.

[555] Carstensen (1989), S. 116.

[556] So die Grünen-Abgeordnete Oesterle-Schwerin vor dem Deutschen Bundestag. Deutscher Bundestag: 204. Sitzung, 11. Wahlperiode, 29.3.1990, Drucksache 11/204, S. 16025.

In der Folge verwendet der nordrhein-westfälische Landtag 1993 in seiner „Resolution zum Christopher-Street-Day: Gleichberechtigung für Schwule und Lesben“ (Landtag NRW, 11. Wahlperiode, S. 12873ff.) die Vokabel *Lesbe* als „offizielle“ Bezeichnung für weibliche Homosexuelle. Die der Resolution vorausgehende Debatte macht jedoch den nach wie vor heterogenen Sprachgebrauch deutlich. So verwenden sowohl Abgeordnete der Grünen als auch der FDP die Ausdrücke *Lesben* und *Schwule*, Abgeordnete von SPD und CDU bevorzugen den Ausdruck *Homosexuelle* oder Umschreibungen wie „gleichgeschlechtliche sexuelle Orientierung“ (MdL Lucas, SPD), „homosexuelle Bürgerinnen und Bürger“ (MdL Rüsenberg, CDU) oder „andere sexuelle Identität“ (MdL Schnoor, SPD).
Diesem Sprachgebrauch schließt sich am 8. Februar 1994 das Europäische Parlament in einer Entschließung an, die die „Gleichberechtigung von Schwulen und Lesben in der EG“ (Deutscher Bundestag, 12. Wahlperiode, Drucksache 12/7069) zum Ziel hat.

TE

38 Mauer

> „**Mau|er**, die ; -, -n [mhd. mure, ahd. mura <lat. murus (m.)]: **1. a)** *Wand aus Steinen [und Mörtel]*: eine hohe, dicke, efeubewachsene M.; [...] **b)** *(von der DDR am 13.8.1961 errichtetes) durch Berlin verlaufendes Bauwerk, das die Stadt politisch (in einen östlichen u. einen westlichen Teil) teilte*: die Berliner M.; Der Tag, an dem der Bau der »Mauer« befohlen wurde (W. Brandt, Begegnungen 9); wir ... sehen im Westen ... eine Grenzbefestigung, die manche auch die M. nennen (Kant, Impressum 464); So sehen wir denn in Berlin ... Leben mit der M. (Frisch, Montauk 83); Als schließlich 1989 mit der M. das marxistische Wertesystem zusammenbrach (Zeit 8.4.99, 9); vor der M. *(vor dem Mauerbau)*; nach *(nach dem Mauerbau)* änderte sich für viele das Leben in der DDR; auch Jahre nach der M. *(nach der Öffnung der Grenzen zwischen der DDR und der Bundesrepublik)* sind Ost und West noch nicht zusammengewachsen; Ü Neun Jahre nach dem Fall der M. weicht die M. in den Köpfen (Zeit 5.11.98, 1)“ Duden (1999), S. 2538.

In der Nacht vom 12. auf den 13. August 1961 errichteten Einheiten der Volkspolizei und der Nationalen Volksarmee der DDR an der Sektorengrenze zu West-Berlin Stacheldrahtverhaue und Straßensperren, die in den folgenden Wochen durch eine Mauer ersetzt wurden. Ausschlaggebend für diese Maßnahme der DDR-Führung war die seit 1949 steigende Zahl der DDR-Flüchtlinge über die Sektorengrenze Ost-/West-Berlin. Ab 1952 hatte die DDR ihre Grenzen im Westen verstärkt abgeriegelt und ab 1957 den Reiseverkehr eingeschränkt. Nur in Berlin war der Übergang an der Sektorengrenze im Gegensatz zur Staatsgrenze weiterhin ungehindert möglich. Der Strom der Flüchtlinge konzentrierte sich somit auf Berlin. Um diesem Problem entgegenzuwirken, kündigte die Sowjetunion im Novem-

ber 1958 einseitig den Viermächtestatus und forderte, Berlin innerhalb eines halben Jahres zur entmilitarisierten freien Stadt zu erklären. Da die Westmächte jedoch einem entmilitarisierten freien Berlin keine Überlebenschance einräumten, ließen sie das sog. Ultimatum verstreichen.
Infolge der zunehmenden Spannungen zwischen Ost und West und der von Chruschtschow wiederholten, bereits im Februar 1959 ausgesprochenen Drohung, mit der DDR einen separaten Friedensvertrag zu schließen, durch den der DDR die Souveränität und Kontrolle über die Zufahrtswege nach Berlin übertragen werden sollte, formulierte US-Präsident Kennedy[557] am 25. Juli 1961 die „three essentials“[558], die de facto dem Verzicht des westlichen Einflusses auf den Ostteil der Stadt gleichkamen. Damit waren Voraussetzungen geschaffen, die es den Warschauer-Pakt-Staaten ermöglichten, den sowjetischen Sektor Berlins abriegeln zu lassen. Nach der Drohung Chruschtschows und der Reaktion Kennedys erreichten die Flüchtlingszahlen im August ihren Höhepunkt – in diesem Monat verließen über 47.000 Menschen die DDR über die Sektorengrenze[559].
Die Zeit nach der Abriegelung des sowjetischen Sektors ist sprachlich in der DDR durch den Gebrauch von Legitimationsvokabeln wie *Sicherungs-* oder *Friedensmaßnahmen* (NEUES DEUTSCHLAND, 14.8.1961) gekennzeichnet. Diese Vokabeln wurden z.B. in der DDR-Geschichtsschreibung durch Darstellungen gestützt, die die Bundesrepublik als „imperialistischen Aggressor“ beschrieben, der die DDR „annektieren“ und den übrigen sozialistischen Ländern schaden wolle.[560] Dem ZK-Mitglied Horst Sindermann

---

[557] Kennedys Amtsantritt am 20. Januar 1961 führte zu einem Wandel in der US-Außenpolitik.

[558] Die „three essentials“ sind „das Recht der Westalliierten auf Anwesenheit in West-Berlin, de[r] freie Zugang nach Westberlin und das Recht der West-Berliner, über ihre Zukunft und Lebensweise selbst zu entscheiden“ Bollin/Fischer-Bollin (1999), S. 548.

[559] Vgl. http://www.berlinonline.de/wissen/berlin_chronik/.html/art1961-3.html.

[560] Vgl. Greese/Hanisch (1981), S. 389ff.

wird die Prägung der Bezeichnung *antifaschistischer Schutzwall* zugeschrieben[561], die sich in der DDR zur offiziellen Bezeichnung für die Grenzbefestigung in Berlin durchsetzte.
Daneben wurde gelegentlich auch die Bezeichnung *antiimperialistischer Schutzwall* verwendet.
Durch die Attribuierung, mit der suggeriert werden sollte, die DDR und ihre Bevölkerung seien vor einer Gefahr aus dem Westen zu schützen, ließ sich die bereits mit Vokabeln wie *Sicherungs-* bzw. *Friedensmaßnahmen* begonnene Argumentationsstrategie der DDR-Führung fortführen. In gleicher Weise wurden gelegentlich vorkommende Formulierungen wie *Friedens-Bollwerk* (RP, 10.8.1962)[562] gebraucht.
Im öffentlichen Sprachgebrauch der Bundesrepublik wurden dagegen häufig negativ konnotierte Komposita wie *KZ-Zaun* (RP, 19.9.1961), *Angstmauer* (RP, 23.8.1961) oder *Schandmauer* (z.B. RP, 9.9.1961) zur Bezeichnung der Grenzanlage benutzt. Besonders dieser letzte Ausdruck setzte sich als Ablehnungsvokabel durch.[563] Daneben finden sich schon kurze Zeit, nachdem begonnen worden war, die provisorischen Grenzbefestigungen durch Betonplatten zu ersetzen, die neutraleren Bezeichnungen *Berliner Mauer* oder häufiger die Kurzform *Mauer*. So wird z. B. von der *Betonmauer* berichtet, die mitten durch Berlin geht (FAZ, 19.8.1961).[564]

---

561 Schlosser (1990), S. 216.

562 Die RP berichtete am 10.8.1962 über einen Moskau-Besuch des „amtierenden Ministerpräsidenten der Sowjetzone“ Stoph, der die „vor Jahresfrist errichtete kommunistische Mauer in Berlin als ‚Bollwerk des Friedens‘ gepriesen“ hatte.

563 Bei seinem ersten Besuch an der Berliner Mauer am 22.8.1961 hatte Konrad Adenauer den Ausdruck *Schandmauer* verwendet (RP, 23.8.1961).

564 Vgl. Albrecht (1987), S. 244: „Noch wenige Wochen vor dem Bau der Mauer hatte Walter Ulbricht auf die Frage einer Journalistin derartige Pläne strikt geleugnet: ‚Niemand hat die Absicht, eine Mauer zu bauen.‘“

Die in den deutschen Wortschatz aufgenommene singularische Kurzform *die Mauer*[565] verdeutlicht die bewusstseinsmäßige gesellschaftliche Konzentration bzw. Dominanz dieser komprimierten Lexikalisierung, die ohne jeden weiteren Zusatz verständlich ist (vgl. etwa *die Pille*; im Englischen und Amerikanischen ist der Ausdruck *Berlin wall* lexikalisiert).
In der DDR-Alltagssprache gehörte die Vokabel *Mauer* genauso zum Wortschatz wie in der Bundesrepublik; im offiziellen Sprachgebrauch herrschten jedoch Vermeidungsstrategien[566] vor:

> „Viele in der DDR mußten sich über lange Jahrzehnte überlegen, wo sie den Begriff ‚antifaschistischer Schutzwall' verwendeten oder wo sie einfach von der ‚Mauer' sprachen." (Dokumentation eines Kommentars von Ibrahim Böhme, der am 11.8.1990 in NEUES DEUTSCHLAND erschien, in: TAZ, 13.8.1990 S. 10).

Dies änderte sich erst grundlegend, als auch Erich Honekker anlässlich einer Tagung des Thomas-Münzer-Komitees im Januar 1989 in seinen Schlussbemerkungen das Wort *Mauer* benutzte. Obwohl sich im Kontext herausstellt, dass Honecker die Vokabel zitierend benutzte, zeigen nachfol-

---

[565] „Hinter der Beton- und Metallgitterwand bestand dieses Sperrsystem aus einem Kontrollstreifen – dem ‚Todesstreifen' –, einer zweiten Mauer oder einem Graben zur Abwehr von Fahrzeugen, einem Kolonnenweg für die Grenzsoldaten, Schutzbunkern und Hundelaufanlagen. Abgeschlossen wurde das System durch einen Kontaktzaun, der bei Berührung Ton- und Lichtsignale auslöste. An die Grenzsoldaten erging der Schießbefehl bei Fluchtversuchen. In der Zeit von 1961 bis 1989 starben bei Fluchtversuchen an der Mauer mindestens 80 Menschen, von denen mindestens 60 erschossen wurden, mindestens 118 Personen wurden durch Schußwaffengebrauch verletzt und mehr als 3000 festgenommen." Bollin/Fischer-Bollin (1999), S. 549.

[566] Eine Studie der IDS Mannheim ergab, dass im ersten Jahr nach dem Bau der Mauer sogar in politisch unverdächtigen Zusammenhängen von DDR-Zeitungen das Lexem *Mauer* vermieden wurde. Vgl. Schlosser (1990), S. 164.

gende Presseauszählungen, dass dies einen Wandel im Sprachgebrauch der DDR markiert.[567]

Das Lexem *Mauer* wird in beiden Teilen Deutschlands infolge der politischen Ereignisse in der DDR im Sommer und Herbst des Jahres 1989 häufiger verwendet. Ein berühmt gewordenes Beispiel ist die auf den Demonstrationen skandierte Forderung „Die Mauer muß weg!“. Da mit dieser Forderung insbesondere dem Wunsch nach „Reisefreiheit“ Ausdruck verliehen werden sollte, zeigt sich, dass die Berliner Sperranlage hier metonymisch für die sonst nicht als *Mauer* bezeichnete Staatsgrenze im Westen der DDR steht.

Am Abend des 9. November 1989 zog die Mauer 28 Jahre nach ihrer Errichtung erneut die Weltaufmerksamkeit auf sich. Nachdem der Pressesprecher des SED-Politbüros, Günther Schabowski, am Ende einer Pressekonferenz vorgelesen hatte, dass die „allgemeine Reisefreiheit“ auf Antrag und nach kurzer Genehmigungsphase Besitzern eines Reisepasses gestattet werden sollte und Schabowski auf Nachfragen erklärte, dass er vom sofortigen Inkrafttreten der Regelung ausgehe, gingen Tausende Ost-Berliner am selben Abend zu den Passierstellen.

Die sich dann vollziehende Öffnung der Grenze wurde in der Folge als der *Fall der Mauer* (z.B. NRZ, 11.11.1989) oder neutraler als die *Öffnung der Mauer* (TAZ, 23.11.1989 S. 8) bezeichnet.

Da die Öffnung der Grenze am 9.11.1989 den Beginn des Einigungsprozesses und somit auch des Endes der DDR kennzeichnet, wird *Fall der Mauer* im weiteren Verlauf zu einem Symbol der Vereinigung der Deutschen, so wie *Mauer* zuvor ein Symbol der Teilung war: „Vor zehn Jahren: Die Öffnung der Mauer – Das Ende der DDR und die deutsche Einheit“ (DAS PARLAMENT – Thema: Zehn Jahre nach dem Fall der Mauer, 29.10.1999).

Die Teilungs- und Trennungsproblematik blieb jedoch

[567] Vgl. Schlosser (1990), S. 164f.

auch nach der vollzogenen staatlichen Einigung aufgrund von Annährungsschwierigkeiten erhalten, so dass die Metapher *Mauer in den Köpfen* (z.B. FAZ, 2.10.1992; *die Mauer in den Köpfen wächst*, DER SPIEGEL, 17.8.1992, S. 30) zu deren sprachlichem Inbegriff wurde.

Mauer in der Bedeutung ‚Berlin teilende Grenzbefestigung der DDR' ist aufgrund der verschwundenen Grenzbefestigung inzwischen eine historische Vokabel. Im Zusammenhang mit Ereignissen an dieser Grenze haben sich sowohl vor wie nach der *Wende* Komposita wie *Mauerschütze* (TAZ, 1.8.1991, S. 21) oder *Mauerspecht* (TAZ, 12.2.1991, S. 28) etabliert, die, wie auch *Maueröffnung* und *Mauerfall*, lexikalisiert wurden.[568]

LP

---

[568] Vgl. Duden (1999), S. 2538f.

39 Mischehe

„**Misch|ehe**, die: **1.** *Ehe zwischen Partnern verschiedener Konfession, Religionszugehörigkeit od. Nationalität:* In Sarajewo... Heute sind es wieder politische Führungen, die die Menschen auseinander drängen, so genannte -n verbieten wollen und sich für ihre Ziele auf Religionskriege berufen (Zeit 10.3.95, 16); [...] **2.** (nationalsoz.) *Ehe zwischen sog. Ariern (2) und Juden:* Sein gefährdetes Leben umschloss eine Verhaftung ebenso wie den Wehrdienst als Feldwebel, die Aberkennung der Wehrwürdigkeit wegen des Festhaltens an seiner „Mischehe" ebenso wie die Tätigkeit als Anwalt bis kurz vor Kriegsende (Zeit 12.12.97, 20)." Duden (1999), S. 2597f.

Der Ausdruck *Mischehe* hat in der jüngeren Vergangenheit Bedeutungsveränderungen erfahren, die sehr augenscheinlich mit unterschiedlichen gesellschaftlichen und politischen Verhältnissen zusammenhängen. Der bereits in deutschen Wörterbüchern des 19. Jahrhunderts verzeichnete Ausdruck *Mischehe* wurde durch die in Deutschland seit 1933 regierenden Nationalsozialisten durch strikte Sprachlenkung in seiner Bedeutung verengt.

Während *Mischehe* vor 1933 die Ehe zweier Personen verschiedener Konfession, Nationalität oder Rasse bezeichnete, war der Ausdruck *Mischehe* mit Verkündung der Nürnberger Gesetze am 15. September 1935 ausschließlich zur Bezeichnung *arischer-nichtarischer Ehen* zu verwenden. Die Verwendung der Vokabel *Mischehe* für Ehen zwischen Partnern verschiedener Konfession oder Nationalität wurde untersagt und es wurden Ersatzausdrücke wie etwa *glaubensverschiedene Ehe* amtlich vorgeschrieben. Proteste seitens der katholischen Kirche, die für die Beibehaltung der Vokabel im innerkirchlichen Verkehr plädierten, wurden abgewiesen.[569] „Der Erfolg der Sprachlenkung des offiziellen Sprachgebrauchs ist an den Wörterbüchern abzulesen. [...] 1941 lautet der [Duden-] Eintrag: „[Mischehe:] Ehe zwischen Angehörigen verschiedener Rassen. [...] Die Ehe zwischen Angehörigen verschiedener Religionsbekenntnisse wird als glaubensverschiedene Ehe bezeichnet.“[570]

Ab 1949 ist die von den Nazis fixierte Verwendungsweise des Ausdrucks *Mischehe* in deutschen Wörterbüchern nicht mehr verzeichnet. Hingegen lässt sich eine Rückwendung zu der vor 1933 gebräuchlichen Verwendungsweise feststellen: In einem Wörterbucheintrag von 1949 wird *Mischehe* als „Ehe zwischen Angehörigen verschiedener Bekenntnisse“[571] definiert. Ähnlich lautet eine Definition aus einem Lexikon von 1955: „Mischehe, die Ehe eines Christen mit einem Angehörigen einer anderen Religion oder eines anderen christl. Bekenntnisses“[572].

Die Kirchen benutzen auch die Vokabel *konfessionsverschiedene Ehen*. Nachdem kirchenrechtliche Schwierigkeiten geringer geworden sind, ist vermehrt der positiv klingende Ausdruck *konfessionsverbindende Ehen* zu hören. Dies verdeutlicht, dass Konfessionsunterschiede innerhalb einer Ehe nicht mehr in der Bezeichnung hervorgehoben werden sollen. Die Rückkehr zu dem konfessionsbezogenen Gebrauch des Wortes *Mischehe* hat verschiedene Ursachen. Teils ist sie auf die in Deutschland seit Kriegsende betriebene Entnazifizierung und ethische Umerziehung der Deutschen zurückzuführen. Teils resultiert die Dominanz dieser Verwendungsweise des Ausdrucks aus der veränderten Zusammensetzung der Bevölkerung:

Der große Zustrom an Flüchtlingen und Vertriebenen be-

---

[569] Vgl. Schmitz-Berning (1998), S. 408-410.

[570] Schmitz-Berning (1998), S. 410.

[571] Duden-Rechtschreibung, (1949), Rechtschreibung der deutschen Sprache und der Fremdwörter, Wiesbaden 1949, S. 371.

[572] Der große Brockhaus, (1955), Band 8, Wiesbaden , S. 44.

wirkte in der Nachkriegszeit eine konfessionelle „Durchmischung“, die zu vielen Mischehen führte.
Zu Beginn der sechziger Jahre wird der Ausdruck *Mischehe* auch (wieder) zur Bezeichnung von Ehen zwischen Angehörigen verschiedener „Staaten“, „Völker“ oder „Nationen“ verwendet.[573] Diese Verwendungsweise ist auf die allmähliche Integration der so genannten →*Gastarbeiter* zurückzuführen, die auf Grund der wirtschaftlichen Entwicklung in Deutschland seit 1955 aus Südeuropa und der Türkei angeworben worden waren und durch Heirat ihren „Lebensmittelpunkt“ dauerhaft nach Deutschland verlagerten.
Die Bedeutungen des Ausdrucks *Mischehe* gleichen also seit 1961 in mancher Hinsicht den Bedeutungen des späten 19. Jahrhunderts. Bemerkenswert ist, dass der Leipziger Rechtschreib-Duden ab 1978 auf die von Hitler eingeführte Verwendungsweise des Ausdrucks hinweist und somit die historische Verwendung des Ausdrucks bewusst macht: „~ehe, die: a) Ehe zwischen Partnern verschiedener Konfession od. Religionszugehörigkeit; b) (ns.) Ehe zwischen Partnern verschiedener Rassen, vor allem Ehe zwischen Ariern u. Juden“.[574] Dadurch wird von der deutschen Lexikographie die Zeit zwischen 1933 und 1945 nicht aus der Geschichte als eine zu überspringende Episode eskamotiert, sondern es werden die Taten und der nazitypische Sprachgebrauch bewusst gehalten.
Während das Verständnis des Ausdrucks *Mischehe* in den verschiedenen deutschsprachigen Wörterbüchern weit gehend identisch erscheint, erweist sich die Verwendung des Ausdrucks in den Printmedien als heterogen bzw. weit gestreut: In der BILD-Zeitung wird der Ausdruck zur Bezeichnung der konfessionsunterschiedlichen Ehe verwen-

[573] Im Duden, Band 1 Rechtschreibung, Mannheim (1961), S. 457 ist die *Mischehe* bspw. als „Ehe zwischen Angehörigen verschiedener christlicher Bekenntnisse [und] verschiedener Volkszugehörigkeit“ definiert.
[574] Der große Duden (1978), Wörterbuch und Leitfaden der deutschen Rechtschreibung, Leipzig, S. 789.

det, allerdings aus unerfindlichen Gründen mit Anführungszeichen markiert: „Das Haus Grimaldi aber würde wegen der ‚Mischehe' in schwersten Konflikt mit dem Papst kommen." (BILD, 12.9.1997). In ähnlicher Weise wird in FAZ-Artikeln von einer so genannten *Mischehe* gesprochen:

> „Bisher konnten sie, falls beide Ehewillige derselben konfessionellen Gemeinschaft angehörten, nur nach dem Ritual der jeweiligen Gemeinschaft heiraten. Im Falle einer so genannten Mischehe müssen sie eine Zivilehe im Ausland [...] eingehen, die dann im Libanon registriert wird [...]." (FAZ, 11.5.1998).

Die Verwendung des Ausdrucks *Mischehe* zur Bezeichnung *rassenunterschiedlicher Ehen*, die nach Duden bis 1945 vor allem auf die Ehe zwischen *Ariern* und *Nichtariern* bezogen war, findet sich zum Beispiel in der FAZ wieder:

> „Die Deutschen seien fassungslos gewesen, als der ‚teutonische Superstar' [Boris Becker] Barbara Feltus heiratete. Bei der Trennung gehe es um viel mehr als bloß um das Scheitern einer Ehe. Den Deutschen setze es ein Signal, dass Mischehen von zu vielen kulturellen Schwierigkeiten begleitet seien." (FAZ, 8.12.2000)

Dass *Mischehe* als Bezeichnung für die Ehe zwischen Angehörigen verschiedener Nationen durchgängig im öffentlichen Sprachgebrauch etabliert ist, belegen zahlreiche Zitate: DIE ZEIT Nr. 40, 1999, spricht von „Kindern aus englisch-deutschen Mischehen". In der FAZ vom 11. August 1991 wird von einer „Mischehe" gesprochen, die sich „mehr als die Hälfte der deutschen und türkischen Jugendlichen vorstellen" könnten. Am 26. August 1992 heißt es in der TAZ, dass es zu dem Zeitpunkt auf dem Territorium des ehemaligen Jugoslawiens etwa eine Million „solcher

Menschen" gebe, die eine „Mischehe schließen und führen" würden. Diese unterschiedlichen Belege – mal geht es um englische, mal um türkische und mal um *Mischehen* zwischen Serben und Kroaten – unterstreichen, dass die Vokabel heute im weitesten Sinne neutral, als nicht belastet verstanden wird.

Als Alternativausdruck zu *Mischehe* wird auch die Bezeichnung *gemischte Ehe* verwendet: „Der Anteil der ‚gemischten Ehen' erhöhte sich" (RP, 14.7.1999). Die Zahl der Ehen zwischen Deutschen und Ausländern habe sich von April 1997 bis April 1998 vergrößert, lautete die Meldung.

Es gibt heute keine absolut homogene Verwendungsweise des Wortes *Mischehe*. Bei Bezug auf Vergangenes wird die Vokabel *Mischehe* in Texten der unmittelbaren Gegenwart distanzierend in Anführungszeichen gesetzt, um auf den problematischen Gebrauch im nationalsozialistischen Zusammenhang hinzuweisen: „Aber schon bald forderte der Nationalsozialismus seinen Tribut: nicht der volksnahen Bilder wegen, sondern aufgrund seiner ‚Mischehe' mit einer jüdischen Frau." (FAZ, 29.11.1996) Andererseits ist auch zu beobachten, dass die Kenntnis der historischen Bedeutung von *Mischehe* stillschweigend vorausgesetzt und keine distanzierende Schreibweise verwendet wird:

> „Der Friedhof Weißensee war [...] in den Jahren nach 1942 der einzige Ort jüdischen Lebens in Berlin, der nicht von SS und Gestapo durchkämmt wurde. [...] Lilo Clemens wurde als 15jähriges Kind einer Mischehe 1942 auf dem Friedhof zwangsverpflichtet." (TAZ, 19.11.1991, S. 18)

AJM

40 Mitteldeutschland

„**mit|tel|deutsch** <Adj.>: **1.** *Mitteldeutschland* (1, 2) *betreffend.* **2.** (Sprachw.) *die Mundarten in den Gebieten Mitteldeutschlands* (1) betreffend; Abk.: md." Duden (1999), S. 2612.

„**Mit|tel|deutsch|land;** -s: **1.** das mittlere Deutschland vom Mittelrhein bis Schlesien. **2.** der thüringisch-obersächsische Raum." Duden (1999), S. 2612.

Mitteldeutschland ist – anders als es die Angaben im Duden-Wörterbuch erkennen lassen – nicht nur ein wertfreier geographischer Terminus, sondern eine völker- und staatsrechtlich äußerst umstrittene Vokabel im Problembereich der „deutschen Frage".
Mit der Teilung Deutschlands und der Festlegung der →*Oder-Neiße-Linie* als vorläufige polnische Westgrenze durch die Alliierten ergab sich in den ersten Nachkriegsjahren eine Situation, die sprachlich problematisch war. Den Deutschen war die Teilung auferlegt worden, doch laut Potsdamer Abkommen blieb die endgültige Festlegung der Westgrenze Polens bis zum Friedensvertrag zurückgestellt. Die Gebiete jenseits von Oder und Neiße gehörten somit formal-juristisch weiterhin zu Deutschland und standen „unter polnischer Verwaltung". Die Vertreibung der deutschen Bevölkerungsteile aus diesen Gebieten und die Besiedlung durch Polen hatte allerdings eine Situation geschaffen, die ohne erneute Vertreibungen nicht rückgängig gemacht werden konnte. Dieser Status quo führte zu einem Wandel des Bezeichneten (Deutschland). Entsprechend der jahrhundertealten Praxis, mit *Deutschland* „immer nur die Gesamtheit der von Deutschen bewohnten Gebiete"[575] zu bezeichnen, wurde der Deutschlandbegriff auf das Gebiet der drei westlichen und der sowjetischen Besatzungszone

---

[575] Römer (1975), S. 857.

reduziert. Sowohl im Presse- als auch im öffentlichen Sprachgebrauch etablierten sich als Bezeichnungsvarianten zu *sowjetische Besatzungszone* oder der Abkürzung *SBZ* Ausdrücke wie *östliche Zone*, *im Osten Deutschlands*, *Ostdeutschland* und das eher umgangssprachlich gebrauchte *Ostzone*.[576] Dieser Wortgebrauch wurde Ende 1948 in der SZ explizit thematisiert, weil er die Gebiete jenseits von Oder und Neiße vergessen lasse:

> „Wir haben uns daran gewöhnt, von der ‚Ostzone' zu sprechen und mitteldeutsche Städte wie Magdeburg, Leipzig und Dresden als Zentren der Ostgebiete zu betrachten. Man vergißt darüber zu leicht die eigentlichen, östlich der Oder-Neiße-Linie liegenden deutschen Ostgebiete, über die in den letzten Jahren für Presse und Öffentlichkeit ein ziemlich undurchdringliches Schweigen gebreitet lag." (SZ, 25.9.1948)

Als Konsequenz wurde etwa ab Mai 1949 sowohl von Politiker- als auch von Journalistenseite sprachermahnend und teilweise sprachlenkend argumentiert. So zitierte etwa DIE WELT den nordrhein-westfälischen Ministerpräsidenten Karl Arnold (CDU):

> „Eingehend auf die deutschen Ostgebiete, die sich teils in sowjetischer, teils in polnischer Auftragsverwaltung befinden, betonte Arnold, daß auch diese Gebiete staatsrechtlich nach wie vor zu Deutschland gehören. Über ihr Schicksal müsse erst noch entschieden werden. Wir sollten aber schon jetzt die sogenannte Ostzone künftig als Mittelzone bezeichnen, sagte er, und den Ausdruck Ostzone für Ostdeutschland verwenden. In der Ostzone liegen Städte wie Oppeln, Breslau und Stettin, in der

[576] Vgl. Schlottke (1970), S. 32ff. Schlottke hat in umfangreichen Zeitungsstudien der Jahrgänge 1945-1948 diese Bezeichnungen als vorherrschend belegt. Neben den *Ost*-Komposita finden sich noch *russisch verwaltetes Gebiet Deutschlands*, *Sowjetzone* und *russische Zone*.

Mittelzone Weimar, Dresden, Halle, Schwerin, Berlin und Frankfurt an der Oder. Das würde auch den Empfindungen unserer Landsleute aus dem Osten entsprechen.“ (DIE WELT, 10.5.1949)

Zwei Tage später kommentierte DIE WELT diesen Vorschlag:

„Ministerpräsident Arnold trifft das Verdienst, kürzlich auf eine sprachliche Gewohnheit erneut hingewiesen zu haben, die einen politischen Tatbestand verkehrt wiedergibt. Wir sprechen von Ostzone und meinen damit das Gebiet vom Eisernen Vorhang bis zur Oder-Neiße-Linie. Dieses Gebiet ist in Wirklichkeit Mitteldeutschland. Niemand hat früher Brandenburg, Sachsen oder Thüringen in den Osten verlegt [...]. Schon früher wurde angeregt, von Mitteldeutschland zu sprechen, wenn von der vierten Zone die Rede war. Wie wäre es, wenn die Politik mit diesem Begriff ernst machte?“ (DIE WELT, 12.5.1949)[577]

In der ALLGEMEINEN ZEITUNG wurde eine Äußerung des Bundestagsvizepräsidenten Carlo Schmid (SPD) positiv hervorgehoben:

„Kein Wunder, wenn sich daher der Blick immer mehr nach Osten richtet, wobei Carlo Schmid sehr richtig darauf aufmerksam gemacht hat, daß man Mitteldeutschland, die jetzige ‚Ostzone‘ fälschlich als Ostdeutschland bezeichne, dieses beginne erst östlich der Oder-Neiße-Linie.“ (ALLGEMEINE ZEITUNG, 21.6.1949)

[577] Zitiert nach Schlottke (1970), S. 43. Der Verfasser dieses Kommentars hatte mit „Relator“ unterzeichnet, Schlottke war es nicht möglich, herauszufinden, wer dieses Pseudonym benutzte, um festzustellen, wer bereits zuvor angeregt haben soll, von *Mitteldeutschland* zu sprechen.

Neben dem Adjektiv *mitteldeutsch*[578] und Arnolds Analogie zu *Ostzone*, nämlich *Mittelzone*, wurde nun das Substantiv *Mitteldeutschland* als Bezeichnung für das Gebiet der sowjetischen Besatzungszone vorgeschlagen. *Mitteldeutschland* war bis zu diesem Zeitpunkt nicht in dieser – eine politische Einheit bezeichnenden – Bedeutungsvariante aufgetreten, sondern nur in geographischen[579] bzw. wirtschaftsgeographischen[580] Zusammenhängen.[581] Obwohl sich *Mitteldeutschland* und *mitteldeutsch* danach immer wieder in dieser Bedeutung in Zeitungsberichten[582] fanden, vermochten sie sich nicht gegenüber den *Ost*-Komposita durchzusetzen. Dieser Sprachgebrauch wurde in den fünfziger Jahren erneut z.B. von Jakob Kaiser (CDU), dem Bundesminister für Gesamtdeutsche Fragen, kritisiert:

---

578 Schlottke gibt als Erstbeleg für *mitteldeutsch* einen Artikel aus dem NEUEN DEUTSCHLAND vom 7.10.1947 an: „Es bestehe Grund zu der Annahme, daß die deutschen Teilstaaten, insbesondere die englische und amerikanische Zone, stets danach streben werden, mit den mittel- und ostdeutschen Provinzen vereinigt zu werden. Auf einem solchen Boden würde sich ein neuer Nationalismus schlimmster Art entwickeln. Soweit die ‚Times'." (NEUES DEUTSCHLAND, 7.10.1947; zit. nach Schlottke).

579 Mittelgebirgsraum; Nord-/Mittel-/Süd-Deutschland.

580 Thüringisch-obersächsischer Raum.

581 Schlottke belegt in seiner Untersuchung drei Thesen für die Ursache des Bedeutungswandels von *Mitteldeutschland*: 1. Ausgehend von dem frühesten Beleg handelt es sich um eine Lehnbedeutung, die aus der freien Übersetzung des englischen „central and eastern provinces" des TIMES-Artikels vom 4.10.1947 resultierte. 2. Die „bewußte Ausweitung des Begriffs" durch Journalisten und Politiker. 3. Die allmählich sich vollziehende Assoziation von *Mitteldeutschland* und *SBZ*: „Hier wird Md, md [...] immer recht deutlich in der Bedeutung von ‚Thüringen-Sachsen' verwendet. Es ist natürlich denkbar, daß bei einem flüchtigen Zeitungsleser sich, da Md jedesmal im Zusammenhang mit Ereignissen hinter dem ‚Eisernen Vorhang' erwähnt wurde, allmählich die Assoziation Md=SBZ bildete [...]". Schlottke (1970), S. 37.

582 Einer der Journalisten, der den Ausdruck *Mitteldeutschland* lanciert haben soll, ist der politische Redakteur Paul Sethe, der ihn in der ALLGEMEINEN ZEITUNG, ihrer Nachfolgerin, der FAZ sowie DER WELT verwendet hat. Vgl. Korlén (1965), S. 43 und Schlottke (1970), S. 46ff.

„[...] das Ministerium für gesamtdeutsche Fragen werde sich weiterhin darum bemühen, dass die unzutreffende Bezeichnung Ostzone für die sowjetische Besatzungszone aus dem Sprachgebrauch verschwinde. Die deutsche Öffentlichkeit müsse sich bewusst bleiben, dass die Sowjetzone nicht der deutsche Osten sei. Spreche man vom deutschen Osten, könne man nur an die Gebiete jenseits der Oder und Neiße denken. Die Sowjetzone sei Mitteldeutschland. Für die Dienststellen des Bundes liege ein Erlaß des Bundesministeriums vor, im Amtsgebrauch nur von der Sowjetischen Besatzungszone oder der Sowjetisch Besetzten Zone zu sprechen." (FAZ, 12.3.1954)[583]

Erst im Februar 1961[584] erschienen Kartenrichtlinien, die vorschrieben, dass

„die Teile der 1945 von der Sowjetunion besetzten Zone Deutschlands zwischen der SBZ-Demarkationslinie und der Oder-Neiße-Linie unter politischem Bezug n u r als ‚Sowjetische Besatzungszone Deutschlands', abgekürzt ‚SBZ', in Kurzform als ‚Sowjetzone'; im allgemeinen Sprachgebrauch auch als ‚Mitteldeutschland'"[585]

zu bezeichnen seien. Ähnlich lautete auch die Empfehlung der im Mai 1961 herausgegebenen Bezeichnungsrichtlinien:

„Ziel: Erreichung der Verwendung völkerrechtlich und staatsrechtlich korrekter Bezeichnungen. I. Entsprechend obersten Richtlinien der Bundespolitik sind die

---

[583] Zitiert nach Schlottke (1970), S. 52, siehe auch Korlén (1965), S. 44.

[584] Bereits ab 1952 wurden verschiedene Bezeichnungs- und Kartenrichtlinien herausgegeben, die jedoch keine Hinweise für die Verwendung der Vokabel *Mitteldeutschland* enthielten. Vgl. Marzahn (1979), S. 41ff.

[585] Zitiert nach Schlottke (1970), S. 53, vgl. auch Marzahn (1979), S. 46.

> Teile der 1945 von der Sowjetunion besetzten Zone Deutschlands zwischen der SBZ-Demarkationslinie und der Oder-Neiße-Linie (ohne den ‚Sowjetsektor von Berlin') unter politischem Bezug nur als ‚Sowjetische Besatzungszone Deutschlands', abgekürzt ‚SBZ', in Kurzform als ‚Sowjetzone' zu bezeichnen; im allgemeinen Sprachgebrauch kann die Bezeichnung ‚Mitteldeutschland' verwendet werden. Als Adjektiv sind die Bezeichnungen ‚sowjetzonal' bzw. ggf. ‚mitteldeutsch' zu verwenden."[586]

1965 wurden diese Richtlinien in vereinfachter Fassung noch einmal herausgegeben; die FAZ veröffentlichte sie in wesentlichen Teilen am 21. Oktober 1965 und erneut am 16. Juni 1966 anlässlich ihres Abdrucks im Ministerialblatt des Bundesministers der Verteidigung, Jahrgang 1966.
Es zeigt sich, dass *Mitteldeutschland* lediglich im allgemeinen Sprachgebrauch als Bezeichnungsvariante vorgesehen war. Insgesamt war *Mitteldeutschland* als eine Art Nebenform gebräuchlich, es konnte sich gegenüber den anderen Bezeichnungsmöglichkeiten allerdings nicht durchsetzen. Da sich die Bezeichnung dazu eignete, den anderen deutschen Staat sprachlich nicht anzuerkennen und ihr Gebrauch sich außerdem auf die Rechtsposition, die durch das Potsdamer Abkommen getragen wurde, stützen konnte, blieb sie zunächst erhalten.[587]
Mit dem sozialliberalen Regierungswechsel 1969 und der daraus resultierenden Anerkennung der DDR und der Oder-Neiße-Linie als Grenze, verschwand *Mitteldeutsch-*

---

[586] Zitiert nach Schlottke (1970), S. 55.

[587] Dies zeigen auch die Einträge in Lexika und Wörterbüchern: Duden (1978), Das große Wörterbuch der deutschen Sprache in sechs Bänden, Mannheim/Wien/Zürich S. 1800; Brockhaus Wahrig (1982), Deutsches Wörterbuch in sechs Bänden, Wiesbaden, S. 699; dtv-Brockhaus-Lexikon (1989), in 20 Bänden, München S. 135; Duden-Universalwörterbuch (1989), Deutsches Universalwörterbuch, Mannheim/Wien/Zürich, 2.Auflage, S. 1025.

land – ähnlich wie die Bezeichnungsvariante „*DDR*“[588] – allmählich als unzeitgemäße Vokabel. Im Sprachgebrauch der Vertriebenenverbände fand der Ausdruck allerdings weiterhin, auch nach der →*Wiedervereinigung*, Verwendung, da er sich dazu eignete, ihre Interessen auszudrükken:

> „Wie erklärt die Bundesregierung, daß sie in der Beantwortung meiner Frage vom 12. Juni 1980 ziemlich genaue Angaben zum Umfang des von Breschnew propagierten Truppenrückzugs [...] aus Mitteldeutschland machen kann [...].“[589]

> „Warum bringt man es nicht fertig, sprachrichtig von einer Vereinigung des Westens mit der Mitte Deutschlands zu sprechen? Und hinzuzufügen: Ostdeutschland, der Osten Deutschlands ist verloren, er gehört heute – nach den Verträgen – zu Polen? [...] Wenn der Thüringer zum Ostdeutschen gemacht wird, was ist dann der Schlesier?“ (UNSER OBERSCHLESIEN, 24.9.1993)[590]

Dieser Sprachgebrauch führte dazu, dass mit der Verwendung von *Mitteldeutschland* ab 1969 zunehmend Revanchismus in Hinblick auf die Gebiete jenseits von Oder und Neiße assoziiert wurde. Dies zeigt auch ein Beleg aus der TAZ, der sich nach der *Wiedervereinigung* mit dem erneuten Bezeichnungsproblem für das Gebiet der ehemaligen DDR auseinandersetzt:

---

[588] Um sich von der Selbstbezeichnung des anderen deutschen Staates zu distanzieren, wurde *DDR* in Anführungsstriche gesetzt. Vgl. Hahn (1995), S. 294ff.

[589] Plenarprotokoll der 230. Sitzung des Deutschen Bundestages, 4.7.1980, S. 18746, zitierte Frage des CDU/CSU-Abgeordneten Graf Stauffenberg.

[590] Zitiert nach Hahn (1995), S. 294.

„Wie nennen wir Deutsche im ehemals exklusiven ‚freien Teil' unseres wirtschafts- und währungsunionierten Landes jetzt das Stück Erde zwischen Harz und Neiße, zwischen Rügen und der Grenze der Tschechoslowakei? Ostdeutschland? Das klingt irgendwie antiquiert nach kaltem Krieg und ‚Care'-Paketen. ‚Mitteldeutschland'? Das ist die Diktion der Revanchisten und Berufsschlesier um Hupka und Konsorten, eine Provokation unserer polnischen Nachbarn - und deshalb eine Wortschöpfung, die aus dem deutschen Sprachschatz verbannt werden muß." (TAZ, 4.7.1990, S. 10)

Längstens bis zum 14. November 1990 konnten sich Gruppierungen, die *Mitteldeutschland* als Bezeichnung für dieses Gebiet verwendeten, im Zweifelsfall auf die Regelungen des Potsdamer Abkommens beziehen. Mit der Unterzeichnung des Grenzvertrages zwischen der Bundesrepublik Deutschland und der Republik Polen, bestätigte der (neue) gesamtdeutsche Souverän die bestehende Grenze. Dennoch verwenden insbesondere rechtsradikale Gruppierungen weiterhin die Bezeichnung *Mitteldeutschland* für das Gebiet der ehemaligen DDR:

„Zu einer ‚Großkundgebung' am 9. November haben ost- und westdeutsche Rechtsextremisten alle ‚reichstreuen Kräfte und Personen' nach Halle aufgerufen. Als Anmelder der Kundgebung zum ‚Gedenken an den Tag des Mauerfalls und die friedliche Revolution in Mitteldeutschland' fungiert der thüringische NPD-Landesvorsitzende Thomas Dienel aus Weimar." (TAZ, 6.11.1991, S. 5)[591]

---

[591] Ähnlich im Sommer 1990: „Längst leisten FAP, Wikingjugend und andere rechte Gruppierungen den neuen Kameraden in ‚Mitteldeutschland' Entwicklungshilfe. Die Wiedervereinigung reicht manchen Gruppen nicht. Man hofft auf ein Großdeutschland in den Grenzen von 1937." (TAZ, 9.8.1990, S. 20)

> „,Wir müssen Freiräume schaffen, in denen wir faktisch die Macht ausüben, in denen wir sanktionsfähig sind, das heißt, wir bestrafen Abweichler und Feinde.' Diese Zonen sollen in Ostdeutschland entstehen (in der Terminologie des Papiers heißt das Mitteldeutschland) und ‚sowohl Aufmarsch- als auch Rückzugsgebiete für die Nationalisten Deutschlands' sein." (DIE ZEIT, 1.7.1999, Zitat aus einem NPD-Strategiepapier von 1991)

Diese Belege zeigen, dass sich aus dem in der Bundesrepublik überwiegend zwischen 1949 und 1969 verwendeten politischen Terminus *Mitteldeutschland* ein Propagandainstrument rechtsradikaler Gruppierungen entwickelt hat, die – unabhängig von den Motiven der Vertriebenen-Verbände – Ansprüche auf ein Deutschland in den Grenzen von 1937 anmelden.

LP

41 Neue Armut

[Kein Eintrag im Duden.]

„**Ar|mut**, die; [mhd. armuot(e), ahd. armuoti, aus ↑arm u. dem Suffix -ōti; schon ahd. fälschlich als Mut angelehnt]: **1.a)** *das Armsein, Mittellosigkeit, Bedürftigkeit*: es herrscht drückende A.; »Armut«, heißt es wohl, »ist keine Schande« (Th. Mann, Krull 148); dass sie ein Leben in A. führen müssen (Gruhl, Planet 178); in A. leben, geraten, sterben; **b)** *Dürftigkeit, Kümmerlichkeit, Kargheit*: innere A.; diese Schrift verrät A. des Ausdrucks; die A. des Geistes *(das Freisein, Leersein, von Äußerlichkeiten)* und ... die tätige Erfahrung in der Einfalt des Herzens (Nigg, Wiederkehr 172); die A. *(der Mangel)* eines Landes an Bodenschätzen. [...]". Duden (1999), S. 294.

Neue Armut ist eine im politischen Schlag(wort)abtausch von verschiedenen politischen Parteien und anderen gesellschaftlichen Gruppierungen instrumentalisierte und unterschiedlich gebrauchte sozialpolitische Interpretations- und Vorwurfsvokabel. Besonders umstritten ist, was als *Armut* bezeichnet, d.h. als solche interpretiert werden darf und was als solche gelten soll. Eine bis heute andauernde öffentliche Kontroverse um die Vokabel *Armut* begann in den 80er Jahren. Die unterschiedlichen Definitionsversuche verdeutlichen, dass im öffentlichen Sprachgebrauch ein grundsätzlich schwieriges und vor allem relatives Verständnis von *Armut* vorherrscht: Die Weltbank hat zum Beispiel als *Armutsgrenze*[592] einen Dollar pro Person und Tag festgesetzt (vgl. RP, 13.12.1997, S. 2). Die Krefelder Initiative *Runder Tisch Armut* betont, dass „jeder Vergleich

[592] Rund ein Drittel der Bevölkerung (ca. 1,3 Milliarden Menschen) lebt von einem Einkommen, das unter einem Dollar pro Tag liegt. Vgl. RP, 13.12.1997.

mit der →*Dritten Welt* [Hervorhebung A.J.-M.] hinkt", und dass „man nicht die Zustände dort mit unseren Lebensverhältnissen" (RP, 6.3.1999) vergleichen könne. Eine noch aktuelle Richtlinie der EU von 1981 besagt, dass „derjenige als arm gilt, der weniger als 50 Prozent des durchschnittlichen verfügbaren Einkommens eines Landes[593] hat" (RP, 13.12.1997, S. 2). Die RP vom 17. Juli 1998 nennt diese Armutsformulierung kurz „absurd". Ein weiterer Definitionsversuch, der aus der Nationalen *Armutskonferenz* 1993 hervorging, wird als „vage" (ebd.) kritisiert:

> „Wir begreifen Armut als eine in verschiedener Hinsicht belastete und belastende Lebenssituation derer, die nicht zu dem relativ gut und im internationalen Vergleich sogar sehr gut abgesicherten Kernbereich der Gesellschaft gehören." (RP, 13.12.1997, S. 2)

Die katholische Hilfsorganisation Misereor versteht *Armut* nicht nur als ein „statistisch meßbares, in Geld ausdrückbares Phänomen", sondern als ein „Zeichen für fehlende Gesundheit und Bildung, [...], für das Fehlen von Würde und Selbstachtung" (RP, 13.12.1997). Ähnlich sieht es der Vorsitzende der *Arbeitsgruppe Armut* der Bundestagsfraktion der SPD (Konrad Gilges), dass „arm diejenigen Menschen seien, die am gesellschaftlichen kulturellen Leben nicht vollwertig teilnehmen könnten" (vgl. ebd.).
Im Zusammenhang mit der Frage, was *Armut* bedeutet, wird in den Diskussionen häufig auch die Frage formuliert, wann man überhaupt von *Armut* sprechen könne. Prof. Dr. Volker Krumm vom Institut für Erziehungswissenschaften der Universität Salzburg kritisierte in einem Brief an die SZ (18.8.1998, S. 8) die konventionalisierte Definition von *Armut* (EU-Richtlinie): Seiner Ansicht nach habe das Feh-

---

593 1996 betrug das Jahresdurchschnittseinkommen in Deutschland 28200 DM. Vgl. RP, 13.12.1997.

len einer „absoluten Armut“ Politiker dazu veranlasst, „Armut neu zu definieren und damit die *neue Armut* [Hervorhebung A.J-M.] zu erfinden“. Die Definition, nach der „als arm gilt, wer mit weniger als der Hälfte des Durchschnittseinkommens jener Gesellschaft lebt, der er oder sie angehört“, sei „unbrauchbar“ und „im Blick auf das Alltagsverständnis von arm zumindest irreführend“ (vgl. ebd.). Kritische Stimmen, die gegen jegliche Art von Armutsdefinition laut werden, sprechen sich generell gegen Um- oder Beschreibungen von *Armut* aus. Sie reichten nicht soweit, das tatsächliche, persönliche Ausmaß von *Armut* zu erfassen (vgl. MANNHEIMER MORGEN, 13.4.1985).

Der erweiterte Ausdruck *Neue Armut* – teilweise auch *neue Armut* – geht auf die so betitelte Studie zurück, die im Auftrag der gewerkschaftlichen Hans-Böckler-Stiftung im November 1983 angefertigt wurde. Das Schlagwort *Neue Armut* ist die „Armut der Arbeitslosen“. Diese „neue Gruppe sei durch die jahrelange Massenarbeitslosigkeit und den Abbau der Arbeitslosenunterstützung entstanden“ (DIE ZEIT, 24.5.1985). Weitere unter das Etikett *Neue Armut* fallende Personen sind neben den Langzeitarbeitslosen arbeitslose Akademiker, erwerbslose Facharbeiter sowie Angestellte und Jugendliche, die nach der Lehre keinen Arbeitsplatz fanden. Vorrangig handelte es sich hier um Gruppen, die bis dahin nie Erfahrung mit finanzieller und sozialer Not gemacht hatten. Auf die Erweiterung des von der Armut betroffenen Personenkreises ist auch das Attribut *neu* zurückzuführen.[594] Besonders betroffen durch die *Neue Armut* waren die Menschen, die trotz Erwerbslosigkeit keinerlei Unterstützung vom Arbeitsamt bezogen: DER SPIEGEL bezeichnete diese *Randgruppe* als „ausgegrenzt“ (DER SPIEGEL, 24.12.1984, S. 65), weil ihre sozialen Kontakte verloren gingen. Häufig genannte Ursachen bei Sozialarbeitern für verstärkten Eintritt von Alleinerziehenden

---

[594] Vgl. Wengeler (1995), S. 85.

und Familien mit Kindern in die *Neue Armut* waren steigende oder zu hohe Mieten und Verschuldung (MANNHEIMER MORGEN, 9.7.1987, S. 12).
Der Ausdruck *Neue Armut* wurde sowohl von der SPD als auch von der CDU als Stigmawort eingesetzt:

> „Wer immer an dieser Entwicklung schuld hat, seien es das geringe Wirtschaftswachstum und die Erblasten der sozial-liberalen Koalition, wie die Bundesregierung behauptet, sei es das Ergebnis der angebotsorientierten Wirtschaftspolitik, wie es die Sozialdemokraten meinen, oder sei es eine Folge unserer gesellschaftlichen Verhältnisse, wie die Grünen glauben: daß es eine ‚neue Armut' gibt, das streitet inzwischen niemand mehr ab."
> (DIE ZEIT, 24.5.1985)

Neue Armut entwickelte sich in Reihen der SPD und des DGB ab Mitte der 80er Jahre zur Vorwurfsvokabel, um die verfehlte Sozialpolitik der Bundesregierung – der Koalition aus CDU/CSU und FDP – zu bezeichnen. Manfred Schaub, hessischer Landesgeschäftsführer der Arbeitsgemeinschaft Soziale Brennpunkte sprach von einer neuen, „völlig anderen Qualität von Armut", die in vielen Fällen „von den Betroffenen vertuscht" werde und „sich hinter verschlossenen Türen" (DER SPIEGEL, 24.12.1984, S. 57) abspiele. Der NRW-Ministerpräsident Rau (SPD) sprach von den *Neuen Armen* als „eine vergessene Million der Hoffnungslosen" (ebd.). Die stellvertretende Fraktionsvorsitzende Anke Fuchs (SPD) und der sozialpolitische Experte der SPD, Egon Lutz, äußerten auf einer Pressekonferenz in Bonn, Langzeitarbeitslosigkeit bedeute „neue Armut und psychische Verelendung großer Bevölkerungsgruppen" (MANNHEIMER MORGEN, 30.3.1985, S. 4). Der DGB-Vorsitzende Ernst Breit urteilte, dass durch ein „groß angelegtes Umverteilungsmanöver von unten nach oben neue Armut" (MANNHEIMER MORGEN, 16.10.1985, S. 4) geschaffen wurde.

Distanzierend äußerte sich Arbeitsminister Norbert Blüm (CDU) zur Entstehung einer *Neuen Armut* im Zusammenhang mit der Arbeitslosigkeit. Er wies entsprechende Vorwürfe der SPD-Opposition als „einseitig, haltlos und tendenziös" (MANNHEIMER MORGEN, 28.1.1985, S. 2) zurück und sprach dem Ausdruck *Neue Armut* – für den er auch die taktische Transformation *Verelendung* verwendet – seine Gültigkeit ab: „Ich bin dagegen, die Arbeitslosigkeit in der Bundesrepublik pauschal als Verelendung zu bezeichnen" (ebd.). Ebenso ablehnend stand auch der Kölner Caritas-Direktor, Dr. Ulrich Brisch, der Vokabel *Neue Armut* gegenüber. Er sah „verstärkte Armutserscheinungen" und ein „Ende der Überflußzeiten", jedoch keine „neue Armut" (MANNHEIMER MORGEN, 13.4.1985, S. 16).
Die Veröffentlichung einer SPD-Broschüre mit dem Untertitel *Neue Armut* bildete den Höhepunkt der politischen Kampagne gegen die Sozialpolitik der Bundesregierung. Darin stellte die SPD einen „wachsenden Gegensatz zwischen Armut und Reichtum" sowie „soziale Ungerechtigkeit" als „Folge konservativen Leistungswahns und konservativer Politik"[595] der Regierungsparteien fest. Diese reagierten auf die dargestellten Vorwürfe mit Leugnen des Problems und einer sprachkritischen Zurückweisung der Angemessenheit der Bezeichnung.[596] Bundeskanzler Kohl (CDU) bezeichnete die *Neue Armut* als „von Vertretern des sozialistischen Jet-Set herbeigeredet."[597] Heiner Geißler (CDU) nannte die „These von der Neuen Armut [...] den größten aufgelegten sozialdemokratischen Schwindel der Nachkriegszeit" (DIE ZEIT, 23.1.1987) und wies den im SPD-Sprachgebrauch implizierten Vorwurf mit der Bemerkung zurück, dass die Sozialhilfe als weltweit anerkanntes „wirksames Instrument der Armutsbekämpfung" (BAYERNKURIER, 9.8.1984) eingesetzt werde. Mit dem

[595] Fuchs (1988), S. 4.
[596] Vgl. Wengeler (1995), S. 85.
[597] Zitiert nach Wengeler (1995), S. 86.

Hinweis auf die Not in der →*Dritten Welt* als „echte" *Armut* wurde versucht, das Schlagwort *Neue Armut* als „politische Kampfformel ohne Inhalt"[598] darzustellen:

> „Die Sozialdemokraten und der DGB ziehen mit dem Schlagwort von der Neuen Armut umher. [...] Auch von Elend ist dabei die Rede. Doch bedarf es nur eines Blicks in die Hungergebiete Afrikas, in die Slums indischer Städte oder in Flüchtlingslager in Asien, um zu begreifen, was Elend wirklich bedeutet. Wie vermessen ist es da, dieses Wort auf die Verhältnisse in der Bundesrepublik Deutschland zu übertragen." (DIE WELT, 17.4.1985)

Caritas-Direktor Hermann Horst sah auch keine „neue Armut", vielmehr einen „sozialen Krisenherd" (MANNHEIMER MORGEN, 16.10.1987, S. 26), der durch Trennung von Ehepaaren und Familien und nicht ausreichend versorgten Kindern hervorgerufen werde.
Ein erstes Anzeichen dafür, dass auch aus Reihen der CDU die Vokabel *Neue Armut* in den politischen Wortschatz aufgenommen wurde, ließ eine Aussage des Finanzministers Stoltenberg (CDU) vermuten. Er bezweifelte eine *Neue Armut*, räumte aber gleichzeitig ein, dass, falls sie tatsächlich existieren sollte, sie eine „Folge der sozialdemokratischen Inflationspolitik" (MANNHEIMER MORGEN, 22.1.1987, S. 21) sei.
Mit der →*Wiedervereinigung* 1990, dem Abbau von Arbeitsplätzen, einem früheren Ausscheiden aus dem Erwerbsleben und flexiblen Beschäftigungsverhältnissen unterhalb der Sozialversicherungsgrenze rückt die Diskussion um *Neue Armut* noch stärker in den Vordergrund. *Armut* bekommt eine ‚neue Qualität'. Zahlen des Sozialamtes belegen, dass neben Jugendlichen nun auch viele Kinder in die *Neue Armut* eintreten – verstärkt in Ostdeutschland

[598] Wengeler (1995), S. 86.

(vgl. TAZ, 31.1.1994, S. 22). Neben *Jugendarmut* und *Kinderarmut* geraten in wachsendem Umfang auch viele Nicht-Deutsche in die *Neue Armut*, bedingt durch Zuwanderung, Asyl und Familienzusammenführung von Gastarbeitern (vgl. TAZ, 3.9.1997, S. 11). Schätzungen lassen vermuten, dass ein großer Teil der Sozialhilfeberechtigten die Hilfe des Sozialamtes aus Unwissenheit oder Scham nicht in Anspruch nimmt (TAZ, 13.3.1992, S. 2). Hier spricht man auch von „verdeckter Armut" (TAZ, 22.4.1998, S. 5). Neben der Struktur hat sich auch die Dauer der *Neuen Armut* verändert. Waren es zu Beginn noch in hohem Maße Langzeitarbeitslose, so zeigte eine Bremer Studie, dass nur noch ein kleiner Teil dieses Personenkreises über einen längeren Zeitraum Sozialhilfe bezieht (TAZ, 22.10.1994, S. 3). Der Soziologe Hans-Jürgen Andreß folgerte: „Die Bewegungen in die Sozialhilfe und aus ihr heraus haben sich beschleunigt." (ebd.)
Im Kontext *Neue Armut* wurde auch häufig der Ausdruck *Zweidrittelgesellschaft* verwendet, der implizierte, dass „Zwei Drittel der Gesellschaft" das „untere Drittel zunehmend" (ebd.) ausgrenzten. In diesem Zusammenhang warf NRW-Vorsitzender Blüm (CDU) 1989 seinem Parteivorgänger Biedenkopf „parteischädigendes Verhalten" (RP, 17.4.1989) vor:

> „Indem Du diesen Begriff [*Zweidrittelgesellschaft*] sozialdemokratischer Agitation gegen uns gebrauchst, unterstützt Du sozialdemokratische Propaganda, die behauptet, wir hätten den Sozialstaat zertrümmert und würden eine Politik für das [sic!] obere zwei Drittel machen."

In den 90er Jahren wird der Ausdruck *Zweidrittelgesellschaft* als unpassend kritisiert: „Viele Menschen erleben ihre Biographie eher als Achterbahn, das Leben als Auf und Ab durch verschiedene Einkommenslagen" (TAZ, 22.10.1994, S. 3). „Wer spricht heute noch über die ‚Zweidrittelgesellschaft'?" (DIE ZEIT, 4.1.2001) lautet eine Frage in einem ZEIT-Essay. Vielmehr könne man treffender von „einer neuen gesellschaftlichen Kluft zwischen Ost und West" (ebd.) seit 1990 sprechen.

War zu Beginn der Diskussion der Ausdruck *Neue Armut* vorrangig von Seiten der SPD und des DGB gebraucht worden, um die Sozialpolitik der Bundesregierung zu kritisieren, wirft nach dem Regierungswechsel 1998 nun die CDU-Opposition ihrerseits der Bundesregierung in Bezug auf ihre Sozialpolitik das Entstehen von *Neuer Armut* vor (FAZ, 4.9.1999, S. 1).

AJM

42 Neue Mitte

[Kein Eintrag im Duden.]

> „**Mit|te**, die; -, -n <Pl. selten> [mhd. mitte, ahd. mitta, zu: mitti, ↑mitten]: [...]. **2**. (Politik) *Partei, Gruppierung zwischen rechts und links*: eine Koalition der M. aus Sozialdemokraten, Bürgerlichen und Liberalen; Zumeist waren es in jedem Jahr zwei Männer der M. ..., die gegeneinander kandidieren (Kemelman [Übers.], Mittwoch 8); er hat immer zur M. tendiert. [...].“ Duden (1999), S. 2611.

Die nach dem Zweiten Weltkrieg neu bzw. wieder gegründeten Parteien stimmten darin überein, dass es notwendig wäre, einen demokratischen Neuanfang zu machen, um sich von der nationalsozialistischen Diktatur zu distanzieren. Zugleich versuchten sie, breitere Schichten der Bevölkerung anzusprechen, und propagierten unter Stichwörtern wie „Sammlung“, „Einheit“, „Union“ und „Zusammenfassung“ einen breiten gesellschaftlichen Konsens, sie orientierten sich hin zur „politischen Mitte“. [599]

In Abgrenzung zur rein katholischen Zentrumspartei der Weimarer Republik versuchte die CDU, „die christlichen, demokratischen und sozialen Kräfte“[600] an sich zu binden und sich als christliche, interkonfessionelle und klassenübergreifende Partei zu etablieren.[601] Mit der Aufnahme kleiner bürgerlicher Nachkriegsparteien integrierte die „Union“ verschiedene politische Strömungen und deren Wählerschichten, sie wurde der „Prototyp einer Volkspartei“[602].

---

[599] Vgl. Thränhardt (1996), S. 30f.

[600] So heißt es im Gründungsaufruf der Berliner CDU am 26.6.1946. Zitiert nach: Kleßmann, (1988), S. 421.

[601] Vgl. Schmid (1997), S. 104.

[602] Schmid (1997), S. 104.

Der SPD gelang es erst 1959 mit der Verabschiedung des Godesberger Programms „mit seinem weltanschaulichem Pluralismus [...], sich der rapide modernisierenden bundesrepublikanischen Gesellschaft“[603] zu öffnen.
Mit dem Godesberger Programm gab die SPD einen Teil ihrer sozialistischen Programmatik auf und rückte von der politischen *Linken*[604] in Richtung der politischen *Mitte*. Aus der Interessenpartei SPD entwickelte sich eine von verschiedenen Schichten gewählte pragmatische Volkspartei.[605]
Im Oktober 1972 verwendete Bundeskanzler Willy Brandt den Ausdruck *neue Mitte* erstmals auf einem Wahlparteitag der SPD:

> „Dort, wo Einsicht in die Notwendigkeit von Bewahrung und Veränderung – genau: vom Bewahren durch Veränderung – verstanden worden ist, dort ist die neue politische Mitte. Im Bündnis miteinander haben die Sozialdemokraten und die modernen Liberalen begonnen, die neue politische Mitte unseres Volkes zu schaffen.“[606]

---

603 Lösche (1997), S. 512.

604 „Im Anschluß an *frz.* gauche bezeichnet das Substantiv **Linke,** ‚linke Hand‘, seit dem 19. Jh. auch die links vom Präsidenten sitzenden Parteien der Volksvertretung, da in der französischen Restaurationszeit die Gegner der Regierung ihre Plätze links vom Präsidenten einnahmen. Darauf beruht auch die Verwendung von ‚links‘ im Sinne von ‚zur Linken, zu einer sozialistischen oder kommunistischen Gruppierung gehörend.‘“ Duden-Herkunftswörterbuch (1989), Das Herkunftswörterbuch, Etymologie der deutschen Sprache. Mannheim/Wien/Zürich, 2. Auflage, S. 421f. Die Politikwissenschaft lehnt das „Links-Rechts-Schema“ als zu simplifizierend ab. Vgl. Rohe (1992), S. 165f., der auch darauf hinweist, „daß die FDP im ersten Bundestag zur Rechten des Präsidenten ihren Sitz nahm und dort bis heute geblieben ist, auch wenn grundsätzlich gilt, daß die FDP in der Bundesrepublik koalitionspolitisch – nicht ideologisch – jenen Platz in der Mitte eingenommen hat, den historisch einmal das katholische Zentrum innegehabt hatte.“

605 Vgl. Thränhardt (1996), S. 118.

606 Brandt (1974), S. 59.

In seiner Regierungserklärung im Januar 1973 betonte Brandt die integrierende Funktion des Schlagwortes *neue Mitte*. Einerseits sollte unter *neuer Mitte* die sozial-liberale Regierungspolitik verstanden werden:

> „Neue Mitte – der Begriff wurde in der Tat nicht überall richtig verstanden. Deshalb bedurfte es des Hinweises, daß es sich um den Inhalt der Regierungspolitik handele, nicht [...] um die Orientierung meiner Partei [...]. Ich legte dar, daß das Regierungsbündnis von Sozialdemokraten und Freien Demokraten eine neue Mitte in dieser Bundesrepublik geschaffen hatte." (BULLETIN Nr. 6, 1973, S. 55)

Anderseits sollte mit der Integrationsvokabel *neue Mitte* ein Konzept geschaffen werden, das es ermöglichte, „möglichst viele von diesen Kräften [gemeint ist die so genannte *Studentenbewegung*] in die parlamentarische Demokratie zu integrieren." (ebd. S. 55):

> „In diesem Prozeß, der in die Tiefen unserer sozialen Existenz reicht, sammelt sich neben anderem die produktive Unruhe aus den Reihen der Jungen und die Einsicht der Älteren. Ihr politischer Wille strömt in das, was sich uns darstellt als die neue Mitte, die soziale und liberale Mitte." (ebd. S. 55)

Die CDU/CSU-Opposition versuchte im Anschluss an Brandts Regierungserklärung den Fahnenwortcharakter der Vokabel *Mitte* durch realistische Diktion und konträre Attribuierung für sich zu reklamieren:

> „Er [Franz-Josef Strauß, CSU] rief sich aus zum Über-Mittler: 15mal in 19 Zeilen seines Redemanuskriptes verbrauchte er die Mode-Vokabel, um dem Kanzler den Platz in der Mitte streitig zu machen. Textprobe: Die neue Mitte, die Sie darstellen wollen, gibt es gar nicht.

Entweder ist es die alte Mitte, dann ist es auch die neue Mitte – oder es ist keine Mitte.“ (DER SPIEGEL, 29.1.1973, S. 19)

Die Presse kritisierte die Vokabel *neue Mitte* als unverbindliche Modevokabel: „Da kann sich jeder was reindenken.“ (Ebd. S. 19)
Mitte der neunziger Jahre wurde der Ausdruck *neue Mitte* abermals Gegenstand der öffentlichen Auseinandersetzung. Im Bundestagswahlkampf 1994 – die CDU befürchtete eine SPD-PDS-Zusammenarbeit – definierte sich die Regierungskoalition aus CDU/CSU und FDP als *Koalition der Mitte* (RP, 8.9.1994) und warb mit dem Slogan „Politische Mitte oder Linksbündnis“ (RP, 7.9.1996).
Dem versuchte die SPD im Bundestagswahlkampf 1998 in Anlehnung an Tony Blairs *New Labour* oder Bill Clintons *New Democrats* eine *neue Mitte* entgegenzusetzen. Der Kanzlerkandidat der SPD, Gerhard Schröder, wollte „wie einst Willy Brandt [...] die SPD als die Kraft der ‚Neuen Mitte‘ etablieren.“ (DIE ZEIT, 5.3.1998)
Unter einer „Politik der Neuen Mitte“ verstand Schröder

„eine Politik, die die Eigenverantwortlichkeit der Menschen fördert und sie stärkt. [...] Sie steht für Solidarität und Innovation, für Unternehmungslust und Bürgersinn, für ökologische Verantwortung und eine politische Führung, die sich als modernes Chancenmanagement begreift.“ (Regierungserklärung des Bundeskanzlers Gerhard Schröder vom 10.11.1998)

Umstritten war im Wahlkampf 1998 – wie schon 1973 – die Frage, ob die Strategie der SPD darin bestünde, die Vokabel *neue Mitte* zu okkupieren und ihre positive Konnotation für sich in Anspruch zu nehmen oder ob ihre Verwendung für eine programmatische Neudefinition stünde. Aus der Sicht der Unionsparteien ging es vor allem um Wortokkupation. Kanzleramtschef Bohl (CDU) bezeichnete die im Entwurf des SPD-Regierungsprogramms formulierten Ziele als „alte sozialistische Ladenhüter, die von der SPD nach bewährter PR-Manier aufpoliert würden.“ (RP, 5.3.1998)

In der öffentlichen Auseinandersetzung um das Schlagwort *neue Mitte* wurde zum einen kritisiert, dass es zu unkonturiert sei, „eine politische Leerformel“, „ein Sammeltaxi zum Nulltarif“ (TAZ, 23.4.1998, S. 12), zum anderen, dass es wie „eine inhaltsleere, fast perfekte Satire der Suada des britischen Premierministers“ (DIE ZEIT, 29.10.1998) wirke. Insbesondere an der Verwendung des Wortes *neu* entzündete sich die Kritik: „Das funkelnde Wörtchen ‚neu‘ soll auf dem Weg ins Kanzleramt wie ein Talisman wirken.“ (DIE ZEIT, 23.4.1998) Von konservativer Seite wurde die Argumentation von Strauß wieder aufgegriffen – „Die neue Mitte ist die alte Linke“ (RP, 19.5.1998) –, um die Skepsis am Innovationsgehalt des Wortes wie an der Politik zu unterstreichen. Die Bezeichnung „Rot-Kohl aus Hannover“ (RP, 20.4.1998) für Schröder verdeutlichte die Auffassung, dass die SPD versuche, „alte“ Politik unter „neuem“ Namen zu verkaufen.

Der Versuch, die Programmvokabel *neue Mitte* von 1973 zu übernehmen, wurde als gescheitert betrachtet, da sich die politischen und gesellschaftlichen Verhältnisse in der Zwischenzeit verändert hätten: „Willy Brandt [...] hatte zwar auch die ‚neue Mitte‘ (1973) besetzt, aber er meinte eine andere Mitte.“ (DIE ZEIT, 17.9.1998) Hintergrund der Kritik war die soziale Erosion, die sich in den vergangenen fünfundzwanzig Jahren vollzogen habe und die eine eindeutige Festlegung der *Mitte* erschwere:

> „Es gibt kaum noch homogene Gruppen. [...] Die soziale Mitte der Gesellschaft ist politisch und kulturell nicht festgelegt; sie ist fragmentiert, oft chaotisch, fast immer unberechenbar.“ (TAZ, 23.4.1998, S. 12)

Daraus resultierte die Forderung, dass „die Mitte als politischer Begriff neu definiert werden muß“ (TAZ, 24.9.1998, S. 12).

Die Vokabel *Mitte* war in der Vergangenheit als Fahnenwort für alle politischen Lager attraktiv. Im Sinne von „Zielgruppe“ steht *Mitte* für die Mehrheit, den „Ort des Sieges“ (ebd. S. 12), als politische Standortbestimmung ist *Mitte* eine begehrte Programmvokabel für alle Parteien geworden: „Auch die PDS will Neue Mitte sein“ (DIE ZEIT, 23.4.1998). Aber gerade weil die *Mitte* „kein vorfindlicher, kein einzunehmender Ort ist“, weil sie „konstruiert und zusammengesetzt ist aus politischen und sozialen Ligaturen“, kann sie „immer wieder neu geschaffen werden. Darin liegt ihr diskreter Charme.“ (TAZ, 24.9.1998, S. 12)

TE

43 Oder-Neiße-Linie / Oder-Neiße-Grenze

„**Oder-Nei|ße-Gren|ze, Oder-Nei|ße-Li|nie**, die; -: in der Hauptsache durch die Flüsse Oder u. Neiße gebildete Staatsgrenze zwischen der Bundesrepublik Deutschland und Polen." Duden (1999), S. 2783.

„**Frie|dens|gren|ze**, die (DDR): *als Garantie für den Frieden geltende Grenze* (bes. die Oder-Neiße-Linie)". Duden (1999), S. 1320.

Die Diskussion um die polnische Westgrenze markiert einen zentralen Punkt der *deutschen Frage*. Die Problematik dieser Grenze spiegelt sich insbesondere in den Formulierungen *Oder-Neiße-Linie* bzw. *Oder-Neiße-Grenze*. Anhand der hier genannten Abkommen und Verträge lässt sich die Auseinandersetzung in vier zeitliche Abschnitte unterteilen: das Potsdamer Abkommen vom 2. August 1945, das Görlitzer Abkommen vom 6. Juli 1950, den Warschauer Vertrag vom 7. Dezember 1970 und den Grenzvertrag zwischen der Bundesrepublik Deutschland und der Republik Polen vom 14. November 1990.

Nachdem am 9. Mai 1945 die Gesamtkapitulation der deutschen Wehrmacht[607] in Kraft getreten war, ging die Regierungsgewalt in Deutschland auf die Siegermächte über. Ab 1941 waren, von Stalin initiiert, Überlegungen angestellt worden, Deutschland im Falle einer bedingungslosen Kapitulation nicht als Ganzes bestehen zu lassen.

Konkrete Pläne sollte im Anschluss an die Moskauer Außenministerkonferenz vom Oktober 1943 die European

---

[607] Vgl. Falkenberg (1989), S. 5: Am 7. Mai um 2.41 Uhr nachts hatte Generaloberst Jodl in Reims die „bedingungslose Kapitulation" unterzeichnet; die von den Sowjets geforderte „Wiederholung der Kapitulation" wurde von Generalfeldmarschall Keitel vor dem Obersten Kommando der Sowjettruppen erst am 9. Mai um 0.16 Uhr früh unterzeichnet.

Advisory Commission (EAC) erarbeiten, die sich aus Vertretern der drei Mächte zusammensetzte und im Januar 1944 in London zusammentrat. Diese Pläne, die unter anderem bereits die Aufteilung Deutschlands in drei Besatzungszonen vorsahen, wurden im September 1944 im so genannten Londoner Protokoll verabschiedet. Im November 1944 legte die EAC zusätzlich fest, dass für alle Angelegenheiten, die Deutschland als Ganzes betrafen, der Alliierte Kontrollrat zuständig sein sollte; in den einzelnen Besatzungszonen sollten die jeweiligen Oberbefehlshaber den Weisungen ihrer Regierung entsprechend die oberste Gewalt ausüben. Als Grundlage für die Aufteilung Deutschlands einigte man sich auf die Grenzen vom 31. Dezember 1937[608]. Die sowjetische Besatzungszone sollte sich dabei auf die Gebiete erstrecken, die östlich der Linie lagen, die von der Lübecker Bucht bei Travemünde entlang den vorhandenen deutschen Provinz- und Ländergrenzen bis zum Dreiländereck Bayern, Sachsen und Böhmen reichte.
Am 1. März 1945 hatte Stalin ohne Einverständnis der anderen Alliierten und damit unter Bruch des Londoner Protokolls die deutschen Gebiete östlich von Oder und (Görlitzer) Neiße mit Ausnahme des Gebiets von Königsberg polnischer Verwaltung übergeben.[609] Dies teilte er den übrigen Siegerstaaten jedoch erst auf der Potsdamer Konferenz (17. Juli bis 2. August 1945) mit.

---

[608] Damit machten die Alliierten den Anschluss Österreichs und des Sudetenlandes an das Deutsche Reich im Jahre 1938, sowie den Anschluss des Memellandes 1939 und die territorialen Veränderungen, die nach Kriegsbeginn im Osten und Westen des Reiches von seiten Deutschlands vorgenommen worden waren, rückgängig.

[609] Stalin wollte damit den Reparationsforderungen Polens entsprechen, ohne die 1921 an Polen verlorenen und durch den Hitler-Stalin-Pakt 1939 wiedergewonnenen Gebiete im Westen der Sowjetunion zurückgeben zu müssen. Die so genannte Curzon-Linie als Ostgrenze Polens blieb demnach bestehen, und Polens Forderungen wurden durch eine Westerweiterung aus der sowjetischen Besatzungszone befriedigt.

Trotz unterschiedlicher Auffassungen hinsichtlich der Gebietsabtretungen einigte man sich auf den im Potsdamer Abkommen formulierten Kompromiss, der zumindest formal-juristisch eine Revision der Westerweiterung Polens offen ließ:

> „Die endgültige Feststellung der Westgrenze Polens [soll] bis zur Friedenskonferenz zurückgestellt werden [und bis dahin sollen] die früher deutschen Gebiete östlich der Linie, die von der Ostsee unmittelbar westlich von Swinemünde und von dort die Oder entlang bis zur Einmündung der westlichen Neiße und die westliche Neiße entlang bis zur tschecho-slowakischen Grenze verläuft, [...] unter die Verwaltung des polnischen Staates kommen und in dieser Hinsicht nicht als Teil der sowjetischen Besatzungszone in Deutschland betrachtet werden."[610]

Die daraus sich ergebenden Konsequenzen – wie Vertreibung, Flucht, agrarische Defizite und Überbevölkerung in den verbleibenden deutschen Gebieten – führten in der Folge dazu, dass in der Bevölkerung die *Oder-Neiße-Linie* als Grenze abgelehnt und die Gebiete jenseits dieser Linie weiterhin als deutsch erachtet wurden.
Diese Haltung setzte sich vor der Gründung der beiden deutschen Staaten zunächst sowohl in den drei westlichen Besatzungszonen als auch in der Sowjetzone durch. So betonte z.B. der Berliner SED-Spitzenkandidat Max Fechner 1946:

> „Zur deutschen Ostfrage möchte ich erklären, daß die Sozialistische Einheitspartei Deutschlands sich jeder Verkleinerung deutschen Gebiets entgegenstellen wird. Die Ostgrenze ist nur provisorisch und kann erst auf der Friedenskonferenz unter Mitwirkung aller großen Sie-

[610] Zitiert nach Bundeszentrale für politische Bildung (1990), S. 10.

gerstaaten endgültig festgelegt werden.“ (NEUES DEUTSCHLAND, 14.9.1946)

Auf westdeutscher Seite distanzierte man sich mit Hilfe der Wendung *Oder-Neiße-Linie* vom endgültigen Charakter der Grenzziehung, wie in dem Neujahrsaufruf Konrad Adenauers (CDU), dem sich auch die FDP/LPD anschloss, deutlich wird:

> „Kein christlich-demokratischer Politiker [wird] einen Friedensvertrag unterschreiben, in dem die Oder-Neiße-Linie anerkannt wird und der sie [die Vertriebenen, L. P.] damit endgültig ihrer Heimat beraubt.“ (Rhein-Ruhr-Zeitung, 3.1.1947)[611]

Ab 1948 zeichnete sich allerdings zwischen den westlichen Besatzungszonen und der sowjetischen Zone ein Gegensatz ab, als die SED die *Oder-Neiße-Linie* als polnische Westgrenze anerkannte und Walter Ulbricht nach der Warschauer Konferenz der acht Ostblockstaaten im Juni die neue Losung ausgab:

> „Vernichtung des Nationalismus und aller Revancheideen in Deutschland, das heißt vor allem: Anerkennung der Oder-Neiße-Linie als Friedensgrenze“ (NEUES DEUTSCHLAND, 21.11.1948).

Die staatlich gelenkten Medien orientierten sich seitdem an der positiv konnotierten Bezeichnung *Friedensgrenze* und verwendeten sie als Alternativvokabel zu *Oder-Neiße-Grenze* bzw. in Konkurrenz zur *Oder-Neiße-Linie* des westdeutschen Sprachgebrauchs. Die staatsrechtliche Anerkennung der Oder-Neiße-Linie als polnische Westgrenze erfolgte schließlich im „Abkommen zwischen der DDR und der Republik Polen über die Markierung der deutsch-

---

611 Zitiert nach Lehmann (1979), S. 88.

polnischen Staatsgrenze" vom 6. Juli 1950 (Görlitzer Abkommen), in dem „die festgelegte und bestehende Grenze [als] die unantastbare Friedens- und Freundschaftsgrenze"[612] bezeichnet wird.
Da sich die Bundesrepublik Deutschland als „alleinige legitimierte staatliche Organisation des deutschen Volkes" (Konrad Adenauer vor dem deutschen Bundestag, 21.10.1949)[613] verstand, war ihr die völkerrechtliche Anerkennung der DDR und der von ihr für Deutschland getroffenen Vereinbarung nicht möglich. So äußerte sich auch Paul Löbe (SPD) am 13. Juni 1950 vor dem Bundestag ablehnend gegenüber der Vorgehensweise der DDR:

> „Meine Damen und Herren, niemand hat das Recht, aus eigener Machtvollkommenheit Land und Leute preiszugeben oder eine Politik des Verzichts zu betreiben. [...] Die Mitwirkung an der Markierung der Oder-Neiße-Linie als angeblich ‚unantastbare' Ostgrenze Deutschlands, zu der sich die sogenannte provisorische Regierung der ‚DDR' bereitgefunden hat, ist ein Beweis für die beschämende Hörigkeit dieser Stelle gegenüber einer fremden Macht."[614]

In der Folgezeit stand die Außenpolitik der Bundesrepublik im Zeichen des Kalten Krieges. Die Vokabel *Grenze* wurde als Tabuwort weiterhin vermieden und neben *Oder-Neiße-Linie* durch alternative Bezeichnungen wie *Demarkationslinie* (z. B. RP, 15.12.1955) ersetzt. Auch die Wendung *deutsche Ostgebiete unter fremder Verwaltung* (RP, 10.4.1954) erweckte den Eindruck, die Grenzziehung sei provisorisch und reversibel.

---

[612] Zitiert nach Gasteyger (1990), S. 105.
[613] 13. Sitzung des Deutschen Bundestages, 21.10.1949, S. 308. Adenauer berief sich darauf, dass im Gegensatz zur DDR die Bundesrepublik sich auf den „frei bekundeten Willen von rund 23 Millionen stimmberechtigter Deutscher" stütze. Siehe Hahn (1995), S. 297.
[614] 68. Sitzung des Deutschen Bundestages, 13.6.1950, S. 2458.

Ab Mitte der 50er Jahre eröffnete der SPD-Politiker Carlo Schmid eine andere Perspektive, in dem er Verhandlungen mit Polen vorschlug und sich gegen eine gewaltsame Rücknahme der ehemals deutschen Gebiete aussprach. Es deutete sich somit die unter Willy Brandt ab Ende der 60er Jahre praktizierte *Entspannungspolitik* an; in der öffentlichen Diskussion blieben jedoch die sprachlichen Divergenzen des Oder-Neiße-Themas aktuell. Der Sprachgebrauch der Ost-Politiker war mit *Oder-Neiße-Garantie* (RP, 12.4.1965), *Oder-Neiße-Grenze* und *Friedensgrenze* dem Görlitzer Abkommen entsprechend eindeutig; im Westen wurde dagegen von *Grenzfrage*, *Problem der deutschen Grenze* (RP, 26.1.1965) oder *Frage der deutschen Grenze* (RP, 19.10.1965) gesprochen. *Friedensgrenze* wurde darüber hinaus in Westdeutschland in Anführungszeichen gesetzt und, teilweise mit Attribuierung, zur Diffamierungsvokabel gemacht: *„ewige Friedensgrenze“* oder *„Friedensgrenze“ an Oder und Neiße* (RP, 4.12.1965).
Mit Willy Brandts Wahl zum Bundeskanzler 1969 wurde die vorläufig endgültige Wende in der Frage der Anerkennung der *Oder-Neiße-Linie* eingeleitet. Infolge der so genannten *Gewaltverzichtsgespräche* mit den Regierungen in Warschau und Moskau unterzeichnete Brandt den „Vertrag zwischen der Bundesrepublik Deutschland und der Volksrepublik Polen vom 7. Dezember 1970 über die Grundlagen der Normalisierung ihrer gegenseitigen Beziehungen“, in dem festgestellt wird, „daß die bestehende Grenzlinie, deren Verlauf im Kapitel IX der Beschlüsse der Potsdamer Konferenz vom 2. August 1945 [...] festgelegt worden ist, die westliche Staatsgrenze der Volksrepublik Polen bildet“[615]. DER SPIEGEL kommentierte Brandts Vorgehen mit den Worten:

„Bonns erster sozialdemokratischer Regierungschef hatte ein Tabu durchbrochen, das unter drei CDU-

[615] Gasteyger (1990), S. 281.

> Kanzlern und durch 20 Jahre Agitation deutscher Rechter aufgebaut und gepflegt worden war: Er will die Oder-Neiße-Linie als Polens Westgrenze anerkennen.“ (DER SPIEGEL, 4.5.1970, S. 27).

Konservative und vor allem Vertriebenenverbände kritisierten die Vorgehensweise der Regierung Brandt, indem sie die Anerkennung der *Oder-Neiße-Grenze* z.B. als „Fortsetzung des Hitler-Stalin-Abkommens“ (Herbert Czaja[616], Interview in DER SPIEGEL, 4.5.1970, S. 31) bezeichneten.
Die staatsrechtliche Anerkennung der *Oder-Neiße-Grenze* durch die Bundesrepublik Deutschland war allerdings insofern nicht unproblematisch, als sie eine Grenze akzeptierte, die geographisch betrachtet nicht ihre eigene war. Darüber hinaus bestätigte sie nur die „polnische Westgrenze“, nicht aber die „deutsche Ostgrenze“ (LE MONDE, 17.3.1990, zitiert nach TAZ, 20.3.1990, S. 15). Diese Auslegbarkeit des Warschauer Vertrags führte im Zuge der *Wende* dazu, dass die Endgültigkeit der *Oder-Neiße-Linie* als *Grenze* auf politischer Ebene erneut diskutiert werden konnte.
Als ab dem Sommer 1989 immer mehr Bürger aus der DDR flohen bzw. auf die Straßen gingen und mehr Demokratie forderten, entzündete sich in der Bundesrepublik an einer Rede des CSU-Vorsitzenden Theo Waigel anlässlich des Deutschlandtreffens der Schlesier am 2. Juli 1989 erneut die Diskussion um die *Oder-Neiße-Grenze*. Waigel hatte sich in dieser Rede auf Bundesverfassungsgerichtsurteile von 1973, 1975 und 1987 berufen, durch die „allen Bestrebungen ein Riegel vorgeschoben [wurde], die darauf aus waren, aus dem Grundlagenvertrag einen Teilungs- und Anerkennungsvertrag werden zu lassen“ (RP, 12.7.1989).
Diese Verfassungsgerichtsurteile hatten festgeschrieben, dass mit der „bedingungslosen Kapitulation“ das Deutsche

---

616 Präsident des Bundes der Vertriebenen.

Reich nicht untergegangen sei, sondern vielmehr in den Grenzen von 1937 fortbestehe.

> „Es habe zwar 1945 seine staatliche Organisation eingebüßt und sei deshalb völkerrechtlich handlungsunfähig geworden; daraus folge allerdings nicht, daß es auch seine Völkerrechtssubjektivität (Rechtsfähigkeit) verloren habe.“ [617]

Das Verfassungsgericht hatte daher entschieden, dass

> „alle Staatsorgane der Bundesrepublik Deutschland [...] verpflichtet [sind], aufgrund verfassungsrechtlicher Normen vorauszusetzen, daß das Deutsche Reich den Zusammenbruch überdauert habe.“[618]

Vor Waigel hatten sich bereits 1972 der FDP-Vorsitzende Scheel[619] bzw. 1980 der SPD-Bundesgeschäftsführer Egon Bahr[620] in ähnlicher Weise geäußert.
Im Zuge der *Wende* und der nach dem Fall der →*Mauer* einsetzenden Vereinigungsdiskussion ergab sich somit als Konsequenz aus der völker- und staatsrechtlichen Diskrepanz für die Unionsregierung die Möglichkeit, die (erneute) Anerkennung der *Oder-Neiße-Linie* als *Grenze* an die Zustimmung zur →*Wiedervereinigung* („Pfandtheorie“ vgl. TAZ, 17.2.1998) bzw. an den Verzicht auf Reparati-

---

617 Lehmann (1979), S. 32. Die Mehrheit der ausländischen, namentlich östlichen Staats- und Völkerrechtler schlossen sich dieser Rechtsauffassung nicht an.
618 Lehmann (1979), S. 32.
619 „Eine Anerkennung der Teilung oder eine Gebietsübertragung sind in den Ostverträgen nicht nachweisbar.“ (376. Sitzung des Bundestages vom 9.2.1972, zitiert nach RP, 12.7.1989)
620 „Es ging darum, die Unverletzlichkeit der Grenzen, die ja nicht von der Bundesrepublik Deutschland gezogen, von ihr aber respektiert wurden, festzustellen, ohne aber im völkerrechtlichen Sinne deren Unverrückbarkeit festzuschreiben. Das wollten wir nicht, und das konnten wir nicht.“ (zitiert nach RP, 12.7.1989)

onszahlungen vonseiten Polens zu koppeln („Kohl will die polnische Grenzfrage mit einem Verzicht auf Reparationszahlungen verbinden“ FAZ, 3.3.1990). Dieses Vorgehen, das von den Oppositionsparteien kritisiert wurde, den Vertriebenenverbänden dagegen nicht weit genug ging, sollte in erster Linie dazu dienen, der Bundesregierung eine bessere Verhandlungssituation, auch für die in den Oder- und Neißegebieten lebenden Deutschen, zu ermöglichen. Eine Revision des bestehenden Grenzverlaufs war nicht intendiert.

Nach dem Vollzug der staatlichen Einheit unterzeichneten die (gesamtdeutsche) Bundesrepublik und die Republik Polen am 14. November 1990 den Vertrag über die Bestätigung der zwischen ihnen bestehenden Grenze, wodurch eine außenpolitisch stabile Situation entstand.

In der Presse wird trotzdem gelegentlich das zwiespältige Verhältnis zwischen der Bundesrepublik Deutschland und Polen festgestellt, so z.B. in DER ZEIT vom 28. Juli 1995: „Leiden an der Vergangenheit: Zum Kanzlerbesuch in Warschau: das deutsch-polnische Verhältnis ist geregelt, aber nicht normal.“

Die Bezeichnung der *Oder-Neiße-Grenze* als *Wohlstandsgrenze* (DIE ZEIT, 22.9.1995) durch den ostdeutschen SPD-Politiker Richard Schröder deutet daraufhin, dass eine Verschiebung von einer politischen zu einer gesellschaftlichen Grenzproblematik stattgefunden hat. Eine vollständige Enttabuisierung der Vokabel *Grenze* kann bis heute, zumindest in Hinblick auf die Vertriebenenverbände, nicht konstatiert werden.

LP

44 Pille / Anti-Baby-Pille

„**Pil|le,** die;-,-n [frühnhd. Pillel(e), mhd. pillule < lat, pilula = Kügelchen; Pille, Vkl. Von: Pila = Ball]: **1.a)** *[mit Überzug versehenes] Arzneimittel in Form eines Kügelchens (zum Einnehmen):* -n drehen; **b)** (ugs.) *Arzneimittel (zum Einnehmen) aus festen Stoffen (in Pillen-, Dragee-, Tabletten- oder Kapselform):* [...]. **2.** <o. Pl.; meist mit best. Art>(ugs.) kurz für ↑Antibabypille: die P. nehmen, absetzen; sich die P. verschreiben lassen; die P. nicht vertragen; die P. für den Mann; die P. danach." Duden (1999), S. 2929f..

Die medizin-technische Erfindung der relativ sicheren Empfängnisverhütung führte zu einem fundamentalen Wandel der Sexual- und Partnerschaftsethik. Entsprechend intensiv waren die gesellschaftlichen Auseinandersetzungen über die Bezeichnung des Produktes, das diese Veränderung des Wertekanons bewirkte bzw. auslöste.

Das bereits 1919 vom Innsbrucker Physiologen Ludwig Haberlandt entdeckte Prinzip der hormonalen Kontrazeption führte 1938 erstmals zur künstlichen Herstellung des Hormons Östrogen durch das Pharmaunternehmen Schering. 1951 beauftragt die amerikanische Frauenrechtlerin Margaret Sanger den Physiologen Gregory Pincus, ein orales Verhütungsmittel zu entwickeln. Auf der Basis der europäischen Forschungen erfolgte die Weiterentwicklung der hormonalen Kontrazeption durch den Chemiker Carl Djerassi und führte am 15. Oktober 1951 in einem Labor in Mexiko Stadt zur Entdeckung einer Substanz, die dem natürlichen Progesteron gleicht, aber stärker wirkt. 1956 begannen die ersten klinischen Tests mit der von Pincus und dem Gynäkologen John Rock weiter entwickelten Pille. Am 1. Juni 1960 wurde das Präparat unter der Bezeichnung „Envoid 10" für den US-Markt freigegeben; am 1. Juni 1961 brachte Schering in der Bundesrepublik das Medikament unter dem Markennamen „Anovlar“ (häufige Fehlschreibung „Avolar“) auf den Markt. 1965 wurde „Ovosiston“ in der DDR von Jenapharm zugelassen.[621]

Während in den Vereinigten Staaten und auch in Ostdeutschland das Verhütungsmittel relativ schnell akzeptiert wurde – DDR-Professor Rudolf Neubert bezeichnete es mit dem positiv konnotierten Ausdruck *Wunschkindpille* (DER SPIEGEL, 22.12.65, S. 113) –, entstand in der Bundesrepublik ein Streit um den „moralischen Wert“ des Medikaments.

In den sechziger Jahren galt Sexualität als Tabu-Thema, über das während der so genannten „Prüderie der Adenauer-Ära“[622] nicht öffentlich gesprochen werden konnte. Außerehelicher Geschlechtsverkehr wurde als *Unzucht* bezeichnet und juristisch verfolgt. Auch die Verhütung in der Ehe war ein Tabu, da besonders nach katholischer Auffassung der Geschlechtsverkehr nur zur Zeugung erfolgen sollte. Bis zum Ende der 60er Jahre war die Werbung für empfängnisverhütende Mittel verboten, „Kondome durften nur an Ehepaare verkauft werden.“[623]

Mit der Einführung des Medikaments 1961 begann die öffentliche Diskussion über die hormonale Kontrazeption, deren Inhalt mehr den „moralischen Wert“ des Medikaments betraf als dessen Wirkungsweise. So sprachen sich Gynäkologen, die im Oktober 1961 an einem Frauenärzte-Kongress in Kiel teilnahmen und ein „heißes Eisen [...] anzupacken wagten“, dafür aus, das Medikament „nur bei triftigen medizinischen oder sozialen Gründen“ (DIE WELT, 23.10.1961) verheirateten Frauen zu verschreiben, es Unverheirateten aber zu verweigern.

Neben den zwar neutralen, aber ganz im Zeitgeist der

---

[621] Vgl. http://www.sta.shuttle.de/sta/gymun/werke/pille.html und http://www.archiv.zeit.de/daten/pages/pille.txt.19960524.html, 27.7.2000.

[622] Vgl. Tönnesen (1995), S. 593.

[623] http://www.medical-tribune.de/020gesundheit/010literaturservice/Pille.html, 6.6.2000.

„Prüderie der Adenauer-Ära“ verschleiernden Ausdrücken *Hormontabletten*, *Hormonpräparate* (DER SPIEGEL, 15.3.1961, S. 93), *Hormonsubstanzen* oder *hormonelle Mittel* (DIE WELT, 23.10.1961) wurden auch den Verwendungszweck erklärenden Termini wie *orale Empfängnisverhütung*, *orale Kontrazeptionsmethode*, das Ad-hoc-Kompositum *Pincus-Pille* und bereits die Lexikalisierung *Pille* als Kurzform der *Pincus*-Pille (z.B. DER SPIEGEL, 15.3.1961, S. 94f.) verwendet, um diese Art der Empfängnisverhütung zu bezeichnen.
Mit der öffentlichen Diskussion um die *Hormontabletten*, wie das Medikament Anfang der 60er Jahre am häufigsten genannt wurde, setzte gleichzeitig eine Diskussion um die ethisch-moralischen Aspekte der Geburtenregelung ein. Während der Präses der Evangelischen Kirche im Rheinland, Prof. D. Dr. Joachim Beckmann, betonte, die evangelische Kirche gebe „ein grundsätzliches Ja zur Geburtenregelung in der Ehe – auch durch empfängnisverhütende Mittel“, verurteilte die katholische Kirche jede „Geburtenregelung durch ‚bewußte Empfängnisverhütung‘“ (RP, 22.5.1962), da die „Gesetze der Moral und der Respekt vor dem menschlichen Leben [...] eine Geburtenbeschränkung mit Hormonpräparaten [...] verbieten“ (RP, 25.5.1962). Sozialwissenschaftler forderten, „anstelle des umstrittenen Begriffes ‚Geburtenkontrolle‘“ andere Ausdrücke zu wählen, wie beispielsweise „Familienplanung“ oder „bewußte Elternschaft“ (RP, 31.1.1963). Letztlich setzte sich das Kompositum *Empfängnisverhütung* mit der positiv konnotierten *Verhütung* als Grundwort durch.
Als Professor Dr. Heinz Kirchhoff, Direktor der Universitäts-Frauenklinik Göttingen, der sich als einer der ersten Wissenschaftler in Deutschland für die hormonale Kontrazeption eingesetzt hatte und als einer der bedeutendsten Experten auf diesem Gebiet galt, während der Deutschen Therapiewoche in Karlsruhe im September 1963 einen Vortrag über die *hormonale Kontrazeption* hielt, etablierte sich in der Berichterstattung über diesen Vortrag (neben

Hormontabletten) die Bezeichnung *Anti-Baby-Pille*: „[...] die sogenannte Anti-Baby-Pille, die in Deutschland unter dem wissenschaftlichen Namen Anvolar [sic!] längst zu einem Begriff geworden ist [...].“ (RP, 7.9.1963) oder „Das neueste Produkt einer deutschen pharmazeutischen Firma, ein unter dem Schlagwort ‚Anti-Baby-Pille‘ bekanntgewordenes Präparat.“ (STUTTGARTER ZEITUNG, 14.9.1963) Die Verwendung von Distanzmarkern – wie *so genannt* oder Anführungsstriche – wies darauf hin, dass es sich bei dem Ausdruck um eine brisante Vokabel handelte, die als eine Art Fremdzitat markiert wurde. Die Bezeichnung *Anti-Baby-Pille*, die semantisch als ‚Entscheidung *gegen* ein Kind‘ zu interpretieren ist, wurde vor allem von Gegnern des Medikaments als Vorwurfsvokabel gebraucht.
Im Juni 1964 unterschrieben 140 Ärzte und 45 Universitätsprofessoren die so genannte „Ulmer Denkschrift“ an die Bundesgesundheitsministerin Schwarzhaupt, in der sie forderten, weiterhin die öffentliche Werbung für Verhütungsmittel zu verbieten; sie warnten vor den ethisch-moralischen Konsequenzen eines vermeintlichen Missbrauchs der *Anti-Baby-Pille*:

> „Die strenge Rezeptpflicht der sog. ‚Antibabypillen‘ muß unter allen Umständen gewahrt werden, um den Mißbrauch zur weiteren Aufweichung unserer Ehe- und Familienordnung vorzubeugen.“[624]

Auch die möglichen gesundheitlichen Folgen einer Pilleneinnahme wurden nun diskutiert. So behauptete Karl Saller 1967 in seinem Buch „Sexualität heute“:

[624] Ulmer Denkschrift dokumentiert unter: http://home.t-online.de/home/europ.aerzteaktion/ulmer.html

> „Schließlich wurde die Antibaby-Pille komponiert, ein Hormonpräparat, das die Frau in ihrer Gesamtkonstitution derart umstimmt, d.h. letzten Endes temporär krank macht, daß sie unfruchtbar wird.“[625]

Die katholische Kirche verurteilte in realistischer Diktion die Einnahme der Pille als „direkte Sterilisation“ (DER SPIEGEL, 26.2.1964, S. 77), obgleich die Pille – im Gegensatz zur Sterilisation – nur temporär die Empfängnis verhindert.

Mit der Etablierung des Ausdrucks *Anti-Baby-Pille* ist nicht nur der moralische Wert des Medikaments Thema der öffentlichen Diskussion geworden, der Ausdruck selbst wurde explizit thematisiert. Befürworter der *hormonalen Kontrazeption* konstatierten den pejorisierenden Charakter des negativ konnotierten Ausdrucks: „Pro Familia wünscht dem Wort ‚Anti-Baby-Pille‘ den abwertenden Charakter zu nehmen und sie in ‚Wunschkind-Pille‘ umzunennen.“ (SZ, 12.11.1964). Kirchhoff bezeichnete den Ausdruck *Anti-Baby-Pille* als ein „schreckliches Wort, es stammt nicht von mir, aber es hat sich nun einmal eingebürgert“ (DER SPIEGEL, 26.2.1964, S. 80). „Frauenärzte vermeiden diesen vulgären Ausdruck, weil er fachlich falsch ist“ (SZ, 21.10.1964), und sogar die Bundesregierung empfand nach Bundesinnenminister Höcherl (CSU) den Ausdruck „grob und anstößig“ (RP, 23.10.1964), konnte darin allerdings noch keine Verletzung des Artikels 1 des Grundgesetzes sehen. „Die Mißverständnisse um die ‚Anti-Baby-Pille‘ fangen schon mit dem Namen an“, klagte die SÜDDEUTSCHE ZEITUNG und kommentierte, dass „unter dem Eindruck der ‚Ganzheitsbetrachtung‘ [...] die ‚Anti-Baby-Pille‘ mit gleichem Recht auch als ‚Pro-Baby-Pille‘ angesprochen werden [kann]“ (SZ, 21.10.1964).

Der Versuch, positive Gegenbezeichnungen wie *Wunschkindpille, Pro-Baby-Pille*, *Schutz-Pille* (DER SPIEGEL,

[625] Saller, (1967), S. 59.

3.10.1966, S. 165), *Verhütungs-Pille* (HANDELSBLATT, 22./23.7.66), *Pillen zur Familienplanung* (DER SPIEGEL, 26.2.1964, S. 86), *empfängnisverhütende Pille* (DIE WELT, 4.1.1966) und *Hormonpillen zur Empfängnisverhütung* (DER SPIEGEL, 20.5.1968, S. 156) oder den verdeckenden Ausdruck *Frauentabletten* (NZZ, 25.12.1966) zu etablieren, scheiterten genauso wie die anfangs häufig gebrauchten fachlichen Ausdrücke *Hormonpräparate* oder *orale Ovulationshemmer* (FR, 24.12.1966).

In einem Artikel mit der Überschrift „Die Pille" setzte sich die FAZ mit dem Ausdruck sprachthematisierend auseinander:

> „Nur eheliche Kinder kommen als Babys auf die Welt. Uneheliche Kinder werden noch immer Kinder genannt. Als Hilfsmittel zur Verhinderung des unerwünschten Erscheinens beider gibt es neuerdings die Anti-Baby-Pille. Diesen griechisch-englisch-lateinischen Wortdrilling hält mancher für eine rechte Sprach-Mißgeburt. Zudem erhält diese Sprachschöpfung trotz der beträchtlichen Länge eine ungute Verkürzung, die schon zu allerlei Mißverständnissen geführt hat. Die Pille zur Lenkung des Kinderkriegens heißt ja ‚Anti-Baby-Pille' und das hört sich an, als existierten die Babys schon und jetzt würde etwas gegen sie unternommen, mit Pillen. Bei manchen empfindsamen Leuten werden da schlimme Assoziationen wach, die von Bethlehem bis Auschwitz reichen. Vieles spricht also gegen die ‚Anti-Baby-Pille', aber leider spricht schon alles von ihr. Das Malheur ist passiert, weil niemand rechtzeitig einen besseren Einfall hatte. Könnte so etwas nutzen, wenn nun noch hinterher eine wortschöpferische Erleuchtung käme? Auch das wäre ein seltener Glücksfall. Aber wie könnte die Pille denn anders heißen? Mit dem Vorschlag, die Anti-Baby-Pille als ‚Gegen-Kind-Kügelchen' einzudeutschen, kann gewiß nichts gewonnen werden.

Wer brächte es schon fertig, damit in eine Diskussion oder in eine Drogerie zu gehen?" (FAZ, 12.9.1964)

Der Artikel zeigt, dass positiv konnotierte Wortschöpfungen wie *Wunschkind-Pille* usw. sich nicht als öffentliche Bezeichnungen etabliert haben und dass sich der Ausdruck *Anti-Baby-Pille* durchgesetzt hat. 1964 wurde dieser Ausdruck auch bereits von den Befürwortern des Medikaments benutzt, das heißt er war konnotativ zumindest teilweise neutralisiert.

Der konnotativ von vornherein neutralere Ausdruck *Pille* wurde von den Befürwortern der hormonellen Empfängnisverhütung, wie dem oben erwähnten Professor Kirchhoff (vgl. DER SPIEGEL, 26.2.1964, S. 79ff.) oder dem Leiter des sozialmedizinischen Instituts der Lutherischen Kirche in Hannover, Dr. med. Wrage, der sich auch für die Abgabe an ledige Frauen einsetzte (vgl. RP, 6.5.1964), gebraucht. Außerdem war das Wort *Pille* bei der Bildung von Komposita produktiv.[626]

Wie schon 1961 die singularische Kurzform *die Pille* neben *Pinkus-Pille* verwendet wurde, tritt also 1964 *die Pille* als Alternativbezeichnung und Kurzform zu *Antibabypille* auf. Wie das eingangs zitierte „Große Wörterbuch der deutschen Sprache" belegt, gilt die Kurzform bis heute: das heißt das gesellschaftlich gespeicherte Wissen ist so stark auf den Bereich der Empfängnisverhütung konzentriert, dass jede(r) Deutsche weiß, welche von den tausenden von Pillen des Pharmamarktes gemeint ist, wenn von *der Pille* – die täglich von mehreren Millionen Frauen geschluckt wird – die Rede ist (vgl. ähnlich dt. *die Mauer* – engl. *Berlin wall*).

Kurzzeitig verschob sich der Fokus der öffentlichen Auseinandersetzung auf die so genannte *katholische Pille*. Der

---

626 Z. B.: *Pillenkonsum*, *Pillen-Forscher* (DER SPIEGEL, 26.2.1964, S. 84), *pillengelenkte Familienplanung*, *Pillen-Benutzerin*, *Pillen-Präparat* (DER SPIEGEL, 3.10.1966, S. 165-167).

Ausdruck kam 1964 in Zusammenhang mit einem Medikament auf, das aufgrund einer die Ovulation provozierenden Substanz, das so genannte Clomyphen, die Anwendung der Knaus-Ogino-Methode zu sichern imstande ist. (vgl. SZ, 21.10.1964) In der ab 1966 einsetzenden öffentlichen Diskussion um die vom Papst erwartete Stellungnahme zur Frage der Empfängnisverhütung mithilfe der *Anti-Baby-Pille* und der *katholischen Pille* rückte „[d]er Streit um die ‚katholische Pille'" (WESER KURIER, 28.6.66) in den Mittelpunkt des öffentlichen Interesses: „Die ‚katholische Pille', wie man respektlos das Empfängnisverhütungsmittel nennt, das auch die Zustimmung der katholischen Kirchen finden könnte, beschäftigt seit langem Theologen und Mediziner." (HANDELSBLATT 22/23.7.66).
Im Juli 1968 untersagte Papst Paul IV in der Enzyklika „Humanae Vitae", die „als Pillenenzyklika in die Sprache eingegangen"[627] ist, den Katholiken jede Art von Verhütung außer der ständigen oder zeitweisen Enthaltsamkeit nach der so genannten Knaus-Ogino-Methode. Auch wenn darüber eine heftige kontroverse Diskussion entstand, in der Gruppen als *Pillen-Befürworter* und *Pillen-Gegner,* der Papst als *Anti-Pillen-Papst* bezeichnet wurden, bewirkte die „*Pillen-Bulle*" (DER SPIEGEL, 21.3.1969, S. 188) keine neue öffentliche Diskussion über den moralischen Wert des Medikaments.
Inzwischen waren nämlich – beschleunigt u.a. durch die *Studentenbewegung* – die bis dahin geltenden moralischen Werte wie beispielsweise die sexuelle Enthaltsamkeit vor der Ehe oder die Zeugung von Kindern als vornehmlicher Sinn einer Ehe ins Wanken geraten. Trotz des Papst-Verbots war Empfängnisverhütung Ende der 60er Jahre weit gehend gesellschaftlich akzeptiert. Anfang der 70er Jahre verschrieben neun von zehn Frauenärzten die Pille, auch an Jugendliche. (vgl. DER SPIEGEL, 19.3.1973, S. 174ff) „Innerhalb von fünfzehn Jahren halbierte der

[627] http://www.kath.de/rv/archiv/rv980725.htm, 6.6.2001.

‚Pillenknick' die Zahl der Geburten pro tausend Einwohner von 18,3 (1963) auf 9,4 (1978)."[628]

Im öffentlichen Sprachgebrauch hat der Ausdruck an Brisanz verloren, über die *Pille* aus moralisch-ethischer Sicht wurde nicht mehr öffentlich diskutiert. Stattdessen ging es in öffentlichen Auseinandersetzungen um *Pillen-Prozesse* (DER SPIEGEL, 9.11.1970, S. 57), wenn Eltern auf Schadensersatz klagten, da Frauen trotz Einnahme der *Pille* schwanger wurden, es ging um Krebsrisiken (DER SPIEGEL, 2.11.1970, S. 243) oder um die Forderung nach der *Pille auf Krankenschein* (DER SPIEGEL, 4.10.1971, S. 36).

Sowohl *Antibabypille* als auch *Pille* wurden Anfang der 70er Jahre in deutsche Wörterbücher aufgenommen.[629] Mit der geänderten Auffassung über Empfängnisverhütung verlor sich auch der pejorisierende Charakter des Ausdrucks *Anti-Baby-Pille. Anti-Baby-Pille*, *Antibabypille* und *Pille* haben sich fast gleichwertig im Gebrauch durchgesetzt, wobei zu beobachten ist, dass die konnotativ in jedem Zusammenhang neutrale Kurzform *Pille* am häufigsten gebraucht wird. Der Duden wertet sowohl *Antibabypille* als auch *Pille* als umgangssprachlich; sie werden häufiger benutzt als Ausdrücke wie *Kontrazeptivum* oder *Ovulationshemmer*, die eher als Fachtermini zu sehen sind. Im Laufe der Zeit werden verschiedene *Pillentypen* bzw. *Pillengenerationen* eingeführt: *Minipille*, *Mikropille* (benannt nach dem verringerten Gehalt von Hormonen), *Ein-*, *Zwei-* und *Dreiphasenpille* und *die Pille danach* (die eine Schwangerschaft nach ungeschütztem Geschlechtsverkehr verhindern und die weder als Verhütungsmittel noch als Abtreibungsmedikamente gelten). 1988 entfachte sich eine neue öffentliche Kontroverse um das am 23. September in

---

[628] http://www.archiv.zeit.de/daten/pages/pille.txt.19960524.html, 15.5.2002.

[629] Z.B. *Antibabypille* (Duden, Die Rechtschreibung, Manheim/Wien/Zürich, 1973, 17. Neu bearbeitete Auflage); *Pille* (Bornemann, 1971).

Frankreich zugelassene Medikament →*RU486*, das einen Schwangerschaftsabbruch ohne chirurgischen Eingriff ermöglicht.

In den 90er Jahren begann eine neue Diskussion um die *Pille*. Die von Anfang an von Forschern angekündigte *Männerpille* (DER SPIEGEL, 26.2.1964, S .85) oder *Pille für den Mann* (DER SPIEGEL, 9.11.1970, S. 58) wurde immer mehr gewünscht:

> „Heute ist die ‚*Pille*' schon lange kein Reizthema für Ethikdebatten mehr, wohl aber für Frauen, die die alleinige Last der Verhütung und den mit vielen Nebenwirkungen behafteten künstlichen Eingriff in ihren Hormonhaushalt leid sind." (BONNER GENERAL-ANZEIGER, 6.3.1999)

Auch die Männer, deren Partner-Verständnis sich seit den 60er Jahren gewandelt hat, wünschen sich eine eigene *Anti-Baby-Pille*.[630]

IB/TE

[630] Vgl. http://www.morgenwelt.de/nachrichten/000224-1.htm.

45 Pornographie

„**Por|no|gra|phie**, (auch:) Pornografie, die; -,-n [frz. pornographie, zu griech. pornográphos = über Huren schreibend, zu: pórnē = Hure u. ↑-graphie]: **1.** (o.Pl.) *sprachliche, bildliche Darstellung sexueller Akte unter einseitiger Betonung des genitalen Bereichs u. unter Ausklammerung der psychischen u. partnerschaftlichen Aspekte der Sexualität*: dieser Roman ist P.; P. verkaufen, verbreiten; Harte P. (Sex mit Kindern, Tieren und Gewalt) bleibt wie bisher verboten. Aber »weiche Pornographie«, also gewaltfreier Sex zwischen Erwachsenen, sollte im verschlüsselten Fernsehen nach Mitternacht gezeigt werden dürfen (Woche 31.1.97, 2). [...]." Duden (1999), S. 2970.

Pornographie ist eine Vokabel, an deren Gebrauch in der Öffentlichkeit sich ein grundlegender Einstellungswandel im Problembereich Sexualität seit der Mitte des 20. Jahrhunderts ablesen lässt.

In den 50er Jahren ist Sexualität in der Öffentlichkeit tabuisiert. Der traditionelle Moralkodex der Nachkriegszeit wird durch häufigen Gebrauch von Hochwertvokabeln wie *Anstand*, *Sitte* und *Zucht* dokumentiert. In besonderem Maße ist außereheliche Sexualität von diesem Tabu betroffen. Dies äußert sich in dem am 9. Juni 1953 erlassenen Gesetz über die Verbreitung jugendgefährdender Schriften, auch *Schund*- und *Schmutzgesetz* genannt. Das Gesetz verbietet das Publizieren aller „jugendgefährdenden" Produkte. Als jugendgefährdend galten zu diesem Zeitpunkt besonders Publikationen, die sexuelles Verlangen bei Jugendlichen auszulösen in der Lage waren. Darunter fällt z.B. auch eine Abbildung Marilyn Monroes[631], bei der die

[631] In: DEUTSCHE ILLUSTRIERTE, Nr. 38, 1953. In fiktiven *Sittenfilmen*, wie den *„nudistischen Attraktionen* der *Entkleidungsszene*" (DER SPIEGEL Nr. 47, 1959) treten Frauen in Unterwäsche oder gänzlich un-

Schultern unbedeckt zu sehen waren. Abbildungen dieser Art wurden als *unzüchtig* oder *obszön* bezeichnet.

Ab Anfang der 60er Jahre wird in diesem Zusammenhang der Ausdruck *Pornographie* öffentlich verwendet. Als Vermeidungsvokabeln lösen *Unterleibsliteratur* (DER SPIEGEL Nr. 62, 1970) sowie mit Erscheinen des „Playboy“ der Ausdruck *Herrenmagazine* die Bezeichnung der 50er Jahre *Genussliteratur* (DER SPIEGEL Nr. 12, 1965) ab. Im Zusammenhang mit der Einführung der →*Pille* 1962 in Deutschland sowie der *Studentenbewegung* setzt eine Tendenz zur Liberalisierung der Ehe- und Sozialethik ein, welche sich in den Bemühungen der sexuellen Aufklärung pädagogisch niederschlägt.[632] Der hier intendierte positiv konnotierte Wandel der Sexualmoral findet mit dem Adjektiv *erotisch* und entsprechenden Konstruktionen wie *erotische Literatur* oder *erotischer Film* eine klare Abgrenzung zur Negativvokabel *Pornographie*. Die Abkürzungsvokabel *Porno* – z.B. als lexikalische Komponente in *Porno-Welle* (DER SPIEGEL, 19.8.1968, S. 161) oder *Porno-Literatur* (RP, 27.7.1970) enthalten –, ist ebenfalls negativ konnotiert. Bei sachlich orientierten Thematisierungen vermeidet die seriöse Presse jedoch die eher populär gebrauchte Abkürzung, um dem Ausdruck *Pornographie* einen distanzierenden Fachvokabelcharakter zu verleihen (RP, 26.9.1970: „Bischöfe gegen Verbreitung von Pornographie“).[633]

Die Legalisierung pornographischer Darstellung 1968/69 in Dänemark und der dadurch ausgelöste Schmuggel pornographischer Ware nach Deutschland sorgt für einen öffentlichen *Pornographie-Diskurs* in der Bundesrepublik.

---

bekleidet auf. Solche kommerzielle Erotik findet nicht an Orten statt, „welche dem Publikum frei zugänglich sind“, sondern in eigens dafür hergerichteten *Vergnügungslokalitäten*; sie wird nicht nach §184 (Gesetz über die Verbreitung jugendgefährdender Schriften, 1953) geahndet.

632 Vgl. Tönnesen (1995). S. 601.

633 Vgl. Tönnesen (1995). S. 606.

Debattiert wird über eine mögliche Aufhebung des *Pornographieverbots*, das der §184 des Strafgesetzbuches regelt: Es geht dabei um einen Definitionsstreit, inwieweit es sich bei *Pornographie* um „dargestellte Sexualität" oder um „anstößig dargestellte Sexualität" (DER SPIEGEL, 3.8.1970) handelt. Diese Diskussion zeichnet sich deshalb als schwierig ab, weil kein einheitliches Verständnis von erotisch-ästhetisch einzuschätzender Darstellung möglich ist. Definitionen greifen nicht so weit, sogenannte *weiche* (*einfache*) *Pornographie* von *harter Pornographie* entschieden zu differenzieren[634]:

> „Arbeitsminister Figgen stellte fest, daß nach Meinungsbefragungen es zwei Drittel der Bevölkerung nicht als anstößig ansehen, daß über sexuelle Dinge gesprochen werde, daß aber nicht einmal Fachleute wissen, wo Pornographie eigentlich beginnt." (RP, 14.1.1971)

Daraus resultiert 1973 eine Strafrechtsreform, die dargestellte Sexualität als *einfache Pornographie* zwar indiziert (RP, 6.3.1971), eine öffentliche Darstellung aber mit Einschränkungen erlaubt. Dagegen wird terminologisch die weiterhin rechtswidrige *harte Pornographie* abgegrenzt. Negativ bewertet wird nicht mehr die reine Darstellung von Sexualität, sondern eine *anstößige* Darstellung der Sexualität. Seitens der Porno-Branche setzt eine Differenzierung durch die Vokabeln *hard-* und *soft-core* ein. Mit ihrer *Porno-No*!-Kampagne und der gleichlautenden Überschrift titelt das feministische Magazin EMMA im September 1978 und klagt gegen die Illustrierte STERN wegen sexistisch-pornographischer Darstellung.
1983 beginnt die Zeit des Privatfernsehens in der BRD. Mit dem Fall des Monopols der öffentlich-rechtlichen Sender flammt die Diskussion um Pornographie-Darstellungen erneut auf: Nach dem Motto *„Sex sells"* produzieren und

---

634 Vgl. Tönnesen (1995). S. 607.

senden die Privaten ein quotenorientiertes Programm, zu dem auch so genannte *Softpornos* zählen. Der amerikanische Soziologe Neil Postman spricht bereits 1982 von „weicher Pornographie", die sich „in allen visuellen Medien dem Publikum präsentiert"[635]. Kritiker sprechen von einer „Pornographisierung des Alltags" (TAZ, 28.9.1987, S. 9), die eine aktualisierte Definition des Ausdrucks fordere. Die Emanzipationsbewegung, allen voran Alice Schwarzer, spricht aus frauenpolitischer Sicht von „bekämpfenswerter" und „geschwänzter Pornographie", der eine potentielle „Rolle [...] bei der Gewaltverherrlichung zukomme, insofern hier Frauen als entmenschlichte sexuelle Objekte dargestellt würden" (TAZ, 28.10.1986, S. 3).

Mit der zunehmenden Kommerzialisierung der visuellen Medien rückt ein verstärktes Interesse an der Begriffsspaltung zwischen *harter* (mit Gewalthandlungen und Kindern) und *weicher Pornographie* in den Vordergrund: „Dazwischen existiert eine Grauzone, die je nach Interessenlage unterschiedlich bewertet wird" (RP, 7.11.1997). Dem *Softporno* und *Hardcore-Porno* stehen die *Sex-Klamotte* oder *Sex-Farce* gegenüber. Der als seriös empfohlene *Erotik-Thriller* wird abgehoben von den *Alpen-Pornos* oder *Jodel-Filmen. Sexreportagen* locken mit *Amateurpornographie* (DER SPIEGEL Nr. 37, 1999).

Während die privaten Medienanstalten aus kommerziellen Gründen für eine Lockerung dessen, was rechtlich zulässig ist[636], plädieren, diskutieren Verfassungsrichter und Pädagogen darüber, was im Rahmen der Menschenwürde legitim ist. Das Fazit einer Konferenz der öffentlich-rechtlichen Landesmedienanstalten im November 1997 spiegelt die gesellschaftliche Veränderung der letzen 30

---

[635] Postman (1987). S. 13 (Die amerikanische Originalausgabe erschien 1982).

[636] „Die isolierte Darstellung der primären Geschlechtsmerkmale [...] ist noch keine Pornographie. [...] Pornographisch wird eine solche Darstellung, wenn sie aufreißerisch und anstachelnd auf das Geschlechtliche hinweist." (TAZ, 4.10.1996, S. 3).

Jahre wider: Sowohl das z.T. aus den 70er Jahren stammende Verständnis von *Pornographie* als auch die Frage, was konkret *jugendgefährdend* bedeute, führen zu der Forderung nach einer „‚wertneutralen, sachlich fundierten' Neubewertung" (RP, 7.11.1997), damit rechtliche Klarheit gewährleistet sei.
Durch die jüngsten Ereignisse[637] im Zusammenhang mit Pädophilie und weiteren Formen von sexuellem Missbrauch – verstärkt verbreitet über das Internet – erfährt die Vokabel eine weiter ins Negative führende Bedeutungsveränderung. Parallel dazu ist nichtsdestotrotz auch eine Aufwertung pornographischer Darstellung und der Vokabel *Pornographie* festzustellen: Porno-Darsteller werden durch die Medien gesellschaftsfähig gemacht und erlangen eine Art Kult-Status. Der STERN schreibt z.B. von Gina Wild als „Deutschlands herausragender Pornoqueen" (STERN, 8.2.2001, S. 170).

AJM

[637] Beispielsweise wurde 1996 der belgische Kinderschänder Marc Dutroux überführt. 1998 gelang der Münchner Polizei ein Schlag gegen die Verbreitung von Kinderpornographie im Internet (RP, 5.3.1998).

46 Quotenfrau / Frauenquote

„**Quo|ten|frau**, die, (Jargon): *Frau, die aufgrund der Quotenregelung in einer bestimmten Funktion tätig ist, eine bestimmte Position einnimmt*: Das Image, eine kohlsche Q. und Marionette zu sein, konnte sie dennoch nicht völlig abstreifen (natur 11, 1995, 110)“ Duden (1999), S. 3081.

In der frauenpolitischen Diskussion wird seit Ende der siebziger Jahre unter *Quote* ein Instrument verstanden, „um Benachteiligungen von Frauen in Gesellschaft, Erwerbsleben und Politik auszugleichen.“[638] Es geht dabei zunächst um die Erhöhung des innerparteilichen Frauenanteils und um Stellenbesetzungen im öffentlichen Dienst.[639] Die Arbeitsgemeinschaft Sozialdemokratischer Frauen (ASF) forderte für die SPD, dass „‚bei der Besetzung von Mandaten und Funktionen‘ mindestens entsprechend dem jeweiligen Anteil der weiblichen Parteimitglieder Frauen berücksichtigt werden müssen.“ (DIE ZEIT, 17.6.1977, S. 43) Seitdem wurde die lexikalisierte Form *Quote* im öffentlichen Sprachgebrauch synonym mit der Bezeichnung *Frauenquote* verwendet.
Ein *Quotenverfahren* (DIE ZEIT, 17.6.1977), wie es die ASF forderte, wurde unter den Verfechterinnen als notwendige Übergangslösung gesehen, „bis die Gleichberechtigung in der Politik für Männer und Frauen selbstverständlich geworden ist“ (ebd.). Radikalere Befürworterinnen sahen in der *Quotierung* eine „Waffe“, mit der Fraueninteressen im und gleichberechtigte Teilhabe am Erwerbsbereich durchzusetzen seien (DIE ZEIT, 14.9.1979).

---

[638] Lang (1989), S. 36.

[639] „1977 wurde eine Gleichstellungskommission eingesetzt. In dieser Arbeitsgruppe – paritätisch besetzt von Parteivorstand und der Arbeitsgemeinschaft Sozialdemokratischer Frauen – begann die Diskussion um die Quotierung.“ Schmidtbauer (1985), S. 15.

In der Anfangsphase galt *Quotierung* als die radikale und allumfassende Lösung für die Durchsetzung frauenpolitischer Forderungen.[640] Bei den Kritikerinnen eines solchen Verfahrens wurde der Ausdruck *Quotierung* als Stigmawort benutzt, ähnlich wie die negativ konnotierten Bezeichnungen *Proporzfrau* (DIE ZEIT, 17.6.1977), *Konzessions-Frau* (DER SPIEGEL Nr. 32, 1985, S. 21) oder die noch deutlicher stigmatisierenden Bezeichnungen *Alibi-Frau*[641] und die spätere Ablösevokabel *Quotenfrau.* Mit dem Motto „Laßt die Pfoten von den Quoten" (DIE ZEIT, 17.6.1977, S. 43) lehnten die Kritikerinnen unter den SPD-Frauen daher zunächst ein *Quotenverfahren* ab; es ginge ihnen

> „einfach gegen die Ehre, eine ‚Quote' zu sein, statt auf Grund eigener politischer Leistungen in ein Gremium gewählt zu werden [...] Denn: ‚Der Geschlechtsnachweis als Berechtigung zu einem politischen Mandat ist eine unerträgliche Diskriminierung der Frau'." (ebd.)

Durch die Institutionalisierung von Frauenpolitik und die Einführung zahlreicher Frauenbeauftragter und die Einrichtung von Gleichstellungsbüros in Kommunen und öffentlichen Einrichtungen [642] in den achtziger Jahren intensivierte sich auch die öffentliche Debatte um die Einführung einer *Quotenregelung* (DER SPIEGEL Nr. 35, 1986, S. 32) in den Medien. Auf politischer Ebene wurden Frauenquoten (DIE ZEIT, 7.11.1980) für den öffentlichen Dienst und in den Parteien, vorwiegend von SPD und Grünen (vgl. DER SPIEGEL, 25.8.1986, S. 34), gefordert. Angesichts der Einführung einer „starren 50%-Quote"[643] 1986 in das Frauenstatut der Grünen verstanden sich die bündnis-

---

640 Vgl. Richelmann (1991), S. 129.

641 „Alibi-Frau ist eine Diskriminierung für jede Politikerin." (Rita Süssmuth im SPIEGEL-Streitgespäch, DER SPIEGEL Nr. 24, 1988, S. 29).

642 Die Bundesregierung richtete 1979 im Bundesministerium für Jugend, Familie und Gesundheit den Arbeitsstab Frauenpolitik ein.

643 Richelmann (1991), S. 129.

grünen Frauen sogar als die „‚Erfinderinnen' der Quote".[644] In den Medien wurde der Beschluss aber kaum erwähnt.

Für den gesellschaftlichen Bereich verlangten die Befürworterinnen „Frauenquoten gegen die Übermacht der Männer an den Hochschulen" (DIE ZEIT, 7.11.1980) und diskutierten die *Quotierung* von Ausbildungsplätzen dort, wo der Staat subventionierte. (vgl. DIE ZEIT, 14.9.1979) Die Vokabel *Frauenquote* avancierte bei den Verfechtern zum Fahnenwort. Sie plädierten für „‚ausgleichende Gerechtigkeit' via Quote"[645] und propagierten die *Quote* als „Muß-Formel"[646]: „Es geht nicht anders. Und so, wie es ist, geht es nicht länger. Die Quotierung [...] muß her." (DIE ZEIT, 7.11.1980). Auch in der SPD setzte man sich Mitte der achtziger Jahre zum Ziel: „Es muß in Zukunft quotiert werden." (TAZ, 19.10.1987, S. 9). 1988 verabschiedete die SPD auf ihrem Parteitag in Münster einen *Quotenbeschluss* (RP, 11.10.1989), der Frauen einen Mindestanteil von 40% aller Funktionen und Mandate sichern sollte.[647] Mit dem *Quotierungsbeschluss* setzte die SPD – nach den Grünen – ein für die Öffentlichkeit sichtbares politisch-programmatisches Signal[648] und besetzte damit das Wort *Quote* positiv für ihr frauenförderndes Programm.

Kritiker sahen hingegen in der *Quotenregelung* einen Verstoß gegen den Gleichbehandlungsgrundsatz Artikel 3 Abs. 2 GG und waren der Meinung, die Quotierung diskriminiere die Männer.[649] Es begann eine kontroverse Debatte. Mit Stigmawörtern wie *Frauenreservat* (DIE ZEIT, 20.9.1985) oder *Mösenbonus* (DER SPIEGEL Nr. 35, 1986, S. 42) wurde das Vorhaben von den Gegnern diffamiert. Frauen, die aufgrund der *Quotenregelung* in einer bestimmten Funktion tätig waren, wurden als *Quotenfrau* diffamiert, als *Igno-*

---

644 Bündnis 90/DIE GRÜNEN (1996), S. 29.
645 Lang (1989), S. 62.
646 Vgl. Lang (1989), S. 94.
647 Vgl. Deller (1994), S. 13.
648 Arbeitsgemeinschaft Sozialdemokratischer Frauen (1988), S. 27.
649 Vgl. Lang (1989), S. 63.

rantin in Stöckelschuhen (DER SPIEGEL Nr. 35, 1986, S. 33) abgewertet.

„Die ‚Quotenfrau' wird zum Dequalifizierungsbegriff, da angenommen wird, daß die Frau mit Hilfe der Quote, und nicht primär durch Leistung ihre Position erreicht hat."[650]

Das Wort *Quotenfrau* wurde ausschließlich als stigmatisierende Fremdbezeichnung verwendet und löste die Vokabel *Alibi-Frau* in den neunziger Jahren ab.

Ende der achtziger Jahre erreichte die Diskussion um die Vokabel *Quote* eine erste Hochphase. Zahlreiche Quoten-Komposita wurden zu dieser Zeit in den Medien verwendet. Neben den häufig gebrauchten Ausdrücken wie: *Quotenregelung*, *-diskussion* (DER SPIEGEL Nr. 14, 1989, S. 72), *-beschluss*, *-gegner* (DER SPIEGEL Nr. 16, 1989, S. 59) und *-gesetz* (FR, 27.8.1988), war auch vereinzelt u.a. von *Quotenmann* (DER SPIEGEL Nr. 16, 1989, S. 56), -treue (Ebd., S. 59), *-richtlinien* (DER SPIEGEL Nr. 36, 1989, S. 72), *-länder* (ebd. S. 72), *-vorschriften* (ebd. S. 69) und *-spielraum* (ebd. S. 72) zu lesen.

Das Wort *Quote* war meist negativ besetzt und galt in der Politik zeitweilig als „ungeliebtes" (FAZ, 23.1.1993) und „schreckliches" (FR, 9.3.1988) Reizwort, das selbst bei Befürwortern bewusst vermieden wurde.[651] Die CDU propagierte statt dessen vorübergehend als Alternativbezeichnung den Ausdruck „quantitative Zielvorgaben".[652] In der SPD galt dieser Ausdruck hingegen als zu euphemistisch und seine Verwendung in Formulierungen des eigenen Programms wurde abgelehnt.[653]

Zu einer Verschärfung der Diskussion kam es 1989, als Nordrhein-Westfalen als erstes Bundesland eine *Frauen-*

---

[650] Leicht-Scholten (1997), S. 46.

[651] Vgl. DER SPIEGEL, 25.8.1986, S. 34: „Ich vermeide bewußt das Wort Quoten, damit niemand damit etwas Starres, Abgehobenes, ja Gefährliches verbinden kann, was aber gern und zu Unrecht bei Quoten getan wird.", so die Hamburger Rechtsprofessorin Heide Pfarr.

[652] Sozialdemokratischer Informationsdienst (1988), S. 32.

[653] Vgl. Sozialdemokratischer Informationsdienst (1988), S. 32.

quote von 50% in ihrem *Frauenfördergesetz* (DIE WELT, 1.11.1990) für den öffentlichen Dienst festlegte. Die SPD bejubelte das Gesetz als „emanzipatorischen Dammbruch" (DIE WELT, 1.11.1990), während ihre Gegner sogar von „Apartheidsgesetz gegen junge Männer" (DIE WELT, 1.11.1990) sprachen. Ein Jahr später erklärte das Oberverwaltungsgericht in Münster die *Frauenquote* für verfassungswidrig (vgl. SZ, 2.11.1990). Konservative Politiker der CDU interpretierten die *Frauenquote* als „neues Unrecht" (ebd.) und redefinierten damit den zentralen Gedanken der Befürworter, die zuvor *Quoten* für „vergangenes Unrecht" (WAZ, 1.11.1990) forderten. Die Kontroverse beschränkte sich dabei auf die Frage der Vereinbarkeit von *Quotenregelungen* mit dem Gleichheitsgrundsatz.

In der CDU galten *Frauenquoten* bzw. *Quotenregelungen* zur Verwirklichung der Gleichberechtigung von Mann und Frau bis in die neunziger Jahre als „untaugliches Instrument der Frauenförderung" (FAZ, 23.1.1993). Die Ausdrücke etablierten sich bei der CDU als Stigmaworte und wurden zur Bezeichnung von eigenen Programmen vermieden. Erst nachdem die verordnete „Selbstverpflichtung"[654] auf dem Parteitag 1985 in der Partei nicht zu dem gewünschten Ergebnis geführt hatte, wurden Überlegungen angestellt „Ämter und Mandate zu einem Drittel mit Frauen zu besetzen." Diskutiert wurde der Vorschlag 1994 unter dem neuen Terminus *Quorumsregelung* (FR, 1.11.1994). Im Sprachgebrauch der Medien wurde die Neuprägung „Quorum"[655] zunächst mit Anführungszeichen oder dem Zusatz „sogenannt" (FR, 31.8.1996) versehen. „Statt einer Frauenquote erdachte die CDU nun eine ‚Quorumsregelung'" (FR, 1.11.1994). In der sprachlichen Aus-

---

[654] Sie sollte den Frauen ohne Quote ausreichende Mitbestimmung in der Partei gewährleisten. Vgl. FR, 27.4.1994.

[655] „Quorum [...]: zur Beschlussfähigkeit einer [parlamentarischen] Vereinigung, Körperschaft o. Ä. vorgeschriebene Zahl anwesender stimmberechtigter Mitglieder od. abgegebener Stimmen." Duden (1999). S. 3081.

einandersetzung um „die verschämt ‚Quorum' genannte Quote" (FR, 31.8.1996) wurde der Vorschlag der CDU in den Medien polemisch als *Quotenkompromiss* (DIE ZEIT, 2.12.1994) oder „Quote-light für Konservative" (FR, 23.10.1995) bezeichnet. Auch innerhalb der CDU stieß der Vorschlag auf Widerstand. Die Frauen distanzierten sich von dem Vorhaben, weil sie befürchteten, künftig als *Quothilde* (RP, 29.11.1994) oder *Quoten-Tante* (RP, 28.11.1994) stigmatisiert zu werden.

Die Ablehnung des *Frauenquorums* (FAZ, 19.10.1995) auf dem CDU-Parteitag im Oktober 1995 wurde von den meisten Frauen daher mit Erleichterung aufgenommen. „Ich bin mit vielen anderen Frauen froh, dass wir nicht in einem Quoten-Käfig stecken." (Erika Steinbach, Frankfurter Bundestagsabgeordnete in DIE WELT, 20.10.1995). Im öffentlichen Sprachgebrauch findet der Terminus *Quorum* nur vereinzelt im spezifischen Kontext mit der diskutierten Drittel-Quote (FR, 30.11.1994) in der CDU Verwendung und kann sich nicht als positive Alternativvokabel zur Bezeichnung *Quote* etablieren.

In der gleichen Woche, in der das *Frauenquorum* scheiterte, hatte der Europäische Gerichtshof „Quotenregelungen zur automatischen Begünstigung von Frauen im Berufsleben für rechtswidrig erklärt." (RP, 18.10.1995)[656] Das Urteil hatte eine negative politische Signalwirkung und rief Unsicherheit hinsichtlich der Rechtmäßigkeit von *Quoten* hervor. Die Befürworterinnen sahen in der Entscheidung einen „herben frauenpolitischen Rückschlag" (DIE WELT, 18.10.1995) und empörten sich: „Das wichtigste Instrument der Frauenpolitik, die Quote, sei mit dieser Entscheidung ‚außer Kraft gesetzt worden'." (SZ, 18.10.1995). In der Folgezeit distanzieren sich Frauen von der *Quote*, das heißt vom Quotierungsverfahren, und zwar nach Meinung

---

[656] „Sie hebelten die Quotenregelung aus, mit denen 13 deutsche Bundesländer die Position der Frauen in den Amtsstuben der öffentlichen Verwaltung verbessern wollten." DIE WELT, 18.10.1995.

der TAZ „[...] in der Hoffnung, so der Stigmatisierung ihres Geschlechts entgehen zu können." (TAZ, 18.10.1995, S. 10). Die Erkenntnis setzt sich durch: „Die Quote ist genau das Problem, als dessen Lösung sie sich empfiehlt. Sie ‚befreit' die Frau, indem sie sie degradiert." (DER SPIEGEL Nr. 44, 1998, S. 294). Und obwohl die öffentliche Auseinandersetzung um die *Frauenquote* dazu geführt habe, dass die Posten für Männer nahezu halbiert wurden, schaffe sie keine langanhaltende Veränderung in den Köpfen.(vgl. DER SPIEGEL Nr. 52, 1998, S. 56) Die negative Konnotation des Wortes *Quote* führte Ende der neunziger Jahre daher den SPIEGEL zu der Prognose: „Mit der Quote sind wir am Ende." (DER SPIEGEL Nr. 52, 1998, S. 56)

GS

47 Rechter Terrorismus

[Kein Eintrag im Duden.]

„**Ter|ro|ris|mus**, der; -,...men (PI. selten) [frz. terrorisme, zu: terreur, ↑ Terror]: *1. Einstellung und Verhaltensweise, die darauf abzielt [politische] Ziele durch Terror (1) durchzusetzen*: die Ursachen des T.; Natürlich ist Sicherheitspolitik nicht überflüssig in einer Welt der nationalistischen Leidenschaften, der Bürgerkriege und der Terrorismen (Eppler, Kavalleriepferde, 234) **2.** *Gesamtheit der Personen, die Terrorakte verüben*: der internationale T. **3.** (seltener) *Schreckensherrschaft.*
Duden. (1999) , S 3886.

Ein Topos der öffentlichen Sprach- und Mentalitätskritik besagt, die Deutschen seien auf dem rechten Auge blind. Die Legitimität bzw. die Undifferenziertheit dieser Kritik kann empirisch fundierter beurteilt werden, wenn man analysiert, wann in Deutschland von *Terrorismus* die Rede ist, wenn er von rechts kommt.
Mit Beginn der ersten Aktionsphase der *→Baader-Meinhof-Gruppe* ab 1970 wurde in der Öffentlichkeit unter *Terrorismus* fast ausschließlich *Linksterrorismus* verstanden.[657] Die *Rote Armee Fraktion* (RAF) galt im öffentlichen Diskurs als wirkungsmächtigste terroristische Organisation in der Bundesrepublik Deutschland.
Eine erste Welle rechtsextremistischer Gewalt gab es bereits Mitte der 60er Jahre. Mit dem Aufstieg der Nationaldemokratischen Partei Deutschlands (NPD), die sich den Unmut in der Bevölkerung über wirtschaftliche und soziale Stagnation zunutze machte und zwischen 1966 und 1968 in sieben Landtage einzog, gab es erste Ansätze zur Bildung

[657] In der BRD war der *Terror* der RAF maßgebend, der im so genannten „Deutschen Herbst" seinen Höhepunkt erreichte. Vgl. Musolff (1996), S.140.

rechtsterroristischer Gruppen wie die so genannte „Europäische Befreiungsfront“ (EBF), die aber vor Ausübung ihrer geplanten Anschläge durch den Verfassungsschutz zerschlagen werden konnte. Mit dem zwar fest erwarteten, aber doch verfehlten Einzug in den Bundestag bei der Bundestagswahl vom 28. September 1969 zerfiel die NPD durch innerparteiliche Streitereien bis auf eine geringe Mitgliederzahl.

Parallel zu dem deutschen Linksterrorismus entwickelte sich Anfang der 70er Jahre in Italien eine Welle der organisierten Gewalt aus der rechtsextremen Szene. „Ordine Nuovo“ oder „Ordine Nero“ waren bekannt als führende Terrororganisationen.

Der Auslöser für eine heftige öffentliche Auseinandersetzung mit dem *Terror von rechts* (DIE WELT, 29.10.1980, S. 2) bzw. mit dem *Terrorismus von rechts* (RP, 30.9.1980, S. 2) in der Bundesrepublik war der Bombenanschlag auf dem Münchener Oktoberfest am 26. September 1980, bei dem 13 Menschen getötet und 219 verletzt wurden. Jetzt sprach die Öffentlichkeit von einem „anderen“ politisch motivierten Terrorismus. „Jetzt erleben wir eine neue Dimension des Terrorismus aus dieser [rechten] Ecke.“ (FR, 30.9.1980).

Der Täter und so genannte *Rechtsterrorist* (DIE ZEIT, 3.10.1980, S. 2) Gundolf Köhler gehörte der rechtsextremistischen „Wehrsportgruppe Hoffmann“ (WSG) an, die am 30. Januar 1980 wegen ihrer Militanz vom Bundesinnenministerium verboten worden war. Die FRANKFURTER RUNDSCHAU unterstreicht die politische Motivation des Täters und deutet dessen terroristisches Gedankengut an:

> „Schon vor einiger Zeit hatte die Polizei in der Wohnung von Köhler ein ‚Manifest‘ und ein dazugehöriges Programm gefunden, in dem die Ziele der WSG klar wurden: Zerschlagung der bestehenden Gesellschaftsordnung und Errichtung einer ‚Volksgemeinschaft‘.“ (FR, 30.9.1980)

Vokabeln, die sonst nur im Kontext mit dem politisch motivierten Linksterrorismus verwendet wurden, waren jetzt auch in Bezug auf rechtsradikale Übergriffe in den Zeitungen zu finden. Köhler wurde als *terroristischer Attentäter* bezeichnet (DIE ZEIT, 3.10.1980, S. 1) und seine Tat dementsprechend eingeordnet: „Das bisher größte Terrorismusverbrechen kam von rechts." (ebd.) Unter *Terrorismus* verstand die Öffentlichkeit nicht mehr ausschließlich den *Linksterrorismus*, der politische Ziele durch schwere Gewaltverbrechen in den 70er Jahren durchzusetzen versuchte. „[...] mörderische Feinde der geltenden Ordnung [sind] nicht mehr am äußeren linken Rand, sondern ‚rechts' zu suchen" resümierte die FAZ am 29. September 1980. Im Folgenden benutzte die Presse ein spezifisches Vokabular: Geschrieben wurde von *Extremisten von rechts*, einer *terroristischen Aktion*, einem *Terroranschlag* oder von *neonazistischen Terroristen* (FAZ, 29.9.1980). Die SZ (29.9.1980) gebraucht erstmals den Ausdruck *rechtsterroristischer Hintergrund*. Parallel dazu wurden in der Presse Ausdrücke verwendet wie *Westdeutschlands Rechtsradikale*, *rechte Radikale*, *Extremisten*, *Rechtsextremisten* oder *westdeutsche Neonazis* (DER SPIEGEL, 6.10.1980, S. 30ff.). Explizit stellte die FAZ *linksextremen Terror* dem *rechtsextremen Terror* gegenüber (FAZ, 30.9.1980). Für *rechten Terrorismus* verwendete sie den Ausdruck „krimineller Rechtsextremismus" und konstatierte:

> „Daß [er] nicht den Broschürenkult pflegt, wie sein linker Bruder, liegt in der Tradition und im Typus seiner Anhänger. Der Rechtsextremismus reagiert destruktiv auf das, was er als Herd und Ausdruck seiner Bedrohung versteht."

Der Generalbundesanwalt Kurt Rebmann sprach von dem *Rechtsterrorismus*, der 1980 sein „großes Jahr" hatte (DER SPIEGEL, 1.3.1982, S. 82ff.).

Insgesamt wurden 1980 in der BRD 25 *rechtsterroristische* Anschläge gezählt, gegenüber vier im Vorjahr.[658]
Rebmann ordnete dem *Rechtsterrorismus* Tötungsdelikte der „Deutschen Aktionsgruppen“ (1980) zu, sowie das Attentat auf dem Münchner Oktoberfest und die Erschießung von Schweizer Grenzbeamten durch den Rechtsextremisten Frank Schubert. Rebmann bezeichnet in der Folge erstmals Täter aus der rechtsextremen Szene als *Terroristen*: „Ich denke an die Schießerei in München, bei der ein Polizeibeamter verletzt und zwei Terroristen getötet wurden, und an den großen Waffenfund in Uelzen.“ Der bereits verbotenen „Wehrsportgruppe Hoffmann“ und der „Volkssozialistischen Bewegung“ ordnete der Generalbundesanwalt rechtsterroristische Taten zu. Dennoch gab es Schwierigkeiten, *Rechtsterrorismus* von *Rechtsextremismus* zu unterscheiden:

> „Deutschen Linksterrorismus gibt es schon lange, deutschen Rechtsterrorismus moderner Prägung erst seit einigen Jahren. [...] Rechtsterroristen sind vor ihren Aktionen für den Verfassungsschutz und die Polizei oft nur schwer erkennbar. [...] Es sind überwiegend Leute, die in voller Legalität lebten, einen Beruf ausübten, voll sozialisiert und unauffällig waren. Wenn eine solche Gruppe aus einer bisher nicht transparenten Ausländerfeindlichkeit heraus plötzlich furchtbare Straftaten begeht, so kann man den Behörden, die den Rechtsterrorismus im Vorfeld bekämpfen müssen, daraus keinen Vorwurf machen.“ (Kurt Rebmann in DER SPIEGEL, 1.3.1982, S. 83)

Mitte der 80er Jahre machten sich rechtsextremistische Parteien wie die NPD und die „Deutsche Volksunion“ (DVU) oder die 1983 gegründeten Republikaner die Asylproblematik für ihre Werbekampagnen erfolgreich zunutze.

---

[658] Statistik in: Backes/Jesse (1993), S. 132f. Kursivierung A.B.

Bei ihrer Auffassung von Ausländerpolitik stellten rechtsextreme Parteien vor allem Türken und vermeintliche „Scheinasylanten" in einen Kontext mit der „Arbeitslosenmisere" und der Wohnungsnot.
Die →*Wiedervereinigung* 1990 und die damit verbundenen sozialen Probleme sowie die Orientierungslosigkeit vieler Jugendlicher in Ostdeutschland ließen die Mitgliederzahlen der extremistischen Gruppen und Parteien in den neuen Bundesländern steigen. Erstmals gingen Rechtsextreme 1991 in Hoyerswerda unter dem Beifall von Anwohnern auf die Straße und forderten eine „ausländerfreie Stadt". Eine Serie von Taten mit rechtsextremen Hintergrund folgte. In der Nacht vom 2. auf den 3. Oktober 1991 steckten Rechtsextreme im niederrheinischen Hünxe ein Asylbewerberheim in Brand. Im Auszug aus dem rechtskräftigen Urteil heißt es:

> „Auf vorwiegend emotionaler Basis war man überzeugt, daß in der Politik, insbesondere in der Ausländer- und Asylpolitik, deutsche Interessen nicht hinreichend beachtet würden. [...] Sie einigten sich darauf, von außen her Molotow Cocktails gegen das Asylantenheim zu werfen. Es sollte sich um eine spektakuläre Aktion handeln, die politische Wellen schlug."[659]

1991 tauchte auch erstmals der Ausdruck *national befreite Zone* in einem Strategiepapier der NPD auf.[660] Obgleich diese Tatsache ein Anzeichen für organisiertes Handeln seitens der Rechtsextremen war, sprach die Öffentlichkeit im Zusammenhang von Gewaltakten von unüberlegten Handlungen wilder Jugendlicher. Die Presse berichtet von

---

[659] Abschrift der Urteilsbegründung des Duisburger OLG gegen die Attentäter von Hünxe.
[660] Einer ihrer Ideologen forderte die extreme Rechte auf: „Wir müssen Freiräume schaffen, in denen wir faktisch die Macht ausüben, in denen wir sanktionsfähig sind, das heißt, wir bestrafen Abweichler und Feinde." Schweikle: „Wo rechts gilt" in DIE ZEIT, 1.7.1999.

eher spontanen als langfristig geplanten „nächtlichen Terrortour[en]“ der Skinheads (TAZ, 21.11.1991, S. 5) und stellte die Aktionen als eine Art ‚terroristischen Freizeitspaß‘ dar.
Parallel zur politischen Debatte um die Neuregelung des Asylverfahrens, greifen am 22. August 1992 in Rostock/Lichtenhagen zirka 200 Jugendliche die Zentrale Aufnahmestelle für Asylbewerber mit Steinen, Molotowcocktails und Feuerwerkskörpern an. Einen Tag zuvor war in einer Rostocker Zeitung eine Ankündigung dieser Aktion erschienen. Es kommt zu einer 13-stündigen Straßenschlacht zwischen Rechtsextremen und Polizei, bei der die Jugendlichen von etwa 1000 Anwohnern angefeuert werden. Die Serie der Gewalt gipfelte in dem Möllner Brandanschlag am 23. September 1992, bei dem drei Türkinnen getötet und zahlreiche Personen verletzt wurden. „Von 152 Straftaten im Jahr 1990 explodierte die Anzahl der meist gegen Asylbewerberheime begangenen Sprengstoff- und Brandanschläge auf 2179 Gewalttaten im Jahr 1992.“[661]
Mit dem Anstieg der Gewalt entstand eine öffentliche Diskussion, ob die Täter *Terroristen* oder eher *straffällige Rechtsextremisten* seien. Der katholische Bischof Berlins, Kardinal Sterzinsky, nannte das wiederkehrende Phänomen den *Terror von Neonazis* (TAZ, 28.9.1992, S. 22). Die TAZ spricht indessen von *rechter Gewalt* (ebd.). Bundeskanzler Helmut Kohl verurteilte Brandanschläge auf Baracken im früheren Konzentrationslager Sachsenhausen und zog den direkten Vergleich zum Linksterrorismus:

> „Diese Brandstiftungen und die immer wieder aufflammende Gewalt gegen Asylbewerber in Deutschland sind Formen des Terrors, die den Gewalttätigkeiten linksextremistischer Mörderbanden in nichts nachstehen.“ (SZ, 29.9.1992)

---

[661] Rabert (1995), S.239.

Der oberste Verfassungsschützer Eckhart Werthebach spricht von „erste[n] Anzeichen für terroristische Ansätze" (zitiert nach TAZ, 8.10.1992, S. 12). Thomas Daniel, Chef der „Deutsch Nationalen Partei", wurde als einziger deutscher Rechtsextremist wegen Verdachtes auf Bildung einer kriminellen Vereinigung nach §129 sowie wegen Mitgliedschaft, Werbung und Unterstützung für eine terroristische Vereinigung inhaftiert (vgl. ebd.). Drei Ermittlungsverfahren gegen eine „rechtsterroristische Vereinigung" (ebd.) waren in der Bundesrepublik angesetzt. Im Mittelpunkt stand dabei die offen militante „Nationalistische Front". Dennoch sah der Generalbundesanwalt Rebmann in den Gewaltakten eher spontane Übergriffe als einen organisierten Terrorismus im Sinne des Linksterrorismus. Rebmann distanzierte sich schließlich von der Verwendung des Ausdrucks *Rechtsterrorismus*:

> „Ich habe den RAF-Terror erlebt, das war eine geschliffenere Kriminalität und viel gravierender als die rechtsextremistischen Gewalttaten heute. [...] Das sind Rechtsextreme und ganz normale Straftäter, ohne die Strukturen der RAF und deren Kommandoebene.[...] Im Gegensatz zum RAF-Terror der siebziger und achtziger Jahre wollen die rechtsextremen Gewalttäter nicht in erster Linie den Staat zerstören und verändern, sondern ihrem Haß gegen Ausländer freien Lauf lassen." (RP, 14.10.1992)

Die Tageszeitungen sprachen in der Folge seltener vom *Rechtsterrorismus*, sondern von *Rechtsextremismus* oder *Rechtsradikalismus*.[662] *Rechte Gewalt* oder *rechtsradikale Umtriebe* (TAZ, 26.11.1992, S. 4f.) waren Ausdrücke, die darüber hinaus in der Zeitung zu finden waren.

---

[662] Den Ausdruck *Rechtsterrorismus* verwendet z.B die TAZ 1992 14 Mal, hingegen *Rechtsextremismus* 188 Mal und *Rechtsradikalismus* 350 Mal.

Der Ausdruck *Nazi-Terror* wurde von Demonstranten gegen Rechts als Stigmawort verwendet.[663]

Die Presse ordnete die Übergriffe ebenfalls als spontane Gewaltakte ein: „In Deutschland herrscht eine Atmosphäre, in der es zur Freizeitgestaltung gedeiht, Mollis auf Flüchtlingswohnungen zu werfen, [...]“ (TAZ, 11.12.1992, S. 10) Der Erziehungswissenschaftler Klaus Hurrelmann sieht in den Gewalttätern keine Personen mit einer bestimmten politischen Überzeugung, wie sie bei den Linksterroristen zu beobachten sei:

> „Die Impulse, die bei den Jugendlichen zu Gewaltausbrüchen führen, stammen nicht von rechts. [...] Der eigentliche Antrieb ist eine tiefsitzende Verunsicherung. [...] Die rechten Proteste werden im Wesentlichen von Jugendlichen [...] angeführt, die sich schulisch und sozial in einer nicht gerade privilegierten Situation befinden.“ (DER SPIEGEL, 19.10.1992, S. 69)

Mit der Konstituierung der so genannten *Neuen Rechten* distanzieren sich organisierte Rechtsradikale in der Öffentlichkeit stark von der Gruppe der neonazistischen Militanten (*Skinheads*). Mit Selbstbezeichnungen wie „intellektuelle Rechte“ (CRITICÓN Nr. 144, Oktober/November/Dezember 1994, S. 197) oder „Rechtsintellektuelle“ (CRITICÓN Nr. 145, Januar/Februar/März 1995, S. 56) rückt die „Neue Rechte“ von den radikalen Schlägertrupps ab. Mit Gewalttätern konnte die Öffentlichkeit in der Folge eher unorganisierte Militante verbinden, die kein politisches Programm mitbrachten. Die intellektuelle Rechte hatte insofern Erfolg, als nach dem schweren Brandanschlag in Solingen im Mai 1993, bei dem fünf Türken ihr Leben verloren, die Öffentlichkeit nun nicht mehr von

[663] Wie bei einer Münchner Demonstration gegen Rechtsextremismus, die auf Transparenten veröffentlicht: „Dem Nazi-Terror Einhalt gebieten“ (TAZ, 26.11.1992, S. 5).

Rechtsterrorismus sprach, wie sie es noch nach dem Anschlag auf das Münchener Oktoberfest getan hatte.
Nach der Versendung von insgesamt vierzehn Briefbomben (in dem Zeitraum 1993/94) an Personen oder Firmen, die sich für Ausländer eingesetzt haben sollten, sprach DIE ZEIT wieder vom *rechten Terrorismus*: „Der rechte Terror kehrt zurück" (DIE ZEIT, 10.2.1995) und „Rechter Terror erschreckt das Volk" (DIE ZEIT, 17.3.1995).
Ab Mitte der neunziger Jahre wurde es ruhig um die Vokabel *Rechtsterrorismus*. Ende der Neunziger berichtet DIE ZEIT vom „‚harten Kern'[664] der Wurzener Rechtsextremisten" (DIE ZEIT, 1.1.1999).

> „Die haben Gebiete von Wurzen und Umgebung zu Sperrzonen für Andersdenkende gemacht: die S-Bahn, die Diskothek, die Straßen um den Jugendtreff Schweizergarten. Die 135 Ausländer, die noch in Wurzen leben, meiden diese Orte nach Einbruch der Dämmerung. Und auch für Jugendliche, die lange Haare tragen, sind diese Zonen no-go areas." (ebd.)

Die Mehrzahl der Gewalttaten werden in der Öffentlichkeit begrifflich nicht primär dem *Rechtsextremismus* oder dem *Rechtsterrorismus* zugeordnet. Sie werden als ein Sozialisationsproblem vieler Jugendlicher gesehen:

> „In den Augen vieler Eltern, Lehrer und Sozialarbeiter ist rechte Gewalt der Ausdruck verunsicherter, perspektivloser Jugendlicher – oder die ‚überzogene' Reaktion auf ‚das Ausländerproblem'" (Anette Jensen: „Courage gegen Rechts", DIE ZEIT, 10.12.1998)

[664] Als „Mitglieder des harten Kerns der RAF" (TAZ 10.7.1987) bezeichnete die Öffentlichkeit ab 1972 die innere Führungsgruppe der „Rote Armee Fraktion".

Der Essener Jugendforscher Wilfried Breyvogel unterscheidet zwischen *Jugendlicher Fremdenfeindlichkeit* und *Neorassismus* (RP, 3.10.2000). Das Erste sei keine politisch oder ideologisch begründete Einstellung, sondern eine Beziehungsform, eine Rivalität. Im Zusammenhang mit organisierten Brandanschlägen spricht er nicht von *Rechtsterrorismus*, sondern von *Neorassismus*. Diese Vokabel hat sich aber noch nicht etabliert.

AB

48 Rechtschreibreform

„**Recht|schrei|bung**, die [LÜ von lat. orthographia, ↑Orthographie]: **1.** <Pl. selten> *nach bestimmten Regeln festgelegte, allgemein geltende Schreibung von Wörtern; Orthographie*: eine Reform der R. [...].“ Duden (1999), S. 3126.
„**Re|form**, die: -, en [franz. réforme; zu: réformer, ↑reformieren]: *planmäßige Neuordnung, Umgestaltung, Verbesserung des Bestehenden (ohne Bruch mit den wesentlichen geistigen und kulturellen Grundlagen)*: eine entschiedene, durchgreifende R.; politische, soziale -en; eine R. [der Rechtschreibung] an Haupt und Gliedern; eine R. des Arbeitsmarktes, des Gesundheitswesens, des Steuerrechts; [...].“ Duden (1999), S. 3136.

Die öffentliche Diskussion über eine Reform der deutschen Rechtschreibung offenbart die Ansichten der Gesellschaft über einen wichtigen Sektor des Sprachgebrauchs. Sie ist Teil des gesellschaftlichen Diskurses zwischen Experten und Allgemeinheit bzw. zwischen Parteiungen der Öffentlichkeit über Sprache.
Bereits kurz nach Ende des Zweiten Weltkrieges ergaben sich im Zuge des Neuaufbaus des Schulwesens erste Bestrebungen zu einer systematischen Reform der Rechtschreibung. Doch erst 1954 veröffentlichte ein von der Kultusministerkonferenz beauftragter und mit Vertretern aus Deutschland, der Schweiz und Österreich besetzter Arbeitskreis einen Reformentwurf. Diese „Empfehlungen zur Erneuerung der deutschen Rechtschreibung“ (kurz *Stuttgarter Empfehlungen* genannt) umfassten acht geplante Reformpunkte, – darunter die Einführung der „gemäßigten Kleinschreibung“, die wohl – wegen der Kleinschreibung der Substantive – die deutlichsten Änderungen im Schriftbild der bestehenden Rechtsschreibung verursacht hätte. Im Laufe der Diskussion um diese Reformvorschläge ent-

wickelte sich der Ausdruck *Rechtschreibreform* sowohl bei Reformgegnern als auch -befürwortern zur Programmvokabel. Schriftsteller, Verbände und Akademien fürchteten eine *Verarmung*, *Verundeutlichung* und *Verhässlichung* des deutschen Schriftbildes und stuften die Reform als kulturgefährdende Maßnahme ein. In Deutschland wies die Diskussion auf Grund der Zweistaatlichkeit ideologisierende Züge auf: Westliche Reformgegner bezeichneten die Befürworter einer Rechtschreibreform diffamierend u.a. als *radikale Elemente, Reformfanatiker, Sprachingenieure* oder *revolutionäre Pedanten*. Östliche Reformkritiker sahen bei den Reformbefürwortern dagegen von den USA gesteuerte *Kommunistenfeinde* am Werk.
Letztendlich scheiterten die 1954er Reformvorschläge am Widerstand der Deutschen Akademie für Sprache und Dichtung, dem negativen Votum einzelner deutscher Schriftsteller wie Thomas Mann, Hermann Hesse und Friedrich Dürrenmatt sowie einer einsetzenden Pressekampagne, welche die öffentliche Meinung gegen die Reformvorschläge mobilisierte.[665]
Als Folgen des einsetzenden Protestes kam eine geplante Rechtschreibkonferenz in Wien nicht zustande, und die Kultusministerkonferenz (KMK) erließ ein Jahr später (1955) den so genannten *Stillhaltebeschluss*:

> „Die in der Rechtschreibreform von 1901 und den späteren Verfügungen festgelegten Schreibweisen und Regeln für die Rechtschreibung sind auch heute noch verbindlich für die deutsche Rechtschreibung. Bis zu einer etwaigen Neuregelung sind diese Regeln die Grundlage für den Unterricht an allen Schulen. In Zweifelsfällen sind die im ‚Duden' gebrauchten Schreibweisen und Regeln verbindlich."[666]

---

[665] Vgl. Küppers (1984), S. 120f. Siehe auch Strunk (1992) und Strunk (1998).
[666] Zitiert nach Zabel (1996), S. 14.

Einerseits bekräftigte die KMK durch dieses Bulletin ihren Willen, an einer Orthographiereform festzuhalten, andererseits hatte der Staat durch diesen Beschluss seine Regelungskompetenz für den orthographischen Bereich weitgehend auf eine privatwirtschaftliche Institution übertragen.
1958 stellte ein von der KMK noch 1956 beauftragter Arbeitskreis seine als *Wiesbadener Empfehlungen* bekannt gewordenen „Empfehlungen des Arbeitskreises für Rechtschreibregelung zur Reform der deutschen Rechtschreibung“ vor. Qualitativ unterschieden sie sich kaum von den *Stuttgarter Empfehlungen*, dafür aber in der Quantität der Erläuterungen: Jeder Reformvorschlag wurde ausführlich begründet. Überraschenderweise stießen die *Wiesbadener Empfehlungen* auf mehr Akzeptanz als frühere Reformvorschläge, scheiterten letzten Endes dennoch ebenfalls – diesmal an den unentschiedenen Haltungen Österreichs und der Schweiz.
Anlässlich der verstärkt geforderten Einführung der *gemäßigten Kleinschreibung* in verschiedenen Reformvorschlägen zu Beginn der siebziger Jahre („Resolution der Fachschaft Deutsch an den pädagogischen Hochschulen des Landes Nordrhein-Westfalen“, „Hessische Rahmenrichtlinien Deutsch für die Sekundarstufe I“, Entschließung der Sektion I des „Deutschen Germanistentages 1973“) wurde erneut eine hitzige öffentliche Diskussion geführt. Diesmal gingen die Reformer ähnlich radikal in die Offensive wie zuvor die Kritiker; die Orthographie-Frage wurde erneut im Sinne des vorherrschenden Ost-West-Konfliktes politisiert und ideologisiert: Während konservative Reformgegner auf – dem politischen Vokabular entlehnte – Stigmawörter wie *Rechtschreibrevolutionäre* oder *Sprachrevoluzzer* zurückgriffen, bezeichneten sozialistische Reformbefürworter – ideologisches marxistisches Vokabular benutzend – ihre Meinungsgegner mit Ausdrücken wie *Klassenfeind* sowie die Reformdiskussion als *Klassenkampf*. Diesmal scheiterten die Reformversuche an den Widerständen einzelner Bundesländer.

Die Anfänge der ersten erfolgreichen Rechtschreibreform seit der *II. Orthographischen Konferenz* 1901/1902 liegen in den späten Siebzigern. 1977 wurde die „Kommission für Rechtschreibfragen“ am „Institut für deutsche Sprache“ (IdS) in Mannheim neu konstituiert. Die folgenden fachlichen und politischen Bemühungen führten 1986 schließlich zu den *Ersten Wiener Gesprächen*, die zusammen mit den *Zweiten* und *Dritten Wiener Gesprächen* (1990 und 1994) als die *III. Orthographische Konferenz* gelten: 1987 beauftragten das deutsche „Bundesministerium des Innern" (BMI) und die KMK anlässlich der *1. Wiener Gespräche* das Institut für deutsche Sprache, einen Neuregelungsvorschlag für die deutsche Rechtschreibung zu erarbeiten, welcher auf Grund heftiger öffentlicher negativer Reaktionen überarbeitet und erneut publiziert wurde. Im Mai 1993 veranstalteten das BMI und die KMK zu diesen Vorschlägen ein öffentliches Hearing, an dem 50 Interessengruppen teilnahmen, die dem vorliegenden Vorschlag nahezu uneingeschränkt zustimmten.
Eine erneute öffentliche Diskussion setzt erst mit der Vorstellung eines Entwurfes des neuen Regelwerkes vom „Internationalen Arbeitskreis für Orthographie“ („Deutsche Rechtschreibung – Vorschläge zu ihrer Neuregelung“) auf der Frankfurter Buchmesse 1992 ein. Die Wortwahl der Reformgegner bezüglich dieser Vorschläge zeigt die Befürchtung eines tiefen Einschnittes in die deutsche Rechtschreibung und eine Verkomplizierung durch diese „alles andere als einfachen und einheitlichen [...] Sprachrevolution“ (RUHR-NACHRICHTEN, 29.9.1992). Der damalige Leiter der Dudenredaktion, Drosdowski, prägt den sich zu einer Leitvokabel der Befürworter entwickelnden Ausdruck der *kleinen Reform der Vernunft* (LUDWIGSBURGER KREISZEITUNG, 1.10.1992), mit der die schriftsprachlichen Auswirkungen der Reform als gering bzw. logisch und notwendig gekennzeichnet werden sollen. Die Printmedien beginnen dagegen, über konstruierte und im Schriftbild befremdlich wirkende Artikelüberschriften massive Eingriffe

in die bestehende Rechtschreibung (und damit die Notwendigkeit zum völligen Umlernen) zu suggerieren. Gegenstand solcher die Vokabel Rechtschreibreform negativ konnotierenden Sprachthematisierungen sind vor allem Vorschläge aus den Bereichen der Groß-/Kleinschreibung, Laut-/Buchstabenzuordnung und Fremdwortschreibung: [...] „Daß oder das oder dass?“ (DIE ZEIT, 9.10.1992), „Filologenvernunft“ (DIE ZEIT, 30.10.1992), „Ein katastrofaler Analfabetismus“ (DIE PRESSE, 3./4.10.1992), „Strofe oder Reuma – auch das soll erlaubt sein“ (DIEPHOLZER KREISBLATT, 24.11.1994).

Die Bezeichnung *Rechtschreibreform* hat sich in der öffentlichen Diskussion zum Schlagwort entwickelt, Gegner und Befürworter der Reform nutzen es gleichermaßen: „Rechtschreibreform wird salonfähig“ (KÄRTNER TAGESZEITUNG, 25.11.1994), „Rechtschreibreform zwischen Hoffen und Bangen“ (DIE WELT, 21.9.1995), „Rechtschreibreform kostet Milliarden“ (DIEPHOLZER KREISBLATT, 25.11.1994).

Der modifizierte endgültige Reformbeschluss vom 1. Juli 1996 (das Ergebnis der *3. Wiener Gespräche*) läutet die letzte und emotionalste Runde im Ringen um die Rechtschreibung ein. Mit diffamierenden Formulierungen wie „größte Desinformationskampagne“, „die Neuschreibung ist häßlich“, „jahrelange Verwirrung und Verärgerung“, „Folgen für die deutsche Literatur katastrophal“ setzt sich der Gymnasiallehrer Friedrich Denk mit einem auf der Frankfurter Buchmesse 1996 verteilten Flugblatt an die Spitze der Reformgegner. Seine Protestresolution „10 Argumente gegen die Rechtschreibreform“ wird von zahlreichen namhaften Schriftstellern unterstützt und legt in Verbindung mit der anschließenden tendenziösen Berichterstattung im SPIEGEL (Titel: „Schwachsinn Rechtschreibreform. Rettet die deutsche Sprache! Der Aufstand der Dichter“, DER SPIEGEL, 14.10.1996) den Grundstein für eine wahre Flut an Gerichtsentscheiden, Volksbegehren und Verfassungsbeschwerden. Die Argumente der Reformgegner konzentrieren sich in dieser Phase vor allem auf zwei Gebiete: Hinterfragt werden die Reform-Finanzierung und die Gesetzmäßigkeit ihrer Durchführung. Da die Änderungen nur einen kleinen Teil der deutschen Rechtschreibung beträfen, müsste genau abgewogen werden, ob die Ausgaben dafür gerechtfertigt seien:

> „In Anbetracht der schwierigen wirtschaftlichen Lage darf eine Reform, die in den meisten Punkten keineswegs notwendig ist, in vielem sogar eine Verschlechterung bedeutet und [...] nur etwa 0,05 Prozent eines durchschnittlichen Textes betreffen würde, auf keinen Fall dazu führen, daß alle Schulbücher, die meisten Lexika [...] und in der Folge auch literarische Bücher neu gedruckt [...] werden müssen." (TAZ, 8.10.1996, S 3)

1997 hat sich diese Situation gewandelt. Die Verlage, die sich nun auf die Reform eingestellt haben, beklagen große Verluste durch Verkaufseinbrüche auf Grund der anhaltenden Diskussion um die Rechtschreibreform. Sie befürchten jetzt ihr Scheitern und damit einhergehende finanzielle Verluste. Der Verband der Schulbuchverlage fordert in diesem Sinne den Gesetzgeber auf, an der Rechtschreibreform festzuhalten: „Eine Umkehr würde etliche Verlage in den Ruin treiben" (RP, 3.6.1997). Die RHEINISCHE POST kommentiert in diesem Sinne:

> „Wenig bedacht wird auch: Schulen und Verlage haben bereits erheblich investiert – was würde in Zeiten knapper Kassen aus den neuen Büchern? Wer soll den Ersatz bezahlen? Daher muß die Rechtschreibreform unbedingt bleiben." (RP, 5.11.1997)

In ein wesentlich kritischeres Stadium gelangt die Rechtschreibreform angesichts der Kritik an ihrer Rechtmäßigkeit: Hat die KMK sowohl die Kompetenz als auch die Befugnis, Rechtschreibnormen zu beschließen, oder muss eine Orthographiereform nicht vielmehr auf dem parlamentarischen Weg in den einzelnen Ländern verabschiedet werden? In einem SPIEGEL-Interview äußert sich der Frankfurter Verfassungsrechtler Erhard Denninger bereits 1995 zu dieser Problematik. Für ihn ist ein Rechtschreibgesetz des Bundestages nötig, da eine Änderung der Orthographienormen Grundrechte berühre:

> „Eine Änderung der jahrzehntealten Gewohnheiten ist ein wesentlicher Eingriff in unsere Handlungsfreiheit. Laut Bundesverfassungsgericht dürfen wesentliche Eingriffe in Grundrechte nicht einfach von einer Ministerrunde verkündet werden, sondern müssen vom Parlament beschlossen werden. Wir brauchen ein Rechtschreibgesetz." (DER SPIEGEL, 30.10.1995, S. 19)

Es steht die Frage im Mittelpunkt, ob die *Rechtschreibreform* nicht ein so wesentlicher Eingriff in Grund-, Persönlichkeits- oder Erziehungsrechte sei, dass die Kultusminister keine Regelungskompetenz hätten.

Ein Jahr später haben die Reformgegner ihre Bedenken im Hinblick auf die rechtlich korrekte Durchführung der Reform erweitert und stellen die orthographische Normgebungskompetenz des Staates nun grundsätzlich in Frage: „Ist die Rechtschreibung überhaupt eine Materie [...], die staatlicher Regelung zugänglich ist?" (DER SPIEGEL, 28.10.1996).

Die Verwaltungsgerichte aller Bundesländer werden von Reformgegnern mit Eilanträgen überzogen, nach identischer Faktenlage wird jeweils unterschiedlich entschieden. Erst das Bundesverfassungsgericht beendet am 14. Juli 1998 die verworrene Situation, an deren Ende 13 Verwaltungs- (VGe) und 5 Oberverwaltungsgerichte (OVGe) pro Reform, 10 VGe und 2 OVGe contra Reform entschieden hatten:

„Für die Einführung der neuen Rechtschreibung bedurfte es keiner besonderen gesetzlichen Grundlage. Mit diesem Leitsatz wischte das Bundesverfassungsgericht alle Zweifel vom Tisch. Zweifel, die entstanden waren, nachdem die von ReformgegnerInnen angerufenen Verwaltungsgerichte zuvor äußerst uneinheitlich urteilten." (TAZ, 15.7.1998, S. 6)

Trotz aller Widerstände wird die Rechtschreibreform planmäßig am 1. August 1998 mit einer Übergangszeit bis 2005 an den Schulen aller Bundesländer mit Ausnahme Schleswig-Holsteins sowie am 1. August 1999 von den meisten Zeitungsredaktionen und Nachrichtenagenturen eingeführt. Dass die Reform auch nach ihrer offiziellen Durchführung weiterhin umstritten bleibt, zeigt die Rückkehr der FAZ zur alten Rechtschreibung ab August 2000. Die Reform sei „das dümmste und überflüssigste Unternehmen in der Kulturpolitik nach dem Zweiten Weltkrieg" (FAZ, 26.7.2000), entstanden sei ein *Rechtschreibchaos* (DIE WELT, 27.7.2000). Die DEUTSCHE AKADEMIE FÜR SPRACHE UND DICHTUNG fordert allgemein eine Rückkehr zur alten Rechtschreibung und prägt dafür das Neuwort *Rückbau* (DIE WELT, 27.7.2000). Zusätzlich aktivieren Reformgegner die Leitvokabel *Reform der Reform* (FOCUS, 14.8.2000, S. 45; DIE WELT, 27.7.2000). Die Reformbefürworter versuchen dagegen, die Bedeutsamkeit dieser Debatte herunterzuspielen: die Diskussion wird als *Sommertheater* (DER SPIEGEL, 31.7.2000, S. 169) bezeichnet und die Ansichten der Reformgegner mit der Stigmavokabel *Sprachfundamentalismus* (DER SPIEGEL, 31.7.2000, S. 170) belegt.

JF

49 Reichstag

„**Reichs|tag**, der: [...] **3.** *(in bestimmten Staaten) Parlament*: der dänische, finnische, niederländische R. **4.a)** *Gebäude für die Versammlungen der Reichstage* (1-3) **b)** *Gebäude in Berlin, in dem (seit 1999) die Plenarsitzungen des Deutschen Bundestages stattfinden*: Schröder, der den Berliner R., das künftige Parlamentsgebäude des Bundestags, »Reichstag« genannt haben möchte (Die Zeit, 31. März 1999)." Duden (1999), S. 3149.

Bei der Anfang März 1999 sich zuspitzenden Diskussion um den so genannten *Reichstag* steht nicht das Reichstagsgebäude an sich im Zentrum der öffentlichen Aufmerksamkeit. Vielmehr geht es dabei um die zu treffende Entscheidung im Namensstreit, wie der Sitz des Deutschen Bundestages im Reichstagsgebäude zukünftig korrekterweise zu heißen hat.
Die *Reichstags*-Diskussion wurde bereits 1991 eröffnet[667], als im Prozess der →*Wiedervereinigung* über die Hauptstadtverlegung von Bonn nach Berlin debattiert wurde. Als 1999 die so genannte *Bonner* zur *Berliner Republik* wird, rückt die Frage nach der Benennung des Reichstages stärker ins allgemeine Interesse. In den Medien, der Politik und der Wissenschaft wird darüber kontrovers diskutiert. Am 18. März 1999 trifft der Ältestenrat des Bundestages die Entscheidung, dass es statt *Reichstag* künftig im verwaltungsinternen Sprachgebrauch „Plenarbereich Reichstagsgebäude"[668] heißen soll.

---

[667] „Ich wünsche, dass der Reichstag mit seiner gesamten komplizierten Geschichte – er ist Ausdruck dieser deutschen Geschichte –, mit seinen negativen Seiten und seinen positiven Seiten künftig ein Symbol der deutschen Freiheit, der Freiheit in Deutschland wird [...]." Karsten D. Voigt, SPD, zitiert nach: Herles (1991). S. 246.

[668] Vgl. zahlreiche Presse-Artikel z.B. FAZ vom 20. März 1999 oder DIE WELT vom 20. März 1999 (hier heißt es allerdings ‚Plenarbereich im Reichstagsgebäude').

Haltestellen des öffentlichen Personennahverkehrs sowie Verkehrshinweisschilder behalten nach wie vor den Namen *Reichstagsgebäude*.

Während CDU, FDP sowie Bündnis 90/DIE GRÜNEN die alte Bezeichnung *Reichstag* für das Parlamentsgebäude beibehalten wollten, favorisierte die SPD-Fraktion (Bundeskanzler Gerhard Schröder ausgenommen) den Namen *Plenargebäude* (SZ, 8.3.1999). In der Auseinandersetzung um den *Reichstag* argumentieren die Beteiligten aus unterschiedlichsten Perspektiven, um ihr jeweiliges Für oder Wider zu begründen.

Durch die Äußerung des Bundestagspräsidenten Wolfgang Thierse (SPD), dass ihn das Wort „Reichstag" (FR, 5.3.1999) an ein Reich erinnere, das es nicht mehr gebe, gewinnt die Debatte an Brisanz. Seiner Meinung nach sollte der Name für das Gebäude des Deutschen Bundestags erneut überdacht werden. Ebenso wie Thierse argumentieren auch andere kritische Stimmen sprachthematisierend gegen die Bezeichnung *Reichstag*:

> „Bundestag wäre die entsprechende Lösung. Das Wort umfasst Fassade und Inhalt. [...]. Mit Reichstag kann bestenfalls die Hülle des Gebäudes gemeint sein. Nach dem Zusammenbruch des Dritten Reichs ist ‚Reich' fast ein Unwort. Schnee von gestern: Reichstag, Reichskanzler, Reichsführer [...]. Stattdessen ist ‚Bund' allgegenwärtig [...]" (FR, 11.3.1999).

Das Wort *Reich* wird hier als belastete Vokabel verstanden, die gewisse Assoziationen weckt. Befürworter der *Reichstags*-Bezeichnung nehmen jedoch eine Differenzierung vor. Sie sind der Meinung, dass gerade, weil der Vokabel *Reich* keine Wirklichkeit mehr entspreche, sie unproblematisch verwendet werden könne:

> „‚Reichstag' einfach mit ‚Reich' gleichzusetzen wäre genauso unsinnig, wie Berlin mit Preußens Gloria oder

deutschem Zentralismus zu verwechseln" (SPD-Bundeskanzler Gerhard Schröder in: DAS PARLAMENT, 23.4.1999).

„Auch wenn der Bundestag endgültig nach Berlin zieht, muss es beim Namen Reichstag bleiben. Schließlich geht es nicht um den Namen für das deutsche Parlament, sondern um das Haus, in dem der Bundestag seine Arbeit fortsetzen wird" (Bundestagsvizepräsident Hermann Otto Solms, FDP, in: FR, 5.3.1999).

Neben den sprachreflexiv motivierten Argumenten werden auch andere, stärker auf die politische und auch symbolische Funktion des Reichstags eingehende Aussagen formuliert. Hierbei wird nicht konsequent zwischen dem *Reichstag* als Institution und dem *Reichstag* als Gebäude unterschieden. Die Anhänger der *Reichstags*-Bezeichnung sind der Meinung, dass dieses historische Gebäude seinen Namen behalten soll. Die Befürworter der *Bundestags*-Bezeichnung sprechen sich hingegen für die Umbenennung aus, weil die sich darin befindende Institution dem Gebäude ihren Namen geben sollte und nicht umgekehrt.
Einige Abgeordnete sprechen sich dagegen aus, den *Bundestag* in das *Reichstagsgebäude* einziehen zu lassen. Sie sehen im *Reichstag* zum einen „den wilhelminisch-obrigkeitsstaatlichen Geist verkörpert"[669]. Zum anderen bringen sie den *Reichstag* mit der Zeit des Nationalsozialismus in Verbindung: Dieser habe „mit der Zustimmung zum Ermächtigungsgesetz seine historische Rolle verspielt"[670]. Sie verlangen daher einen Neubau für die *demokratische* Bundesrepublik. Die Stimmen, die für die Beibehaltung der Bezeichnung *Reichstag* sind, argumentieren

---

[669] Bahr (1999), S. 4. Jedoch missfiel Kaiser Wilhelm II sowohl das 1894 fertig gestellte Gebäude wie auch die damit verbundene Institution darin: „Er sprach gern vom ‚Reichsaffenhaus' und bezeichnete den Bau als ‚Gipfel der Geschmacklosigkeit'." (ebd.).
[670] Dr. Hermann Scheer (SPD), zitiert nach: Herles (1991), S. 265f.

hingegen, dass das Reichstagsgebäude nicht nur für schlechte, sondern auch gute Phasen deutscher Politik stehe:

> „Dieses Gebäude heißt nun einmal ‚Reichstag', und es ist mit diesem Namen zum Symbol geworden für die wechselvolle Geschichte des deutschen Parlamentarismus, für die Wendepunkte des Ringens der Deutschen um die Durchsetzung von Demokratie und Bürgerrechten, gegen Obrigkeit und Diktatur." (Hermann Otto Solms, FDP, in: RP, 4.3.1999)

Die vom Ältestenrat des Bundestages getroffene Entscheidung, das Parlament in Berlin zumindest verwaltungsintern „Plenarbereich im Reichstagsgebäude" (DIE WELT, 20.3.1999) zu nennen, lässt die Öffentlichkeit zum großen Teil mit Ablehnung und Spott reagieren. Der CDU-Politiker Joachim Zeller, Bezirksbürgermeister von Berlin-Mitte, spricht zum Beispiel von einem „Wortungeheuer", das sich als „umständliche Formulierung" (vgl. ebd.) nicht durchsetzten werde. Die Berliner SPD empfindet die Bezeichnung als „stark gewöhnungsbedürftig" (vgl. ebd.). Der ganze Namensstreit spiegelt die Diskrepanz zwischen dem offiziellen und dem inoffiziellen Sprachgebrauch wider: „[...] wie die Menschen das Gebäude nennen, entscheidet nicht der Ältestenrat, sondern der Berliner Taxifahrer. Darum: Der Reichstag bleibt der Reichstag." (vgl. ebd.)

AJM

50 Runde Tische

„**Tisch** [...] **runder T.** *(Kreis, Gremium von gleichberechtigten Partnern)*: etw. am runden T. verhandeln; ...gefordert ... eine Art runder T. gegen das Verbrechen (Spiegel 47, 1993, 74); Stadt und Verkehrsverein wollen einen »Rahmenkatalog« erstellen ..., nachdem sich ja auch »runde Tische« schon seit Jahren mit der Problematik befassen (RNZ 23.7.99, 3)" Duden (1999), S. 3911.

Die Tradition des *runden Tisches* stammt aus dem Sagenkreis um Artus. Dessen „Tafelrunde" (französisch *table ronde*) symbolisiert bis heute das Prinzip des Gleichen unter Gleichen. Die sich durch eine Sitzordnung manifestierenden Abstufungen zwischen Herrscher und Gefolge werden *am runden Tisch* bewusst vermieden.
Aus dieser Tradition leitet sich die standardsprachlich metaphorische Verwendung der Bezeichnung *am runden Tisch* ab. In ihr drückt sich besonders der Aspekt der Verhandlung gleichberechtigter Teilnehmer aus.
In den Jahren 1989-1990 erhalten so genannte *runde Tische* eine besondere politische und gesellschaftliche Brisanz: In mehreren sozialistischen Ländern Osteuropas kommen erstmals Vertreter der kommunistischen Regierungen mit Mitgliedern der eigentlich illegalen Opposition zu Gesprächen zusammen, um über demokratische Neuerungen zu verhandeln. Zielsetzung der herrschenden Partei war kurzfristig ein Krisenmanagement und langfristig eine gewisse Demokratisierung bzw. Erneuerung des bestehenden Systems. Die Opposition wollte eine basisdemokratische Erneuerung der sozialistischen Idee erreichen. Dazu forderte sie die Übernahme parlamentarisch-demokratischer Strukturen und die Überwindung der Einparteien-

diktatur.[671] Da die Gespräche am *runden Tisch* zum Instrument und zum Symbol friedlicher Reformen in einst sozialistischen Staaten wurden, werden die runden Tische auch als „Konkursverwalter des ‚realen' Sozialismus"[672] bezeichnet.

Außerhalb der offiziellen Strukturen des jeweiligen politischen Systems wurde in Polen, Ungarn, der Tschechoslowakei und Bulgarien der Alleinvertretungsanspruch der kommunistischen Partei aufgehoben und der Weg für weitreichende Veränderungen geebnet. In Polen fanden vom 6. Februar bis zum 5. April 1989 Gespräche *am runden Tisch* statt. Der dort vereinbarte Konsens hatte Modellcharakter für die Nachbarländer.

Die SPIEGEL-Kritik am „feudalen Ambiente", in dem sich das krisengeschüttelte Volk präsentierte, vereint die metaphorische mit der denotativen Bedeutung der Bezeichnung *am runden Tisch*:

> „Kernstück der ausufernden Diskussion um Polens Zukunft sind die Gespräche *am runden Tisch,* jenem aufwendigen Möbel aus Lindenholz, dessen Herstellung den verschuldeten Staat allein vier Millionen Zloty (das entspricht etwa 70 durchschnittlichen Monatslöhnen) gekostet hat und das seinen Platz im Nationalmuseum bereits sicher hat." (DER SPIEGEL, 20.3.1989, S. 174. Kursivierung L. P.)

Die revolutionären Ereignisse in der DDR im Herbst 1989, vor allem aber die Verkündung der Reisefreiheit und der damit verbundene Fall der Berliner Mauer führten auch in der Bundesrepublik zu einer Diskussion über die Einrichtung eines *runden Tisches.* So forderte SPD-Chef Hans-Jochen Vogel am 10. November 1989 neben einem *runden Tisch* in der DDR auch einen runden Tisch in der Bundes-

[671] Vgl. Weiß/Heinrich (1991), S. II.
[672] Weiß/Heinrich (1991), S.I.

republik, an dem „alle gesellschaftlichen Kräfte sitzen [sollten], um die Unterbringung der Aussiedler zu koordinieren, um konkrete Hilfe gegen den drohenden Zusammenbruch von Versorgungssystemen in der DDR zu leisten und die Frage nach Reisedevisen zu klären." (TAZ, 11.11.1989, S. 5). Es entwickelte sich zwischen den Parteien daraus ein Streit, da Bundeskanzler Helmut Kohl die Forderung nach einem *runden Tisch* mit der Begründung ablehnte, er könne *runde Tische* „nur in Ungarn oder Polen akzeptieren, wo diese einen Schritt zur Ablösung der ‚Diktatur' gewesen seien. Eine solche Situation gäbe es nicht für die Bundesrepublik. Außerdem funktioniere die Zusammenarbeit von Institutionen und Verbänden" (TAZ, 13.11.1989, S. 2). Der SPD-Ehrenvorsitzende Willy Brandt, der ebenfalls die Forderung noch einem *runden Tisch* für die Bundesrepublik gestellt hatte, kritisierte Kohls Position in der Bundestagsdebatte vom 16. November 1989, indem er historisch argumentierend die lange Tradition der *runden Tische* bis ins Mittelalter zurückverfolgte und so versuchte, die Hypothese zu widerlegen, der Ausdruck *runde Tische* sei besetzt durch Situationen, in denen eine Diktatur abgelöst werde.[673]

Ein Zwischenruf des Abgeordneten Manfred Dregger (CDU) stützte insofern die Position des Kanzlers, als er im Parlament daran erinnerte: „Hier ist der runde Tisch für alle!"[674]

Die Fraktionssprecherin der Grünen, Antje Vollmer, lehnte ebenso wie CDU und FDP für ihre Partei einen bundesrepublikanischen *runden Tisch* ab, da sie befürchtete, „was drüben den Prozeß beschleunigt und absichert, würde ihn hier vielleicht [...] verlangsamen. Der *runde Tisch* in unserer Lage kann ja auch ein Ausdruck von Ängstlichkeit sein [...]."[675]

---

[673] Vgl. BT Wahlperiode 11, Plenarprotokoll 11/176, S. 13339.

[674] BT Wahlperiode 11, Plenarprotokoll 11/176, S. 13339.

[675] BT Wahlperiode 11, Plenarprotokoll 11/176, S. 13339. Hervorhebung L. P.

Anke Fuchs, Bundesgeschäftsführerin der SPD, räumte als Reaktion auf die Kritik des Kanzlers ein, man könnte dem Möbel einen anderen Namen geben. Sie schlug daher die ursprünglich wirtschaftspolitische Bezeichnung *konzertierte Aktion*[676] vor. (vgl. TAZ, 14.11.1989, S. 2)
Unabhängig von der Diskussion um einen bundesrepublikanischen *runden Tisch* etablierte sich in Ostberlin Ende 1989 als außerparlamentarische Institution der so genannte (*zentrale*) *Runde Tisch*, der am 7. Dezember zu seiner ersten Sitzung zusammentrat. Es nahmen Vertreter der umstrukturierten ehemaligen Blockparteien, Vertreter der neugegründeten Parteien und der zahlreichen Bürgerrechtsbewegungen teil. Die insgesamt 16 Beratungen wurden von drei Vertretern der Kirchen der DDR moderiert. Die Teilnehmer dieses *Runden Tisches* „bildeten ein Forum der öffentlichen Kontrolle der Arbeit der Regierung Modrow auf zentraler Ebene in der krisenhaften Phase der DDR zwischen der Wende und der Etablierung demokratisch legitimierter Machtverhältnisse."[677] Der *Runde Tisch* bestimmte u. a. den Termin für die ersten freien Wahlen im Bereich der DDR und legte einen Verfassungstext zu ihrer Neugestaltung vor.[678]
Die ursprünglich beabsichtigte Kontrollfunktion des *Runden Tisches* trat hinter einer Regierungsfunktion zurück, als die Volkskammer Anfang Februar 1990 in offener Abstimmung aus den Reihen der Opposition acht Minister in das bisherige Kabinett wählte. Diese Minister hatten keinen eigenen Geschäftsbereich, sollten aber insbesondere an der Entscheidungsfindung im Ministerrat beteiligt werden. (Vgl. TAZ, 6.2.1990, S. 1f.)

---

[676] Konzertierte Aktion: das Zusammenwirken verschiedener Gruppen (Gewerkschaften, Unternehmerverbände u.ä.) zur Erreichung eines bestimmten Zieles (wirtsch.). Duden-Fremdwörterbuch (1990), S. 430; ausführlicher ist die diskursgeschichtliche Darstellung dieses Schlagwortes bei Wengeler (1995), S. 67ff.
[677] Herberg/Steffens/Tellenbach (1997), S. 227.
[678] Vgl. Herberg/Steffens/Tellenbach (1997), S. 227.

Der *Runde Tisch* stellte seine Arbeit sechs Tage vor den ersten freien Wahlen in der DDR am 12. März 1990 mit einer letzten Sitzung ein.
Neben diesem *Runden Tisch* etablierten sich zahlreiche andere *Runde Tische* zur Lösung verschiedenster Probleme, oft auf lokaler Ebene, die sich sprachlich vom (*zentralen*) *Runden Tisch* in Ostberlin durch attributive, z.B. lokale oder sachliche Zusätze unterschieden: *der Runde Tisch der Stadt* [Leipzig] (LEIPZIGER VOLKSZEITUNG, 7.3.1990)[679] oder *der Runde Tisch für Bildungsfragen in Magdeburg* (FAZ, 7.3.1990)[680]. *Runde Tische* werden heute immer noch ins Leben gerufen und dienen etwa auf kommunaler oder Vereinsebene als Verhandlungsinstitutionen. Es lassen sich jedoch Belege finden, die die Etablierung dieser Institutionen negativ bewerten:

> „Und was tut man neuerdings als ‚Ersatz‘ für solch parlamentarische Ineffizienz und Beschlussunfähigkeit? Man hat die ‚runden Tische‘ erfunden! Dort sitzen dann neben einigen Parlamentariern (meist in der Minderheit) vor allem Leute aus Parteisekretariaten, Parteileitungen, Staatsverwaltungen sowie Lobbyisten der ‚Spitzenverbände‘. Und was leisten diese ‚runden Tische‘? Sie zerreden und beschließen Lösungen, die vorher an ‚langen eckigen Tischen‘ in Verwaltungen und Verbandssekretariaten ausgeheckt und/oder vorgekaut wurden. [...] Diese ‚runden Tische‘ samt den ihnen vorgelagerten ‚langen eckigen Tischen‘ bewirken, dass die Parlamente und damit das Volk in mancher Hinsicht entmachtet werden.“ (SCHWEIZERZEIT, 23.10.1998)

Auch Otto Graf Lambsdorff, Ehrenvorsitzender der FDP und ehemaliger Bundeswirtschaftsminister, kritisiert den „makroökonomischen Dialog“, den die EU-Regierungs-

---

679 Zitiert nach Herberg/Steffens/Tellenbach (1997), S. 232.
680 Zitiert nach Herberg/Steffens/Tellenbach (1997), S. 232.

chefs im Rahmen ihres Beschäftigungspakts vorsahen, als *runden Tisch*:

> „Nun hat das Kind einen anderen Namen und einen Makel: Es ist Erbe Lafontaines. Der glaubt in alter linker Tradition, daß Runde Tische nicht nur dem Austausch dienen. Sondern er glaubt, daß sie Probleme lösen, ja daß sie selbst die Problemlösung sind. Tatsächlich sichern solche Runden nur Beschäftigung für Beamte."

Im Titel der von ihm verfassten Kolumne kritisierte Lambsdorff mit der Bezeichnung „internationale Kaffeekränzchen" die Form der Verhandlungsführung (vgl. DIE WELT, 12.6.1999).
Aufgrund seiner Dominanz während des politischen Umbruches in der DDR scheint sich das „substantivische Mehrwortlexem"[681] *Runder Tisch* quasi als Eigenname für eben jene außerparlamentarische Institution in der DDR etabliert zu haben.

LP

---

[681] Herberg/Steffens/Tellenbach (1997), S. 231.

51 Schwul

„**schwul** <Adj.> [eigtl. ältere Form von ↑schwül; zur Bedeutungsübertragung vgl. »warmer Bruder« (↑Bruder 4)] (ugs.): **1.a)** *(von Männern) homosexuell veranlagt, empfindend*: -e Männer; »Los, du -e Sau«, schrie einer der Angreifer (Spiegel 12, 1992, 112); manche sind so s., die vögeln eine Frau überhaupt nicht (Zwerenz, Kopf 186); Genauso lange braucht er, um mir rüberzubringen, dass er s. ist (Merian, Tod 17); **b)** *für einen Homosexuellen charakteristisch zu ihm gehörend; auf (männlicher) Homosexualität beruhend*: -e Gesinnung (him4, 1979,53); Tunten übertreiben ihre -en Eigenschaften (Praunheim, Sex 194) **c)** *für (männliche) Homosexuelle bestimmt, geschaffen*: -e Kneipen, Zeitschriften; -e Literatur; In Amerika gibt es jetzt –e Kirchen (Praunheim, Sex 198); der erste -e Werbespot im deutschen Fernsehen (Spiegel 24, 1996,96); Die Atmosphäre in -en Pornokinos unterscheidet sich deutlich von den heterosexuellen Pendants (Frings, Liebesdinge 23); Zwei homosexuelle Männer konnten sich jetzt erstmals in der Kölner Martin-Luther-Kirche ihr Jawort geben und damit ihre -e Ehe unter den Segen der evangelischen Kirche stellen (Spiegel 29, 1994, 47); Ich bin jeden Tag von ziemlich weit draußen mit dem Rad in so ein -es Café gefahren (Grossmann, Beziehungskiste 66); **2.** (selten) *lesbisch*: Themen wie »schwule Frauen im Berufsleben« (Spiegel 36, 1974,61); [...].“ Duden (1999), S. 3494.

Die neuere Wortgeschichte von *schwul* im Deutschen ist eng mit einem tief greifenden Wandel in der Einstellung zur Homosexualität verbunden.

Da die Nationalsozialisten Homosexualität als Bedrohung für das „Volkswachstum“ betrachteten, verschärften sie 1935 den geltenden §175 StGB, der Homosexualität als *widernatürliche Unzucht* bezeichnete und unter Strafe

stellte, und richteten 1936 eine „Reichszentrale zur Bekämpfung der Homosexualität und Abtreibung“ ein. Diese Reichszentrale suchte und erfasste Hunderttausende von Homosexuellen in so genannten *Rosa Listen*.
Aufgrund des verschärften §175 wurden während der NS-Zeit mehr als fünfzigtausend Homosexuelle verurteilt; zwischen fünf und fünfzehntausend starben, durch den so genannten *rosa Winkel* gekennzeichnet, in deutschen →*KZs*.[682] Homosexualität galt als *unnatürlich*, Homosexuelle wurden als *krank*, *Feiglinge*, *notorische Lügner* und *Volksschädlinge* stigmatisiert und als *schwule Dreckschweine* bezeichnet.[683]
Nach Kriegsende galt der §175 als einziges, von den Nazis verschärftes Gesetz weiter, eine Verfassungsbeschwerde dagegen wurde 1957 zurückgewiesen. Zwischen 1950 und 1965 kam es zu fünfundvierzigtausend Verurteilungen nach §175 in der BRD.[684]
Die weiter bestehende Kriminalisierung Homosexueller und die durch die „Prüderie der Adenauer-Ära“ hervorgerufene Tabuisierung sexueller Themen verhinderten eine öffentliche Auseinandersetzung über Homosexualität und die Entwicklung eines angemessenen – das heißt eines differenzierten und auch neutralen – Sprachgebrauchs.[685]
Homosexualität wurde als *abnormal* (DER SPIEGEL, 29.11.1950, S.7) oder *seelische Verirrung* (DER SPIEGEL, 13.12.1950, S. 41) betrachtet. In Anlehnung an den §175 wurden Homosexuelle als *175er* (DER SPIEGEL, 6.7.1950, S. 10) bezeichnet. Sie „gelten als abseitig veranlagte Menschen, die krank seien.“[686]
Ein Bewusstseinswandel zeichnete sich erst als Resultat der so genannten →*Sexuellen Revolution* ab und führte dazu, dass der §175 1969 und 1973 reformiert wurde. In der

---

[682] Vgl. Blazek (1996), 199ff.
[683] Vgl. Blazek (1996), S. 200ff.
[684] Vgl. Stümke (1989), S. 152.
[685] Vgl. Tönnesen (1995), S. 595f.
[686] Tönnesen (1995), S. 596.

Folge der Liberalisierung des Sexualstrafrechts bildete sich in den siebziger Jahren eine homosexuelle Emanzipationsbewegung, die „den Spieß der Spießer einfach umdrehte, indem sie das Schimpfwort ‚schwul' mit erhobenem Kopf zum öffentlichen Kampfwort machte und dadurch zu einem guten Teil seines pejorativen Charakters beraubte."[687]
Die Verwendung der bis dahin stark negativ konnotierten Diffamierungsvokabel *schwul* als positive Eigenbezeichnung, als Fahnenwort der Emanzipationsbewegung der Homosexuellen sowie die Wechselwirkung von gesteigertem öffentlichen Interesse und aufklärerischer Berichterstattung über Homosexualität führte dazu, dass die Vokabel *schwul* einen Teil ihrer negativen Konnotation verlor und in Teilen der linksliberalen Presse neutral und ohne Anführungszeichen verwendet wird.[688]
Durch die Gegenüberstellung der Ausdrücke *Homosexualität* und *Heterosexualität* wurde die bis dahin geltende Dichotomie von „normaler" und „abnormaler" Sexualität auf sprachlicher Ebene teilweise überwunden.[689]
In der 1983 beginnenden öffentlichen Auseinandersetzung mit der Immunschwächekrankheit →*Aids*, die stigmatisierend als spezifische *Homosexuellen-Seuche* (DER SPIEGEL, 6.6.1983, S. 144), *Schwulenpest* (STERN, 10.3.1983, S. 188) oder *Schwulenkrebs* (DER SPIEGEL, 6.6.1983, S. 154) charakterisiert wurde, wurden homosexuelle Lebensstile erneut infrage gestellt. Kirchen und konservative Politiker interpretierten Aids als vermeintlich gerechte „göttliche

---

687 Sigusch (1999), S. 254. Vgl. auch: Werner (1987), S. 120: „Der Begriff ‚schwul', den Homosexuelle bevorzugt für sich in Anspruch nehmen, um Kränkungen durch ihre moralischen Gegner vorzubeugen, indem die stärkste, nicht-überbietbare Bezeichnung selbst gewählt wird, deckt die höchst differenzierten Arten sexueller Kommunikation und erotischen Umgangs untereinander zu. Schwul assoziierte geil, triebhaft, schmierig, eklig und irgendwie unsauber. Indem Homosexuelle diesen Begriff bewußt benutzen, gehen sie gegen jene Assoziation vor, versuchen sie abzunutzen und persönlich Stehvermögen zu gewinnen."
688 Vgl. Tönnesen (1995), S. 608.
689 Vgl. Tönnesen (1995), S. 607.

Strafe“ (DER SPIEGEL, 16.7.1984, S. 131) für homosexuelle Lebensweisen und instrumentalisierten die Krankheit, um konservative Werte wie Ehe, Monogamie und Keuschheit erneut zu etablieren.

Durch die Kontextuierung der Vokabel *schwul* mit der Krankheit Aids erhielt sie ihre negative Bedeutungskomponente zurück. Erst als sich gegen Mitte der achtziger Jahre die Erkenntnis durchsetzte, dass Aids keineswegs eine auf die Homosexuellen beschränkte Krankheit ist, verschwinden Stigmavokabeln wie *Schwulenpest*.

Dass der Ausdruck *schwul* dennoch umstritten blieb, zeigte 1988 eine Anfrage der Grünen-Fraktion an die Bundesregierung. Der Ältestenrat beanstandete die in diesem Antrag enthaltenen Bezeichnungen *Schwule* und *Lesben*, die „nicht als Bestandteile der Hochsprache [...] anerkannt werden.“[690] Der CSU-Abgeordnete Fritz Wittmann sah in der Verwendung der „der Gosse zugehörigen Vokabeln“ *Schwule* und *Lesben* eine „Verwilderung der Sprachkultur, die des Hohen Hauses [des Bundestages] unwürdig“ (FR, 24.11.1988) sei. Als Folge dieser Auseinandersetzung wurden beide Termini noch bekannter und gebräuchlicher und etablierten sich als Bezeichnungen für männliche und weibliche Homosexuelle im öffentlichen Sprachgebrauch.[691]

Gegen Ende der achtziger Jahre und zu Beginn der neunziger Jahre traten Homosexuelle verstärkt für eine rechtliche Gleichstellung der *homosexuellen Lebensgemeinschaften* (NRZ, 11.4.1988) mit der grundgesetzlich geschützten Ehe ein.

Analog zum *Coming Out* (DER SPIEGEL, 4.2.1991, S. 223) der Homosexuellen, dem öffentlichen Bekennen der eigenen Homosexualität, wurde etwa zur selben Zeit das *Outing* (DER SPIEGEL, 23.12.1991, S. 223), das Öffentlichma-

---

[690] So der Präsident des Deutschen Bundestages Philipp Jenninger in einem Brief an die Grünen-Abgeordnete Oesterle-Schwerin. Zitiert nach. Pusch (1999), S. 50.

[691] Vgl. Carstensen (1989), S. 116.

chen der Homosexualität Prominenter populär. So outete sich etwa der heutige Berliner Bürgermeister Klaus Wowereit auf einem SPD-Sonderparteitag im November 2001 mit den Worten: „Ich bin schwul, und das ist auch gut so.“[692]

Als Resultat dieser öffentlichen Auseinandersetzungen mit Homosexualität ist „das gesellschaftliche Tabu Homosexualität weitgehend gebrochen.“[693]

TE

---

[692] http://www.berlinonline.de/wissen/berliner_zeitung/archiv/2001/0611/lokales/0006/, 22.1.2001.

[693] So die Grünen-Abgeordnete Oesterle-Schwerin vor dem Deutschen Bundestag. Deutscher Bundestag: 204. Sitzung, 11. Wahlperiode, 29.3.1990, Drucksache 11/204, S. 16025.

52 Senioren

„**Se|ni|or**, der; -s, ...oren: [...] **3.** <meist Pl.> *älterer Mensch, Mensch im Rentenalter, Ruheständler*: Altersheime sind passé: Der S. von morgen soll ... (MM 2.12.88, 37); Der S. hatte im Februar den ersten Verkehrsunfall seines Lebens verursacht (MM 20./21.11.84, 14); verbilligte Fahrten für -en; Ich finde Extraprogramme für -en abwertend (Hörzu 50, 1977, 169). [...].“
Duden (1999), S. 3533f.

Das Aufkommen der Vokabel *Senioren* in der heute üblichen Bedeutung indiziert eine Veränderung in der öffentlichen Wahrnehmung der Struktur unserer Gesellschaft.
Der Ausdruck *Senior* kommt aus dem Lateinischen und bedeutet „der Ältere“. Er wird oft als Namenszusatz verwendet, um bei Namensgleichheit innerhalb einer Familie den Älteren vom Jüngeren zu unterscheiden. In Unternehmen, in denen Vater und Sohn zusammenarbeiten, werden zur Unterscheidung der beiden Personen die Bezeichnungen *Seniorchef* und *Juniorchef* eingesetzt.[694]
Während nach 1945 die Geburtenzahlen immer mehr zurückgehen, steigt der Anteil der über 60jährigen aufgrund der höheren Lebenserwartung. Auch die Lebens-, Wohn- und Freizeitformen für ältere Menschen ändern sich. Das liegt hauptsächlich daran, dass die Institution „Familie“ nicht mehr grundsätzlich für Unterkunft und Betreuung verantwortlich ist. Viele *Senioren* leben allein oder im so genannten *Altenheim*.
Aufgrund dieser Verschiebung innerhalb der Bevölkerungsstruktur kommt es auch sprachlich zu Veränderungen: „Sind die Alten nur noch geduldet?“ (MÜNCHNER MERKUR, 24.9.1971) heißt die zentrale Frage in der Öf-

[694] Duden Deutsches Universalwörterbuch, Mannheim/Wien/Zürich 1989, 2. Auflage, S. 1390.

fentlichkeit Anfang der 70er Jahre. Der Trend des Jugendkults hält an; die Gesellschaft zeige sich betont jugendlich und sondere alles aus, was ihr „alt, verbraucht und nicht mehr lebenswert“ (MÜNCHNER MERKUR, 24.9.1971) erscheine. In diesem Kontext wird das Wort *alt* oder *Alte* bewusst als Kontrastvokabel zu „jung“ eingesetzt.
Die Abwertung des Ausdrucks *Alte* geht mit der Etablierung der Aufwertvokabel *Senioren* als Bezeichnung für *ältere Menschen* im öffentlichen Sprachgebrauch einher. Dies geschieht im Laufe der 70er Jahre. Vorbild könnte das englische *senior citizen* gewesen sein, das in Wörterbüchern heute mit *Senior/Seniorin* übersetzt wird.[695]; in den 70er Jahren wurde es in einsprachigen englischen Wörterbüchern als Euphemismus („(euphem for) person over the age of retirement; old age pensioner“) interpretiert.[696]
Da die Zahl der nun *Senioren* genannten Menschen stetig steigt, gewinnen auch ihre Interessen an allgemeiner Bedeutung, so dass spezielle gesellschaftliche und politische Veranstaltungen angeboten werden. 1974 findet zum ersten Mal der Kongress „*Senioren 74*“ statt, der sich mit dem Verhalten und der Stellung der *Senioren* in der Gesellschaft beschäftigt (FR, 23.4.1974). In Hannover wird der erste *Seniorenbeirat* gebildet, wobei nur „ältere Bürger, die mindestens 65 Jahre als sind“ (KÖLNER STADTANZEIGER, 14.2.1975) wahlberechtigt sind.
Es besteht eine Diskrepanz zwischen dem Bild der *Senioren*, das die Medien und insbesondere die Werbung entwerfen, und deren Selbstbild. Obwohl der Terminus *Senioren* verstärkt ins öffentliche Sprachbewusstsein rückt, was ständig neue Komposita belegen, wird bei einer Umfrage deutlich, dass die Bezeichnung *Seniorenheim* abgelehnt und der bereits existierende Ausdruck *Altenheim* bevorzugt wird. Das Attribut *alt* wird von den Senioren nicht grund-

---

695 Duden-Oxford (1990), Großwörterbuch Englisch, Mannheim/Wien/-Zürich, S. 643.
696 Hornby (1974), Oxford Advanced Learner's Dictionary Of Current English (ed. by A.S. Hornby), Oxford, S. 775.

sätzlich negativ verstanden. „Alte Bürger wollen alt sein" – d.h. nicht als *Senioren* bezeichnet werden – lautet eine Schlagzeile (RP, 24.2.1973). Der Euphemismus *Senioren* ersetzt den Ausdruck *Ältere Menschen* oder *Alte* nicht durchgängig; beide Bezeichnungen werden parallel verwendet. Dass der Terminus zu der Zeit noch nicht gänzlich in den allgemeinen Wortschatz übergegangen ist, verdeutlicht auch die heterogene Verwendung von *Senioren*: Während 1973 das Wort noch in Anführungszeichen gesetzt wird (vgl. KÖLNISCHE RUNDSCHAU, 17.4.1973), wird der Ausdruck (vgl. DER TAGESSPIEGEL, 16.7.1974) ein Jahr später nicht mehr markiert. Auch andere Wörter, wie das „*Dritte Alter*" oder „*Pensionäre*" bezeichnen die Gesellschaftsschicht der 55- bis 65-Jährigen, wobei der Eintritt in das Seniorenalter nicht genau festgelegt wird.

Für die 80er Jahre verdeutlicht eine Nachricht des Parlamentarisch-Politischen Pressedienstes (ppp) von 1981 das Nebeneinander verschiedener Ausdrücke: Die Bezeichnung *Alte* kommt sogar häufiger vor als *Senioren*, was allerdings daran liegt, dass die Grauen Panther Thema der Meldung sind. Sie vermeiden grundsätzlich die Bezeichnung *Senioren* und nennen sich bewusst *Alte*. Die Vokabel *Alte* soll dazu dienen, sich von dem Euphemismus *Senioren* abzugrenzen. Zudem wenden sie sich damit gegen die Tabuisierung des Alters in der Gesellschaft (s. WESTFÄLISCHE RUNDSCHAU, 11.7.1981).

Es wird deutlich, dass der Ausdruck *Senioren* ein Konfliktwort ist. Gerne wird es von der Werbe- und Konsumgüterbranche aufgegriffen. Sie schreibt dieser Zielgruppe eine große Kaufkraft zu und erkennt – anders als noch in den 70er Jahren[697] – , dass um diese Klientel aufgrund des

---

[697] Nur vereinzelt wird damals zu speziellen *Seniorenangeboten*, wie *Seniorenclubs* (KÖLNISCHE RUNDSCHAU, 17.4.1973) oder *Senioren-Frühlingskonzert* (RP, 28.3.1974) eingeladen. Es entstehen *Senioren-Rubriken* (RP, 10.10.1974) in der Zeitung. Das traditionelle Bild des älteren Menschen, der sich auf sein Lebensende vorbereitet, beginnt sich von den *Senioren* zu lösen, die auch schon als „kauffreudig und aktiv"

Jugendkults nicht adäquat geworben wurde. Die Werbung entwirft demnach ein neues Bild der Senioren, wobei sie mit Attributen wie „jung geblieben“, „aktiv“ und „vital“ arbeitet. In allen Bereichen des täglichen Lebens gibt es spezielle *Seniorenangebote*, z.B. *Seniorenteller* oder *Seniorenpass*. Gleichzeitig bleiben viele Alt-Komposita bestehen. Ausdrücke wie z.B. *Senioren-* und *Altenheim* werden parallel gebraucht.
Die Gesellschaftsschicht der *Senioren* hat sich im Vergleich zu den 70er Jahren ständig vergrößert und ihr Bild hat sich verändert. Die Öffentlichkeit erkennt, dass die Überalterung ein weltweites Problem wird, das so genannte *Seniorenproblem*. Die UN teilt das Alter in die *Dritte* und *Vierte Generation* ein. Demnach sei es möglich, bei Senioren zwischen „jungen Alten“ und „alten Alten“ zu differenzieren (KÖLNISCHE RUNDSCHAU, 4.8.1982).
Auch die Parteien erkennen, dass die Senioren eine bedeutende Wählerschicht bilden, die ausschlaggebend für Wahlergebnisse sein kann. Vor der Bundestagswahl 1986 entscheidet die SPD, dass die Gründung eines „Seniorenrats“ für den Wahlkampf sinnvoll sei. Im Gegenzug wird von der CDU die „Senioren-Union“ gebildet. In dem Zusammenhang wird in der Presse selbst- und sprachreflexiv festgestellt, dass „man nicht von alten Frauen und Männern spricht, sondern von Seniorinnen und Senioren“ und dass „alt ein unanständiges Wort zu sein scheint“ (DEUTSCHES ALLGEMEINES SONNTAGSBLATT, 30.3.1986). 1991 wird das Bundesministerium für Jugend, Familie, Frauen, Gesundheit durch den Bereich *Senioren* erweitert.[698]
Im öffentlichen Sprachgebrauch sowie in der Umgangssprache Ende der 90er Jahre lässt sich die Tendenz verstärkt erkennen, die bereits Ende der 80er sowie Anfang der 90er Jahre zu beobachten war: Die Vokabeln *Senioren*,

---

(DER SPIEGEL Nr. 8, 1973, S. 124 ff) beschrieben werden.

698 KÖLNISCHE RUNDSCHAU, 4.4.1991: Hannelore Rönsch (CDU) ist bei ihrer Vereidigung am 18.1.1991 die erste Ministerin, die das Amt in dieser Form übernimmt.

ältere Menschen und *Alte* werden nach wie vor nebeneinander gebraucht. Es existieren zahlreiche umschreibende Bezeichnungen: „Dritte Lebensphase", „Menschen im dritten Lebensalter", „die aktive Generation ab 50", „50plus".

Das *Seniorenangebot* ist im Vergleich zu den vergangenen Jahrzehnten noch diversifizierter geworden; es gibt z.B. einen sogenannten „Webtreff" namens Feier@bend, der für ältere Menschen im Internet ein Forum zum „Chat" bietet.[699]

AJM

[699] Siehe unter www.yahoo.de das große Seniorenangebot.

53 Sexuelle Revolution

„**Re|vo|lu|ti|on**, die; -, -en [frz. révolution, eigtl. = Umdrehung, Umwälzung < spätlat. revolutio = das Zurückwälzen, -drehen, zu lat. revolutum, ↑revoltieren]: **1.** *auf radikale Veränderung der bestehenden politischen u. gesellschaftlichen Verhältnisse ausgerichteter, gewaltsamer Umsturz[versuch]:* die russische, chinesische, islamische R.; [...] **2.** *umwälzende, bisher Gültiges, Bestehendes o. Ä. verdrängende, grundlegende Neuerung, tief greifende Wandlung:* eine R. in der Mode, in Fragen der Kindererziehung; [...]. Seither wurden fast alle Ansichten ... revidiert, die vorher ... gültig gewesen waren (Eltern 2, 1980, 65); nach der sexuellen R., die durch die Pille ausgelöst worden ist (Capital 2, 1980, 143). [...].“ Duden (1999), S. 3191.

Sexuelle Revolution ist eine öffentliche Vokabel, die Ausdruck starker gesellschaftlicher Mentalitätsveränderungen in der zweiten Hälfte des 20. Jahrhunderts ist.
Der Ausdruck *sexuelle Revolution* (DER SPIEGEL, 18.11.1968, S. 67) etablierte sich Ende der sechziger Jahre im öffentlichen Sprachgebrauch im Zuge der zunehmend in Presse und Öffentlichkeit thematisierten, so genannten *Sex-Welle* (DER SPIEGEL, 1966, S. 58). Das Schlagwort *sexuelle Revolution* war ab Mitte der sechziger Jahre zur Programmvokabel der Studentenbewegung geworden, die hiermit mehr als eine neue Sexualethik verband; sie „formulierte eine Auffassung der menschlichen Sexualität als Bestandteil eines gesellschaftspolitischen Gesamtkonzepts“[700].
Nach der überwundenen „Prüderie der Adenauer-Ära“[701], in der die öffentliche Thematisierung von Sexualität tabui-

[700] Tönnesen (1995), S. 603.
[701] So eine Kapitelüberschrift bei Tönnesen (1995), S. 593.

siert war, bezeichnete die Metapher *Sex-Welle* neue Facetten und Erscheinungsformen der Sexualität wie z.B. *Gruppen-* oder *Gesellschafts-Sex* (DER SPIEGEL, 19.8.1964, S. 80f.) sowie die (zunehmend kritisierte) Kommerzialisierung von Sexualität. Wie auch das in den sechziger Jahren aufkommende Schlagwort *Aufklärung* fungiert die von der *Studentenbewegung* propagierte *sexuelle Revolution* als öffentliche Streitvokabel.[702]

Während die fünfziger Jahre geprägt waren von einer repressiven Sexualmoral, die ein öffentliches Sprechen über Sexualität verhinderte[703], entfaltet sich ab Mitte der sechziger Jahre ein gesamtgesellschaftlicher, öffentlicher Diskurs, der einerseits auf die Rezeption des so genannten „Kinsey-Reports" des US-amerikanischen Sexualwissenschaftlers Alfred Kinsey und andererseits auf ein wachsendes Verlangen nach sexueller Aufklärung im Zuge der heftig umstrittenen Einführung der →*Anti-Baby-Pille* als Mittel zur oralen Kontrazeption zurückzuführen war. So kommentieren einige hundert konservative Mediziner die Einführung der Anti-Baby-Pille durch den deutschen Pharmakonzern Schering am 1. Juni 1961 in der so genannten „Ulmer Denkschrift": Sie befürchten, diese werde „die letzten Bremsen im modernen Sexualisierungstrend" lösen und zur „Zersetzung der sittlichen und moralischen Substanz unseres Volkes" führen.[704]

---

[702] Vgl. Tönnesen (1995), S. 603. Vgl. zu diesem Schlagwort auch: Niehr (1993), S. 344ff.

[703] Vgl. Tönnesen (1995), S. 597: „Der eklatante Mangel eines ‚erotischen Vokabulars' in der öffentlichen Berichterstattung der fünfziger Jahre verdeutlicht die dominierende christliche Auffassung von Sexualität als bloßem Mittel der Familiengründung."

[704] Zitiert nach: DER SPIEGEL Nr. 23, 1996, S. 119. Ulmer Denkschrift dokumentiert unter: http://home.t-online.de/home/europ.aerzteaktion/-ulmer.html

Die zunehmende öffentliche Auseinandersetzung mit dem Thema Sexualität gewann an politischer Brisanz, als die sich formierende Studentenbewegung die Texte des Freud-Schülers Wilhelm Reich[705] aufgriff:

> „Jahrtausendelange Unterjochung des Trieblebens hat erst den massenpsychologischen Boden geschaffen, Autoritätsangst, Hörigkeit, unglaubliche Bescheidenheit auf der einen, sadistische Brutalität auf der anderen Seite, auf deren Grund sich eine 200 Jahre alte kapitalistische Profitwirtschaft austoben und erhalten kann." (zitiert nach DER SPIEGEL Nr. 23, 1996, S. 120)

Ausgehend von der so genannten *Repressionsthese*, „nach der die bürgerlich-kapitalistische Gesellschaft zur Wahrung ihrer Macht Sexualität unterdrückt"[706], stellte sie mit Slogans wie „Keine sexuelle Reformation ohne soziale Revolution"[707] oder „Fickt Euch frei"[708] die „sexualmoralischen Grundpfeiler Monogamie, Heterosexualität und Stabilität"[709] infrage und erprobte – wie z.B. in der Berliner Kommune I – alternative Lebensformen.
Die Verbindung von *sexuell* und *Revolution* in der öffentlichen Auseinandersetzung verdeutlichte, dass Sexualität nicht mehr als Privatangelegenheit betrachtet wurde, sondern zum öffentlich diskutierten Politikum avanciert war:

> „Wer in politisch-psychologischen Schriften blättert, erfährt, wie politische und sexuelle Aufklärung Hand in Hand gehen, wie der Kampf gegen politische und sexu-

---

[705] Seine Schrift „Die Sexualität im Kulturkampf" von 1936 erschien im Jahre 1966 erneut unter dem Titel „Die sexuelle Revolution".
[706] Tönnesen (1995), S. 603.
[707] Zitiert nach dem ehemaligen SDS-Vorsitzenden Reimut Reiche, dessen 1966 erschienener Aufsatz „Sexualität und Klassenkampf – Zur Abwehr repressiver Entsublimierung" genau jene Thematik behandelte.
[708] Zitiert nach Stötzel (1996), S. 21.
[709] Tönnesen (1995), S. 603.

elle Repression, gegen politische und sexuelle Tabus demselben großen Ziel gilt." (DER MONAT Nr. 246, März 1968, S. 10)

Diese Kollokation von *sexuell* und *Revolution* wird remotivierend beispielsweise von dem Sexualwissenschaftler Hans Giese kritisiert:

„‚Revolution' aber besteht per definitionem gerade in einer Veränderung der Grundlagen, und so kann man ‚revolutionär' nur eine Moral nennen, die die Bedeutung von Ehe und Familie erheblich relativiert. Die beschriebene Kluft zwischen den eigenen und den institutionellen Normen spiegelt keine ‚revolutionäre' Entwicklung wider. Die Abweichung von der traditionellen Moral ist zwar beträchtlich, doch eine sexuelle Revolution hat nicht stattgefunden. Die sexuelle Enthaltsamkeit vor der Ehe ist nur abgelöst worden von Beziehungen mit einem Partner [...]. Damit ist die Sexualität der meisten unverheirateten Studenten im Wortsinn vorehelich: Sie kopieren und antizipieren ‚Ehe', während sie noch ‚ledig' sind." (DER SPIEGEL, 26.8.1968, S. 53f.)

Von konservativer Seite wurde die Programmvokabel der Studentenbewegung stigmatisiert und mit dem „Verfall von Sitte und Moral" in Verbindung gebracht. So richtete sich die von dem CDU-Politiker Adolf Süsterhenn initiierte „Aktion saubere Leinwand" gegen die zunehmende „Freizügigkeit" in Kinofilmen, wie z. B. in den Aufklärungsfilmen Oswald Kolles. Die katholische Kirche untermauerte ihre christlich-konservativen Wertvorstellungen in der von Papst Paul VI. im Juli 1968 erlassene „‚Enzyklika Humanae Vitae' – Über die rechte Ordnung und Weitergabe des menschlichen Lebens"[710].
Die evangelische Kirche hingegen zeigte sich zunehmend

[710] Vgl. Tönnesen (1995), S. 601.

liberal. So erkannte der evangelische Theologe Helmut Thielicke in einem SPIEGEL-Gespräch den Wandel des Sexualverständnisses, insbesondere bei jungen Menschen, an:

> „Es gibt eine tiefe geschichtliche Wandlung des Eros-Verständnisses überhaupt. Und dieser Wandel wirkt sich auch auf das Verhältnis von Ehe und Außer-Ehe aus. [...] Die Geschlechter verkehren viel unbefangener, viel kameradschaftlicher miteinander." (DER SPIEGEL, Nr. 49, 1966, S. 68ff.)

Als Ergebnis des sich abzeichnenden Bewusstseinswandels wurde 1969 das Sexualstrafrecht reformiert: Einfache männliche Homosexualität, Ehebruch, Unzucht mit Tieren und Erschleichung außerehelichen Beischlafs entfallen als Straftatbestände.[711]
In den siebziger Jahren kommt es zu einer zunehmenden Kommerzialisierung und Liberalisierung von Sexualität,

> „man versucht, für die revolutionären Ideen der ausklingenden sechziger Jahre gemäßigtere Formen zu finden, um sie in Ehe und Partnerschaft zu erproben. Die Ausbreitung der kommerzialisierten Erotik, die gleichzeitig mit dem Streben nach liberalisierter Sexualität und Partnerschaft wahrgenommen wird, trägt jedoch zur Diskreditierung der Reformbewegung bei."[712]

Mit der Ausbreitung von →*Aids* zu Beginn der 80er Jahre wird die Krankheit von konservativer Seite als Konsequenz der *sexuellen Revolution* und der Kommerzialisierung der Sexualität der sechziger und siebziger Jahre interpretiert. So formulierte beispielsweise der CSU-Politiker Peter Gauweiler:

---

[711] Vgl. Tönnesen (1995), S. 604.
[712] Tönnesen (1995), S. 604f.

> „Der Satz, ‚wer zweimal mit derselben pennt, gehört schon zum Establishment‘ hat das Biotop geschaffen, das dem Virus für seine Ausbreitung ideale Voraussetzungen bietet.“ (DIE ZEIT, 24.7.1987, S. 64)
>
> „Diese sexuelle Kommerzialisierung hat zwischenzeitlich in den Großstädten ganzen Straßenzügen ihren Stempel aufgedrückt. Sie verkommen zu Tummelplätzen der organisierten Prostitution, der Betreiber von Peep-Shows, Sexclubs, Herrensaunen und dergleichen und bieten dem Aidsvirus bis heute mitten in den Großstädten ein nahezu ideales Biotop.“ (DER SPIEGEL, 16.2.1987, S. 124)

Auch in der öffentlichen Berichterstattung wurde Aids vorübergehend als Konsequenz der sexuellen Befreiung, als „Fluch der wilden Jahre“ (BUNTE, 17.10.1985) dargestellt. Ab Mitte der 80er Jahre finden sich in der Presse den Ausführungen Peter Gauweilers ähnelnde Argumentationen: „Die Strafe für all dies Unappetitliche – Rock’n’Roll und Rebellion und sexuelle Revolution – heißt Aids.“ (STERN, 16.6.1987, S. 3)
Durch Aids sah sich die Gesellschaft jedoch gezwungen, bis dahin immer noch vorhandene Tabuisierungen aufzugeben und die noch bestehenden sprachlichen und moralischen Barrieren zu überwinden:

> „So offen und öffentlich haben Frauen, Männer und Medien in dieser Republik noch nie zuvor über Sexualität geredet. Seit den ersten Wochen des Jahres wird mit überrumpelnder Deutlichkeit Ungehörtes hörbar, wird Verschwiegenes ausgesprochen, sonst Verborgenes enthüllt. [...] In einem Ausmaß, das noch vor wenigen Monaten unvorstellbar schien, sind die intimen Zonen und Säfte des menschlichen Körpers zum Gegenstand detailgetreuer Diskurse vor breitestem Publikum geworden.“ (DER SPIEGEL, 9.3.1987, S. 238)

In den 90er Jahren schließlich trat an die Stelle der bis dahin zum Teil sehr polemisch geführten Auseinandersetzungen ein eher rational geprägter Diskurs. Der Sexualforscher Gunther Schmidt konstatiert:

> „Im Prinzip ist alles erlaubt. Entscheidend ist, wie es zustande kommt. Wie verläuft die Interaktion? Was ist zwischen den Partnern ausgehandelt worden?“ (DER SPIEGEL Nr. 23, 1996, S. 114)

Oder anders ausgedrückt: „Alles ist erlaubt, aber alles verboten, was dem anderen nicht gefällt.“ (DER SPIEGEL, 21.12.1998, S. 68) Diesen Wandel der Sexualität bezeichnet der Sexualwissenschaftler als *neosexuelle Revolution* (DER SPIEGEL Nr. 23, 1996, S. 126) und begründet dies:

> „Von ‚neosexuell‘ spreche ich, weil die alte Sexualität auseinandergelegt und neu zusammengesetzt wird. Dadurch treten Dimensionen, Intimbeziehungen und Sexualfragmente hervor, die bisher keinen Namen hatten oder gar nicht existierten. Die Vorsilbe ‚neo‘ scheint mir besonders geeignet zu sein, weil sie nach unserem Sprachgefühl sowohl die schöpferische und neuartige wie die rückwärtsgewandte Seite eines Vorganges assoziieren läßt. Von ‚Revolution‘ spreche ich, weil wir inzwischen wissen, daß Revolutionen laut oder leise, sanft oder unsanft verlaufen können [...]. (ebd.)

Die Einführung pharmazeutischer Potenzmittel wie Viagra zur Behandlung von Potenzstörungen bewertet schließlich der Hamburger Urologe Porst als *zweite sexuelle Revolution* (DER SPIEGEL, 9.2.2002, S. 185).

TE

54 Smog

„**Smog** [...], der; -[s], -s [engl. smog, zusgez. aus: **sm**oke = Rauch u. **fog** = Nebel]: *mit Abgasen, Rauch u. a. gemischter Dunst od. Nebel über Großstädten, Industriegebieten [wenn kein Luftaustausch mit den oberen Luftschichten stattfindet]:* Beim Giftnebel S. handelt es sich um die Folge einer so genannten austauscharmen Wetterlage (ADAC-Motorwelt 4, 1987, 61); photochemischer S. *(Sommersmog).*" Duden. (1999), S. 3588.

Um die Jahrhundertwende prägt der englische Wissenschaftler Des Veux „den Begriff Smog (von smoke = Rauch und fog = Nebel)" für das Phänomen, dass sich in London „Industrieabgase und vor allem der Rauch aus den Schornsteinen der mit Holz und Kohle geheizten Häuser [...] mit der feuchten Luft [vermischen]" (RP, 19.1.1985). Ähnliche Ereignisse 1948 in Donora, 1947 in Pennsylvania, 1948 und 1949 in Los Angeles und 1950 in Poza Rica, Mexiko, machen das Smog-Problem weltweit bekannt.[713] Zwischen dem 5. und 8. Dezember 1952 ereignet sich die so genannte *Londoner Smogkatastrophe* (vgl. DIE WELT, 5.10.1970, S. 7), bei der viertausend Einwohner der britischen Hauptstadt sterben und zehntausend Menschen unter Atembeschwerden, Augenreizungen und Kreislaufschwäche leiden.

In der Bundesrepublik Deutschland werden lokale Umweltprobleme wie die industrielle Luftverschmutzung erst mit dem Beginn des Wirtschaftsbooms in den 50er Jahren thematisiert.

1955 debattiert der Landtag in Nordrhein-Westfalen über die „Verbesserung der Luft in Industriegebieten" durch die Ausfilterung von Staub, Asche und Ruß nach dem in den

---

[713] Vgl. Manstein (1961), S. 74.

USA betriebenen Modell der „smoke controll [sic!]“ (RP, 14.12.1955, S. 1).[714]
Das englische „Slangwort“ (RP, 15.7.1957) *Smog* findet sich in den 50er Jahren als Zitatwort, bezogen auf amerikanische und englische Verhältnisse, in der öffentlichen Berichterstattung. Die Bezeichnung *Smog* wird etymologisch erklärt und mit Hilfe von Distanzierungszeichen explizit als Fremdwort gekennzeichnet.[715] Die RHEINISCHE POST titelt: „Hollywood in Gefahr – Die amerikanische Filmstadt kämpft gegen den ‚smog‘“ (ebd.).
Schlagzeilen wie „London hat Angst vorm ‚Smog‘“ (RP, 6.1.1956), die bildliche Umschreibung des Ausdrucks *Smog* mit „der sich auf die Lunge legende Nebel“ (ebd.) sowie die negative Attribuierung mit der Vokabel *grausam* (ebd.) betonen den (lebens-) bedrohlichen Charakter des Phänomens Smog. Ein in die USA übergesiedelter Deutscher hat von „smog“, dem „merkwürdig flirrenden Dunst“ bis zu seiner ersten Konfrontation in Los Angeles „natürlich noch nie etwas gehört“ (RP, 15.7.1957). Das Kunstwort *Smog* ist im öffentlichen Sprachgebrauch nicht fest verankert und bleibt erklärungsbedürftig.
In Pressemeldungen und im gesetzgeberischen Bereich wird über Smog-Probleme „neben allgemeinen Hyperonymen wie *Luftverschmutzung* oder *-verunreinigung*“[716] und neben – aus heutiger Sicht polemisch wirkenden Lexemen wie *Luftverpestung* (DER SPIEGEL, 9.8.1961, S. 28f.) – mit *Dunst*-Komposita kommuniziert. Lexikalisiert sind gemeinsprachlich motivierte metaphorische Vokabeln wie *Dunstglocke* (RP, 14.6.1961)[717], *Dunsthaube* oder *Dunstwolke*[718].

---

[714] Vgl. Jung (1995), S. 620f.
[715] Vgl. Jung (1989), S. 82.
[716] Jung (1989), S. 82.
[717] Weitere Belege für die Vokabel *Dunstglocke*: Manstein (1961), S. 77 und DER SPIEGEL, 9.8.1961, S. 22.
[718] Manstein (1961), S. 76f.

Daneben findet sich auch der Ausdruck *Giftwolke* (DER SPIEGEL, 9.8.1961, S. 22), bei dem das negativ konnotierte Bestimmungslexem *Gift-* die Vokabel *Dunst-* ersetzt. Die Bezeichnung *rauchverseuchter Nebel*[719], die vermutlich ein „selbst kreierter oder übernommener Eindeutschungsversuch für *smog*“ ist, gibt „die beiden verschmolzenen Wortbestandteile *smoke* und *fog* additiv [wieder]“[720].

Anfang der 60er Jahre wird die schlechte Luftqualität im Ruhrgebiet zum Politikum. Nach Meldungen wie „„In Hochfeld starb das Grün bei Nacht [...] ‚Generalangriff‘ aus der Dunstglocke auf Duisburger Stadtteil“ (RP, 14.6.1961) wird die Forderung „Der Himmel über dem Ruhrgebiet muß wieder blau werden“ (DER SPIEGEL, 9.8.1961, S. 25) im Landtagswahlkampf 1961 zu einer Wahlparole der SPD. Dieser frühe Versuch, das Umweltproblem zu einem politischen Thema zu machen, bleibt jedoch ohne Erfolg. Wenig später fordert der Wirtschaftsminister Erhard (CDU) „Der Schornstein muß wieder rauchen“.[721]

1962 macht „eine vergleichbare Katastrophe [wie im Dezember 1952 in London] den ‚Smog‘ [...] auch bei uns bekannt.“[722] Der Neologismus *Smog* findet sich – auf deutsche Verhältnisse referierend – in der öffentlichen Berichterstattung. DIE ZEIT titelt in diesem Zusammenhang: „Verhängnisvoller Smog – Unter der Wärmedecke sammelt sich das Gift“ (DIE ZEIT, 14.12.1962, S. 23). Im Ruhrgebiet sterben hundertsechsundfünfzig Menschen. Statistiker errechnen eine Erhöhung der normalen Sterberate um zehn Prozent.

Das Wort *Smog* hat jedoch nur kurzen Nachrichtenwert. Durch die okkasionelle Verwendung bleibt der Ausdruck auch in den sechziger Jahren in der öffentlichen Diskussion erklärungsbedürftig.

---

719 Manstein (1961), S. 79.
720 Jung (1989), S. 82.
721 Vgl. Jung (1995), S. 621.
722 NATUR&UMWELT (1985), H. 2, S. 8.

„In den betroffenen Gegenden, vor allem im Ruhrgebiet“ kann die Vokabel *Smog* jedoch bei „einer interessierten Öffentlichkeit [bereits als] bekannt angesehen werden“[723]. Die Regionalzeitung RUHR-NACHRICHTEN informiert: „Smog-Gefahren noch nicht gebannt“ (RUHR-NACHRICHTEN, 8.5.1968). Der metaphorische Gebrauch der Vokabel *Smog* Ende der 60er Jahre – auf diverse Politskandale bezogen ist von *politischem Smog* (DIE WELT, 14.12.1968, S. 3) über Bonn die Rede – weist auf eine fortschreitende Lexikalisierung des Ausdrucks hin. 1973 wird der dem „technischen Umweltschutz“[724] entnommene Neologismus *Smog* in den Brockhaus aufgenommen und unter Bezugnahme auf das allgemein- und umgangssprachlich vertrautere Kompositum *Dunstglocke* als „die Dunstglocke, die sich bei stagnierender Luft über großen Städten und industriellen Ballungsgebieten bilden kann“[725] definiert.
Der Anglizismus *Smog* löst allmählich die (heute archaisch wirkenden) Wortbildungen mit *Dunst-* (*Dunsthaube, -wolke*) ab.[726] Die Metapher *Dunstglocke* findet sich jedoch bis heute als Alternativbezeichnung zum Ausdruck *Smog*. Terminologisch wird zwischen dem *Los-Angeles-*[727] und dem *Londoner Smog-Typ*[728] differenziert.

---

723 Jung (1989), S. 83.
724 Jung (1989), S. 83.
725 Brockhaus Enzyklopädie (1973), Enzyklopädie in zwanzig Bänden. Wiesbaden, Band 17, 17. völlig neubearbeitete Auflage des Grossen Brockhaus, S. 516.
726 Vgl. Jung (1989), S. 83.
727 Brockhaus Enzyklopädie (1973), Enzyklopädie in zwanzig Bänden. Wiesbaden, Band 17, 17. völlig neubearbeitete Auflage des Grossen Brockhaus S. 516 f.: „Der sommerliche *Los Angeles-S[mog]-Typ*, dessen Ausgangsstoffe aus Autoabgasen stammen, enthält zahlreiche sauerstoffhaltige organ. Verbindungen, Stickoxyde, Ozon und Kohlenmonoxyd. Die org. Verbindungen, die stark augenreizend wirken, entstehen aus ungesättigten Kohlenwasserstoffen unter Mitwirkung von Stickoxyden durch photochem. Oxydation im Sonnenlicht.“
728 Brockhaus-Enzyklopädie (1973), Enzyklopädie in zwanzig Bänden. Wiesbaden, Band 17, 17. völlig neubearbeitete Auflage des Grossen

Der im April 1973 ausgestrahlte fiktive „Fernseh-Schocker ‚Smog'" (DER SPIEGEL, 22.1.1979, S. 34) ist ein Indikator für das zunehmende Interesse an dem Thema.
Am 5.8.1976 ermächtigt die Änderungsverordnung (ÄnderungsVO) zur Straßenverkehrsordnung die Länder, bei Smog in bestimmten Sperrgebieten den Kraftfahrzeug-Verkehr zeitlich zu beschränken oder zu verbieten. Die regionale Umsetzung der ÄnderungsVO zur Straßenverkehrsordnung in der so genannten *Smogverordnung* institutionalisiert die Vokabel *Smog* inklusive neuem Verkehrszeichen.[729] Im Januar 1979 wird im Ruhrgebiet – erstmals in der Bundesrepublik Deutschland – großflächig *Smog-Alarm* ausgelöst. Die RHEINISCHE POST kommentiert:

> „Was vorab in Zukunftsromanen gelesen, in Filmen gesehen und ministeriellen Verordnungen geregelt wurde, [ist] Wirklichkeit geworden: Smogalarm im westlichen Ruhrgebiet – ein Novum in der Geschichte der Bundesrepublik Deutschland." (RP, 18.1.1979, S. 2)

Die Vokabel *Smog* wird besonders wortbildungsproduktiv. Es entstehen zahlreiche Gelegenheitskomposita mit dem Bestimmungswort *Smog-*, die auf die neue Situation referieren und ein Indikator für die Brisanz des Themas sind: z.B. *Smog-Gefahr* (ebd., S. 1), *„smogträchtige"* Wetterlagen (ebd.), *Smogglocke* (ebd.), *Smog-Gebiet* (ebd.), *smogtypisch* (RP, 19.1.1979), *Smog-Experte* (DER SPIEGEL, 22.1.1979, S. 34), *Smog-Situation* (DER SPIEGEL, 13.4.1981, S. 44), *Smog-Erfahrungen* (ebd.), *Smog-Alarm-Grenzwert* (ebd.), *Smog-Lagen* (ebd., S. 46), *Smog-Warnnetz* (ebd.) etc.

Brockhaus, S. 516: „Der winterliche *Londoner S[mog]-Typ* enthält vorwiegend Schwefelverbindungen, Aerosole und Kohlenmonoxyd und entsteht hauptsächlich durch Hausbrand- und Industrieabgase. [...] Dieser S[mog] bewirkt Reizungen der Atemwege und Husten."
[729] Vgl. Jung (1989), S. 83.

Der Ausdruck *Smog* erweitert seine Extension von „urspr.: Mischung aus natürl. Nebel und Heizungs-, Industrie- und Autoabgasen“ zu heute „jede Art von stark belastender Luftverschmutzung, die bei austauscharmer Witterung [...] über Ballungsgebieten auftritt.“[730]
Im Winter 1981/82 wird im damaligen West-Berlin vier Mal Smog-Alarm der Stufe I ausgelöst.[731]
Im Januar 1985 ruft der nordrhein-westfälische Sozialminister Farthmann (SPD) die höchste Smog-Alarmstufe für das westliche Ruhrgebiet aus. Die RHEINISCHE POST titelt: „Das gab es zum ersten Male seit dem Bestehen der Bundesrepublik – Höchste Stufe des Smog-Alarms“ (RP, 19.1.1985, S. 1).
Pejorative okkasionelle Alternativbezeichnungen für *Smog*, für das „Wort mit seiner schrecklichen Bedeutung“ (RP, 19.1.1985), sind *gesundheitsgefährdender* (ebd., S. 2) oder *giftig-grauer Nebel* (RP, 18.1.1985) sowie metaphorische Ausdrücke mit der negativ konnotierten Attribuierung *giftig* – z.B. *giftige Käse-* (ebd.) oder *Dunstglocke* (RP, 19.1.1985, S. 2) – die deutlich machen, dass „dieselben Gifte, die überall in Europa die Wälder ruinieren, auch Menschen töten können.“ (DER SPIEGEL, 21.1.1985, S. 18) Daneben findet sich die „sprichwörtliche“ (RP, 18.01.1985) Metapher *dicke Luft* (ebd.).
Die Entscheidung Fahrtmanns, erstmals in der Bundesrepublik Deutschland die höchste Smog-Alarmstufe auszurufen, löst einen „bizarren Politikerstreit“ (DER SPIEGEL, 28.1.1985, S. 30) aus, den DER SPIEGEL kommentiert: „Die

---

[730] Der Grosse Brockhaus (1980), in zwölf Bänden. Wiesbaden, Band. 10, 18. völlig neubearbeitete Auflage, S. 500; vgl. Jung (1989), S. 83.
[731] Vgl. Meroth (1987), S. 97: Der Smog-Alarmplan beinhaltet drei Phasen: In der Stufe 1 (verschärfte Vorwarnung) wird an die Industrie und Bevölkerung apelliert, weitere Luftverunreinigungen zu vermeiden. In der Stufe 2 gilt Fahrverbot für Kraftfahrzeuge in der Zeit von 6 bis 10 Uhr und 15 bis 20 Uhr. Bestimmte Anlagen dürfen nur schwefelarme Brennstoffe benutzen. Während der Stufe 3 herrscht ganztägiges Fahrverbot für Kraftfahrzeuge. Industrieanlagen werden – mit Ausnahmen - still gelegt.

Giftschwaden waren kaum verflogen, da machte sich ‚politischer Schwefel‘ [...] über der Republik breit.“ (ebd.)

Daraufhin überarbeitet die Landesregierung die Smog-Verordnung.
Unternehmen und Wirtschaftsverbände kritisieren den Smogalarm, der für die Industrie aufgrund der Stilllegung von Anlagen mit erheblichen Produktionseinbußen verbunden ist. Zahlreiche Arbeitnehmer kommen mit großen Verspätungen zu ihren Arbeitsplätzen. Berufspendler fürchten, mit ihrem Pkw nicht mehr nach Hause zu kommen. Die RHEINISCHE POST stellt in diesem Zusammenhang fest: „Smog, so scheint's, ist in diesem Land zu einem sozialen Reizwort geworden.“ (RP, 19.1.1985)
Es wird kritisiert, dass die Auslösung des Smog-Alarms ein negatives Image des Ruhrgebiets produziere. Der damalige Staatsminister im Bundeskanzleramt Vogel (CDU) erklärt: „Es muß alles getan werden, um zu verhindern, daß dieser Region mit ihren zweifellos vorhandenen Standortvorteilen für Industrie und Wirtschaft ein Ruß-Odium aufgedrückt wird“ (RP, 23.1.1985, S.1).
Smog, ein ursprünglich im anglo-amerikanischen (Sprach-) Raum erkanntes Problem, wie die Bezeichnungen *Los-Angeles-* bzw. *Londoner Smogtyp* verdeutlichen, wird nun auch in Deutschland immer häufiger beobachtet. Smog wird als „die fünfte Jahreszeit“ bezeichnet; „einem Naturereignis gleich [trete er] in mehr oder minder regelmäßigen Abständen“ (TAZ, 4.2.1987, S. 3) in Ballungszentren auf.
In Berlin, „Deutschlands Smog-Stadt Nummer eins“ (DER SPIEGEL, 25.2.1985, S. 88), ist das Thema Luftverschmutzung so brisant, dass 1985 erstmals in Deutschland die Luftreinhaltung zum Wahlkampfthema aller Parteien wird. Umweltschützer weisen auf die gesamtdeutsche Verantwortung für das Problem Luftverschmutzung hin: „In Ost und West stinkt's wie die Pest“ (ebd., 89f.)

Sie diffamieren die noch immer in Berlin geltende veraltete *Smogverordnung* als *„Smogalarm-Verhinderungsordnung“* (ebd. S. 94).[732]

Erst am 1. Dezember 1987 tritt die Neufassung der Berliner *Smogverordnung* in Kraft.

In der ehemaligen DDR ist die Umweltverschmutzung durch Smog ein Tabuthema. Die Vokabel *Smog* wird von offizieller Seite gemieden. Behörden bevorzugen den „verharmlosenden Begriff“ (TAZ, 5.1.1987, S. 9) *Industrienebel*:

> „Sogar das Wort ‚Smog‘ hat bislang nur durch die Hintertür Eingang ins ostdeutsche Vokabular gefunden. Offiziell reden Behörden bei Wettermeldungen verschämt von ‚Industrienebel‘.“ (DER SPIEGEL, 9.2.1987, S. 98)

Langfristig wirkende Luftreinhaltemaßnahmen führen zu einem deutlichen Rückgang der Schwefeldioxid- (SO_2) und Schwebstaubbelastung und bewirken, dass es in den alten Bundesländern – zusätzlich begünstigt durch die warmen Winter – nach 1990 zu keinem Smogereignis in der kalten Jahreszeit mehr kommt.

Während das Thema Smog im Winter immer mehr an Aktualität verliert, rückt Ende der 80er Jahre ein anderes Problem in den Fokus der öffentlichen Aufmerksamkeit: Der Smog im Sommer, ursprünglich ein spezielles Phänomen der Stadt Los-Angeles (*Los-Angeles-Smog*), inzwischen aber in den meisten Metropolen der Erde bekannt.[733] Bezog

---

[732] Die Umweltminister der Länder beschließen Ende 1984, die Smog-Grenzwerte zu verschärfen, d.h. bereits bei deutlich niedrigeren Schadstoffwerten als bisher Smogalarm auszulösen. Berlin stimmt jedoch als einziges Land gegen die neue Smogverordnung.

[733] Begünstigt durch die Abgase (Stickoxide und Kohlenwasserstoffe) der immer größer werdenden Zahl von Autos bildet sich bei intensiver Sonneneinstrahlung und hoher Lufttemperatur in Bodennähe Ozon (O_3), das Augenschleimhäute und Atemwege bei alten Menschen, Kindern und Kranken reizt. Auch Pflanzen können geschädigt werden (Stichwort *Waldsterben*). Sinken die Temperaturen, fangen die Stickoxide und

sich die Verwendung der Vokabel *Smog* bisher ausschließlich auf das im Winter auftretende Phänomen, macht es die (in Deutschland) neue Smogvariante notwendig, „neuerdings" terminologisch „zwischen ‚Wintersmog' und ‚Sommersmog'"[734] zu differenzieren.
Neben der Vokabel *Sommersmog* (TAZ, 7.1.1988, S. 9) sind im allgemeinen Sprachgebrauch Bezeichnungsvarianten wie *Sonnen-Smog* (DER SPIEGEL, 29.5.1989, S. 240), *Ozon-Smog* (ebd.), *Hitze-Smog* (ebd., S. 241), *Schönwetter-Smog*[735] (TAZ, 19.8.1989, S. 25) oder der ursprünglich der Fachsprache entnommene Neologismus *Photosmog* bzw. *photochemischer Smog* (bereits seit 1980 im Brockhaus lexikalisiert) gebräuchlich.
Ein Indiz für die fachliche und sprachliche ‚Neuartigkeit' des Themas ist die sprachreflexive Thematisierung des Kompositums *Ozon-Smog*:

> „Ozon, Smog – diese beiden Begriffe, und erst recht ihre Verknüpfung, sorgten für Verwirrung unter den Bundesbürgern: Ozon – ist das nicht gerade jener segensreiche Stoff, der gleichsam als Schutzschild in großer Höhe die Erde vor krebserzeugenden Strahlen bewahrt? Und Smog – ist das nicht jener Giftnebel, der nur an Wintertagen den Autoverkehr stillegt?" (DER SPIEGEL, 29.5.1989, S. 240)

Das Lexem *Sommersmog* wird mit der *Sommersmog-Verordnung* vom März 1993, in der festgelegt wird, dass die Kommunen ab 1995 planerisch und ordnungspolitisch – notfalls auch mit Fahrbeschränkungen – gegen die Luftverschmutzung durch den Straßenverkehr vorgehen kön-

---

Kohlenwasserstoffe die Ozonmoleküle wieder ein und machen sie unschädlich. (vgl. DER SPIEGEL, 6.8.1990, S. 37f.)

[734] http://www.umweltministerium.bayern.de/service/lexikon/shtm: Stichwort „*Smog*", 18.8.2001

[735] Früherer Beleg für den Ausdruck *Schönwetter-Smog*: vgl. NATUR&UMWELT (1983), H. 1, S. 12.

nen, institutionalisiert und im selben Jahr in den Brockhaus aufgenommen. Seit Ende Juli 1995 gilt in Deutschland ein bundeseinheitliches *Sommersmog-Gesetz*, nach dem bei extrem hohen Ozonwerten (von 240 Mikrogramm pro Kubikmeter Luft) Fahrverbote verhängt werden können.

SB

55 Soziale Marktwirtschaft

„**Markt|wirt|schaft**, die (Wirtsch.): *auf dem Mechanismus von Angebot u. Nachfrage u. der Grundlage privatwirtschaftlicher Produktion beruhendes Wirtschaftssystem*: freie M.; soziale M. (*Marktwirtschaft, bei der der Staat zur Minderung sozialer Härten u. zur Sicherung des freien Wettbewerbs eingreift*; 1947 gepr. von dem dt. Ökonomen u. Soziologen A. Müller-Armack, 1901-1978); In der M. regeln Angebot und Nachfrage den Preis (Gruhl, Planet 235); setzt Montenegros heutiger Präsident seit langem auf das westliche Konzept einer Verbindung von parlamentarischer Demokratie und M. (taz 6.4.99,7)." Duden (1999), S. 2520.

Die *Soziale Marktwirtschaft* geht ideengeschichtlich auf die liberalen Wirtschaftsklassiker Adam Smith (1723-1790) und John Stuart Mill (1806-1873) zurück. Sie wurde 1946/47 von dem Wirtschaftswissenschaftler Alfred Müller-Armack als eine mögliche Wirtschaftsordnung zwischen der liberalen, von staatlichen Eingriffen unabhängigen, kapitalistischen Wirtschaftsordnung und den durch staatliche Zentralplanung straff gelenkten Verwaltungswirtschaften der Sowjetunion oder des Nationalsozialismus vorgeschlagen.[736] Das Attribut *sozial* sollte dabei die besondere sozialpolitische Verpflichtung der wirtschaftlichen Entscheidungsträger verdeutlichen.

---

[736] „Wir sprechen von ‚Sozialer Marktwirtschaft', um diese dritte wirtschaftspolitische Form zu kennzeichnen. Es bedeutet dies [...], daß uns die Marktwirtschaft notwendig als das tragende Gerüst der künftigen Wirtschaftsordnung erscheint, nur daß dies eben keine sich selbst überlassene, liberale Marktwirtschaft, sondern eine bewußt gesteuerte, und zwar sozial gesteuerte Marktwirtschaft sein soll." Müller-Armack (1966), S. 109.

Auch Ludwig Erhard[737] versuchte ab 1947 innerhalb der CDU seine wirtschaftspolitischen Vorstellungen zu etablieren. Damals benutzte die Partei den Ausdruck *Kapitalismus* mit Hinweis auf den *Großkapitalismus* bzw. *Industriekapitalismus* der Nationalsozialisten als Stigmawort und diskutierte für kurze Zeit das Konzept eines *Christlichen Sozialismus*. Erhard bezeichnete sein Konzept als *Marktwirtschaft*, *freie Marktwirtschaft* und *Marktwirtschaft mit freier Preisbildung* (DIE NEUE ZEITUNG, 14.10.1946, 7.4.1947, 23.6.1947).[738] Alternativ tauchten auch schon Ausdrücke wie *sozial gebundene Marktwirtschaft* sowie *sozial verpflichtete Marktwirtschaft* auf. Mit ihnen wurde einerseits Abstand genommen von der *freien Wirtschaft* und der *liberalen Marktwirtschaft*.
Andererseits grenzte man sich auch vom *Sozialismus* und von der *Planwirtschaft* ab[739], die als wirtschaftspolitisches Konzept der SPD galt. Der Ausdruck *Planwirtschaft* wurde von CDU/CSU und FDP zunehmend stigmatisiert und – versehen mit den Attributen *total* und *staatlich* – als Opposition zum eigenen Fahnenwort *Soziale Marktwirtschaft* verwendet.[740]
Seit den Düsseldorfer Leitsätzen der CDU von 1949 ist die *Soziale Marktwirtschaft* gültige Bezeichnung für die Wirtschaftsvorstellungen der Partei.
Besonders in den fünfziger Jahren wurden mit dem Schlagwort Wahlkämpfe bestritten und gewonnen, indem

[737] Ludwig Erhard war von 1949-1963 CDU-Bundeswirtschaftsminister, von 1963-1966 Bundeskanzler.
[738] Vgl. Wengeler (1996), S.391.
[739] Auf einer Zonenausschussitzung der CDU am 25.2.1949 versuchte Erhard das Attribut *sozial* zu legitimieren: „Es ist eine völlige Illusion, etwa zu glauben, daß die Planwirtschaft sich von sozialen Aspekten leiten ließe, und daß dieses Prädikat ‚sozial' der Marktwirtschaft nicht zukomme. Gerade das Gegenteil ist der Fall, und die Wahrheit beruht im Gegenteil. Die Planwirtschaft ist das Unsozialste, was es überhaupt gibt, und nur die Marktwirtschaft ist sozial." Zitiert nach Ambrosius (1977), S. 199.
[740] Vgl. Wengeler (1995), S. 41ff.

es gelang, den Wirtschaftsaufschwung dieser Zeit als Folge der CDU-Wirtschaftspolitik darzustellen.
Die SPD war dadurch gezwungen, Elemente dieser Politik anzuerkennen, tabuisierte aber weiter den Ausdruck *Soziale Marktwirtschaft*. Um die von der CDU stigmatisierte Bezeichnung *Planwirtschaft* zu vermeiden, verwendete die SPD die Ablösevokabeln *Lenkung der leichten Hand*, *Lenkungswirtschaft.* Ab 1953 wurde der Ausdruck *Marktwirtschaft* aufgegriffen und mit neuen Attributen ausgestattet: *geplante Marktwirtschaft*, *Marktwirtschaft von links*, *gelenkte Marktwirtschaft*, *sozialistische Marktwirtschaft*.[741]
Auch übte die SPD Kritik am Attribut *sozial* zur Bezeichnung der bestehenden Wirtschaftsordnung, da die tatsächliche *freie Marktwirtschaft* durch das ‚Tarnungsadjektiv' (LÜBECKER FREIE PRESSE 15.8.1953)[742] *sozial* in ihrer wirklichen Gestalt verschleiert werde. Von unternehmerischer und wirtschaftspolitischer Seite wurde das Adjektiv *sozial* ebenfalls abgelehnt; es fördere das Ausnutzen sozialer Absicherungen und behindere so den Fortschritt und die Wettbewerbsfähigkeit.[743] Trotz dieser Kritik hatte das Schlagwort Erfolg. Eine *Aktionsgemeinschaft Soziale Marktwirtschaft* sowie die Unternehmerorganisation *Die Waage – Gemeinschaft zur Förderung des sozialen Ausgleichs* propagierten den von Ludwig Erhard herausgegeben Slogan *Wohlstand für alle*.
Jedoch lebte durch den Regierungswechsel zur sozialliberalen Koalition, durch die 68er Studentenbewegung und durch die Wirtschaftskrise zu Anfang der siebziger Jahre die Diskussion um die grundsätzliche Ausrichtung der bundesrepublikanischen Wirtschaftsordnung wieder auf. Während die SPD im Rahmen der so genannten *Strukturpolitik* und *Investitionslenkung* über wirtschaftliche Planungs- und Lenkungsmaßnahmen nachdachte, ver-

---

[741] Vgl. Wengeler (1996), S. 395.
[742] Vgl. Wengeler (1995), S. 47.
[743] Vgl. Wengeler (1994), S. 118.

suchte die CDU ihr Fahnenwort *Soziale Marktwirtschaft* für die Lösung wirtschaftspolitischer Probleme zu empfehlen. 1972 bekannte sich die SPD zwar zur *Marktwirtschaft*, hielt aber die *Soziale Marktwirtschaft* für unzureichend zur Lösung gesellschaftspolitischer Aufgaben. Die CDU als Oppositionspartei kritisierte wiederum die SPD-Politik als *sozialistisch* und *planwirtschaftlich* mit den Stigmawörtern *planwirtschaftlicher Dirigismus*, *sozialistischer Versorgungsstaat*, *Verstaatlichung*, *Demontage der freien Wirtschaft*. Mit dem als positiv aufgefassten Leitwort *Soziale Marktwirtschaft* und mit dem Versprechen des Aufschwungs gelang ab 1982 der CDU, aus der Opposition herauszutreten. Sowohl die Massenarbeitslosigkeit als auch die Staatsverschuldung wurden – nach dem durch ein Misstrauensvotum herbeigeführten Regierungswechsel – als *Erblast* der Vorgängerregierung zugeschrieben.[744]

Mitte der 80er Jahre erhielt die Debatte um die *Soziale Marktwirtschaft* durch die zunehmende Wichtigkeit des Themas *Umweltschutz* eine neue Richtung. Während bis dahin beides eher als Gegensatz behandelt worden war, entwickelte sich allmählich das Bewusstsein, dass die Lösung ökologischer Probleme nicht mit einem wirtschaftlichen Niedergang verbunden sein müsse.[745] In diesem Zusammenhang forderte der SPD-Wirtschaftsexperte Wolfgang Roth eine *sozialökologische Marktwirtschaft*[746]. Auch Kurt Biedenkopf (CDU) erachtete das Konzept einer *ökologischen Marktwirtschaft* (RP, 17.11.1984)[747] für notwendig. Jedoch war die CDU nicht bereit, ihren „Wahlkampfschlager“[748] *Soziale Marktwirtschaft* auszutauschen und veränderte das Fahnenwort lieber mit weiteren Attributen. So spricht Helmut Kohl vom „Konzept einer ökologisch verpflichteten Sozialen Marktwirtschaft“ (BULLETIN DES

[744] Vgl. Wengeler (1994), S. 119ff.
[745] Vgl. Riesenhuber (1983), S. 13ff.
[746] Vgl. Roth (1985).
[747] Wengeler (1995), S. 77.
[748] Wengeler (1994), S. 122.

PRESSE- UND INFORMATIONSAMTES DER BUNDESREGIERUNG, 25.10.1989)[749] und im Grundsatzprogramm von 1994 heißt der Titel eines Abschnitts „ökologische und soziale Marktwirtschaft“ (SZ, 13.3.1995, S. 11).

Die SPD vermied vorerst weiter den Ausdruck *Soziale Marktwirtschaft*. Gemäß dem Grundsatzprogramm der Partei von 1989, in dem von einem „ökologisch und sozial verantwortlichen Wirtschaften“[750] die Rede war, forderte Oskar Lafontaine (SPD) einen „umweltgerechten Umbau der Industriegesellschaft“ (DER SPIEGEL, 26.2.1996, S. 33). Jedoch etablierte sich im Zuge der deutschen Einheit die *Soziale Marktwirtschaft* als Leitbild und als Bezeichnung einer als real existierend akzeptierten Wirtschaftsordnung[751], sodass auch die SPD dieses Organisationsprinzip anerkannte (DIE WELT online, 31.8.1996)[752].

Mitte der 90er Jahre setzte angesichts der Rezession und des damit verbundenen Anstiegs der Arbeitslosigkeit eine neue Debatte um die *Soziale Marktwirtschaft* ein. Der *Wohlstand für alle* hatte sich in *Arbeitslosigkeit für viele* (DIE WELT online, 14.8.1996)[753] verwandelt, deren Folgen den Finanzhaushalt stark belasteten. Die Wirtschaftswissenschaftler Meinolf Dierkes und Klaus Zimmermann sahen den „Sozialstaat in der Krise“ und fragten, ob die „Soziale Marktwirtschaft noch eine Chance“ habe.[754] Der Liberale Guido Westerwelle klagte die „bürokratische Staatswirtschaft“ sowie den „Wohlfahrtsstaat“ (DIE ZEIT, 28.3.1997) an, und auch Hans Olaf Henkel (Vorsitzender des BDI) kritisierte „den ausufernden Wohlfahrtsstaat“ und die „Erosion der sozialen Marktwirtschaft“ (DIE WELT online, 20.9.1999)[755].

---

[749] Wengeler (1995), S. 77.

[750] http://www.spd.de/partei/dokumente/grundsatzprogramm.

[751] Vgl. Cassel/Rauhut (1998), S. 5.

[752] http://www.welt.de/daten/1996/08/31/0831fo106008.htx?print=1.

[753] http://www.welt.de/daten/1996/08/14/0814wi105420.htx?print=1.

[754] Vgl. Dierkes/Zimmermann (1996).

[755] http://www.welt.de/daten/1999/09/20/0920fo129982.htx?print=1.

Um die *Soziale Marktwirtschaft* weiterzuentwickeln, wurde 1997 auf Initiative der Bertelsmann-Stiftung, der Heinz-Nixdorf-Stiftung sowie der Ludwig-Erhard-Stiftung eine überparteiliche *Reformkommission Soziale Marktwirtschaft* gegründet. Linke Kräfte und vor allem die evangelische und katholische Kirche fürchteten die von den Liberalen geforderte *Marktwirtschaft ohne Adjektiv* (SZ, 23.12.2000, S. 25) und warnten vor einer *Marktwirtschaft pur* (DIE ZEIT, 6.6.1997).

Die SPD profitierte von den wirtschaftspolitischen Problemen der CDU und nahm den Ausdruck *Soziale Marktwirtschaft* in den Wahlkampf auf. Der damalige SPD-Fraktionsvorsitzende Rudolf Scharping propagierte: „Wir wollen die Soziale Marktwirtschaft retten" (DIE WELT online 17.7.1996)[756]. Im Wahlprogramm von 1998 sprach sich die Partei für eine *Erneuerung der Sozialen Marktwirtschaft*[757] aus. Gerhard Schröder forderte eine *Renaissance der Sozialen Marktwirtschaft* (DIE ZEIT, 19.9.1997), durch die „das klassische Konzept der Sozialen Marktwirtschaft" „revitalisiert" und „zukunftsfähig" gemacht werden müsse.[758] Auf der Antonymie von *alt* und *neu* basiert auch das von der CDU-Vorsitzenden Angela Merkel eingebrachte Konzept der *Neuen sozialen Marktwirtschaft*[759], das dem der *alten sozialen Marktwirtschaft* (DIE WELT online, 23.12.2000[760], SZ online, 23.12.2000, S. 25) gegenübergestellt wird. Außerdem gründete die CDU eine *Kommission Neue Soziale Marktwirtschaft* mit dem Ziel, das wirtschaftspolitische Ordnungsprinzip unter Berücksichtigung der *Globalisierung* für das 21. Jahrhundert vorzubereiten.

---

[756] http://www.welt.de/daten/1996/07/17/0717de104462.htx?print=1.

[757] http://www.spd.de/suche/archiv/pttpleipzig/programm/0.htm.

[758] Vgl. Rede des Bundesministers für Wirtschaft und Technologie Werner Müller vom 17.3.2000: http://www.bmwi.de/Homepage/-Presseforum/Reden%20%26%20Statemen.../0317rede1.js.

[759] http://www.neue-soziale-marktwirtschaft.cdu.de/wir.htm.

[760] http://www.welt.de/daten/2000/12/23/1223wi211273.htx?print=1.

Es erwächst daraus gleichzeitig eine Diskussion um eine *internationale soziale Marktwirtschaft* (SZ, 5.7.2000, S. 12).

Etwa zur gleichen Zeit wie die CDU-Vorsitzende – im Oktober 2000 – rief auch der ehemalige Bundesbankpräsident Hans Tietmeyer eine *Initiative Neue Soziale Marktwirtschaft* ins Leben, mit deren Hilfe das Wirtschaftskonzept zu einem Leitbild für das 21. Jahrhundert umgestaltet werden soll. Auf die veränderten wirtschaftlichen Rahmenbedingungen achtend, unterstützt die Initiative analog zum Slogan *Wohlstand für alle* das Motto *Chancen für alle.*[761] Am 3. Juli 2001 debattierten auf dem *1. Berliner Kongress zur Neuen Sozialen Marktwirtschaft* Wirtschaftswissenschaftler, Unternehmer sowie die CDU-Vorsitzende Merkel und der Bundesfinanzminister Eichel über Chancen zur Erneuerung der Wirtschaftsordnung. Diese sich zu Beginn des 21. Jahrhunderts häufenden Diskussionen zur *Sozialen Marktwirtschaft* weisen darauf hin, dass wir momentan – so Biedenkopf – durch eine Phase gehen, „die man [...] als Paradigmenwechsel bezeichnen kann“ (SPIEGEL online, 2000)[762].

MM/AJM

[761] http://www.chancenfueralle.de/in/0,1039,c5,00.html.
[762] http://www.spiegel.de/druckversion/0,1588,87257,00.html.

56 Standort Deutschland

„**Stand|ort**, der <Pl. -e>: **1.** *Ort, Punkt, an dem jmd., etw. steht, sich befindet* [...] **2.** (Milit.) *[...]; Garnison (1).* **3.** (Wirtsch.) *geographischer Ort, Raum (z.B. Stadt, Region, Land), wo od. von wo aus eine bestimmte wirtschaftliche Aktivität stattfindet*: die Firma will den S. Frankfurt aufgeben, sucht einen neuen S. [für ihr Auslieferungslager]; die Produktion soll an einen fernöstlichen S. verlegt werden; Verbundenheit der Belegschaft, dem S. Mannheim (MM 20.10.93,10)." Duden (1999), S. 3701.

Der Ausdruck *Standort Deutschland* wird seit 1992 als zentrales Schlagwort im wirtschaftspolitischen Diskurs verwendet. Als ursprünglicher Terminus aus der Betriebswirtschaftslehre bezeichnet *Standort* den Ort, an dem Unternehmen angesiedelt sind. Der Ort wird so hinsichtlich der wirtschaftlichen Rahmenbedingungen für Unternehmen betrachtet. Durch den Zusatz *Deutschland* wird der Ausdruck auf eine ganze Volkswirtschaft ausgeweitet.
Erstmalig ist 1988 in einem CDU-Parteiprogramm von der „Zukunftssicherung des Wirtschaftsstandorts Bundesrepublik Deutschland" sowie vom *Investitionsstandort* die Rede: Das Lohnniveau, der Wohlstand sowie die materielle als auch die soziale Sicherheit der Arbeitnehmer sollten demnach trotz zu steigernder Wettbewerbsfähigkeit erhalten bleiben (vgl. CDU-Dokumentation 20/1988). Im Zuge der vereinigungsbedingten Wirtschaftskrise in den Jahren 1992/93 rückt die Vokabel stärker in den Vordergrund. Am 25. März 1993 findet eine Bundestagsdebatte zur Sicherung der internationalen Wettbewerbsfähigkeit Deutschlands statt, in der Bundeswirtschaftsminister Rexrodt (FDP) von „Alarmzeichen für den Standort Deutschland" spricht und auch SPD-Fraktionsvorsitzender Klose mit der Vokabel *Standortpolitik* argumentiert.

Die CDU-Regierung und die Arbeitgeber benutzen den Ausdruck als Fahnenwort, mit dem sie ihre wirtschaftspolitischen Konzepte des freien Wettbewerbs markieren. Sie warnen vor dem Verlust von Arbeitsplätzen durch sinkende Wettbewerbsfähigkeit des *Standorts Deutschland*. Um den Faktor →*Arbeit* billiger zu machen, werden wiederum Kürzungen im Leistungskatalog gefordert und legitimiert. Im Gegensatz dazu halten es die Anhänger der SPD, von Bündnis 90/DIE GRÜNEN und der PDS für wichtig, dass die Familie in hohem Maße als schützenswert gelte und nicht dem *Standort Deutschland* geopfert werden dürfe (DIE ZEIT, 30.7.1998). Die Gegenargumentation von Opposition, Gewerkschaften und Kirchen bezieht sich vor allem auf die Maßnahmenkataloge der Leistungskürzungen. Es wird die Frage gestellt, wie weit man sozialethisch bei der „Standortsicherung" gehen dürfe. Kritische Stimmen sprechen davon, dass

> „die Ökonomisierung des Diskurses über das ‚Modell', zentriert um den ökonomischen Begriff ‚Standort', einen Begriff der ökonomischen Theorie, die Probleme der Bundesrepublik ganz unzulässig reduziert" (DIE ZEIT, 5.12.1997).

Versuche, das Fahnenwort der Regierungs- und Arbeitgeberseite mit anderen Inhalten zu besetzen (wie z.B. Scharpings Wortschöpfung *Lebensstandort Deutschland*) bleiben erfolglos. Wurde der Ausdruck zu Anfang fast ausschließlich von Seiten der CDU/FDP-Regierungskoalition verwendet, so war sein Stellenwert in der Öffentlichkeit bald unumstritten: Zu seiner Durchsetzung als dominantes Wort hat u.a. beigetragen, dass die Sicherung und Schaffung von Arbeitsplätzen ein parteiübergreifendes Schwerpunktthema geworden ist. Der Ausdruck erreichte eine so große Bekanntheit, dass *Deutschland* als nähere Bestimmung oft in der Bezeichnung weggelassen wurde.

In dieser lexikalisierten Bedeutung wurde die Vokabel *Standort* Element zahlreicher Komposita wie z.B. *Standortfaktor*, *Standortdiskussion* etc. Sie spielte nicht nur für den wirtschafts-, sondern beispielsweise auch für den sozialpolitischen Diskurs eine Rolle; insofern alle Sozialleistungen in Bezug auf eine Belastung des *Standortes* neu gerechtfertigt werden mussten (hierbei waren die Interpretationsvokabeln *Sozialabbau* und *Sozialumbau* umstritten). Es ist die Rede von einem „neuen Modell Deutschland, das ein Vorbild für Europa sein kann" (DIE ZEIT, 2.4.1998). In diesem Kontext wird die Bezeichnung *Standort Deutschland* analog auf „Standort Europa" ausgeweitet.
Seit der Niederlage der Koalition aus CDU und FDP bei den Bundestagswahlen 1998 und der Bildung einer rot-grünen Regierung verschwand der Ausdruck *Standort Deutschland* beinahe völlig aus dem öffentlichen Sprachgebrauch. Der wirtschaftliche Diskurs handelt weiterhin von *Globalisierung* und der Stärkung Deutschlands im internationalen Wettbewerb, allerdings mittels anderer Vokabeln wie z.B. *Modernisierung*.

AJM

57 Sympathisant

„**Sym|pa|thi|sant**, der; -en, -en [zu ↑sympathisieren]: *jmd., der mit einer [extremen] politischen od. gesellschaftlichen Gruppe (seltener einer Einzelperson), Anschauung sympathisiert, sie unterstützt*: Ich wohne bei -en des SDS, die allen sozialen Bereichen angehören, vom Arbeiter bis zum Beamten (Spiegel 25, 1968, 32).“ Duden (1999), S. 3829.

Der Ausdruck *Sympathisant* bezeichnete – allgemein und wertneutral gebraucht – bis zum Beginn der siebziger Jahre

„eine Person, die einer anderen Person, einer Gruppe, einer politischen Partei oder Richtung wohlwollend gegenübersteht, zuneigt, ihre Interessen und Ziele teilt und sich für sie engagiert, oder die mit (jemandem in) einer Idee, Anschauung oder Gesinnung innerlich übereinstimmt und für sie eintritt.“[763]

In der Anfang der siebziger Jahre einsetzenden →*Terrorismus*-Diskussion, in der es „nicht nur um die Aktionen der Terroristen, deren Abwehr, Verfolgung und Erklärung als politisches und kriminalistisches Phänomen“ ging, sondern auch „um die sogenannten ‚Sympathisanten‘ der Terroristen, die deren Aktivitäten vorbereitet, abgesichert und legitimiert haben sollen“[764], gerieten schon diejenigen unter den Verdacht, *Sympathisanten* der Terroristen zu sein, die die Bezeichnung →*Baader-Meinhof-Gruppe* (FAZ, 23.12.1971) statt *Baader-Meinhof-Bande* (BILD, 23.12.1971) verwendeten und sich somit nicht eindeutig von den Terroristen zu distanzieren schienen.
Der Vorwurf des *Sympathisantentums* traf Intellektuelle,

---

[763] Strauß/Haß/Harras (1989), S. 363.
[764] Musolff (1989), S. 96.

Anwälte und Theologen, aber auch Teile der Presse. Insbesondere die kritische Auseinandersetzung des Schriftstellers Heinrich Böll mit der Berichterstattung über die frühen Aktionen der RAF („Will Ulrike Gnade oder freies Geleit?", DER SPIEGEL, 10.1.1972), trugen ihm den Vorwurf ein, ein „salonanarchistischer Sympathisant" (WAMS, 16.1.1972) oder „altgedienter Sympathisant" (DIE WELT, 12.9.1977) zu sein.
Während in dieser Phase der Ausdruck *Sympathisant* bürgerliche Quartiergeber und Helfershelfer[765] bezeichnete und als polemische Vorwurfsvokabel gegenüber denjenigen verwendet wurde, die eine differenzierte und kritische Auseinandersetzung mit dem Terrorismus suchten, änderte sich gegen Mitte der siebziger Jahre in der Folge der terroristischen Gewalttaten und der daraus resultierenden Etablierung des Terrorismus als Thema der öffentlichen Auseinandersetzung das Verständnis des Ausdrucks:

> „Als prototypische *neue* ‚Sympathisanten' galten zu diesem Zeitpunkt eher die mutmaßlichen RAF-Nachfolgetäter, die sich im Umkreis einiger RAF-‚Vertrauensanwälte' und der ‚Roten Hilfe'-Gruppen und Komitees gegen die als *Isolationsfolter* bezeichnete Einzelhaft als ‚zweite Generation' der RAF konstituiert hatten."[766]

Der Terminus *Sympathisant* als stigmatisierende Fremdbezeichnung wurde instrumentalisiert, um Personen, die sich nach Ansicht vor allem konservativer Politiker und Medien nicht deutlich genug von den Terroristen distanzierten, dem „terroristischen Umfeld" zuzuordnen und zu kriminalisieren. Diese Instrumentalisierung setzte sich auch auf parteipolitischer Ebene fort. So bezichtigte etwa F.J. Strauß, der Vorsitzende der CSU, im November 1974 nach

---

765 Vgl. Musolff (1989), S. 103.
766 Musolff (1989), S. 102.

der Ermordung des Berliner Kammergerichtspräsidenten von Drenkmann die sozial-liberale Koalition der *Sympathisantenschaft* mit den Terroristen:

> „[...] dann möchte ich wissen, wie viele Sympathisanten der Baader-Meinhof-Verbrecher in der SPD- und FDP-Koalition in Bonn drinsitzen. Es ist ein ganzer Haufen.“ (DER SPIEGEL Nr. 11, 1975, S. 19).

In der Folge der zunehmenden Eskalation terroristischer Gewalt im so genannten *Deutschen Herbst* – am 30. Juli 1977 wurde der Vorstandsvorsitzende der Dresdner Bank, Jürgen Ponto, von Mitgliedern der RAF erschossen, am 5. September der Arbeitgeberpräsident Schleyer, am 13. Oktober die Lufthansamaschine Landshut entführt – und der erregten öffentlichen Debatten um den so genannten *Buback-Nachruf* (DER SPIEGEL, 15.8.1977, S. 27) eines Studenten wurde die *Sympathisanten*-Begrifflichkeit zu der zentralen Kategorie der öffentlichen Auseinandersetzung. Das „polemisch ideologische Schlagwort“[767] *Sympathisant* bezeichnete jetzt als technisch-kriminalistischer Terminus den propagandistischen Unterstützer und direkten Helfershelfer, den so genannten „geistigen Wegbereiter“[768] und den „(moralisch zu verurteilenden) geheimen ideologischen Anhänger“[769].

Erst das Ende der Schleyer- bzw. der Landshutentführung und der Selbstmord der in Stammheim inhaftierten Gründungsmitglieder der RAF am 18. Oktober 1977 ermöglichte eine differenziertere Auseinandersetzung mit der *Sympathisanten*-Problematik. Vor allem die explizite sprachliche Thematisierung der „Unschärfe des Schlagwortes der Stunde“ (DER SPIEGEL, 3.10.1977, S. 28) als „schwammiger Begriff“, der „zu einem Sprachknüppel des

---

[767] Strauß/Haß/Harras (1989), S. 363.
[768] Musolff (1996), S. 179.
[769] Musolff (1989), S. 108.

politischen Kampfes geworden“ (DER SPIEGEL, 7.11.1977, S. 36) war und die Forderung des damaligen Bundespräsidenten Scheel nach einer sprachlichen wie inhaltlichen Differenzierung führten dazu, dass

> „die (in der öffentlichen Debatte im Sommer und Herbst 1977 zeitweilig dominante) Bedeutungs-Identifikation: *Sympathisanten*: = ‚geistige Wegbereiter‘ getrennt wird von der ‚Helfershelfer‘-Perspektive und auch von der Bedeutung: *Sympathisant* = ‚ideologischer Terrorismus-Anhänger‘.“[770]

Mit dieser Differenzierung verlor der *Sympathisanten*-Verdacht und -Vorwurf in der öffentlichen Auseinandersetzung erheblich an polemischer Brisanz.
In der Folgezeit überwog die technisch-kriminalistische Verwendungsweise der Vokabel *Sympathisant* für Anhänger und Unterstützer der Terroristen, wobei von Seiten der Verfassungsschützer zwischen einem aktiven und einem nicht aktiven Umfeld unterschieden wird.
Ab 1978 werden dann nicht mehr nur RAF-Unterstützer, sondern auch DKP-Anhänger, ab 1979 in Deutschland aktive Mitglieder türkischer Extremistengruppen und seit 1983 Mitglieder neonazistischer Gruppen als *Sympathisanten* bezeichnet. Seit Mitte der achtziger Jahre lässt sich eine Verwendung frei von negativen Konnotationen, nicht stigmatisierend und wertneutral – im Sinne von „politischer Anhänger“ – beobachten.[771]

TE

[770] Musolff (1989), S. 106.
[771] Vgl. Musolff (1989), S. 107. 1987 zitiert die RP den Vorsitzenden der CSU, F.J. Strauß, er spreche für einen „Großteil der CDU-Mitglieder und -Sympathisanten“ (RP, 23.9.1987).

58 Terrorismus

„**Ter|ro|ris|mus**, der;-,...men <Pl. selten> [frz. terrorisme, zu: terreur, ↑Terror]: **1.** *Einstellung und Verhaltensweise, die darauf abzielt [politische] Ziele durch Terror (1) durchzusetzen:* die Ursachen des T.; Natürlich ist Sicherheitspolitik nicht überflüssig in einer Welt der nationalistischen Leidenschaften, der Bürgerkriege und der Terrorismen (Eppler, Kavalleriepferde, 234) **2.** *Gesamtheit der Personen, die Terrorakte verüben:* der internationale T. **3.** (seltener) *Schreckensherrschaft.*"
Duden (1999), S. 3886.

„**Ter|ro|rist**, der; -en, -en [frz. terroriste, zu terreur, ↑Terror]: *Anhänger des Terrorismus (1); jmd. der Terrorakte verübt*: linke, rechte -en; des einen T. ist meist des anderen Freiheitskämpfer (Spiegel 45, 1977, 164)."
Duden (1999), S. 3886.

Ende der sechziger Jahre formierte sich eine von den Universitäten ausgehende Protestbewegung, deren Kern der *Sozialistische Deutsche Studentenbund* (*SDS*), eine marxistische Abspaltung der SPD, war. Diese als →*Außerparlamentarische Opposition* (*APO*) bezeichnete Bewegung verstand sich nach der Bildung der Großen Koalition von CDU/CSU und SPD 1966 als einzig „wirkliche" Opposition. Mit anfangs gewaltfreien Aktionen und Demonstrationen, die der damalige Bundeskanzler Kiesinger (CDU) als „Terror der Straße" (FAZ, 9.7.1966) bezeichnete, protestierte sie gegen die aus ihrer Sicht verkrusteten Hochschulstrukturen, das so genannte →*Establishment*, den Vietnamkrieg, die Notstandsgesetze und die Springerpresse.[772]

Nach der Erschießung des Studenten Benno Ohnesorg am 2. Juni 1967 durch den Polizisten Karl-Heinz Kurras bei

---

[772] Vgl. Backes (1991), S. 53.

einer friedlichen Demonstration gegen den Besuch des Schah von Persien und dem milden Urteil gegen den Schützen radikalisierten sich Teile der APO. Als auf den SDS-Führer Rudi Dutschke am 11. April 1968 ein Attentat verübt wurde, das dieser schwerverletzt überlebte, bezeichneten als Reaktion darauf „Vertreter der APO 1967/1968 die Gewalt als ein Mittel der Demonstration"[773]. Danach kam es verstärkt zu gewaltsamen Auseinandersetzungen zwischen der Polizei und Demonstranten, deren Führer stigmatisierend von Teilen der Presse „seit den Unruhen der jüngsten Zeit als ‚anarchistisch-revolutionäre Terroristen'" (DER SPIEGEL Nr. 17, 1968) bezeichnet wurden. Kleine Gruppierungen der *APO* wollten nun „zum bewaffneten Kampf in der Bundesrepublik Deutschland als einer Metropole des Klassenkampfes übergehen."[774]
Am 2. April 1968 verübten Andreas Baader, Gudrun Ensslin, Hans Söhnlein und Thorwald Proll zwei Brandanschläge auf Frankfurter Kaufhäuser, bei denen es zu Sachschäden kam. Nach der Verhaftung und Verurteilung der Täter zu jeweils 14 Monaten Haft flohen Ensslin und Baader ins europäische Ausland. Nach seiner Rückkehr im April 1970 wurde Baader gefasst.
Nach dem Zerfall der Großen Koalition und der Wahl Willy Brandts zum Bundeskanzler einer sozial-liberalen Koalition 1969, löste sich die *APO* allmählich auf. Während sich große Teile von *APO* und *SDS* der SPD anschlossen, die Reformen hin zu einer *→Demokratisierung* ankündigte, und sich *APO* und *SDS* als soziale Bewegungen zu Beginn der siebziger Jahre vollends auflösten, begann „für kleine Gruppen, wie dem bereits kriminalisierten Kreis um Baader und Ensslin, [...] der ‚bewaffnete Kampf.'"[775]
Den entscheidenden Schritt hin zu diesem *bewaffneten*

---

[773] Schwind (1978), S. 27.
[774] Musolff (1995), S. 407.
[775] Musolff (1995), S. 410.

Kampf, den Schritt in die Illegalität machte am 14. Mai 1970 die Gruppe um Ensslin und Baader. Mit Hilfe der ehemaligen KONKRET-Redakteurin Ulrike Meinhof und anderen befreite Ensslin Baader während eines Freigangs gewaltsam aus Justizgewahrsam, wobei der unbeteiligte Angestellte Georg Linke durch eine Schussverletzung lebensgefährlich verletzt wurde.
Mit der Verhaftung Horst Mahlers, der bei dem Prozess um die Warenhausbrandstiftung als Verteidiger aufgetreten war, verschwand die bis dahin gängige Bezeichnung *Baader-Mahler-Meinhof-Gruppe* und wurde ersetzt durch die beiden Ausdrücke →*Baader-Meinhof-Gruppe* (FAZ, 23.12.1971) bzw. *Baader-Meinhof-Bande* (BILD, 23.12.1971).
Die verbliebene Gruppe um Baader, Ensslin und Meinhof „baute [..] 1970/71 eine sogenannte ‚Rote Armee Fraktion' (RAF) auf, die das ‚Konzept der Stadtguerilla' des bolivianischen Revolutionärs und Kommunisten Carlos Marighella in der Bundesrepublik durchsetzen will."[776]
Die Selbstbenennung der Gruppe als *Rote Armee Fraktion* (*RAF*)[777], als eine – noch im Aufbau befindliche – internationale und antiimperialistische Militärtruppe nach dem Vorbild der sowjetischen Roten Armee, diente der Gruppe als Legitimation ihrer politischen Zielsetzung, „durch ihre Anschläge einen staatlichen Unterdrückungsapparat zu decouvrieren und dadurch die Gesellschaft zu befreien und zur Revolution zu befähigen."[778]
Nach einer Serie von Banküberfällen und Bombenanschlägen 1971 wurde die RAF zunehmend als kriminelle Gruppierung betrachtet, die vor Gewaltanwendung nicht mehr zurückschreckte.

---

[776] Hildebrand (1984), S. 28. Vgl. auch: Musolff (1996), S. 157.
[777] Die Bezeichnung *RAF* taucht zum ersten Mal auf der Titelseite des „Konzeptes Stadtguerilla" auf, das Ulrike Meinhof als programmatisches Konzept verfasste und das am 22.5.1970 erstmals veröffentlicht wird.
[778] Niehr (1993), S. 119.

Ihre Mitglieder wurden als *Baader-Meinhof-Terroristen* (FR, 19.6.1972), oder *Terroristen* (RP, 29.5.1972) bezeichnet. Als Reaktion auf diese Anschlagsserie entwikkelte sich in der Öffentlichkeit ein semantischer Streit um die Vokabeln →*Baader-Meinhof-Gruppe* bzw. *-Bande* und →*Sympathisant*.
Zwischen Februar und Juli 1972 wurden die Führungsmitglieder der RAF, die für die Attentate und Überfälle verantwortlich gemacht wurden – unter anderem Ulrike Meinhof, Andreas Baader, Jan-Carl Raspe und Holger Meins – verhaftet. Die damalige Bundesregierung erweiterte daraufhin den §129 StGB (Bildung einer kriminellen Vereinigung) um den §129a, der die *Bildung einer terroristischen Vereinigung* unter Strafe stellt, und nahm Veränderungen an der Strafprozessordnung vor, die nun den Ausschluss von Verteidigern und ein Verbot der Mehrfachverteidigung vorsah.[779]
Während des laufenden Prozesses gegen die *RAF-Führung* kam es Anfang der 70er Jahre zu weiteren Gewalttaten. Die RAF-Mitglieder wurden nun zunehmend als *Terroristen* bezeichnet, die aufgrund von Benennungsproblemen in „Generationen“ eingeteilt wurden, wobei die einsitzenden „Gründungsmitglieder“ der RAF als *erste Generation*, die aktiven und in Freiheit befindlichen Mitglieder als *zweite Generation* bezeichnet wurden.
Die in Haft befindlichen *RAF*-Mitglieder betrachteten sich selbst als *Kriegsgefangene*, ihre Haftbedingungen (Einzelhaft) bezeichneten sie als *Isolationsfolter*, gegen die sie mit Hungerstreiks protestierten. Während in den Medien und der Öffentlichkeit die Ausdrücke *Terrorismus* und *Terrorist* im Kontext linksextremer Gewalttaten zu geläufigen Vokabeln geworden waren, war ihre Verwendung bei Parlamentariern zunächst nicht verbreitet. So gebraucht etwa der damalige Bundeskanzler Willy Brandt (SPD) bei einer

[779] Vgl. Peters (1991), S.168f.

Stellungnahme zum Terrorismus in der Bundesrepublik Deutschland Alternativvokabeln wie *kriminelle Anarchisten* (RP, 26.5.1972) und *ideologisierter Verbrecher* (RP, 26.5.1972). Daneben etablierten sich im öffentlichen Sprachgebrauch eine Vielzahl von Alternativvokabeln zur Bezeichnung von *Terroristen* wie *linksradikale Verbrecher* (FAZ, 16.4.1972), *Bombenleger* (RP, 27.5.1972) *Hauptakteure* (FR, 18.1.1972), *Attentäter* (FR, 23.5.1972), oder *Mitglieder* bzw. *Angehörige der Baader-Meinhof-Gruppe* (FR, 6.3.1972).

Nach der Ermordung des Berliner Kammergerichtspräsidenten Günter von Drenkmann am 10. November 1974 durch die „Bewegung 2. Juni", die als neue „Qualität des Terrorismus" interpretiert wurde, kam es zu ersten parlamentarischen Auseinandersetzungen über den Terrorismus. In einer Parlamentsdebatte über den so genannten Gewaltparagraphen 130a bezeichnete der damalige Bundeskanzler der sozial-liberalen Koalition Helmut Schmidt (SPD) in einer Rede 1975 erstmalig die *Baader-Meinhof-Gruppe* als „Baader-Meinhof-Terroristen"[780]. Er definiert:

> „[...] der Terrorist will sich [...] in unsere Gesellschaft nicht einfügen. Im Gegenteil, er will sie umstürzen, ihr seine totalitären Ansprüche aufzwingen, und er lässt sich auch durch noch so hohe Strafen, [...] nicht abschrecken; denn er ist ja bereit, aus Fanatismus sein Leben wegzuwerfen."[781]

Der CDU-Abgeordnete Alfred Dregger bezeichnete linksterroristische Gewalt als „neues Phänomen":

> „Beunruhigender, meine Damen und Herren, als die allgemeine Kriminalität ist das Auftreten organisierter Po-

[780] Bundeskanzler Helmut Schmidt am 13.3.1975 vor dem Deutschen Bundestag. Zitiert nach: Vinke (1978), S.85.

[781] Bundeskanzler Helmut Schmidt am 13.3.1975 vor dem Deutschen Bundestag. Zitiert nach: Vinke (1978), S. 89.

> litgangster,[...]. Wir haben aber nicht verhindern können, daß eine Handvoll von Terroristen tagelang das öffentliche Leben dieser Republik beherrschte, [...].“[782]

Ihren Höhepunkt findet die *Terrorismusdebatte* im so genannten *Deutschen Herbst* 1977. Nach dem Selbstmord von Ulrike Meinhof am 9. Mai 1976 und der in den Jahren zuvor zunehmend eskalierten terroristischen Gewalt (Entführung des Berliner CDU-Vorsitzenden Peter Lorenz, Überfall auf die deutsche Botschaft in Stockholm und die Tagung der OPEC in Wien 1975, Sprengstoffanschlag auf das 5. US Army Corps 1976), startete die *RAF* zu Beginn des Jahres 1977 ihre „Offensive“ gegen den Staat.
Nach der Erschießung des Vorstandsvorsitzenden der Dresdner Bank Ponto am 30. Juli und der Entführung des Arbeitgeberpräsidenten Schleyer am 5. September wurde der *Sympathisanten*-Vorwurf in der öffentlichen Auseinandersetzung wiederbelebt. Sympathisanten wurden als *Terroristenfront* (DIE WELT, 7.9.1977) und *stilles Reserveheer des Terrorismus* (DIE WELT, 12.9.1977) stigmatisiert.
Als Anfang der 80er Jahre die Öffentlichkeit auf die zunehmenden Gewalttaten rechtsextremer Gruppierungen gegen soziale Minderheiten und Ausländer aufmerksam wurden, wurden auch diese Taten zunächst als *Terrorismus* bezeichnet: „Jetzt erleben wir eine neue Dimension des Terrorismus aus dieser Ecke.“ (FR, 30.9.1980).
In der Folge differenzierte der Generalbundesanwalt Kurt Rebmann zwischen *→Rechtsterrorismus* und *Linksterrorismus*. Er bewertete die Taten der bereits 1980 verbotenen „Wehrsportgruppe Hoffmann“ und der „Volkssozialistischen Bewegung“ sowie der „Deutschen Aktionsgruppen“ als *rechtsterroristisch*. *Rechtsterrorismus* grenzt er deutlich vom *Linksterrorismus* ab:

---

[782] Alfred Dregger am 13.3.1975 vor dem Deutschen Bundestag. Zitiert nach: Vinke (1978), S. 101f.

> „Deutschen Linksterrorismus gibt es schon lange, deutschen Rechtsterrorismus moderner Prägung erst seit einigen Jahren. [...] Rechtsterroristen sind vor ihren Aktionen für den Verfassungsschutz und die Polizei oft nur schwer erkennbar. [...] Es sind überwiegend Leute, die in voller Legalität lebten, einen Beruf ausübten, voll sozialisiert und unauffällig waren. Wenn eine solche Gruppe aus einer bisher nicht transparenten Ausländerfeindlichkeit heraus plötzlich furchtbare Straftaten begeht, so kann man den Behörden, die den Rechtsterrorismus im Vorfeld bekämpfen müssen, daraus keinen Vorwurf machen." (DER SPIEGEL, 1.3.1982, S.82f.)

Im öffentlichen Sprachgebrauch der Bundesrepublik bezeichnete das Wort *Terrorismus* aber, wenn es ohne weitere Kennzeichnung gebraucht wurde, weiterhin den linken Terrorismus. Ab Mitte der 80er Jahre verübte die RAF eine Reihe von Attentaten, darunter den Mord am Vorstandsvorsitzenden der Motoren- und Turbinen-Union Dr. Ernst Zimmermann im Februar 1985 und einen Sprengstoffanschlag auf den US-Luftwaffen-Stützpunkt am Frankfurter Flughafen im August 1985. Als das RAF-Kommando „Wolfgang Beer" am 30. November 1989 einen Sprengstoffanschlag auf den Vorstandssprecher der Deutschen Bank, Dr. Alfred Herrhausen in Bad Homburg verübte, wurde die Vokabel *Terrorismus* nur im Kontext linksterroristischer Taten verwendet. „Die bisherigen Maßnahmen zur Bekämpfung des Terrorismus reichen für CSU-Generalsekretär Huber nicht aus. Das sagte er der ‚Bild am Sonntag'. Das Bewußtsein in der Bevölkerung für die terroristische Bedrohung müsse wieder wachsen." (TAZ, 11.12.1989, S. 4)
Auch nachdem am 1. April 1991 ein RAF-Kommando den Präsidenten der Treuhandanstalt, Detlev Karsten Rohwedder, in Düsseldorf erschoss, wurde in der folgenden Kontroverse über Präventivmaßnahmen gegen die RAF die Bezeichnung *Terrorismus* ohne den Zusatz *Links-* verwendet.

Obgleich die Vokabel *Terrorismus* weit gehend zur Bezeichnung des linken Terrorismus lexikalisiert ist, kann der Ausdruck *Terrorismus* inzwischen auch die Handlungen rechtsextremer Gruppierungen bezeichnen.

AB/TE

59 Umwelt

„**Ụm|welt**, die; -, -en <Pl. selten> [älter = umgebendes Land, Gegend (LÜ von dän. omverden), dann für ↑Milieu; a: im biolog. Sinn 1909 verwendet von dem dt. Biologen J. v. Uexküll (1864-1944)]: **a)** *auf ein Lebewesen einwirkende, seine Lebensbedingungen beeinflussende Umgebung*: die soziale, kulturelle, technische, geistige U.; eine gesunde, intakte U.; die U. des Menschen; die U. prägt den Menschen; die U. schützen, schonen, verschmutzen, zerstören, belasten; [...] der U. schaden; [...] die Schadstoffe gelangen in die U.; [...] **b)** *Menschen in jmds. Umgebung (mit denen jmd. Kontakt hat, in einer Wechselbeziehung steht*): Egal, was die U. über ihn und Sabine dachte (M. Walser, Pferd 12); [...]." Duden (1999), S. 4076 f.)

Die Vokabel *Umwelt* lässt sich seit etwa 1800 – zunächst als Ad-hoc-Bildung – in der deutschen Sprache belegen: Der deutsch schreibende dänische Dichter J. Baggesen verwendet den Ausdruck im – aus heutiger Sicht remotivierten – Sinne von „Umgebung" bzw. die „Welt ringsum".[783] Seit „Mitte des 19. Jh." wird die Bezeichnung *Umwelt* auch „zur Wiedergabe des frz. ‚milieu' benutzt"[784]. Um 1909 überträgt Jakob von Uexküll den Ausdruck *Umwelt* „aus der Menschengesellschaft in die der Tiere"[785]. In seinem Werk „Umwelt und Innenwelt der Tiere" (1909, 2. Aufl. 1921) wird die allgemeinsprachlich motivierte Bezeichnung *Umwelt* als biologische Fachvokabel terminologisiert. Nach Uexküll ist *Umwelt* „die ‚Eigenwelt' eines Subjektes: ein Organismus braucht, um leben zu können, ein auf ihn abgestimmtes ‚Dadraußen'."[786]

---

[783] Vgl. Kluge (1995), S. 846.
[784] Trübners Deutsches Wörterbuch (1956). Bd. 7, Berlin S. 252f.
[785] Haß (1987), S. 8.
[786] Der Grosse Brockhaus (1957), S. 745.

Die Verwendung der Vokabel im Sinne Uexkülls ist bis zu Beginn der 70er Jahre die gebräuchlichste. Seit 1926 ist der Ausdruck *Umwelt* im biologisch-wissenschaftlichen Sinne institutionalisiert: 1926 wird das „Institut für *Umweltforschung*" an der Universität Hamburg gegründet.[787] 1964 findet sich die Vokabel als Bestimmungslexem in den Namen dreier Forschungsabteilungen: „Abteilung für *Umweltschäden* und Zivilisationskrankheiten des Bundesgesundheitsamtes Berlin", „Fachgruppe *Umweltwissenschaften* der Deutschen Forschungsgemeinschaft" (DFG) und „Gesellschaft für Strahlen- und *Umweltforschung* mbH München".[788]

Anfang der 70er Jahre zeichnet sich eine neue Verwendungsweise des Wortes ab: Die Vokabel *Umwelt* bedeutet nicht mehr nur im Sinne Uexkülls die spezifische Umwelt bzw. Umgebung einer Art, sondern umfasst nun als Oberbegriff „jede andere, spezielle Umwelt [...], ist [...] die Umwelt aller Umwelten."[789] Der Neologismus etabliert sich in der auch heute noch vorherrschenden (Neu-) Bedeutung: „Gesamtheit der natürlichen und vom Menschen geschaffenen Bedingungen, unter denen Menschen, Tiere, Pflanzen leben".[790]

Der Bedeutungswandel der Vokabel *Umwelt* geht mit einer Veränderung des allgemeinen Bewusstseins und einem tief greifendem Wertewandel der westlichen Industriegesellschaft in den 60er und 70er Jahren einher. Deutschland folgt dabei einem hauptsächlich aus den USA kommenden, aber auch in Schweden, England und Japan zu beobachtenden internationalem „Trend".

---

[787] Vgl. Der Grosse Brockhaus in zwölf Bänden. Wiesbaden 1957 (16. völlig neubearbeitete Auflage), S. 745; Hervorhebung von S.B.

[788] Vgl. Küppers/Lundgren/Weingart (1978), S. 278f. Hervorhebungen von S.B.

[789] Hermanns (1991), S. 237.

[790] Handwörterbuch der deutschen Gegenwartssprache. Berlin (Ost) 1984, S. 1195.

Der von der SPD 1961 geprägte Slogan „der Himmel über dem Ruhrgebiet muß wieder blau werden" (vgl. DER SPIEGEL, 9.8.1961, S. 25) ist zwar ein erstes Indiz für eine Politisierung des *Umweltproblems*; *Umweltfragen* werden zunächst jedoch nur am Rande von den politischen Parteien beachtet. „‚Umwelt' als Gesamtheit der äußeren Lebensbedingungen"[791] ist den politisch Handelnden und den Bürgern noch nicht bewusst. Man beschränkt sich darauf, die einzelnen Symptome isoliert zu betrachten.
In den 60er Jahren sind in den USA Vokabeln wie *environmental qualitiy* bereits im allgemeinen Sprachgebrauch etabliert. In Deutschland hingegen lässt sich bis Ende der 60er Jahre der Ausdruck *Umwelt* gar nicht (vgl. z.B. den oben zitierten SPIEGEL-Artikel von 1961)[792] oder nur in seiner biologischen Definition belegen.[793] Die Entstehung einer breiten Umweltdiskussion lässt sich in der Bundesrepublik auf die Jahre 1969/70 eingrenzen.[794]
Der Neologismus *Umwelt*, dessen Bedeutung dem englischen Lexem *environment* entlehnt wurde, findet sich zum ersten Mal 1969 im SPIEGEL: Es lassen sich die Vokabeln *Verseuchung der Umwelt* bzw. das Ad-hoc-Kompositum *Umwelt-Verseuchung* (DER SPIEGEL, 24.11.1969)[795] belegen. Der Ausdruck *Umwelt-Verseuchung* – in der Schreibweise mit Bindestrich – ist ein früher Eindeutschungsversuch des englischen Wortes *environmental pollution*.
Daneben finden sich die Alternativbezeichnungen *Umwelt-Gefährdung* (DEUTSCHES ALLGEMEINES SONNTAGSBLATT, 16.8.1970, S. 16), *Umweltverderbnis*[796] und *Umweltverschmutzung* (vgl. SZ, 11.9.1970)[797].

---

[791] Margedant (1987), S. 18.
[792] Vgl. auch Manstein (1961).
[793] Vgl. Demoll (1960), S. 7.
[794] Vgl. Jung (1989), S. 78 und Jung (1995), S. 20.
[795] Vgl. auch die FAZ vom 16.8.1971.
[796] Gruhl (1975), S. 122.
[797] Vgl. auch die FAZ vom 16.8.1971 sowie DER SPIEGEL, 26.10.1970, S. 17.

Die Vokabel *Umweltverschmutzung* kann sich schließlich gegenüber den – heute polemisch wirkenden – Komposita mit *Verderbnis* und *Verseuchung* durchsetzten und ist noch heute gebräuchlich.
Auch die programmatische Vokabel *Umweltschutz* (DIE ZEIT, 2.10.1970)[798], die als Oberbegriff die „Gesamtheit der Maßnahmen (und Bestrebungen), die dazu dienen, die natürl. Lebensgrundlagen von Pflanze, Tier und Mensch zu erhalten bzw. ein gestörtes ökolog. Gleichgewicht wieder anzugleichen“[799] umfasst, lässt sich bereits 1970 im allgemeinen Sprachgebrauch nachweisen. Das Kompositum, das eine Lehnübersetzung der englischen Bezeichnung *environmental protection* ist, etabliert sich als Ablösevokabel zu den Ausdrücken *Umwelthygiene* (DIE ZEIT, 11.7.1969, S. 45) und *Schutz der Umwelt*[800], die noch 1969 im Deutschen Bundestag gebräuchlich waren: „Als im Jänner 1970 ein einschlägiges Referat im Bundeskanzleramt geplant [wird], [greift] man zu dem kurzen, zusammengesetzten Hauptwort *Umweltschutz*.“[801]
Der Neologismus *Umweltschutz*, mit dem der Kampf der Naturschützer „auf einer höheren Ebene“ (SZ, 30.11.1970) erneuert wird, etabliert sich als Konkurrenzbezeichnung zu dem „traditionellen“ Lexem *Naturschutz*: In der Regierungserklärung der sozial-liberalen Koalition vom Oktober 1969 spricht der neugewählte Bundeskanzler Brandt von *Naturschutz*. 1970 wird zum Europäischen *Naturschutzjahr* erklärt und im selben Jahr der bekannte Tierschützer Bernhard Grzimek zum Beauftragten der Bundesregierung für

---

798 Vgl. auch DER SPIEGEL, 21.12.1970, S. 67.
799 Meyers Enzyklopädisches Lexikon in 25 Bänden, Band XXVI, Mannheim/Wien/Zürich, 1971ff., S. 138f. zitiert nach Niehr (1993), S. 366. Vgl. Jung (1989), S. 78: Im modernen Umweltschutz haben sich Ansätze verbunden, die ihren Ursprung im 18. Jahrhundert oder früher haben und vor 1969/70 unverbunden nebeneinander herliefen.
800 Stenographische Berichte, Band 71: Verhandlungen des Deutschen Bundestages (1969). Zitiert nach DER SPRACHDIENST (1980), H. 7/8, S. 127f.
801 DER SPRACHDIENST (1980), H. 7/8, S. 127.

den *Naturschutz* ernannt. Der Ausdruck *Umweltschutz* hingegen etabliert sich durch das gleichnamige Sofortprogramm der SPD/FDP-Regierung vom 17. September 1970 im Sprachgebrauch der Parteien. Komposita mit dem Bestimmungslexem *Umwelt-* sind bereits mit hoher Frequenz in der ersten Bundestagsdebatte zum Thema Umwelt am 16. Dezember 1970 zu finden.[802] Ende des Jahres wird in Bayern ein Minister für Landesentwicklung und *Umweltschutz* eingesetzt. Auch in der Bundestagsdebatte von 3. Dezember 1971 lässt sich ein „Schwanken" zwischen den beiden Termini beobachten: Der damalige Landwirtschaftsminister Ertl (FDP) verwendet ausschließlich die Vokabel *Naturschutz*, während sein Parteikollege, der ehemalige Innenminister Genscher (FDP), konsequent die Lehnübersetzung *Umweltschutz* gebraucht.[803]

Mithilfe von bedeutungsdifferenzierenden Attribuierungen wie z.B. *modern*, mit denen die Extension des „traditionellen" Lexems *Naturschutz* um die Bedeutungskomponente „innovativ" bzw. „fortschrittlich" erweitert werden soll, versuchen Naturschutz- und Heimatpflegeverbände „mit den veralteten Vorstellungen über ‚Naturschutz' endlich zu brechen" (RUNDSCHREIBEN DES WESTFÄLISCHEN HEIMATVERBUNDES, 1970, H. 1).

> „‚Naturschutz' [ist] längst weit mehr geworden [...] als die überholten Vorstellungen von Blumenschützern und alten Naturschutztanten [...] Der Begriff ‚Naturschutz' selbst muß [...] ‚umfunktioniert' werden" (ebd.).

Diese Bemühungen bleiben jedoch ohne Erfolg. Als ein Heimatverbund seinen Jugendlehrgang nicht mehr als *Heimatarbeit* sondern als *Seminar für Umweltschutz* ausschreibt, verzehnfacht sich die Teilnehmerzahl (vgl. WAMS, 7.5.1972). Die teilnehmenden Jugendlichen geben

---

[802] Vgl. Jung (1989), S. 87, 90 f. und Jung (1995), S. 629 ff.
[803] Vgl. Jung (1989), S. 90 f. und Jung (1995), S. 632.

an, dass sie nicht gewusst hätten, „daß unter ‚Heimatpflege' auch eine solch moderne Aufgabe wie Umweltschutz zu verstehen sei. Einen Heimatpfleger habe man sich gewissermaßen als ‚Opa mit der Botanisiertrommel' vorgestellt" (RUNDSCHREIBEN DES WESTFÄLISCHEN HEIMATBUNDES, 1972, H. 3, S. 1).[i]

Die „moderne" Vokabel *Umweltschutz* kann sich schließlich gegenüber dem „altmodischen" Ausdruck *Naturschutz* durchsetzen: Nach einer Umfrage von INFAS kennen 1970 nur 41% der Befragten den Neologismus *Umweltschutz*.[804] Noch im Herbst 1970 glauben 17% der erwachsenen Bürger, dass Umweltschutz „Schutz vor Diebstahl und Verbrechen" bedeute; jeweils 13% verstehen unter dem Kompositum die zivile Verteidigung bzw. den Jugendschutz. 11% der Befragten zählen zu der Vokabel *Umweltschutz* die Gewährleistung der äußeren Sicherheit.[805]

Bereits ein Jahr später ist der Ausdruck 92% der Bevölkerung geläufig.[806] Aufgrund der zunehmenden Berichterstattung zum Thema Umwelt in den Medien – im SPIEGEL findet sich am 31. August 1970 erstmals eine eigene Rubrik mit dem Titel *Umwelt* – nimmt das Lexem präzisere Konturen an und grenzt sich von zunächst missverstandenen Deutungen ab.[807]

Es entwickelt sich ein zunehmendes *Umweltbewusstsein*, das auch explizit als solches benannt wird. 1970 vermerkt die SÜDDEUTSCHE ZEITUNG: „Wir sind umweltbewußter geworden." (SZ, 11.9.1970). Bereits 1971 wird festgestellt, dass sich „mit zunehmender Geschwindigkeit [...] nun das [entwickelt], was man ein *öffentliches Umweltbewusstsein* nennen könnte."[808] Wurde der Umweltschutz zunächst „von oben" forciert[809], so lässt sich Anfang der 70er Jahre

---

[804] Vgl. Margedant (1987), S. 18 sowie Jung (1995), S. 628.
[805] Vgl. Jung (1995), S. 628.
[806] Vgl. INFAS (1973), S. 3.
[807] Vgl. Jung (1995), S. 628.
[808] Schütze (1971), S. 473.
[809] Vgl. Jung (1989), S. 88.

– vermutlich beeinflusst durch den 1972 in Deutschland erschienenen Bericht des „Club of Rome“[810] – ein zunehmendes Interesse der Bevölkerung für Umweltfragen konstatieren.

Es entstehen regionale bzw. überregionale Bürgerinitiativen, die sich primär mit Umweltproblemen befassen: 1970 wird die „Rhein-Main-Aktion gegen Umweltzerstörung“ aktiv. 1972 etabliert sich die „Bürgerinitiative Umweltschutz Rhein-Neckar“. Im selben Jahr wird der „Bundesverband Bürgerinitiativen Umweltschutz“ (BBU) als Dachverband von etwa 1000 Organisationen mit ca. 500000 Mitgliedern und 1975 der „Bund Umwelt und Naturschutz Deutschland“ (BUND) gegründet. Internationale Organisationen wie Greenpeace und Robin Wood sind seit den 70er bzw. 80er Jahren tätig.

Angesichts von Schlagzeilen wie „in 10 Jahren nur Leben mit Gasmaske“ (HAMBURGER MORGENPOST, 11.2.1971), „Umweltschutz – die letzte Chance“ (WESTFÄLISCHE NACHRICHTEN, 25.11.1971) oder „noch ein Japser und es ist vorbei“ (ebd.) werden kritische Stimmen – auch von Seiten der Industrie – laut, die stigmatisierend von *Umwelthysterie* (DIE WELT, 8.1.1972, S. 7)[811] sprechen. Aus industriefreundlicher Sicht wird das „beliebte Thema ‚Umweltschutz‘“ (DIE WELT, 8.1.1972) als „das Geschäft mit der Panik“ (ebd.) angegriffen. Umweltschutz sei als „‚Massenhysterie‘ von den Vereinigten Staaten“ (DIE WELT, 11.1.1972) herüber gekommen.

---

[810] Der Bericht des „Club of Rome“ wird 1971 zunächst in englischer Sprache unter dem Titel „The Limits to Growth“ veröffentlicht und erscheint ein Jahr später – in mehr als zehn Sprachen – u.a auch auf deutsch als „Die Grenzen des Wachstums“ (Meadows u.a. 1972). In dem Bericht kommen amerikanische Wissenschaftler zu der Schlussfolgerung, dass die Grenzen des Wachstums in den nächsten hundert Jahren erreicht sein würden, sofern nicht ein ökologisches und wirtschaftliches Gleichgewicht herbeigeführt und aufrecht erhalten würde.

[811] Vgl. auch DIE WELT, 14.1.1972.

Umweltkatastrophen wie zum Beispiel der Zwischenfall im italienischen Seveso[812] oder die Ölpest nach dem Untergang des Tankers Amoco Cadiz 1978 vor Brest sensibilisieren die Öffentlichkeit weiterhin für das Thema Umwelt.
In den 80er Jahren ist der Umweltaspekt auch im juristischen Bereich von Interesse: Am 1. Juli 1980 wird ein neuer Artikel „Straftaten gegen die Umwelt" in das Bürgerliche Gesetzbuch (BGB) eingefügt, um *Umweltsünder* (DIE ZEIT, 21.3.1986) für *Umweltdelikte* (ebd.) bestrafen zu können.
Im Januar 1980 wird die Bundespartei DIE GRÜNEN mit dem Programmschwerpunkt Ökologie in Karlsruhe gegründet und 1983 in den Deutschen Bundestag gewählt. Die Vokabel *Umwelt* gerät in den Mittelpunkt der Auseinandersetzungen. DIE GRÜNEN kritisieren den Gebrauch des – nach ihrer Ansicht – ihnen „ureigenen Vokabulars"[813] durch andere Parteien. Der Abgeordnete Sauermilch (Die Grünen) beispielsweise kritisiert den Innenminister Zimmermann (CSU) wegen der ‚Wortübernahme': „Ich muß schon sagen, Herr Zimmermann, das Wort Umweltschutz aus ihrem Munde zu hören ist schon sehr merkwürdig".[814]
Im Zusammenhang mit der Diskussion um das *Umweltauto* (DER SPIEGEL, 1.10.1984, S. 2f.) kritisieren DIE GRÜNEN den Versuch der CDU/CSU, das Umweltauto mit Hilfe der positiv konnotierten Vokabel *umweltfreundlich* zu legitimieren. Man solle „korrekterweise nur noch vom schadstoffarmen Pkw reden", da der Autoverkehr „in Zukunft [...] dann zwar schadstoffärmer, aber trotzdem nach wie vor umweltfeindlich"[815] sei. Die Verwendung der Vokabel *umweltfreundlich* in diesem Zusammenhang wird auch von

[812] Am 10.7.1976 traten aus einer Fabrik in Italien große Mengen hochgiftiges Dioxin aus. Unzählige Kleintiere verendeten, 70000 Tiere wurden notgeschlachtet. Ca. 220000 Menschen mussten ärztlich behandelt werden. Das Gebiet um die Fabrik ist bis heute hermetisch abgeriegelt.
[813] Jung (1995), S. 653.
[814] Bundestag 15.9.1983, S. 1452.
[815] Bundestag 6.12.1984, zitiert nach DAS PARLAMENT, 22.12.1984, S. 7.

Seiten der Umweltbewegungen kritisiert. Der Bundesumweltminister Töpfer (CDU) wird aufgefordert,

> „den Begriff ‚umweltfreundliches Auto' nicht mehr zu verwenden. Nach Auffassung des Bundesjugendsprechers [...] unterschlägt der Begriff die vom Autoverkehr verursachten Umweltschäden wie Energieverbrauch oder Landschafts- und Stadtzerstörung."[816]

DIE GRÜNEN versuchen sich durch die Verwendung von Bezeichnungen wie *Öko-/ökologisch* von dem *Umwelt*-Vokabular der anderen Parteien abzugrenzen.[817] Statt von einem *Umweltsünder* ist nun von *Öko-Kriminellen* (DER SPIEGEL, 29.7.1985, S. 38) die Rede, *Umwelterziehung* wird als *Ökopädagogik* (FR, 12.6.1986) bezeichnet. Doch schon bald wird die Vokabel *ökologisch* auch von den „Altparteien" in Schlagwörtern wie beispielsweise *ökologische Marktwirtschaft* verwendet.[818]
Der Ausdruck *Umwelt-* wird – ebenso wie die Lexeme *Natur-*, *Bio-* und *Öko-*[819] – in der Werbung kommerzialisiert. Vonseiten der Industrie wird ein *Umweltsymposium* zum Thema „Neue Wege im Umweltmanagement für Industrie und Handel" (vgl. SZ, 4.9.1992) veranstaltet. Die Banken bieten die Vergabe von *Umwelt-Darlehen* an (Plakatkampagne der Commerzbank 1988).[820] Für Spraydosen wird mit positiven Attribuierungen wie *umwelt-* und *konsumfreundlich* geworben.[821] Die „Einwegflasche aus dem Kunststoff PET [...] lasse sich [...] umweltfreundlich verwerten" (FAZ, 19.2.1988, S. 13). „Produkte wie Recy-

---

[816] NATUR&UMWELT 1/1988, S. 6, zitiert nach Haß (1989), S. 541.
[817] Vgl. Jung (1995), S. 654.
[818] Vgl. Jung (1995), S. 654.
[819] Für Belege zu *Natur* und *Bio-/biologisch* vgl. Römer (1976), insbesondere S. 47, 58, 134 ff., 216; Zur Verwendung von *Öko-/ökologisch* etc. vgl. Haß (1989), S. 475-504. Außerdem Müller (1992), S. 19.
[820] Vgl. Jung (1995), S. 669.
[821] Vgl. Umweltfreundliche Produkte (1982), S. 49 zitiert nach Haß (1989), S. 541.

cling-Papier, Kugelschreiber aus Holz oder Jute-Tragetaschen“ seien „umweltschonend“ (FR, 24.10.1987, S. 6).

Daraufhin wird kritisiert, dass Vokabeln wie *umweltfreundlich* „Worthülsen“ seien, mit denen „immer mehr Firmen auf das allgemein gewachsene Umweltbewußtsein“ (TAZ, 6.6.1990, S. 22) reagieren.

> „Dabei wird dem Verbraucher suggeriert, er tue mit dem Kauf eines ganz bestimmten Produktes ‚aktiv‘ etwas für die Umwelt, die Natur, somit für nachfolgende Generationen und natürlich in erster Linie etwas für sich selbst. Da werden beispielsweise [...] ‚umweltbewußte‘ WC-Reiniger [...] oder die ‚umweltfreundliche‘ chemische Reinigung [angepriesen]. Oft verbergen sich dahinter jedoch weder ‚umweltfreundliche‘ noch ‚gesunde‘ Artikel. Allenfalls kann man von ‚geringen Schadstoffwerten‘ oder einer ‚geringen Umweltschädlichkeit‘ sprechen.“ (ebd.)

Nicht zuletzt deshalb legt ein richterliches Urteil 1989 fest, es müsse beim „Griff in die Ökologiekiste“ immer der Grund für die Vergabe des Umweltengels angegeben werden, um den Verbraucher nicht irre zu führen (Vgl. FAZ, 21.1.1989).[822]

> „Ohne eine genaue Begründung seien Begriffe wie ‚umweltfreundlich‘, ‚umweltschonend‘ oder ‚bio‘ zwar werbewirksam. Da ein Produkt jedoch meist nur ‚teilweise umweltfreundlich‘ sei, müßten an die Aufklärung des Käufers ‚strenge Maßstäbe‘ gelegt werden.“ (DER SPIEGEL, 17.04.1989, S. 102)

---

[822] Das Umweltzeichen der *Blaue Engel* wird seit 1979 von einem Gremium von Verbraucherverbänden, Umweltschützern, Gewerkschaften und Industrie für Produkte vergeben, die in einem Anwendungsbereich vergleichsweise geringere Umweltbelastungen hervorrufen.

1994 wird der Umweltschutz als Staatsziel als §20a in das Grundgesetz aufgenommen:

> „Der Staat schützt auch in Verantwortung für die künftigen Generationen die natürlichen Lebensgrundlagen im Rahmen der verfassungsmäßigen Ordnung durch die Gesetzgebung und nach Maßgabe von Gesetz und Recht durch die vollziehende Gewalt und die Rechtsprechung."

Die TAZ vom 2. September 1994 kritisiert: eine „reichlich verwaschene Formulierung" (TAZ, 2.9.1994, S. 4).

SB

60 Uneheliche Kinder

> „**un|ehe|lich** <Adj.>: **a)** *außerhalb einer Ehe geboren, nichtehelich, illegitim* (1b): ein -es Kind; Großbritannien verzeichnet... eine Steigerung von 52 auf 99 -e Geburten (MM 20./21.9.80, 49); der erste Sohn war u. [geboren]; **b)** *ein uneheliches (a) Kind besitzend*: eine -e Mutter; Der Willi war jetzt bereits zweifacher -er Vater (Sommer, Und keiner 12).“ Duden (1999), S. 4093.

Der Ausdruck *uneheliche Kinder* (auch *außer-* und *nichteheliche Kinder* genannt) bezeichnete Kinder, die außerhalb einer standesamtlich geschlossenen Ehe geboren wurden. Die bis in die Gegenwart andauernde öffentliche Kontroverse bezieht sich auf die Rechtslage der *unehelichen Kinder*. Die Diskriminierungsgeschichte der *unehelichen Kinder* beginnt bereits im Mittelalter.[823] Die Negativ-Vokabel *Kegel* – ein aus dem altdeutschen Sprachgebrauch stammendes Wort für *uneheliches Kind* – ist auch noch im öffentlichen Sprachgebrauch der 60er Jahre des 20. Jahrhunderts zu finden, als über einen Gesetzesentwurf bezüglich der „Gleichstellung von Kindern und Kegeln“[824] (DER SPIEGEL, 4.3.1964, S. 28) nachgedacht wurde. Innerhalb dieser Debatte bezeichnete der katholische Familienrechtler Bosch, dessen Gedanken innerhalb der CDU/CSU-Fraktion Anklang fanden, ein *uneheliches Kind* als „Kind der Sünde“ und sprach mit stigmatisierendem Vokabular über „Vater-Kegel-Verwandtschaft“:

---

[823] „Eine Schuhmacher-Zunftsinnung aus dem Jahr 1470 befiehlt: ‚Kein meister sol einen knappen setzen, so er weiss undt offenbar ist, daz er ein kegel ist.‘“ (BERLINER MORGENPOST, 31.12.1999).

[824] Mit der heute gebrauchten Wendung „mit Kind und Kegel“ assoziiert man „die ganze Familie mit Anhang“: die damalige Differenzierung „eheliche und uneheliche Kinder“ wird so nicht mehr verstanden.

Die „Frucht außerehelicher Unzucht“ könne nach seiner Meinung der „Frucht ehelicher Pflicht“ rechtlich nicht gleichgestellt werden (vgl. DER SPIEGEL, 4.3.1964, S. 28). Die uneheliche Geburt wurde öffentlich bis in die 60er Jahre moralisch verurteilt: So wurde die ledige Mutter zum Beispiel pejorisierend als „Gefallene“ (BERLINER MORGENPOST, 29.6.1998) bezeichnet. Die uneheliche Geburt galt als Folge einer „Abweichung vom normalen Weg der Zeugung eines Kindes in der Ehe“[825]. Dabei trat die Dichotomie *ehelich* und *unehelich* mit der Konnotation *normal* und *abnormal* hervor. Die Ursache der unehelichen Geburt wurde als eine Art „Fehlverhalten oder Persönlichkeitsstörung“[826] betrachtet. Die Motive einer Frau, ledig Mutter zu werden, wurden in dem Buch „Praxis der Kinderpsychologie und Kinderpsychiatrie“ von 1966 mit den Worten „Triebhaftigkeit, Debilität, Schwachsinn, Leichtsinn und Verführbarkeit“[827] bezeichnet. Der ledige Vater wurde im Gegensatz zur ledigen Mutter von der Gesellschaft nicht – oder zumindest weniger – moralisch verurteilt.
Der Ausdruck *uneheliche Kinder* erhält seine Brisanz durch die Reformentwürfe der 60er Jahre. Nach dem Grundgesetz-Art. 6, Abs. 5 (Fassung vom 23.5.1949) sind „unehelichen Kindern [...] durch die Gesetzgebung die gleichen Bedingungen für ihre leibliche und seelische Entwicklung und ihre Stellung in der Gesellschaft zu schaffen wie den ehelichen Kindern“. Die rechtliche Gleichstellung von *ehelich* und *unehelich geborenen Kindern* war zwar demnach seit langem geltendes Recht, die Termini wurden aber nach wie vor verwendet. Mit der Veröffentlichung des Referenten-Gesetzentwurfes[828] über

[825] Schöps (1973), S. 44.
[826] Gutschmidt (1997), S. 22.
[827] Vgl. Gutschmidt (1997), S. 22.
[828] Erst der 44. Deutsche Juristentag 1966 in Hannover forderte die „Heranziehung des unehelichen Vaters zur persönlichen Verantwortung für sein Kind“ Vgl. Schöps (1973), S. 11.

die rechtliche Stellung der unehelichen Kinder trat die Unehelichenrechtsreform 1966 in ihre entscheidende Phase. Am 19. August 1969 kam es dann zur Verabschiedung des Reformgesetzes durch den Deutschen Bundestag. Der Gesetzgeber forderte zwar darin, sprachlich darauf zu achten, die Vokabel *unehelich* nicht zu verwenden, „um jeden Schein einer Abwertung zu vermeiden“[829]. Der Terminus *unehelich* wurde im gesetzlichen Sprachgebrauch durch das Wort *nichtehelich* ersetzt. Trotzdem wurden beide Termini in der Öffentlichkeit parallel weiter gebraucht. Der unverheiratete Vater soll zwar vor wichtigen Entscheidungen in Angelegenheiten des Kindes vom Vormundschaftsgericht angehört werden, die elterliche Gewalt kann er allerdings wie bisher nur durch Adoption des Kindes erhalten, sodass die bisherige grundsätzliche Verneinung privatrechtlicher Beziehungen zwischen unehelichem Vater und Kind beibehalten wird.[830]
In den 70er Jahren stieg die Zahl der freien Lebensgemeinschaften; die öffentliche Meinung wurde liberaler. Im Zuge dieser Entwicklung wird der pejorisierende Terminus der *wilden Ehe*, mit dem unverheiratete Paare bezeichnet wurden, von neutraleren Wortschöpfungen wie „eheähnliches Verhältnis“, „nicht-eheliche Lebensgemeinschaft“ oder „Ehe ohne Trauschein“[831] abgelöst. Der Anteil der nichtehelich geborenen Kinder ist seit 1970 kontinuierlich gestiegen: Wurde 1979 nur etwa jedes achtzehnte Kind nichtehelich geboren, so war es 1995 bereits jedes achte.[832]
Am 1. Juli 1998 trat ein reformiertes Kindschaftsrecht in Kraft. Die wichtigsten Änderungen neben Abstammungs-, Namens-, Umgangs- und Erbrecht sowie eine Neuregelung für Unterhaltszahlungen betreffen das Sorgerecht. Nichteheliche Kinder sind nach der Reform 1998 ohne besondere

---

[829] Odersky (1978), S. 1.
[830] Vgl. Schöps (1973), S. 18 (Anmerkung: p.-r. Bez. wurde im Text durch privat-rechtliche Beziehung aufgelöst).
[831] Vgl. Stötzel (1995), S. 609.
[832] Vgl. Gutschmidt (1997), S. 16.

Legitimation und Ehelichkeitserklärung wie vom Grundgesetz gefordert ehelichen Kindern gleichgestellt. Das Wort *nichteheliches Kind* wurde in der Amtssprache nicht mehr gebraucht. Der Gesetzgeber schlug neutrale Ausdrücke wie „Kinder, deren Eltern bei der Geburt nicht miteinander verheiratet sind“ vor, die die erstrebte rechtliche Gleichstellung „mit Kindern, deren Eltern bei der Geburt miteinander verheiratet sind“[833], implizieren.

Das Kindschaftsrechtsreformgesetz hat eine neue Welle der öffentlichen Diskussion zum Thema Sorgerecht ausgelöst. Der durch das Kindschaftsrechtsreformgesetz eingefügte §1626 Abs. 3 Satz 1 (BGB) enthält den allgemeinen Grundsatz, dass „zum Wohl des Kindes in der Regel der Umgang mit beiden Eltern gehört“.

Die gemeinsame Sorge der nicht miteinander verheirateten Eltern tritt jedoch nicht automatisch mit der Geburt des Kindes ein. Sondern „die Mutter hat grundsätzlich die elterliche Sorge“ (§1626a Abs. 2 BGB), „wenn nicht entweder die Eltern erklären, daß sie die Sorge gemeinsam übernehmen wollen, oder einander heiraten“[834].

Kritische Stimmen, wie z.B. der Vorsitzende des Deutschen Familiengerichtstags Siegfried Willutzki, sehen darin ein Problem, dass „unverheiratete Eltern nur dann das gemeinsame Sorgerecht für den Nachwuchs ausüben können, wenn die Frau diesem zustimmt. Tut sie es nicht, hat der Vater zwar ein Umgangsrecht mit dem Kind, aber bei entscheidenden Fragen keine Stimme“ (HAMBURGER ABENDBLATT, 29.6.1998).

AJM

---

[833] Störle (1998), S. 30.
[834] Vgl. Störle (1998), S. 45.

61 Viertes Reich

> „**Reich,** das; -[e]s, -e [mhd. rīch(e), ahd. rīhhi, zu ↑reich od. unmittelbar aus dem Kelt.]: *sich meist über das Territorium mehrerer Stämme od. Völker erstreckender Herrschaftsbereich eines Kaisers, Königs o. Ä.*: [...] das [Deutsche] R. *(1. Nicht fachspr. Bez. für den deutschen Feudalstaat von 911 bis 1806. 2. Der deutsche Nationalstaat von 1871 bis 1945)*; das Dritte R. *(das Deutsche Reich während der nationalsozialistischen Herrschaft von 1939 bis 1945)*; das tausendjährige R. (nationalsoz., noch iron.; *das Dritte Reich*); [...]" Duden (1999), S. 3147.

Der Ausdruck *Viertes Reich* ist bereits 1935 von deutschen Nazigegnern gebraucht worden, „[...] um den interimistischen Charakter des ‚Dritten Reiches' zu betonen"[835]:

> „Heil Hitler ist der deutsche Gruß,
> Die Reichswehr steht Gewehr bei Fuß.
> Blomberg wartet auf den großen Krach
> Und dann sagen wir wieder ‚Guten Tag'.
> Im dritten Reich marschieren wir,
> Im vierten Reich regieren wir."[836]
> [Lagebericht für den Juli 1935 d. Staatspolizeistelle f. d. Reg.bez. Aachen v. 7.8.1935][837]

Die bis heute immer wieder auftauchende Verwendung des Ausdrucks *Viertes Reich* zur Bezeichnung der Bundesrepublik Deutschland soll diese aufgrund von politischen

---

835 Stötzel (1998), S. 274.

836 Es handelt sich hierbei um einen Reim bürgerlicher Kreise, die jegliche Eingriffe des Staates in ihre eigene Sphäre ablehnten und ihre Hoffnung in die Reichswehr setzten. Vgl. Vollmer (1957), S. 259.

837 Zitiert nach Vollmer (1957), S. 259. Vgl. auch Schmitz-Berning (1998), S. 159.

Aktivitäten als Nachfolgestaat des Dritten Reichs diffamieren. Dieser Sprachgebrauch hat seinen Ursprung in der frühen Nachkriegszeit.
Die Taten der Nationalsozialisten, ihre Vernichtungspolitik gegen Juden, Polen und Russen und ihre Unterdrückung der Völker des europäischen Kontinents hatten in solchem Maße Angst und Schrecken verbreitet, dass die Alliierten nach Kriegsende sicherstellen wollten, dass Deutschland, „die Quelle der Aggression [...] unwiderruflich versiegen [sollte]."[838] Als der alliierte Kontrollrat im Herbst 1945 die in Potsdam beschlossene Errichtung deutscher Zentralverwaltungen als „Unterbau" des Kontrollrates umsetzen wollte, verweigerte die französische Regierung, die zu dieser Zeit im Kontrollrat nur ein Vetorecht innehatte, ihre Zustimmung.[839] Sie sah darin Keime deutscher Zentralstaatlichkeit und neuer Aggression.[840]
Seit 1946, als mit Verhandlungen über eine britisch-amerikanische Bizone erste Schritte in Richtung eines westdeutschen Teilstaates unternommen wurden, wurde von französischer Seite die historische Erfahrung mit dem „Dritten Reich" warnend instrumentalisiert: so z. B. am 10.1.1948, als Paris gegen die „Zweizonen-Charta" und am 9.6.1948 gegen die „neue" Deutschland-Politik von Engländern und Amerikanern protestiert. Am 5. Juli 1948 berichtet die RHEINISCHE POST, dass Frankreich im Zusammenschluss der Westzonen eine „deutsche Gefahr" sehe; schließlich wird im Frühjahr 1949 vor der Konstituierung der Bundesrepublik Deutschland als dem Entstehen eines *vierten Reiches* gewarnt (die RP titelt am 7.3.1949, S. 2: „Angst vor dem ‚Vierten Reich'")[841].
Die aus unterschiedlichen Interessen der westlichen Alliierten und der Sowjetunion hervorgegangene Spaltung Deutschlands ließ in den Folgejahren ein eigenständiges

---

[838] Thränhardt (1996), S. 21.
[839] Vgl. Bundeszentrale für politische Bildung (1990), S. 11.
[840] Vgl. Thränhardt (1996), S. 50.
[841] Zitiert nach Stötzel/Wengeler (1995), S. 28.

und (wieder-)vereinigtes Deutschland immer unwahrscheinlicher werden, sodass für die Prophezeiung eines *vierten Reiches* kein Nährboden mehr vorhanden war.
Erst die Ereignisse des Jahres 1989 machten in den Augen besonders der britischen Presse die Gefahr eines *vierten Reiches* wieder plausibel. Der sowjetische Außenminister Eduard Schewardnadse lieferte mit der Warnung vor dem Revanchismus der Deutschen das entsprechende Stichwort für die später von der Londoner TIMES entfachte Diskussion über ein *Viertes Reich* (vgl. DIE WELT, 2.10.1996).
So bediente sich z. B. Conor Cruise O'Brien, Kolumnist der TIMES, des Ausdrucks *Viertes Reich*, um damit auf die Angst vor einem übermächtigen deutschen „Superstaat" hinzuweisen (vgl. DIE ZEIT, 24.11.1989). Damit entspricht O'Brien vor allem dem rückwärtsgerichteten Blick älterer Briten, die zum einen deutschen Nationalismus, zum anderen aber auch schlicht die ökonomische Übermacht Deutschlands fürchteten.
Auch innerhalb der Bundesrepublik kam es zu Protesten und Demonstrationsaufrufen gegen die →*Wiedervereinigung*. So setzte beispielsweise eine Anzeige in der FR am 18.12.1989 den Aufruf „Nein zur Wiedervereinigung" mit der Forderung „Nie wieder Deutsches Reich" bzw. „Kein 4. Reich" gleich.
Helmut Kohl thematisierte die Ängste vor einem *vierten Reich* im Zuge eines ZDF-Interviews im Februar 1990, in dem er erklärte, dass die Deutschen nicht beabsichtigten, ein viertes Reich zu gründen und die Stabilität in Europa zu gefährden. (vgl. INTERNATIONAL HERALD TRIBUNE, 9.2.1990). Willy Brandt versicherte im gleichen Monat bei einer Europa-Diskussion west- und ostdeutscher Politiker und Regierungschefs in der Pariser Sorbonne: „Es wird kein Viertes Reich geben" (so die Schlagzeile der RP, 22.2.1990). Derartige Dementi wurden wiederum von Gegnern des Vereinigungsprozesses zu entkräften versucht:

„Beschwichtigungen ein Viertes Reich sei nicht geplant, sind wirklichkeitsfern, werden ‚Reiche' heute doch weniger durch Einsatz von Armeen als durch Kontrolle des Weltmarktes gebaut. Ein ökonomischer und politischer Koloss in der Mitte Europas, der sich auf seine Identität mit dem deutschen Nationalstaat zwischen 1871 und 1945 beruft, ist ein Viertes Reich." (NIE WIEDER DEUTSCHLAND Nr. 1, 12.4.1990)[842]

Im Mai 1990 berichtet die FRANKFURTER RUNDSCHAU in ihrer Beilage zur Buchmesse über ein Buch des spanischen Schriftstellers und Deutschland-Kenners Heleno Saña mit dem Titel: „Das Vierte Reich. Deutschlands später Sieg." Die STUTTGARTER ZEITUNG berichtet am 30. November 1990 (S. 4) über Drohungen griechischer Terroristen gegenüber deutschen Industrieunternehmen: „Da das Dritte Reich mit der Besetzung Griechenlands während des Zweiten Weltkriegs gescheitert sei, heißt es, versuche nun das ‚Vierte Reich', das vereinigte Deutschland, Griechenland wirtschaftlich zu unterwerfen."
Neben dieser vor allem wiedervereinigungsabhängigen Verwendung des Terminus *Viertes Reich* finden sich gelegentlich auch Belege, die ausländer- und asylantenfeindlichen Anschläge als Vorboten eines *vierten Reiches* sehen.[843]
Auch nach der Vereinigung der beiden deutschen Teilstaaten boten sich Anlässe, um Deutschland als *viertes*

---

[842] Hierbei handelt es sich um einen zeitungsähnlichen Demonstrationsaufruf, der laut Impressum für DM 0,20 pro Exemplar über den verantwortlichen Redakteur Oliver Tolmein in Hamburg bezogen werden konnte. Die entsprechende Demonstration sollte am 12. Mai 1990 in Frankfurt/Main stattfinden.
[843] So z. B. in einem Lied der Rockgruppe „Die Toten Hosen": „Dies ist das Land, in dem so viele schweigen/Wenn Verrückte auf die Straße gehn/Um der ganzen Welt und sich selbst zu beweisen/Daß die Deutschen wieder die Deutschen sind/[...] Es ist auch mein Land: und ich will nicht, daß ein viertes Reich draus wird [...]" (Willkommen in Deutschland; 1993)

Reich zu diffamieren. So berichtete DIE WELT am 2. April 1996 über „eine Flutwelle antideutscher Propaganda“ in den von Slobodan Milosevic kontrollierten serbischen Medien: Auslöser dieser antideutschen Propaganda war die Einladung des Geschäftsträgers der deutschen Botschaft, Schrembgens, durch den serbischen Oppositionsführer Vuk Draskovic. Das Treffen fand im Hotel ‚Majestic‘ statt, „das [...] schon zu kommunistischen Zeiten als Stützpunkt des Geheimdienstes berüchtigt war [...]. Der deutsche Geschäftsträger wurde daraufhin beschuldigt, für den Bundesnachrichtendienst zu arbeiten [...]. Beiden gehe es darum, Serbien zu zerstören.“ Dieses Treffen nahmen die serbischen Medien zum Anlass, um „neben dem Vatikan und Österreich vor allem Bonn für die Zerschlagung Jugoslawiens verantwortlich“ zu machen und um die Behauptung zu „wiederholen [...], das ‚Vierte Reich‘, also die Bundesrepublik, strebe über seinen kroatischen ‚Satelliten‘ ans warme Mittelmeer und wolle den Balkan beherrschen.“

Ähnliche Großmacht- und Expansionsbestrebungen wurden der Bundesrepublik auch durch die Prophezeiungen des russischen Sicherheitsberaters Alexander Lebed unterstellt, der die geplante Osterweiterung der Nato, als „ein Geisteskind einer ‚neuen Generation von Politikern‘ in Bonn [erachtete], die den Aufbau eines ‚Vierten Reiches‘ im Auge hätten“ (DIE WELT, 25.9.1996).

Aufgrund der Geschichte der öffentlichen Polemik ist zu erwarten, dass die Bundesrepublik Deutschland auch in Zukunft in verschiedensten Zusammenhängen mit dem Vorwurf, ein *Viertes Reich* zu sein, konfrontiert wird, und zwar unabhängig davon, dass die demokratischen Kräfte sich mit aller Macht gegen neonazistische und rechtsradikale Gesinnungen und Handlungen wenden.

LP

62 Waldsterben

„**Wạld|ster|ben**, das; -s: *verstärkt auftretendes Absterben von Bäumen in Waldgebieten infolge zunehmender Verschmutzung der Luft:* Zu einem Expertenstreit mit politischen Hintergründen ist die Suche nach den Ursachen des -s geraten (ADAC-Motorwelt 2, 1983, 12); Maßnahmen gegen W. gefordert (MM 31.8.82, 10); Schottland kämpft auch mit Arbeitslosigkeit und Armut, leidet unter W. und saurem Regen (Zeit 4.10.96, 55)."
Duden (1999), S. 4415.

Der Ausdruck *Tannensterben*, der als fachsprachlicher Terminus bereits seit 1964 verwendet ist (vgl. DER SPIEGEL, 17.12.1984, S. 45), bezeichnet zunächst eine Krankheit, die bereits im vorigen Jahrhundert registriert wurde und stets regional begrenzt, nur bei extremen klimatischen Bedingungen (z. B. nach Trockenzeiten) auftritt. Anfang der 70er Jahre wird die Extension des Lexems *Tannensterben* erweitert (DER SPIEGEL, 8.9.1980, S. 81): Die Vokabel referiert nun auch auf eine „rätselhafte Krankheit" (ebd. S. 83), die großflächige Schäden an Tannen verursacht und in fast ganz Europa registriert wird.
Ab ca. 1981, als ähnliche Schäden auch an Fichten auftreten, etabliert sich das Kompositum *Fichtensterben* (DER SPIEGEL, 13.7.1981, S. 72) im allgemeinen Sprachgebrauch. DER SPIEGEL kommentiert: „Dem deutschen Wald geht's an die Wurzeln: Nach dem Tannenbaum vergilbt nun auch die Fichte." (ebd.)
Der damalige Bundesminister für Forst- und Agrarwirtschaft Joseph Ertl (FDP) bemerkt sprachreflexiv, dass der „Niedergang der Nadelwälder ‚etwas voreilig' als Fichtensterben" (DER SPIEGEL, 30.11.1981, S. 174) bezeichnet würde. Er kritisiert den Bonner Abgeordneten Dr. Rumpf (FDP), der die Vokabel *Fichtensterben* in einer schriftli-

chen Anfrage verwendet.[844] Die Tatsache, dass „neuerdings auch Laubbäume an diversen Krankheiten kümmern [sic!]" (DER SPIEGEL, 16.11.1981, S. 110), wird mit dem Kompositum *Baumsterben* (ebd., S. 97) bezeichnet. Als schließlich alle Baumarten betroffen sind, etabliert sich der Neologismus *Waldsterben* als Hyperonym zu den Komposita *Tannen-*, *Fichten-* und *Baumsterben* und ersetzt allmählich diese ‚Vorläufer'-Vokabeln.

1981 findet sich das Lexem *Waldsterben* erstmals – als Ad-hoc-Kompositum in der Schreibweise ohne Bindestrich – im SPIEGEL.[845]

Im Zusammenhang mit der Kontroverse Kohle versus Kernkraft wird das Thema Waldsterben vorerst vermieden. DER SPIEGEL stellt fest:

> „Gut verdrängen läßt sich das stille Sterben der deutschen Forste, weil nicht nur Politiker in Bund und Ländern betroffen schweigen, sondern auch manch einer jener Aktivbürger, die gegen Atomprojekte anrennen: Die Erkenntnis, daß Schwefel-Schwaden aus Kohlekraftwerken dazu beitragen, die Wälder verkümmern zu lassen, stört ganz entschieden viele Kernkraftgegner, die auf die Kohle setzen." (DER SPIEGEL, 16.11.1981, S. 103)

Der Münchner Agrarminister Hans Eisenmann (CSU) diffamiert die Warnungen von Waldwissenschaftlern als „‚Unkenrufe'" und „‚Panikmache'" (DER SPIEGEL, 30.11.1981, S. 174). Auch dem „Forst-Laien auf seinem Sonntagsspaziergang" erscheine es noch als „‚üppig grüner Wald'", was der „Experte häufig schon als ‚kränkelndes' Gehölz" (WR, 28.12.1984) einstufe. Allmählich bildet sich die Vokabel *Waldsterben* zum festen Schlagwort aus.[846]

---

[844] Vgl. BT, Drucksache 09/635 Frage 41, 1981.
[845] Vgl. Jung (1995), S. 649.
[846] Vgl. Jung (1995), S. 649.

Am 8. Dezember 1982 wird die *TA Luft*[847] verabschiedet, die vom damaligen Innenminister Friedrich Zimmermann (CSU) als „Instrument zur Waldrettung" (DER SPIEGEL, 8.8.1983, S. 67) „gepriesen" wird. Das Freiburger Öko-Institut kritisiert jedoch, dass die neue Verordnung „für die Rettung der Wälder keinen Pfifferling wert" sei (ebd.).
In den Bundestagswahlkämpfen 1982 und 1983 rückt das Thema Waldsterben – neben dem Problem des *Sauren Regens* (als mögliche Ursache für das Waldsterben)[848] – in den Fokus der Öffentlichkeit. Das „stille Sterben des deutschen Waldes" wird zum „Umweltthema Nummer eins im Wahlkampf" (DER SPIEGEL, 14.2.1983, S. 72).
Es wird vor einem *ökologischen Hiroschima* (ebd.) als Konsequenz des Waldsterbens gewarnt. Der Bund für Umwelt- und Naturschutz Deutschland (BUND) bezeichnet das Waldsterben als *ökologischen Holocaust*[849] (ebd. S. 76) und impliziert durch die Instrumentalisierung des NS-Vokabulars, dass der Wald „systematisch" durch die Industrie und Verantwortungslosigkeit der Politiker „ausgerottet" wird. Die SPD dreht einen Wahlkampffilm mit dem Titel „... dann stirbt der Wald, und du bist weg", die Grünen fordern auf einem bundesweiten Plakat: „Rettet den Wald" (ebd., S. 73).

---

[847] Technische Anleitung zur Reinhaltung der Luft; am 8.12.1982 vom Kabinett, am 23.2.1983 vom Bundesrat verabschiedet.

[848] Eng im Zusammenhang mit der Kontroverse um das Thema Waldsterben stehen in den 80er Jahren der Ausdruck *Saurer Regen* und der Slogan *Politik der hohen Schornsteine*. Es wird angenommen, dass der *Saure Regen* der Auslöser für das Waldsterben sei und die *Politik der hohen Schornsteine* für die gleichmäßige Ausbreitung der Krankheit verantwortlich ist. Die Forderung nach *Tempolimit 100* soll den Schwefeldioxid (SO_2)-Ausstoß der Autos (als weitere Ursache des Waldsterbens) reduzieren. Mittlerweile macht man mehrere Faktoren für das Waldsterben verantwortlich. Die Ursachenvielfalt wird in drei Hypothesen untergliedert: Es gibt die *Ozon-Hypothese*, die *Stresshypothese* (Waldsterben als Folge jahrelanger Belastung mit Schadstoffen) und die *Saure-Regen-Hypothese*.

[849] In der Umweltbewegung ist der Ausdruck *ökologischer Holocaust* gängig.

Politiker und die Industrie-Lobby werben für Kernkraft als „Heilmittel gegen Baumsterben und Säureregen" (DER SPIEGEL, 10.5.1982, S. 45). Der damalige nordbayrische Naturschutzbeauftragte Hubert Weiger kritisiert:

> „Die Staatsregierung [...] hat das Waldsterben erst zur Kenntnis genommen, als sie erkannt hat, daß man damit der Bevölkerung die Atomenergiepolitik schmackhaft machen kann." (ebd., S. 45ff.)

Das Öko-Institut spricht in diesem Zusammenhang von einem „wahltaktische[n] Schaukampf um die Wälder" (DER SPIEGEL, 14.2.1983, S. 92).
Umweltschützer, die gegen Kernenergie sind, werden mit dem Plakat-Slogan[850] diffamiert: „Wald- und Naturfreunde sind für die Kernenergie" (ebd.).
Im Wahlkampf zu den Neuwahlen am 6. März 1983 entsteht ein „Öko-Programm" der CDU/CSU, in dem der „Umweltschutz, ‚vordringlichst' der Kampf gegen das Waldsterben, neben der Friedenserhaltung zur ‚wichtigsten Aufgabe der Menschheit' erklärt wird" (ebd., S. 72). Noch kurz zuvor hatte der damalige bayrische Ministerpräsident Franz Josef Strauß (CSU) im Zusammenhang mit dem Thema Waldsterben von „grünroter Panikmache" (ebd.) gesprochen.[851]
Im Winter 1983 startet die erst kurz zuvor gegründete Umweltschutzorganisation *Robin Wood*, die sich selbst als „‚Rächer der Entlaubten'" (DER SPIEGEL, 25.11.1985, S. 35) bezeichnet, eine bundesweite Kampagne gegen das Sterben des Waldes.

---

[850] Die Plakate hängen auf Weisung der Staatsregierung in bayrischen Amtsstuben.
[851] Im Juli 1982 hatte der „Deutschland-Union-Dienst" der CDU/CSU die vom damaligen Innenminister Baum (FDP) geforderte Kraftwerk-Entschwefelung als „grünschillernde Politik" diffamiert, mit der die Liberalen auf Dauer dem Staat schaden würden (vgl. DER SPIEGEL Nr. 7, 1983, S. 72).

Der Terminus *Waldsterben* beherrscht 1983/1984 landesweit die Schlagzeilen.[852] Die FRANKFURTER ALLGEMEINE ZEITUNG kommentiert: „Das ‚Waldsterben' hat inzwischen einen [...] hohen Unterhaltungswert erlangt [...]" (FAZ, 1.11.1984).
„Von Anfang an gab es deutliche Kritik an [der Vokabel] *Waldsterben*: [...]"[853] Radikale Umweltschützer bevorzugen die Konkurrenzvokabel *Waldmord* (STERN, 5.7.1984) und implizieren mit dem Grundlexem *–mord*, dass der Wald aktiv und mit Berechnung (von Industrie und Politikern) zerstört wird. Umweltschützer diffamieren die Rheinisch-Westfälische Elektrizitätswerk AG, indem sie das Unternehmensakronym *RWE* in *Rest-Wald-Erlediger* (DER SPIEGEL, 9.9.1985, S. 32) umdeuten und negativ konnotieren.
Wissenschaftler verwenden das Wort *Waldsterben* hingegen nur mit Distanzierungszeichen.[854] Es wird sprachreflexiv und teilweise sprachlenkend argumentiert, man solle „das Wort ‚Waldsterben' [...] aus dem Sprachgebrauch verbannen [und es] ‚möglichst nicht in den Mund [...] nehmen', denn ‚das wäre doch schon eine halbe Bankrotterklärung'." (DER SPIEGEL, 17.12.1984, S. 44).
Im Oktober 1983 fordert die „Runde der beamteten Staatssekretäre" angeblich in einem Wortverbot dazu auf, die Vokabel *Waldsterben* zu vermeiden und „ab sofort aus dem offiziellen Bonner Sprachgebrauch zu tilgen. Minister und Regierungsexperten hätten künftig, so dekretierten die Spitzenbeamten, von ‚neuartigen Waldschäden' zu sprechen" (DER SPIEGEL, 17.10.1983, S. 14f.).
Auch die chemische Industrie gebraucht fortan den Terminus *neuartige Waldschäden*, ein „Fachausdruck, der die Konsequenzen des benannten Phänomens offen läßt."[855]

---

[852] Vgl. Jung (1995), S. 649.
[853] Jung (1995), S. 649.
[854] Vgl. Jung (1995), S. 649.
[855] Jung (1995), S. 649f.; Zum Sprachgebrauch der chemischen Industrie vgl. die Auszüge aus deren Waldbericht in : HANDELSBLATT, 7.12.1984,

Kritiker beanstanden „den Euphemismus von den ‚neuartigen Waldschäden'" und bevorzugen den „realistischeren [Ausdruck] ‚Waldsterben'" (DIE ZEIT, 19.10.1984, S. 3f.). Die Vermeidung von offiziellen Stellen sowie die kritische Thematisierung von Seiten radikaler Umweltschützer haben jedoch keinen Einfluss auf die Dominanz des Schlagwortes *Waldsterben* im öffentlichen Sprachgebrauch.[856] Das (inzwischen lexikalisierte) Lexem *Waldsterben* wird 1984 in den Wahrig aufgenommen. Die Tatsache, dass „Waldsterben [...] zumindest kurzzeitig sogar als Germanismus Eingang in die internationale Presse"[857] findet, ist ein Indikator für die weltweite Brisanz des Themas. Der STERN kommentiert:

> „‚Le Waldsterben' sagen die Franzosen, ‚the Waldsterben' die Amerikaner – was in der Bundesrepublik zuerst registriert wurde, bedroht inzwischen alle Industrieländer der nördlichen Halbkugel." (STERN, 8.11.1984, S. 37)

1984 beschließt Bayern als erstes Bundesland, mittels Volksentscheid den Umweltschutz in der Verfassung des Landes zu verankern.
Im selben Jahr planen alle großen Umwelt- und Naturschutzorganisationen ein „‚Aktionsjahr' gegen das Vegetationssterben" (DER SPIEGEL, 27.2.1984, S. 77), mit dem vor allem auch darauf hingewiesen werden soll, dass die Luftverschmutzung nicht nur Pflanzen und Denkmälern schadet, sondern auch den Menschen gefährdet.
Die Bedrohung für Wald und Mensch wird durch den Slogan „Erst stirbt der Wald und dann der Mensch" (DIE ZEIT, 25.11.1988, S. 92) betont.

S. 31.
[856] Vgl. Jung (1995), S. 651.
[857] Jung (1995), S. 649.

Das Thema Waldsterben wird auch im juristischen Bereich aktuell: In einem Musterprozess verklagen Waldbesitzer – sowohl Privatleute als auch Kommunen – die Industrie (als möglichen Verursacher des Waldsterbens) und den Staat (der die Industrie gewähren lässt) auf Schadensersatz. (vgl. DER SPIEGEL Nr. 43, 1984, S. 134f.).
Ab 1984 wird das Problem des Waldsterbens einmal im Jahr im so genannten *Waldschadensbericht* thematisiert, der sowohl von den Regierungen der einzelnen Länder als auch vom Bund für Umwelt- und Naturschutz Deutschland (BUND) vorgelegt wird.[858]
In der ehemaligen DDR wird der Ausdruck *Waldsterben* als „eine Erfindung *westlicher* Medien"[859] vermieden und der „verharmlosende Begriff" (TAZ, 5.1.1987, S. 9) *großflächige Forstschäden* (ebd.) bevorzugt.
Der Ausdruck *Waldsterben* dient als Vorbild für ein produktives Wortbildungsmuster mit dem Grundlexem *–sterben*: 1986 werden Komposita wie *Fischsterben*, *Grünsterben* oder *Bergsterben* aktuell. Ende der 80er Jahre etablieren sich die Bezeichnungen *Robbensterben*, *Seehundsterben*, *Nordseesterben* und *Schilfsterben*. Die Vokabel *Mastensterben* (gemeint sind Anschläge auf Strommasten) ist ein Beispiel für die Verwendung dieser Komposita im übertragener Bedeutung.[860]
Ende der 80er Jahre verliert das Thema Waldsterben an Brisanz und wird nur noch im alljährlichen *Waldschadensbericht* (auch *Waldschadensbilanz* genannt) thematisiert.

---

[858] Bei der „Waldschadenserhebung" werden die auffälligen Symptome wie die „Verlichtung" der Baumkronen und die Vergilbung der Nadeln und Blätter untersucht. Es wird zwischen fünf Schadstufen von 0 („ohne Schadensmerkmale") bis 4 („abgestorben") unterschieden. Der Kronenzustand ist jedoch nur ein Merkmal des Waldsterbens. Andere Symptome wie die Schädigung der Wurzel und der Bodenorganismen werden (bisher) bei der „Waldschadensinventur" nicht berücksichtigt.
[859] Jung (1995), S. 650.
[860] Belege in: Walther (1987), S. 1 und 3 bzw. Walther (1989), S. 67 sowie DIE ZEIT, 23.10.1987, S. 61.; vgl. auch Carstensen (1988), S. 101 und Stötzel/Wengeler (1995), S. 649.

Die TAZ titelt ironisierend: „Alle Jahre wieder: Es waldstirbt sehr!“ (TAZ, 13.11.1991, S. 28).
1991 wird der Ausdruck *Waldschadensbericht* bzw. *Waldschadensbilanz* durch die Ablösevokabel *Waldzustandsbericht* (TAZ, 12.11.1992, S. 1) ersetzt und damit die negativ konnotierte Bezeichnung *Schaden* vermieden. Die TAZ kommentiert: „Seit 1991 weist der Wald offiziell keine Schäden mehr auf, sondern einen Zustand: Waldzustandsbericht heißt jetzt, was früher Waldschadensbericht hieß.“ (TAZ, 16.11.1993, S. 1) Vertreter von Umweltschutzverbänden kritisieren dies als „‚systematische Bagatellisierung‘“ (TAZ, 12.11.1992, S. 1) durch das Landwirtschaftsministerium.
Ab 1994 wird der *Waldzustandsbericht* nur noch alle drei Jahre erstellt.
1996 versucht das Bonner Forschungsministerium (BMBF), den Ausdruck *Schadstufen*[861] durch die Vokabel *Zustandsstufen* (TAZ, 15.11.1996, S. 3) zu ersetzen: „Blatt- und Nadelverluste bis 45 Prozent dürfen künftig ‚nicht mehr mit dem Begriff ‚Schaden‘ in Verbindung gebracht werden. Aus ‚Schadstufen‘ würden ‚Zustandsstufen‘ [...]“ (ebd.). Das Vorhaben des Bonner Forschungsministeriums scheitert jedoch.

SB

[861] Mit Hilfe der Schadstufen wird der Erkrankungsgrad der Bäume ermittelt.

63 Wiederaufarbeitungsanlage / Wiederaufbereitungsanlage

„**Wie|der|auf|ar|bei|tungs|an|la|ge**, die: *Wiederaufbereitungsanlage:* Als im vorletzten Jahr die W. Wackersdorf aufgegeben wurde (Spiegel 44, 1991,51).“ Duden (1999), S. 4512.

„**Wie|der|auf|be|reit|ungs|an|la|ge**, die: *Anlage zur Wiederaufbereitung (bes. von abgebrannten Brennelementen):* Bei dem bisher schwersten Atomunglück Japans brennt es in der W. Tokai (SZ 21. 7. 99, 2).“ (Duden (1999), S. 4512.

Das Thema Wiederaufarbeitung[862] ist ein Nebendiskurs der Atomkontroverse. Die Vokabel *Wiederaufarbeitung* ist ursprünglich ein Fachterminus der Atomindustrie.[863]
In den 50er Jahren werden in der Nuklearbranche die Bezeichnungen *Wiederaufarbeitung* und *Wiederaufbereitung* synonym verwendet. Auch in der Umgangssprache lässt sich ein „Schwanken“ zwischen den beiden Termini beobachten. „Die Benennungspluralität geht in diesem Fall auf verschiedene Eindeutschungen von *reprocessing* zurück.“[864] Das Kompositum *Wiederaufarbeitung* setzt sich schließlich fachsprachlich gegenüber der Bezeichnung *Wiederaufbereitung* durch. Laien (Gegner wie Befürworter) verwenden jedoch (auch heute noch) zumeist den Aus-

[862] Nach Brockhaus (1996), Die Enzyklopädie in vierundzwanzig Bänden, Mannheim 1996, 20. überarbeitete und aktualisierte Auflage, S. 165 werden bei der Wiederaufarbeitung verwertbare Stoffe wie Uran und Plutonium durch mechanische und chemische Zerlegung verbrauchter Brennelemente zurückgewonnen. Radioaktive Abfälle (v.a. die hochradioaktiven Spaltprodukte und die restlichen Transurane) werden abgetrennt und so eingeschlossen, dass sie in ein Endlager überführt werden können.
[863] Der Terminus Aufarbeitung ist bereits in Müller (1959) lexikalisiert.
[864] Jung (1994a), S. 154f.

druck *Wiederaufbereitung*.[865] Ein Vertreter der Kernindustrie kritisiert remotivierend den „Laien-Gebrauch“ des Wortes *Wiederaufbereitung*:

> „Wir haben lange Zeit eigentlich immer mit kleinen Dingen herumgespielt, zum Beispiel, daß der Laie konstant Wiederaufbereitung sagte, wo es Wiederaufarbeitung heißen mußte, weil es da einen sachlichen Unterschied gibt [...] Kohle wird aufbereitet, ein verbrauchter Stoff, aus dem man Reststoff herausholt, wird dagegen aufgearbeitet.“[866]

Bis 1975 bleibt das Thema Wiederaufarbeitung in der bundesdeutschen Öffentlichkeit völlig unbeachtet. Mit den Ereignissen in Gorleben Mitte der 70er Jahre wird der ursprünglich der Nuklearbranche entnommene Neologismus *Wiederaufarbeitung* in der öffentlich-politischen Auseinandersetzung brisant.
Die Vokabel *Wiederaufarbeitung* ist zunächst positiv konnotiert und wird in den 70er Jahren zum Schlagwort der Atomlobby. Mit positiven Attribuierungen wie *technisch beherrscht*[867], *friedlich*[868] und *ungefährlich*[869] wirbt die Nuklearbranche für die Wiederaufarbeitung als Teil des Brennstoffkreislaufs.
Kernenergiegegner stellen dem Ausdruck *Brennstoffkreislauf* die Stigmavokabel *Plutoniumwirtschaft* gegenüber. Bis Mitte der 70er Jahre wird mit der Bezeichnung *Plutoniumwirtschaft* die Wiederaufarbeitung in Verbindung mit Bau und Betrieb des *Schnellen Brüters* diffamiert.[870]

---

[865] Vgl. Jung (1994a), S. 155.
[866] R. Hossner 18.12.91, zitiert nach Jung (1994a), S. 238.
[867] Dreyer/Vinke (1977), S. 34.
[868] Dreyer/Vinke (1977), S. 9.
[869] Dreyer/Vinke (1977), S. 9.
[870] In den 60er Jahren ist das Konzept des *Schnellen Brüters* das Hauptargument für die Wiederaufarbeitung. *Schnelle Brüter* stellen sich zwar ihren Brennstoff Plutonium aus dem nicht spaltbaren Uran-238 selbst her (sie *erbrüten* es), benötigen aber in einer jahrzehntelangen

Seitdem Befürworter die Wiederaufarbeitung und das Konzept des *Schnellen Brüters* unabhängig voneinander fordern, beziehen sich Kernenergiegegner mit dem Ausdruck *Plutoniumwirtschaft* ausschließlich auf die Wiederaufarbeitung.[871]

Bundesforschungsminister Volker Hauff (SPD) erklärt der Bevölkerung in einer Bürgerinformation den Sinn und Zweck einer Wiederaufarbeitungsanlage. In spezifischer Kontextualisierung mit der Vokabel *Recycling* wird die Vokabel *Wiederaufarbeitung* im Sinne von „umweltfreundlich", „energiesparend" und „wirtschaftlich" positiv konnotiert:

> „Durch die Wiederaufarbeitung lassen sich rund 97 Prozent des abgebrannten Brennstoffs wiederverwenden gegenüber nur 3 Prozent tatsächlicher radioaktiver Abfälle. Damit ist in der Kernenergie ein weitgehendes ‚Recycling' möglich. Hier spricht man allerdings schlicht von der ‚Schließung des Brennstoffkreislaufs'."[872]

Anfang der 70er Jahre, als in der Bundesrepublik ein „Integriertes Nukleares Entsorgungszentrum (NEZ)"[873] geplant und im April 1974 erstmals durch das Bundesinnenministerium der Öffentlichkeit vorgestellt wird, erfährt die Bevölkerung von den Schwierigkeiten mit ausländischen Wiederaufarbeitungsanlagen.

Anlaufphase fremdes Plutonium, das nur in der Wiederaufarbeitungsanlage zu gewinnen ist.

[871] Vgl. Strauß/Haß/Harras (1989), S. 458f. Das Kompositum *Plutoniumwirtschaft* wird besonders im Zusammenhang mit dem Baubeginn der Wiederaufarbeitungsanlage 1985 in Wackersdorf aktuell.

[872] Der Bundesminister für Forschung und Technologie (1979), S. 46.

[873] Kreusch (1987), S. 141: „Das Konzept sah vor, alle Anlagen zur Schließung des sogenannten Brennstoffkreislaufs (Wiederaufarbeitung, Brennelementherstellung, Abfallkonditionierung, Endlagerung) an einem Ort zu konzentrieren."

DER SPIEGEL kommentiert in diesem Zusammenhang „Atom-Entsorgung. Schlicht unseriös“ (DER SPIEGEL, 3.10.1977).
Gegner der Wiederaufarbeitung kritisieren die hohe Umweltbelastung einer solchen Anlage. Man erinnert „sich auch daran, daß die Wiederaufarbeitung in ihrem ursprünglichen Sinn Plutoniumproduktion für Bomben war“[874].
In diesem Zusammenhang zeichnet sich ein pejorativer Sprachgebrauch des Ausdrucks *Wiederaufarbeitung* ab:

> „Bis dahin [1975] hatte das Wort ‚Wiederaufarbeitung‘ für die Öffentlichkeit einen unverdächtigen Klang. Man stellte sich darunter eine Art Reinigung des Atommülls und einen nützlichen Akt des Recycling vor. Nun aber wurde man hellhörig, und gerade in der Zeit, als in Bonn die größte Wiederaufarbeitungsanlage der Welt geplant wurde [...] häuften sich die Hiobsbotschaften über die Risiken dieser Technologie.“[875]

Der Münchner Wissenschaftler Frederic Vester nennt die Wiederaufarbeitungsanlagen in realistischer Diktion das „schmutzigste Geschäft der ganzen Reaktortechnik“ (DER SPIEGEL, 8.11.1976, S. 105).
DER SPIEGEL bezeichnet den „geplanten Entsorgungspark“ metaphorisch als „‚Plumpsklo‘ – droben Wiederaufbereitung, drunten im Erdinnern Lagerung“ (ebd., S. 108).
Die Wiederaufarbeitung und damit der Bau einer Wiederaufarbeitungsanlage wird in der Bundesrepublik in der 4. Novelle des Atomgesetzes von 1976 (§9) festgeschrieben. Das Gesetz gibt der „schadlosen Verwertung“ (Wiederaufarbeitung) Vorrang vor der „geordneten Beseitigung“ (*direkte Endlagerung*).

---

[874] Radkau (1987), S. 318.
[875] Radkau (1987), S. 318.

Am 22. Februar 1977 gibt der damalige niedersächsische Ministerpräsident Albrecht (CDU) die Gemeinde Gorleben im Landkreis Lüchow-Dannenberg (nahe der ehemaligen DDR) als „vorläufigen Standort“ für das „integrierte Entsorgungsprojekt“[876] bekannt. Das Projekt stößt auf den Widerstand der betroffenen Bevölkerung und der Atomkraftgegner in der gesamten Bundesrepublik. „Nach und neben Wyhl [wird] *Gorleben* zum Symbol der erstarkenden Protestbewegung.“[877]
Die Ängste und Befürchtungen, die die Bürger mit einer Wiederaufarbeitungsanlage verbinden, spiegeln sich auf einem Protestplakat in dem Slogan „Heute GorLEBEN – Morgen GorTOD“[878]. Mit Parolen wie „Gorleben ist Holocaust“ (DIE TAGESZEITUNG, 2.4.1979) treten die Bürger im „lokalen Widerstand“[879] gegen die geplante Wiederaufarbeitungsanlage an und versuchen, durch den Vergleich mit nazistischen Verbrechen den Gegner zu diffamieren.
Vor diesem Hintergrund stellen Atomkraftgegner den Komposita *Wiederaufarbeitungsanlage* bzw. *Wiederaufbereitungsanlage* die negativ konnotierten Konkurrenzvokabeln *Plutonium-*[880] und *Atomfabrik*[881] gegenüber.[882]
Mit den Stigmavokabeln *Plutonium-* und *Atom-* wollen Gegner der Wiederaufarbeitung darauf hinweisen, dass in einer Wiederaufarbeitungsanlage waffentaugliches Pluto-

---

876 Rucht (1980), S. 111.
877 Rucht (1980), S. 15; In Wyhl kommt es 1975 zu Massendemonstrationen gegen den Bau von Kernkraftwerken. Bei den heftigen und brutalen Auseinandersetzungen zwischen Demonstranten und Polizei gibt es zahlreiche Verwundete auf Seiten der Atomkraftgegner.
878 Rucht (1980), s. Umschlagbild.
879 Jung (1995), S. 642
880 Strohm (1977), S.5.
881 Dreyer/Vinke (1977), S. 5.
882 Die Ausdrücke *Plutonium-* und *Atomfabrik* bezeichnen während der Ereignisse um Gorleben zunächst auch das gesamte Entsorgungsprojekt. Mit den Planungen für eine Wiederaufarbeitungsanlage in Wackersdorf (1983-1989) etablieren sich die Bezeichnungen *Plutonium-* und *Atomfabrik* ausschließlich als Gegenvokabeln zum Kompositum *Wiederaufarbeitungsanlage*.

nium produziert wird. Auch Zeitungen und Zeitschriften greifen die kernkraftkritischen Varianten auf.
Mitte der 70er Jahre etabliert sich das Akronym *WAA*[883] als Gegenvokabel für die Komposita *Wiederaufarbeitungsanlage* bzw. *Wiederaufbereitungsanlage* im Sprachgebrauch der Atomkraftgegner. Allmählich wird die Abkürzung *WAA* jedoch auch in der öffentlichen Berichterstattung gebräuchlich und 1993 in den Brockhaus aufgenommen.
Im Mai 1979 lehnt der damalige niedersächsische Ministerpräsident Albrecht (CDU) das in Gorleben geplante Projekt mit der Begründung ab, „das [...] ‚nukleare Entsorgungszentrum' sei ‚zur Zeit politisch nicht durchsetzbar'"[884].
Nach Gorleben gehen die Planungen für eine Wiederaufarbeitungsanlage weiter, nur die Ankopplung an ein *Endlager* wird aufgegeben. „Fortan [protestiert] man nicht mehr gegen ein *Entsorgungszentrum*, sondern [streitet] um mögliche *Endlager* bzw. die in Wackersdorf geplante *Wiederaufarbeitungsanlage*."[885] Nach Vorgesprächen und Standortsuche bietet der damalige bayrische Ministerpräsident Franz-Josef Strauß (CSU) „der ‚Deutschen Gesellschaft für Wiederaufarbeitung' (DWK) Wackersdorf in der Oberpfalz als Alternative zu Gorleben an."[886]
Am 23. August 1983 liegt der bayrischen Staatsregierung der Antrag der DWK vor, in Wackersdorf die Wiederaufarbeitungsanlage zu errichten. Im Februar 1985 entscheidet sich der Aufsichtsrat der DWK, „in der bayrischen Gemeinde Wackersdorf eine Wiederaufarbeitungsanlage zu bauen." (DIE ZEIT, 29.3.1985, S. 37)
Gegner der Wiederaufarbeitung protestieren gegen das Projekt und versuchen, die Vokabeln *Wiederaufarbeitung* bzw. *Wiederaufarbeitungsanlage* mit der orthographischen

[883] Dreyer/Vinke (1977), S. 44; KKW-Fibel (1977), S. 130ff.
[884] Rucht (1980), S. 15.
[885] Jung (1994a), S. 114.
[886] Heinrich/Schmidt (1986), S.128.

Re-Interpretation *WAAhnsinnsprojekt*[887] zu diffamieren. „Auch die traditionelle Presse nutzt [...] diese früher sehr ungewöhnlichen orthographischen Re-Interpretationen."[888] Im Zusammenhang mit dem 5. *Anti-WAAhnsinnsfestival* (TAZ, 10.12.1986, S. 4) titelt DIE ZEIT: „WAAhnsinn und Spaß in Burglengenfeld" (DIE ZEIT, 1.8.1986, S. 29).

Wiederaufarbeitungsgegner beanstanden, dass die *Wiederaufarbeitung* als „nukleare[s] Recycling" (DIE ZEIT 1.2.1985, S. 25) bezeichnet wird. Sie sprechen von der „Mär vom Recycling"[889] und kritisieren explizit sprachthematisierend den Versuch der Nuklearindustrie, das positiv konnotierte Schlagwort *Recycling* der Umweltbewegung für sich zu beanspruchen, um auf diese Weise für die Wiederaufarbeitungsanlage zu werben: „Da ‚Recycling' ein Begriff ist, der in der Umweltschutzdebatte einen hohen Rang genießt, wird Wiederaufarbeitung jetzt unter diesem ‚Recycling' verhökert."[890]

Unter dem Eindruck der Reaktorkatastrophe von Tschernobyl machen „friedliche Atomgegner aus der ganzen Bundesrepublik" zu Tausenden „ihren Pfingstausflug [...] nach Wackersdorf, um sich vor Ort zu informieren und zu diskutieren" (FR, 20.5.1986). „Die weit über die Oberpfalz reichende Betroffenheit dokumentiert sich in dem Slogan ‚Wackersdorf ist überall'" (ebd.). Es kommt aber auch zu gewalttätigen Auseinandersetzungen: „Mit Kampfgas verteidigt der Freistaat Bayern einen Bauzaun gegen eine gewalttätige Minderheit" (SZ, 24.5.1986).

Die künftigen Betreiber der Wiederaufarbeitungsanlage halten jedoch an ihrem Vorhaben fest: „Die Katastrophe von Tschernobyl wird ohne Auswirkungen auf Planung und Bau der Wiederaufarbeitungsanlage Wackersdorf bleiben." (SZ, 6.5.1986)

Die SÜDDEUTSCHE ZEITUNG kommentiert: „Das Projekt

---

[887] Seitz (1986), S. 15.
[888] Jung (1995), S. 664.
[889] Trautmann-Popp (1985), S. 7.
[890] Trautmann-Popp (1985), S. 7.

Wackersdorf, Fossil einer Zukunft von vorgestern, ist heute Symbol für die Unfähigkeit der Regierenden, Fehler einzugestehen und eine falsche Politik zu korrigieren." (SZ, 24.5.1986)

Mit dem Slogan „**W**issen **A**ls **A**lternative"[891] wirbt die DWK 1986 in einer Anzeige für die Wiederaufarbeitungsanlage Wackersdorf und versucht das ursprünglich von den Atomgegnern verwendete Akronym *WAA* für sich zu beanspruchen und positiv zu konnotieren.

Als der Düsseldorfer Energiekonzern VEBA als wichtigster Anteilseigner der DWK eine Zusammenarbeit auf dem Gebiet der Wiederaufarbeitung mit der französischen Nuklearfirma COGEMA vereinbart, kündigt sich „das endgültige Aus für das ‚Jahrhundertbauwerk' in Wackersdorf" (TAZ, 17.7.1989, S. 5) an.

Am 31. Mai 1989 stoppt die DWK den Bau der Wiederaufarbeitungsanlage und lässt die Arbeiten einstellen. Künftig soll die Wiederaufarbeitung ausschließlich im Ausland erfolgen, wo sie wesentlich billiger angeboten wird.[892]

Mit dem Scheitern der Wiederaufarbeitungsanlage in Wakkersdorf verliert das Thema in der Öffentlichkeit an Brisanz, wird aber von Seiten der Anti-Atom-Bewegung und von den Umweltorganisationen vor allem im Zusammenhang mit den Castortransporten weiterhin thematisiert. Die Anti-Atom-Bewegung diffamiert die Wiederaufarbeitungsanlage in Sellafield (GB) in Hinblick auf die Unfallserie der letzten Jahrzehnte mit den Ausdrücken *Skandalfabrik*[893] und *Plutoniumschleuder* (TAZ, 26.3.1993, S. 7).

---

[891] Amelungse (1987), S. 300.

[892] Bereits in den 70er und 80er Jahren haben die deutschen Energieversorger zum größten Teil mit dem französischen Unternehmen COGEMA, aber auch mit der britischen Firma BFNL Verträge zur Wiederaufarbeitung (so genannte Altverträge) geschlossen. 1990 unterzeichnen die Betreiber zusätzliche Verträge mit den Wiederaufarbeitungsanlagen in La Hague (Frankreich) und Sellafield.

[893] http://www.i-st.net/~buendnis/dl/i29.pdf, 8.6.2001: Neckarwestheimer Anti-Atom-Info Nr. 29, Februar 01, 14.2.2001.

Mit negativen Attribuierungen wie *umweltschädlich*[894], *unwirtschaftlich*[895], *gefährlich*[896], *umweltverseuchend*[897] und *schmutzig*[898] betont Greenpeace die negativen Aspekte einer Wiederaufarbeitungsanlage. Die Umweltorganisation kritisiert remotivierend den Terminus *Wiederaufarbeitung*:

> „Der Begriff Wiederaufarbeitung (WAA) führt bewusst in die Irre; suggeriert er doch, dass abgebrannte Brennelemente so recycelt werden, dass sie nach überstandener Prozedur ins Atomkraftwerk zurückkehren um dort erneut gute Dienste zu leisten. Das ist nicht der Fall. Ein Brennelement [...] lässt sich eben nicht wie Glasflaschen oder Altpapier wieder verwenden. Tatsächlich wird bei der ‚Wiederaufarbeitung' das Volumen der Abfälle nicht reduziert, sondern vergrößert."[899]

Gemäß dem Atomkompromiss zwischen Regierung und Stromkonzernen vom 14. Juni 2000 sind die „Transporte von radioaktiven Abfällen zur Wiederaufarbeitung [...] nur noch bis zum 1. Juli 2005 zulässig."[900]
Danach wird die Entsorgung der abgebrannten Brennelemente – nach einer längeren Abkühlphase – auf die direkte Endlagerung beschränkt.[901]

SB

---

[894] http://www.greenpeace.de/GP_DOK_3P/PRESSEMI/P981217.HTM, 15.7.2001.
[895] Ebd.
[896] http://www.greenpeace.de/GP_DOK_3P/PRESSEMI/P990111.HTM, 15.7.2001.
[897] http://www.greenpeace.de/GP_DOK_3P/PRESSEMI/P990223.HTM, 15.7.2001.
[898] Ebd.
[899] http://www.greenpeace.de/GP_DOK_3P/BRENNPUN/F001/C15.-HTM, 20.5.2001.
[900] http://www.berliner-morgenpost.de/print/archiv2000/000616/politik/-story69967.html, 3.7.2001.
[901] Seit 1994 sind die Entsorgungswege „Wiederaufarbeitung" und „*direkte Endlagerung*" gleichrangig.

64 Wiedervereinigung

„**wie|der|ver|ei|ni|gen** <sw. V.; hat>: *(etw. Geteiltes, bes. ein geteiltes Land) wieder zu einem Ganzen vereinigen*: unter diesen Bedingungen könnte Korea wiedervereinigt werden; in einem wiedervereinigten Deutschland.
Wie|der|ver|ei|ni|gung, die; -, -en: *das Wiedervereinigen; das Wiedervereinigtwerden*: eine/die friedliche W. beider Landesteile; »In tausend Jahren wird es keine W. geben«, seufzte er (B. Vesper, Reise 461).“ Duden (1999), S. 4515.

Überblickt man die deutsche Geschichte seit 1945, so ist auffällig, dass bei der wichtigsten staatsrechtlichen Zäsur eine zentrale politische Vokabel in der institutionellen Terminologie keine Rolle spielt. Die am 3. Oktober 1990 vollzogene Vereinigung von BRD und DDR wird in den Vertragstexten nicht als *Wiedervereinigung*, sondern als *Einigung* bzw. *Herstellung der Einheit* bezeichnet. Der am gleichen Tag in Kraft getretene Vertrag wird als *Einigungsvertrag*, der betreffende Tag selbst seither als *Tag der deutschen Einheit* bezeichnet. Diese lexikalische Auffälligkeit hat ihren Grund in einer seit der frühen Nachkriegszeit geführten öffentlichen Diskussion, in der zunächst die unterschiedlichen Konzepte des politischen Ziels, dann aber auch mehr und mehr die Vokabel *Wiedervereinigung* selbst umstritten waren.
Wiedervereinigung war die zentrale Vokabel des Diskurses über die Problematik, die man nach 1945 als die *deutsche Frage* bezeichnete. Bis dahin hatte man unter der *deutschen Frage* das Problem des Zusammenschlusses aller Deutschen im 19. Jahrhundert und das der Identitätsbildung der deutschen Staaten im Deutschen Reich verstan-

den.[902] Nach 1945 haben Politiker und Historiker angesichts der umstrittenen Grenzziehungen im Osten (→*Oder-Neiße-Linie* vs. *Oder-Neiße-Grenze*) und angesichts der so genannten *deutschen Spaltung* mit dem Ausdruck *die deutsche Frage* zwei zusammenhängende Erscheinungen bezeichnet: Zum einen die Teilung Deutschlands in zwei deutsche Staaten und zum anderen die Frage, wie das Gebiet des ehemaligen deutschen Reiches in einer Friedensordnung aufgeteilt bzw. neu geordnet oder zusammengeführt werden sollte[903] (siehe u.a. →*Einheit der Nation*, →*Mauer*, →*Beitritt/Anschluss*). Diese doppelte bzw. doppeldeutige Semantik von *deutsche Frage* spielte auch eine problematische Rolle bei der zentralen Ziel- bzw. Konzeptionsbezeichnung im Bereich der deutschen Frage, bei der Vokabel *Wiedervereinigung* seit der frühen Nachkriegszeit bis zum Ende der deutschen Spaltung.
Die vielfachen Aspekte und Probleme dieses Wortes während des letzten halben Jahrhunderts sollen hier unter sprachwissenschaftlichen Gesichtspunkten skizziert werden.
Die Wortgeschichte von *Wiedervereinigung* referieren wir ausführlich aus unseren Handbüchern „Kontroverse Begriffe“[904] (1995) und „Politische Leitvokabeln in der Adenauer-Ära“[905] und aus spezielleren eigenen Untersuchungen:

---

[902] Siehe z.B. Röpke: Die deutsche Frage (1945) und die Erörterung von dessen These der „brutalen ‚Einigung‘ Deutschlands durch Bismarck“ bei Sombart (2000), S.221ff.

[903] Vgl. Stötzel (1991), S. 2. Zur „strittigen Semantik von ‚Wiedervereinigung‘“ siehe S. 14ff. Zur Verwendung des Ausdrucks *Wiedervereinigung* im Verhältnis zu *deutsche Frage* und weiteren Leitvokabeln wie *Einheit* (*der Nation*), *Wiederherstellung der deutschen Einheit*, *Vereinigung* in der frühen Nachkriegszeit, siehe Wengeler (1996), S. 330-341.

[904] Silke Hahn: Vom *zerrissenen Deutschland* zur *vereinigten Republik*. Zur Sprachgeschichte der „deutschen Frage“. In: Stötzel/Wengeler (1995), S. 285-353.

[905] Böke/Liedtke/Wengeler (1996); *Wiedervereinigung* als Schlagwort zwischen 1966 und 1974 hat Niehr (1993) untersucht. Zuletzt: Wengeler (2002).

Der Ausdruck *Wiedervereinigung* erscheint weder im Grundgesetz – hier wurde in der Präambel „das gesamte deutsche Volk“ aufgefordert, in „freier Selbstbestimmung die Einheit und Freiheit Deutschlands zu vollenden“ – noch auch in der bis 1968 gültigen Verfassung der DDR aus dem Jahr 1949, wo es in Artikel 1 heißt: „Deutschland ist eine unteilbare und demokratische Republik [...] Es gibt nur eine deutsche Staatsangehörigkeit“. Implizit wurde die Wiederherstellung der deutschen Einheit bereits hier thematisiert, wenngleich der Ausdruck *Wiedervereinigung* nicht erscheint.[906]
Allerdings wird der Ausdruck *Wiedervereinigung* im politischen öffentlichen Sprachgebrauch schon vor den Staatsgründungen verwendet, als sich der Vorgang der Vereinigung noch nicht auf zwei Staatsgebilde beziehen konnte. Subjekt oder Objekt von *Vereinigung* konnten zu dieser Zeit nur die durch *Zonengrenzen* getrennten Landesteile sein. Bereits wenige Tage nach der gescheiterten Münchner Konferenz der Ministerpräsidenten der Länder aller vier Zonen – vom 6. und 7. Juni 1947, mit dem von den SBZ-Vertretern vorgeschlagenen, allerdings abgelehnten, Tagesordnungspunkt 1 „Schaffung eines deutschen Einheitsstaates“ – versprach der Berliner CDU-Vorsitzende Jakob Kaiser, die Union werde, „nach neuen Möglichkeiten für den Zusammenhalt oder – wenn Sie wollen – für die Wiedervereinigung unseres Volkes suchen.“[907]
Ein weiterer früher Beleg, der den Ausdruck *Wiedervereinigung* – bezogen auf die Zusammenfügung der Zonen – enthielt, war eine „Denkschrift der deutschen Studenten“ vom Januar 1948, in der es hieß: „Wir deutschen Studenten meinen, daß Zonengrenzen [...] auf die Dauer unsere Wiedervereinigung nicht verhindern können.“[908]

---

[906] Hahn (1995), S. 323.
[907] Referiert und zitiert nach Wengeler (1996), S. 337.
[908] Referiert und zitiert nach Hahn (1995), S. 322.

Am 20. September 1949 schließlich drückte Adenauer in seiner ersten Regierungserklärung die Hoffnung auf „die Wiedervereinigung mit unseren Brüdern und Schwestern in der Ostzone“ [909] aus.
In der Folgezeit wird nun einerseits die – z.T. politisch ausgenutzte – Mehrdeutigkeit von *Wiedervereinigung* augenscheinlich wie andererseits auch die unterschiedliche Bedeutung – d.h. das unterschiedliche Konzept – von *Wiedervereinigung* in der BRD und der DDR.
Die unterschiedliche Extension – also die Anwendung entweder nur auf die Vereinigung vom BRD und DDR oder auf die Wiederherstellung Deutschlands in den Grenzen von 1937 – ist dann thematisiert, wenn in Belegen ausdrücklich die größere Extension reklamiert wird. Dies geschieht zuerst unmittelbar nach der Staatsgründung, als Adenauer in seinem Schlusswort zur Verkündung des Grundgesetzes sein Bekenntnis zum Ziel der „Wiedervereinigung“ präventiv gegen mögliche Vorwürfe richtet, die Staatsgründung zementiere gerade die Teilung Deutschlands: „Wir sind der festen Überzeugung, daß wir durch unsere Arbeit einen wesentlichen Beitrag zur Wiedervereinigung des ganzen deutschen Volkes leisten.“[910] Die gleiche Extension der Vokabel *Wiedervereinigung* wird beansprucht, wenn Adenauer in einer Regierungserklärung von 1950 die „erstrebte Wiedervereinigung aller Teile Deutschlands“[911] oder Jakob Kaiser auf dem 3. CDU-Bundesparteitag 1952 „die Wiedervereinigung aller Deutschen [...] ohne Ausgliederung irgendeines Volksteiles“[912] zum Ziel erklären.
Zunehmend gebräuchlicher wird ab Mitte der fünfziger Jahre aber die Verwendung von *Wiedervereinigung* mit engerer Extension, d.h. nur in Bezug auf BRD und DDR.

---

[909] Hahn (1995), S. 322.
[910] Zitiert nach Wengeler (2002), Mskr. S. 10.
[911] BT 14.9.1950, S. 3185.
[912] Zitiert nach Wengeler (2002), Mskr. S. 12.

In späteren Reden ist diese enge Extension vor allem dann erkennbar, wenn gesagt wird, dass zuerst „die Wiedervereinigung" erfolgen müsse, bevor man anschließend versuchen könne, die polnischen Gebiete zurückzuerhalten. In vielen Wortgebräuchen wird aber die gemeinte Extension nicht deutlich, was sowohl innen- wie außenpolitisch ein strategischer Vorteil sein konnte. Beim verbalen Bekenntnis zur Wiedervereinigung brauchte man sich nicht ausdrücklich territorial festzulegen. Innenpolitisch hätte man sich mit der expliziten Festlegung auf die innerdeutsche BRD-DDR-Extension vor allem die Gegnerschaft der Vertriebenenverbände zugezogen, außenpolitisch war es zumindest seit der zweiten Hälfte der fünfziger Jahre klüger, nicht mit der Extension ‚Deutschland in den Grenzen von 1937' zu argumentieren.[913]
Die unterschiedliche Bedeutung von *Wiedervereinigung* in der BRD und in der DDR wurde ab Mitte der fünfziger Jahre in der Öffentlichkeit bewusst. Man konstatierte, dass in der DDR ein „anderes Deutsch" gesprochen wurde und dass mit identischen Fahnenwörtern wie *Einheit*, *Wiedervereinigung*, *Demokratie*, *Frieden und Freiheit* andere Konzepte und Bedeutungen verbunden wurden. Die inzwischen stereotyp gewordene spezifische Konzeptcharakterisierung „Wiedervereinigung in Frieden und Freiheit" nahm Franz Josef Strauß am 24. Februar 1955 im Bundestag zum Anlass, diese ideologisch bedingte Spracherscheinung als Polysemie (Mehrdeutigkeit) bewusst zu machen:

> „Wir sprechen von Wiedervereinigung in Frieden und Freiheit. Wir sollten davon eine lebendige und klare Vorstellung haben, statt diese Worte zu einer stereotypen Formel erstarren zu lassen, die man manchmal nur um des Alibis willen regelmäßig in den Mund nimmt."[914]

---

[913] Vgl. Wengeler (2002), S. 11f.
[914] Zitiert nach Wengeler (2002), S. 11.

Im Folgenden erklärt er, was seiner Meinung nach *Frieden* und *Freiheit* bedeuten, um dann vor dem „sowjetzonalen Sprachgebrauch" zu warnen, der „die gleichen Worte und Begriffe braucht, aber ganz verschiedene Dinge darunter"[915] versteht. Diese Ausführungen verweisen darauf, dass die Wortverbindung, wenn auch seltener, von der SED ebenfalls verwendet wurde und dass sie in der BRD zur stereotypen politischen Vokabel geworden war.

Die bisher dargestellte erste Phase der Wiedervereinigungsdiskussion mit dem Konzept der „Politik der Stärke" ging in der BRD mit dem Bau der Mauer 1961 zu Ende. Aber bereits ab 1952, seit Adenauers ablehnender Reaktion auf die sowjetische Note vom 10. März 1952, in der die Wiederherstellung der deutschen Einheit in den Potsdamer Grenzen, also bis zur Oder-Neiße-Linie vorgeschlagen worden war[916], war aufseiten der DDR ein Wandel des Konzepts und des Diskursvokabulars, d.h. des einschlägigen Wortgebrauchs zu beobachten, der z.T. wie ein Vorlauf zu späteren Sprachwandelerscheinungen in der bundesdeutschen Terminologie anmutet.

Sprach die BRD weiterhin von *Wiedervereinigung*, wurde vonseiten der DDR eine „Konföderation" als Kooperationsmodell vorgeschlagen. Der Ausdruck *Konföderation* beinhaltete die Forderung, zunächst von der Existenz zweier deutscher Staaten auszugehen. Walter Ulbricht schlug am 31. Dezember 1956 im NEUEN DEUTSCHLAND erstmalig die Konföderation als Übergang zur Wiedervereinigung vor:

> „Nachdem in Deutschland zwei Staaten mit verschiedenen gesellschaftlichen Systemen bestehen, ist es notwendig, zunächst eine Annäherung der beiden deutschen Staaten herbeizuführen, später eine Zwischenlö-

---

[915] Zitiert nach Wengeler (2002), S. 11.
[916] Vgl. Hahn (1995), S. 324.

sung in Form der Konföderation zu finden, bis es möglich ist, die Wiedervereinigung und wirklich demokratische Wahlen zur Nationalversammlung zu erreichen."

Nachdem bis 1955 die DDR ausnahmslos den Ausdruck *Wiedervereinigung* verwendet hatte, gebrauchte Ministerpräsident Otto Grotewohl in seiner Rundfunkansprache vom 16. Juli 1955 unmittelbar vor Beginn der Genfer Gipfelkonferenz auch den Ausdruck *Vereinigung*. Wenngleich *Wiedervereinigung* damit nicht aus dem Sprachgebrauch in DDR-Stellungnahmen zum Thema gestrichen wurde, stellte *Vereinigung* doch eine Abgrenzung und semantische Besonderheit dar, indem der retrospektiv auf die „deutsche Spaltung" gerichtete Blick abgeschwächt wurde. Während die Verwendung von *Wiedervereinigung* stets die Herstellung der alten, lang ersehnten nationalen Einheit im Blick hatte, bedeutete *Vereinigung* insofern ein Indiz für eine Abweichung, als dieser Ballast zugunsten der Betonung der schlichten Zusammenführung zweier Staaten ohne Blick nach hinten abgeworfen werden sollte. Auch in der zweiten DDR-Verfassung von 1968 wird der Ausdruck *Vereinigung* verwendet, indem von der „schrittweisen Annäherung der beiden deutschen Staaten bis zu ihrer Vereinigung auf der Grundlage der Demokratie und des Sozialismus" die Rede ist. Nach der Revision der DDR-Verfassung vom 7. Oktober 1974 fehlte jeder Hinweis auf *Vereinigung* oder *Wiedervereinigung*.[917]

So wie in der DDR bereits aus politischen Gründen die Vokabel *Wiedervereinigung* durch andere Ausdrücke ersetzt wurde, setzte nach dem Mauerbau 1961 auch in der BRD ein Prozess ein, innerhalb dessen sowohl das bisherige Konzept der Wiedervereinigung relativiert wie auch die Vokabel *Wiedervereinigung* aufgrund ihrer Semantik, besonders im Hinblick auf das Kompositionselement *wieder*,

[917] Die DDR-Debatte wurde referiert und zitiert nach Hahn (1995), S. 324f.

problematisiert wurde. Diese zweite Phase der Wiedervereinigungs-Diskussion wurde durch eine Verschiebung der außen- und innenpolitischen Konstellation ausgelöst.

Zu Beginn der sechziger Jahre stellte sich immer deutlicher heraus, dass eine „Politik der Stärke“, wie sie Adenauer offensiv vertreten hatte, nicht zum gewünschten Erfolg geführt hatte, sondern die BRD immer mehr von ihren westlichen Verbündeten isolierte. Die Große Koalition unter Kurt Georg Kiesinger zog daraus die Konsequenz, Fragen der Entspannung auch unabhängig von der deutschen Frage zu behandeln. Sie akzeptierte, „daß es zu einer Wiedervereinigung nur nach und als Ergebnis der Entspannung kommen“[918] konnte. Dementsprechend erhielt in der Regierungserklärung Kiesingers vom 13. Dezember 1966 das Bekenntnis zum Frieden Priorität vor der traditionellen Wiedervereinigungsforderung, ohne dass Kiesinger jedoch damit den status quo anerkennen wollte. Die sozial-liberale Koalition ging demgegenüber noch weiter, indem sie ausdrücklich die bestehenden Realitäten in Europa (zumindest de facto) anerkannte. Sie betrachtete die Wiedervereinigung Deutschlands nicht mehr als in absehbarer Zeit erreichbares Ziel, sondern als spätere Möglichkeit, die sich aus einer umfassenden Entspannungspolitik in ganz Europa ergeben könne. Eine Wiedervereinigung zu einem Deutschland in den Grenzen von 1937 wurde von ihren führenden Vertretern jedoch als irreal abgelehnt, da sie auf friedlichem Wege schlechterdings nicht zu erreichen sein würde.

In dieser zweiten Phase der Diskussion, die mit der Anerkennung der DDR und dem Grundlagenvertrag von 1972 endet, fand sich kaum eine umfassende Ablehnung der Wiedervereinigung. Immerhin gab es skeptische Stimmen, die darauf hinwiesen, dass der „Begriff“ *Wiedervereinigung* präzisiert werden müsse und dass es nicht ausreiche, ständig das Wort *Wiedervereinigung* im Munde zu führen,

[918] Zitiert nach Niehr (1993), S. 399.

ohne realistische Konzepte zu ihrer Verwirklichung zu erarbeiten. Die naive Vorstellung eines wiedervereinigten Deutschlands, in dem das politische und wirtschaftliche System einfach auf die DDR übertragen werde, sei jedenfalls kein ernst zu nehmendes Konzept von Wiedervereinigung, da es die entscheidenden Probleme, die sich bei der Zusammenführung der gegensätzlichen gesellschaftlichen Systeme von BRD und DDR zwangsläufig ergeben müssten, einfach ausklammere.[919]

Den konzeptionellen und den bewusstseinsmäßigen Umschwung der sechziger Jahre veranschaulichen wir mit einigen konzept- und sprachthematisierenden Äußerungen aus den Jahren 1966 und 1967.

> „Der Begriff Wiedervereinigung ist nicht mehr das, was zur Diskussion steht. Dieser terminus technicus ist von den Ereignissen etwas überholt worden. Insofern also, da ich nicht für unmögliche Sachen bin, bin ich auch, wenn Sie so wollen, nicht für die Wiedervereinigung." (Rudolf Augstein in DER SPIEGEL, 13.6.1966, S. 73)

> Höfer: „Aber was versteht man hüben und drüben unter Wiedervereinigung?"
> Schütz: „Man versteht drüben gewiß nicht eine Art Anschluß darunter. Von diesem Gedanken sollte man sich auch auf unserer Seite trennen. Beide Teile sollten, wenn sie wieder zusammenwachsen, die besseren Errungenschaften ihrer Systeme in das neue Ganze einbringen und sich von den schlechteren trennen." (Werner Höfer im Gespräch mit Wilhelm Wolfgang Schütz, 1957-1972 geschäftsführender Vorsitzender des Kuratoriums Unteilbares Deutschland, in DIE ZEIT, 28.10.1966, S. 3)

---

[919] Vgl. Niehr (1993), S.399f.

„Wir werden unser Ziel der Wiedervereinigung nicht aufgeben, aber es so vertreten, daß wir uns zu keinem vernünftigen Bemühen um die Entspannung in Gegensatz bringen." (Willy Brandt auf einer NATO-Konferenz als Außenminister in DER SPIEGEL, 19.12.1966, S. 34)

„Auch die neue Bundesregierung wagt es nicht, sich der Frage zu stellen, ob sie welche Art von Wiedervereinigung will, und das heißt, mit Handlungen (und nicht mit Deklarationen) betreiben will. [...] CDU und SPD könnten sich unsterbliche Verdienste erwerben, wenn sie sich selbst einmal vor Augen brächten, ob sie eine Wiedervereinigung nach bisherigem Ritus (‚Wahlen zur Nationalversammlung') wollen, oder eine Konföderation im Rahmen einer europäischen Annährung, oder keins von beidem." (Rudolf Augstein in DER SPIEGEL, 9.1.1967, S. 12)[920]

Als dritte Phase der Wiedervereinigungsdiskussion kann man aus dem Gesichtspunkt des Sprach- bzw. Wortgebrauchs die in den siebziger Jahren einsetzende Diskussion ansehen, in der es explizit um das Wort *Wiedervereinigung* ging, nämlich darum, ob man es überhaupt noch verwenden sollte. Bereits 1972 hatte Bundeskanzler Brandt den politischen Sprachgebrauch thematisiert, als er sprachkritisch bemerkte, er „habe den Eindruck, daß dieses Wort [*Wiedervereinigung*] dem schwierigen Gegenstand nicht gerecht werde."[921] Vertragsrechtlich und staatsrechtlich hatte die neue Ostpolitik zu einem Zustand eines Modus vivendi geführt, in dem kollidierende Interessen und Ansprüche, auch unterschiedlicher Sprachgebrauch in einem gewaltfreien „Schwebezustand" gegenseitiger Duldung existierten.

[920] Alle zitiert nach Niehr (1993), S. 404f.
[921] Texte zur Deutschlandpolitik (1972), S. 204.

Im Moskauer Vertrag und im Warschauer Vertrag von 1970, die 1972 vom Bundestag gebilligt wurden, hatte sich die Bundesrepublik verpflichtet, die „Grenzen aller europäischen Staaten als unverletzlich zu betrachten, darunter die Oder-Neiße-Linie als Westgrenze der Volksrepublik Polen und die Grenze zwischen der BRD und der DDR“[922]. In dem jeweils als einseitige Option übergebenen „Brief zur deutschen Einheit“ hatte die Bundesregierung im Sinne des Wiedervereinigungsgebots festgestellt, dass der Vertrag nicht dem Ziel widerspreche, „auf einen Zustand des Friedens in Europa hinzuwirken, in dem das deutsche Volk in freier Selbstbestimmung seine Einheit wiedererlangt“.[923]
Zu dem Ende 1972 unterzeichneten und im Mai 1973 vom Bundestag gebilligten Grundlagenvertrag mit der DDR (auch *Grundvertrag* genannt) übergab die Bundesregierung ebenfalls den „Brief zur deutschen Einheit“, in dem unter anderem erklärt wurde, die Staatsangehörigkeitsfragen seien als nicht geregelt zu betrachten.[924]
Der staats- und völkerrechtliche Schwebezustand wird auch durch die Entscheidung des Bundesverfassungsgerichts vom 31. Juli 1973 deutlich, das – nach Anrufung durch die bayerische Staatsregierung – feststellt, dass der Grundlagenvertrag mit dem Grundgesetz vereinbar sei.

> „Doch hält es [das BVerfG] an seiner Rechtsprechung fest, dass das Deutsche Reich völkerrechtlich fortbestehe und mit der BRD (teil)identisch sei. Es verpflichtete sie [die BRD] daher erneut, am verfassungsrechtlichen Wiedervereinigungsgebot festzuhalten, das es vom politischen Alleinvertretungsanspruch abgrenzt. Die DDR gilt daher als Teil Deutschlands und zählt zum Inland, nicht zum Ausland[925] (‚Inter-se-Beziehungen‘ auf

---

[922] Lehmann (2000), S. 240.
[923] Lehmann (2000), S. 241. Der Brief hatte u.a. den Zweck, bei der Abstimmung im Bundestag die Stimmenthaltung der CDU zu erreichen.
[924] Vgl. Lehmann (2000), S. 259.
[925] „SED-Chef Honnecker hatte die BRD am 6.1.1972 als ‚imperialisti-

staatsrechtlicher statt völkerrechtlicher Basis, z.B. mit Interzonenhandel und innerdeutscher Grenze)."[926]

Ende der siebziger Jahre kam es dann im Bundestag zu einem „Streit um den Begriff ‚Wiedervereinigung'" (DAS PARLAMENT, 5.5.1979), nachdem Willy Brandt und Herbert Wehner auf die Verwendung der Ausdrücke *Wiedervereinigung* und *Deutsche Frage* verzichten wollten. Vor dem „Verein der Ausländischen Presse" hatte Willy Brandt im April 1979 kritisiert, der Kompositumsteil *wieder* täusche vor, man könne „zu etwas zurückfinden in einer veränderten Zeit" (RP, 21.4.1979). Der Ausdruck *Deutsche Frage*, schlug Brandt vor, sei durch den Plural *Deutsche Fragen* zu ersetzen, wozu er nicht nur die Wiedervereinigung als alleinige Ausrichtung bundesdeutschen Interesses an der DDR zähle, sondern auch Besucherregelungen, Verkehrsverbindungen und die Frage, wie „die Teile des deutschen Volkes im Verhältnis zueinender leben" (ebd.). Rainer Barzel warf der SPD/FDP-Koalition in der Bundestagsdebatte vom 26. April 1979 völkerrechtlichen Wortbruch vor:

> „Sie zerstören Substanz, wenn sie auf die Worte ‚Wiedervereinigung' und ‚die deutsche Frage' verzichten wollen. Genau dieses Wort ist Gegenstand internationaler Verträge; genau dieses Wort haben wir beide, Herr Bundeskanzler, im Jahre 1968 hier unterschrieben und beschlossen; dies haben wir beide, Herr Kollege Wehner, hier unterschrieben und beschlossen und zu einem völkerrechtlich wirksamen Dokument gemacht. [...] Die Kultusminister der Länder – aller Länder – haben sich im Herbst einstimmig auf Richtlinien über den Deutschlandunterricht an den Schulen verständigt, einstimmig! Diese Richtlinien beginnen mit den klaren

---

sches Ausland' bezeichnet." Lehmann (2000), S. 260.

[926] Lehmann (2000), S. 260.

> Worten ,Wiedervereinigung' und ,die deutsche Frage'. Wollen sie das den Lehrern wieder aus der Hand nehmen, um auch dort und bei den Schülern Substanz zu zerstören."[927]

CDU/CSU hielten an den Ausdrücken *Wiedervereinigung* und *die deutsche Frage* fest als Zeichen der Hoffnung auf eine Überwindung der deutsch-deutschen Teilung, was wiederum von Herbert Wehner als eine „Legende um das Wort ,Wiedervereinigung'" kritisiert wurde.

Gegen Ende der achtziger Jahre kam es aufgrund der Politik Gorbatschows – der mit seiner Metapher vom „gemeinsamen Haus Europa" unter Einbeziehung Osteuropas ein neues Europabewusstsein einforderte – , aufgrund der z.T. unblutigen „Revolutionen" (*→friedliche Revolution*) im bis dahin so genannten „Ostblock" und schließlich aufgrund der Demonstrationen in der DDR und des Falls der Mauer zu Diskussionen, in denen früher diskutierte politische Probleme neu aufgegriffen und folglich auch das diskursspezifische Vokabular und dessen semantische Problematik revitalisiert wurden. In dieser vierten Phase der Wiedervereinigungsdiskussion wird auch der frühere Sprachgebrauch z.T. neu bewertet (s.u. zu Brandts Äußerung über *Wiedervereinigung* als *Lebenslüge* der fünfziger Jahre).
Außer der problematischen internationalen Reaktion auf ein größeres Deutschland, die sich in der Diffamierungsvokabel *→Viertes Reich* manifestierte, wurde auch das Problem der polnischen Westgrenze als Ost- bzw. „Friedensgrenze" der DDR in der Vereinigungsdiskussion wieder virulent, d.h. die extensionale Doppeldeutigkeit von *Wiedervereinigung* (s. auch *→Mitteldeutschland*) kam erneut ins politische Spiel.
Besonders das in Polen wache Bewusstsein gegenüber der

---

[927] Zitiert und referiert nach Hahn (1995), S. 325.

Rede von der „offenen deutschen Frage“ – die staatsrechtlich unpolemisch geäußert, zutreffend sein mochte, aus dem Munde von Konservativen oder Vertriebenen-Politikern aber in Polen als Drohung verstanden wurde – führte dazu, dass sowohl von Vertretern der Reformgruppen in der DDR als auch von polnischen Politikern und Schriftstellern und schließlich auch von SPD- und FDP-Politiker(inne)n die Verwendung der Ausdrücke *Vereinigung* und *Wiedervereinigung* kritisch thematisiert und damit problematisiert wurde.

> „Sicher sollten wir die Sprache überprüfen, in der wir unseren Konsens verständlich machen wollen, die Formeln, die bei unseren Nachbarn ganz anders wirken, als wir sie meinen. Wenn wir von Wiedervereinigung sprechen, dann hören unsere Nachbarn vor allem das ‚Wieder‘...“ (Erhard Eppler in seiner Rede zur Feierstunde des Bundestages am 17. Juni 1989 in FR, 19.6.1989, S. 7)

Wiedervereinigung wurde wegen des Kompositumbestandteils *Wieder* als revanchistisch und bedrohlich interpretiert, weil es den Anspruch auf die *Wieder*-Herstellung der alten Reichseinheit im Sinne der Vertriebenen-Politiker auszudrücken schien, eine Interpretation, die im Frühjahr 1990 durch Kohls Zögern, eine Erklärung zur Endgültigkeit der polnischen Westgrenze abzugeben, noch verstärkt wurde.[928] Auf die Klärung dieser Frage hatte der stellvertretende CDU-Vorsitzende Geißler mit der thematischen Verknüpfung von Wiedervereinigung und Grenzgarantie schon im November 1989 gedrängt. Die RP berichtet, auf die Frage nach einer möglichen Wiedervereinigung habe Geißler betont, die Deutschen müssten ihren Nachbarn die

---

[928] Da die DDR-Regierung die polnische Westgrenze 1950 als so genannte „Friedensgrenze“ anerkannt hatte, war ihr Terminus *Wiedervereinigung* von da an extensional auf die Vereinigung von DDR und BRD beschränkt.

Angst nehmen, dass sie die Grenzen in Europa infrage stellen könnten: „Das heißt: Wir müssen zum Beispiel die Grenzen von Polen, so wie sie jetzt sind, akzeptieren." (Geißler in der RP, 27.11.1989)

Innerhalb dieser Diskussion rechtfertigte Brandt seine neue Ostpolitik, indem er den Glauben an das, was in den fünfziger Jahren mit dem Wort *Wiedervereinigung* versprochen wurde – Vereinigung von BRD und DDR bzw. Rückkehr zu den Grenzen von 1937 durch eine Politik der Stärke – als Selbsttäuschung, als Lebenslüge der Deutschen in dieser Zeit bezeichnete:

> „Eine Wiedervereinigung von Teilen, die so noch nie zusammen waren, wird es nicht geben; eine Rückkehr zum ‚Reich' erst recht nicht. Das und nichts anderes war die ‚Lebenslüge' der fünfziger Jahre, die weiter zu pflegen ich nicht für richtig hielt. Immerhin hatte ich das Grundgesetz auf meiner Seite. Es spricht nicht von ‚Wieder', sondern von Selbstbestimmung, von Einheit in Freiheit – und von Europa." (Brandt in FR, 20.12.1989)

Nachdem entsprechende Beschlüsse in beiden deutschen Parlamenten am 21. Juni 1990 klar gemacht hatten, dass die polnische Westgrenze endgültig sein sollte, war die vorherige extensionale Doppeldeutigkeit des Wortes *Wiedervereinigung* seit dem Sommer 1990 weit gehend beseitigt: Insofern waren beispielsweise Nachrichten-Formulierungen, dass die USA und Frankreich Genschers Pläne zur „Wiedervereinigung" begrüßten (RP, 7.7.1990, S. 1), bezüglich der verfestigen Revanchismus-Unterstellung seither immun. Im August 1990 hatte sich in der RP – sicherlich exemplarisch für ein breites Pressespektrum – ein Gebrauch von *Vereinigung* und *Wiedervereinigung* als (semantisch äquivalenten) stilistischen Varianten eingebürgert. In der institutionalisierten Sprechweise über das, was dann am 3. Oktober 1990 vollzogen werden sollte, ist

allerdings im August/September 1990 das Wort *Wiedervereinigung* weit gehend verschwunden, – offensichtlich aufgrund der hier skizzierten sprachthematisierenden Diskussion: Der 3. Oktober solle „Tag der deutschen Einheit" heißen (statt des 17. Juni, s. RP, 30.8.1990, S. 1), die Parteien planten ihre „Vereinigungsparteitage" (RP, 28.8.1990, S. 1), und der in den Parlamenten behandelte Vertrag heißt „Einigungsvertrag".
Heutzutage – nach vollzogener „kleiner" Vereinigung – ist die Verwendung der Vokabel *Wiedervereinigung* kaum noch politisch heikel oder missdeutig. Von der Realität einer äußerst widersprüchlichen und problembeladenen gesamtdeutschen Lebenspraxis überlagert, hat der ehemals brisante Ausdruck seinen Streitwert weit gehend eingebüßt. Die parteipolitischen Auseinandersetzungen über die problematische semantische Potenz von *Wiedervereinigung* sind für das gesellschaftlich-historische Bewusstsein dadurch „aufgehoben", dass dieses Wort im offiziellen Vokabular des betreffenden Vertragswerks und im Apell historischen Gedenkens am „Tag der deutschen Einheit" nicht vorkommt.

GS

Literaturverzeichnis

Ahrends, Martin: Trabbi, Telespargel und Tränenpavillon. Das Wörterbuch der DDR-Sprache. München 1986.

Albrecht, Norbert: Deutschland. Die illustrierte Chronik der Bundesrepublik. Bindlach 1987.

Ambrosius, Gerold: Die Durchsetzung der Sozialen Marktwirtschaft in Westdeutschland 1945-1949. Stuttgart 1977.

Amelungse, Astrid: Tschernobyl – vier Wochen im Spiegel der Presse. In: Hermann, Armin/Schumacher, Rolf (Hrsg.): Das Ende des Atomzeitalters? Eine sachlich-kritische Dokumentation. München 1987, S. 267-306.

Andersen, Uwe/Woyke, Wichard (Hrsg.): Handwörterbuch des politischen Systems der Bundesrepublik Deutschland. Bundeszentrale für politische Bildung. Bonn 2000. (4. völlig überarbeitete und aktualisierte Auflage)

Angstwurm, Heinz: Der Hirntod als Ereignis, als Befund und als sicheres Todeszeichen des Menschen. In: Hirsch Ballin, Ernst M. H. u. a (Hrsg.): Sterben und Tod – Medizinischer Fortschritt, ethische Fragen und rechtliche Aspekte der Sterbebegleitung. Sankt Augustin 1997, S. 111-126. (= Interne Studien. 141)

Arbeitsgemeinschaft Sozialdemokratischer Frauen (Hrsg.): Die Quotendiskussion in der SPD – eine Argumentationshilfe. Bonn 1988.

Aust, Stefan: Der Baader-Meinhof-Komplex. Hamburg 1985.

Aust, Stefan: Der Baader-Meinhof-Komplex. München 1989.

Backes, Uwe: Bleierne Jahre. Baader-Meinhof und danach. Erlangen/Bonn/Wien 1991.

Backes, Uwe/Jesse, Eckhard: Politischer Extremismus in der Bundesrepublik Deutschland. Berlin 1993.

Backes, Uwe/Jesse, Eckhard: Politischer Extremismus in der Bundesrepublik Deutschland. Bonn 1996. (4. völlig überarbeitete und aktualisierte Ausgabe)

Bade, Klaus: Vom Auswanderungsland zum Einwanderungsland? Deutschland 1880-1980. Berlin 1983.

Bahr, Christian: Der neue Bundestag im alten Reichstag. Berlin 1999.

Barron, Stephanie: „Entartete Kunst". Das Schicksal der Avantgarde im Nazi-Deutschland. München 1992.

Baroth, Hans D.: „Gast"-Arbeiter. In: Doerdelmann, Bernhard (Hrsg.): Minderheiten in der Bundesrepublik. München 1969, S. 123-130.

Bastian, Till: Auschwitz und die ‚Auschwitz-Lüge'. Massenmord und Geschichtsfälschung. München 1994.

Becker, Jillian: Hitler´s Children. London 1989. (3. Auflage)

Beck-Gernsheim, Elisabeth: Vom Geburtenrückgang zur Neuen Mütterlichkeit? Über private und politische Interessen am Kind. Frankfurt am Main 1984.

Behne, Adolf: Entartete Kunst. Berlin 1947.

Benz, Wolfgang/Moos, Detlev (Hrsg.): Das Grundgesetz für die Bundesrepublik Deutschland. Bilder und Texte zum Jubiläum, 1949-1989. München 1989.

Berning, Cornelia: Vom „Abstammungsnachweis" zum „Zuchtwart". Vokabular des Nationalsozialismus. Berlin 1964.

Betz, Werner: „Gruppe" oder „Bande". In: Heringer, Hans Jürgen (Hrsg.): Holzfeuer im hölzernen Ofen. Aufsätze zur politischen Sprachkritik. Tübingen 1982, S. 198-202.

Blazek, Helmut: Rosa Zeiten für Rosa Liebe. Zur Geschichte der Homosexualität. Frankfurt am Main 1996.

Böke, Karin/Stötzel, Georg: Doppelverdiener ist immer die Frau. Sprach- und kommunikationsgeschichtlich orientierte Analyse der Doppelverdiener-Diskussion in den 40er und 50er Jahren. In: Sprache und Literatur in Wissenschaft und Unterricht (SuL) 24/1993, H. 71, S. 89-98.

Böke, Karin: „Männer und Frauen sind gleichberechtigt". Schlüsselwörter in der frauenpolitischen Diskussion seit der Nachkriegszeit. In: Stötzel, Georg/Wengeler, Martin: Kontroverse Begriffe. Geschichte des öffentlichen Sprachgebrauchs in der Bundesrepublik Deutschland. Berlin/New York 1995, S. 447-516.

Böke, Karin: *Lebensrecht oder Selbstbestimmungsrecht?* Die Debatte um den §218. In: Stötzel, Georg/Wengeler, Martin: Kontroverse Begriffe. Geschichte des öffentlichen Sprachgebrauchs in der Bundesrepublik Deutschland. Berlin/New York 1995, S. 563-592.

Böke, Karin/Liedtke, Frank/Wengeler, Martin: Politische Leitvokabeln in der Adenauer-Ära. Berlin/New York 1996.

Bollin, Christina/Fischer-Bollin, Peter: Mauer. In: Weidenfeld, Werner/Korte, Karl-Rudolf (Hrsg.): Handbuch zur deutschen Einheit: 1949-1989-1999. Bonn 1999 (aktualisierte und erweiterte Neuauflage), S. 547-558.

Bornemann, Ernst: Sex im Volksmund. Die sexuelle Umgangssprache des deutschen Volkes. Reinbek bei Hamburg 1971.

Bracher, Karl Dietrich: Zeitgeschichtliche Kontroversen. München 1976. (2. Auflage)

Brackmann, Karl-Heinz: NS-Deutsch: „selbstverständliche" Begriffe und Schlagwörter aus der Zeit des Nationalsozialismus. Glossar. Europäisches Übersetzer-Kollegium, Nr. 4. Straelen/Niederrhein 1988.

Brandt, Willy: Über den Tag hinaus. Eine Zwischenbilanz. Hamburg 1974.

Brandt, Willy: Erinnerungen. Frankfurt am Main 1989.

Brechmacher-Ihnen, Maren: Grün. In: Joschgies, Rainer (Hrsg.): Aus dem neuen Wörterbuch des Unmenschen. Frankfurt am Main 1987, S. 58-61.

Buchheim, Lothar-Günther (Hrsg.): Knaurs Lexikon Moderner Kunst. München 1955.

Bundesminister des Inneren: Neonazistische Aktivitäten und rechtsextremistische Gewalttaten. In: Bundesministerium des Inneren (Hrsg.): Gewalt von rechts. Bonn 1982.

Bundesministerium für innerdeutsche Beziehungen (Hrsg.): Texte zur Deutschlandpolitik. Band 9: 4. September 1971 – 8. Februar 1972. Berlin 1972.

Bundeszentrale für politische Bildung (Hrsg.): Die deutsche Frage. Bonn 1990. (=Informationen zur politischen Bildung 203)

Bundeszentrale für politische Bildung (Hrsg.): Die Teilung Deutschlands 1945-1955. Bonn 1991. (=Informationen zur politischen Bildung)

Bündnis 90/Die Grünen (Hrsg.): Quote – Was denn sonst? Dokumentation der Anhörung vom 24.01.1996 in Bonn. Bonn 1996.

Burkhardt, Armin: Das Zitat vor Gericht. Linguistische Anmerkungen zur Rezeption eines denk-würdigen Satzes von Kurt Tucholsky. In: Böke, Karin/Jung, Matthias, Wengeler, Martin (Hrsg.): Öffentlicher Sprachgebrauch. Opladen 1996, S. 138-173.

Busse, Dietrich: Deutsche Nation. Zur Geschichte eines Leitbegriffs im Deutschland vor und nach der Wiedervereinigung. In: Reiher, Ruth: Sprache im Konflikt. Zur Rolle der Sprache in sozialen, politischen und militärischen Auseinandersetzungen. Berlin/New York 1995, S. 203-231.

Carstensen, Broder: Wörter des Jahres 1983. In: Deutsche Sprache 1984, S. 85-92.

Carstensen, Broder: Wörter des Jahres 1988. In: Sprache und Literatur in Wissenschaft und Unterricht (SuL) 19/1988, H.62, S. 101-108.

Carstensen, Broder: Wörter des Jahres 1989. In: Sprache und Literatur in Wissenschaft und Unterricht (SuL) 20/1989, H. 64, S. 110-117.

Cassel, Dieter/Rauhut, Siegrid: Soziale Marktwirtschaft auf dem Prüfstand. In: Cassel, Dieter: 50 Jahre Soziale Marktwirtschaft. Ordnungstheoretische Grundlagen, Realisierungsprobleme und Zukunftsperspektiven einer wirtschaftspolitischen Konzeption. Stuttgart 1998, S. 4-31.

Churchill, Winston S.: Der Eiserne Vorhang. Stuttgart 1954. (= Der Zweite Weltkrieg, Sechster Band: Triumph und Tragödie, Zweites Buch)

Conze, Werner: Demokratie. In: Brunner, Otto/Conze, Werner/Koselleck, Reinhart (Hrsg.): Geschichtliche Grundbegriffe. Historisches Lexikon zur politisch-sozialen Sprache in Deutschland. Band 1 A-D. Stuttgart 1972.

Dahl, Jürgen: Kommt Zeit, kommt Unrat. Der „Entsorgungspark" der Atomindustrie. In: Scheideweg Nr. 1, 1977, S. 39-62.

Das deutsche Beamtengesetz vom 26. Januar 1937, erläutert von Dr. Hans Daniels. Berlin 1937.

Delgado, Manuel J.: Die Gastarbeiter in der Presse. Eine inhaltsanalytische Studie. Opladen 1972.

Deller, Cornelia: Die Zulässigkeit von satzungsrechtlichen und gesetzlichen Quotenregelungen zugunsten von Frauen in politischen Parteien. Remscheid 1994.

Demoll, Reinhard: Bändigt den Menschen. Gegen die Natur oder mit ihr? München 1960.

Der Bundesminister für Forschung und Technologie: Nukleare Entsorgung. Bonn 1979.

Deutsche Hurenbewegung (Hrsg.): Prostitution – Job – Beruf – Arbeit. Broschüre zum Gesetzentwurf zur rechtlichen und sozialen Gleichstellung von Prostituierten mit anderen Erwerbstätigen. Nürnberg 1996.

Dierkes, Meinolf/Zimmermann, Klaus: Sozialstaat in der Krise. Hat die Soziale Marktwirtschaft noch eine Chance? Frankfurt am Main 1996.

Dobberthien, Marliese: Zur konservativen Familien- und Sozialpolitik der Wende: In: Jansen, Mechthild (Hrsg.): Frauen-Widerspruch: Alltag und Politik. Köln 1987, S. 83-109.

Dreyer, Günther/Vinke, Hans: Absolute Sicherheit und verbrannte Erde. Der Kampf gegen das Atommüll-Zentrum im Emsland. Hamburg 1977.

Duden. Das große Wörterbuch der deutschen Sprache in 8 Bänden. Mannhein/Leipzig/Wien/Zürich 1993-1995. (2. völlig neu bearbeitete und stark erweiterte Auflage)

Duden. Das große Wörterbuch der deutschen Sprache in zehn Bänden. Mannheim/Leipzig/Wien/Zürich 1999. (3. völlig neu bearbeitete und erweiterte Auflage)

Ehrhard, Ludwig: Deutsche Wirtschaftspolitik. Der Weg der Sozialen Marktwirtschaft. Düsseldorf/Wien 1962.

Falkenberg, Gabriel: Zur Begriffsgeschichte der deutschen Spaltung zwischen Deutschem Reich und zwei Deutschen Republiken. In: Sprache und Literatur in Wissenschaft und Unterricht (SuL) 20/1989, H. 64, S. 3-22.

Fandrey, Walter: Krüppel, Idioten, Irre. Zur Sozialgeschichte behinderter Menschen in Deutschland. Stuttgart 1990.

Fangmann, Helmut/Blank, Michael/Hammer, Ulrich: Grundgesetz. Basiskommentar. Mit aktuellen Verfassungsfragen der deutschen Einigung. Köln 1991.

Fischer, Joschka: Bündnis 90/Die Grünen vor der Entscheidung. In: Probst, Lothar (Hrsg.): Kursbestimmung: Bündnis 90/Grüne. Eckpunkte künftiger Politik. Köln 1994, S. 28-33.

Förster, Uwe: Deutsch 1993. In: Der Sprachdienst (DS) 38/1994, H. 1, S. 33-41.

Frister, Erich/Jochimsen, Uwe (Hrsg.): Wie links dürfen Lehrer sein? Unsere Gesellschaft vor einer Grundsatzentscheidung. Reinbek bei Hamburg 1972.

Fröhlich, Manuel: Berichte zur Lage der Nation. In: Weidenfeld, Werner/Korte, Karl-Rudolf (Hrsg.): Handbuch zur deutschen Einheit. 1949-1989-1999. Bonn 1999, S. 44-57.

Fuchs, Anke (Hrsg.): Die soziale Frage braucht neue soziale Bewegung. Neue Armut in der Bundesrepublik Deutschland. Bonn 1988.

Fuchs, Frederike/Jesse, Eckhard: Der Streit um die „streitbare Demokratie“ – zur Kontroverse um die Beschäftigung von Extremisten im öffentlichen Dienst. In: Funke, Manfred (Hrsg.): Extremismus im demokratischen Rechtsstaat. Ausgewählte Texte und Materialien zur aktuellen Diskussion. Düsseldorf 1978, S. 393-421.

Gamm, Hans-Jochen: Führung und Verführung. Pädagogik des Nationalsozialismus. Eine Quellensammlung. Frankfurt am Main/New York 1984. (2. Auflage)

Gasteyger, Curt: Europa zwischen Spaltung und Einigung 1945-1990. Eine Darstellung und Dokumentation über das Europa der Nachkriegszeit. Bonn 1990.

Glaser, Hermann: Kleine Kulturgeschichte der Bundesrepublik Deutschland 1945-1989. Bonn 1991.

Geißler, Heiner (Hrsg.): Abschied von der Männergesellschaft. Mit einem dokumentarischen Anhang der „Leitsätze der CDU für eine neue Partnerschaft zwischen Mann und Frau“. Frankfurt am Main 1986.

Gleitsmann, Rolf-Jürgen: Die Anfänge der Atomenergienutzung in der Bundesrepublik Deutschland. In: Hermann, Armin/Schumacher, Rolf (Hrsg.): Das Ende des Atomzeitalters? Eine sachlich-kritische Dokumentation. München 1987, S. 23-41.

Godesberger Programm: Grundsatzprogramm der Sozialdemokratischen Partei Deutschlands. Beschlossen vom Außerordentlichen Parteitag der Sozialdemokratischen Partei Deutschlands in Bad Godesberg vom 13. bis 15. November 1959. Bundesrepublik Deutschland 1959.

Goetz, Wolfgang/Bossle, Lothar: Parolen und Realitäten. Die NPD in Fragen und Antworten. Mainz 1967.

Gorny, Hildegard: Feministische Sprachkritik. In: Stötzel, Georg/Wengeler, Martin: Kontroverse Begriffe. Geschichte des öffentlichen Sprachgebrauchs in der Bundesrepublik Deutschland. Berlin/New York 1995, S. 517-562.

Grabrucker, Marianne: Vater Staat hat keine Muttersprache. Frankfurt am Main 1993.

Greese, Karl/Hanisch, Wilfried: Der 13. August 1961 – ein Erfolg der Sicherheits- und Militärpolitik der SED. In: Militärgeschichte 4, Juli/August 1981, S. 389-398.

Gruhl, Herbert: Ein Planet wird geplündert. Die Schrekkensbilanz unserer Politik. Frankfurt 1975.

Gutschmidt, Gunhild: Ledige Mütter. Bielefeld 1997.

Hahn, Silke: Vom *zerrissenen Deutschland* zur *vereinigten Republik*. Zur Sprachgeschichte der „deutschen Frage". In: Stötzel, Georg/Wengeler, Martin (Hrsg.): Kontroverse Begriffe: Geschichte des öffentlichen Sprachgebrauchs in der Bundesrepublik Deutschland. Berlin/New York 1995, S. 285-353.

Hahn, Silke: Zwischen *Einheitsschule* und *Eliteförderung*. Semantisch relevante Phänomene in der Bundesrepublik als Beitrag zu einer Sprachgeschichte der Bundesrepublik. Frankfurt am Main 1998.

Handwörterbuch der deutschen Gegenwartssprache, Berlin (Ost), 1984, Band 1.

Haß, Ulrike: Etymologie oder Begriffsgeschichte? Zum Beispiel Umwelt. In: Sprachreport 1987, H. 4, S. 7-10.

Haß, Ulrike: Lexikonausschnitt Umwelt. In: Strauß, Gerhard/Haß, Ulrike/Harras, Gisela: Brisante Wörter von Agitation bis Zeitgeist. Ein Lexikon zum öffentlichen Sprachgebrauch. Berlin 1989, S. 397-557.

Hauff, Volker: Energiepolitik nach Tschernobyl. In: Hermann, Armin/Schumacher, Rolf (Hrsg.): Das Ende des Atomzeitalters? Eine sachlich-kritische Dokumentation. München 1987, S. 351-353.

Heberth, Alfred: Neue Wörter. Neologismen in der deutschen Sprache seit 1945. Bd. 1.Wien 1977.

Heckmann, Friedrich: Die Bundesrepublik: Ein Einwanderungsland? Zur Soziologie der Gastarbeiterbevölkerung als Einwandererminorität. Stuttgart 1981.

Heinrich, Michael/Schmidt**,** Andreas: Der Atom-Atlas. Nach Tschernobyl: Kernenergie zwischen Angst und Hoffnung. Zahlen – Fakten – Hintergründe. München 1986.

Heister, Rolf: Die Sexualität des Mannes. Köln 1987.

Henle, Manfred/Hofmann, Hildegard: Behinderte Jugendliche – versehrt, versorgt, vergessen. In: Deutsches Jugendinstitut (Hrsg.): Immer diese Jugend! Ein zeitgeschichtliches Mosaik. 1945 bis heute. München 1985.

Herberg, Dieter/Steffens, Doris/Tellenbach, Elke: Schlüsselwörter der Wendezeit: Wörter-Buch zum öffentlichen Sprachgebrauch 1989/90. Berlin/New York 1997.

Herles, Helmut (Hrsg.): Die Hauptstadt-Debatte. Der Stenographische Bericht des Bundestages. Bonn/Berlin 1991.

Hermann, Armin/Schumacher, Rolf (Hrsg.): Das Ende des Atomzeitalters? Eine sachlich-kritische Dokumentation. München 1987.

Hermanns, Fritz: Brisante Wörter. Zur lexikographischen Behandlung parteisprachlicher Wörter und Wendungen in Wörterbüchern der deutschen Gegenwartssprache. In: Wiegand, Herbert Ernst (Hrsg.): Studien zur neuhochdeutschen Lexikographie. Bd. 2. Hildesheim/New York 1982, S. 87-108.

Hermanns, Fritz: „Umwelt". Zur historischen Semantik eines deontischen Wortes. In: Busse, Dietrich (Hrsg.): Diachrone Semantik und Pragmatik. Tübingen 1991, S. 235-257.

Hildebrand, Klaus: Von Erhard zur Großen Koalition. 1963 – 1969. Geschichte der Bundesrepublik Deutschland. Band 4. Stuttgart 1984.

Historisches Wörterbuch der Philosophie. Herausgegeben von Joachim Ritter. Darmstadt/Basel u.a. 1971ff.

INFAS: Umweltpolitisches Bewußtsein 1972. Eine Untersuchung des Instituts für angewandte Sozialwissenschaft. Berlin 1973. (= Beiträge zur Umweltgestaltung 5)

Jäckel, Eberhard: Hitlers Weltanschauung. Tübingen 1969.

Janssen-Jurreit, Marielouise: Sexismus. Über die Abtreibung der Frauenfrage. München/Wien 1976.

Jansen, Mechthild: Frauen und Politik. Die „neue“ Frauenpolitik der Bundesregierung und das Agieren der Frauenbewegung. In: Jansen, Mechthild (Hrsg.): Frauen – Widerspruch. Alltag und Politik. Köln 1987, S. 11-44.

Jung, Matthias: Der öffentliche Sprachgebrauch und die Umweltdebatte in der BRD. Versuch der Kommunikationsgeschichte eines Themas. In: Sprache und Literatur in Wissenschaft und Unterricht (SuL) 20/1989, H. 63, S. 76-98.

Jung, Matthias: Öffentlichkeit und Sprachwandel. Zur Geschichte des Diskurses über die Atomenergie. Opladen 1994. [=Jung 1994a]

Jung, Matthias: Zählen oder deuten? Das Methodenproblem der Diskursgeschichte am Beispiel der Atomenergiedebatte. In: Busse, Dietrich/Hermanns, Fritz/Teubert, Wolfgang (Hrsg.): Begriffsgeschichte und Diskursgeschichte. Methodenfragen und Forschungsergebnisse der historischen Semantik. Opladen 1994, S. 60-81. [= Jung 1994b].

Jung, Matthias: Umweltstörfälle. Fachsprache und Expertentum in der öffentlichen Diskussion. In: Stötzel, Georg/Wengeler, Martin: Kontroverse Begriffe. Geschichte des öffentlichen Sprachgebrauchs in der Bundesrepublik Deutschland. Berlin/New York 1995, S. 619-678.

Junker, Martina: Analyse und Kritik der strafverfahrensrechtlichen Terrorismusgesetzgebung. Frankfurt am Main 1996.

Jünschke, Klaus/Meertens, Christoph: Risikofaktor Innere Sicherheit. Argumente gegen den Law-and-Order-Staat. München 1994.

Kamiński, Andrzej J.: Konzentrationslager 1896 bis heute. Geschichte, Funktion, Typologie. München 1990.

Keller, Rudi: Wie bietet man Gewähr dafür, daß man jederzeit für die freiheitlich-demokratische Grundordnung eintritt? In: Linguistik und Didaktik 8/1977, H. 1, S. 29-35.

Kempcke, Günter (Hrsg.): Handwörterbuch der deutschen Gegenwartssprache. 2 Bde. Berlin (Ost) 1984.

Kilian, Jörg: „Demokratie“ und „Parlament“. In: Dörner, Andreas/Vogt, Ludgera (Hrsg.): Sprache des Parlaments und Semiotik der Demokratie. Studien zur politischen Kommunikation in der Moderne. Berlin/New York 1995. S. 249-277.

Kippels, Simone: Sprachgeschichtlich relevante Diskussionen der Wende- und Nach-Wende-Zeit. Ein Beitrag zu einer Sprachgeschichte der Gegenwart. Düsseldorf 1999. (masch. Diss.)

Klappenbach, Ruth (Hrsg.): Wörterbuch der deutschen Gegenwartssprache. Bd. 1-6. Berlin (Ost) 1968-1982.

Klee, Ernst: Gastarbeiter als Subproletariat. In: Klee, Ernst (Hrsg.): Gastarbeiter. Analysen und Berichte. Frankfurt am Main 1975, S. 25-35. (3. Auflage)

Klein, Helmut: Unschätzbare Verluste. Waldsterben. In: Bund für Umwelt und Naturschutz Deutschland (BUND) (Hrsg.): *Umwelt-Bilanz*. Die ökologische Lage der Bundesrepublik. Hamburg 1988, S. 136-146.

Kleßmann, Christoph: Zwei Staaten, eine Nation. Deutsche Geschichte 1955-1970. Bonn 1988.

Kluge, Friedrich (bearbeitet von Elmar Seebold): Etymologisches Wörterbuch der deutschen Sprache. Berlin/New York 1995. (23. erweiterte Auflage)

Knobloch, Johann: Funktionale Semantik der Farbbezeichnungen. In: Der Sprachdienst (DS) 35/1991, H. 6, S. 172-174.

Kocka, Jürgen: Umbrüche – aber ohne utopische Ideen. (Frankfurter Rundschau vom 11.7.1990). In: Golombek, Dieter/Ratzke, Dietrich (Hrsg.): Facetten der Wende. Reportagen über eine deutsche Revolution. Band 2. Frankfurt am Main 1990, S. 49-58.

Korlén, Gustav: „Mitteldeutschland“ – Sprachlenkung oder Neutralismus? Eine wortgeschichtliche und sprachpädagogische Bestandsaufnahme. In: Moderna Språk 59/1965, S. 37-55.

Korte, Karl-Rudolf: Wahlen in der Bundesrepublik Deutschland. Bonn 1998.

Koschnick, Hans: Der Abschied vom Extremistenbeschluß. Bonn 1979. (2. Auflage)
Krause, Holger: „Schwangerschaftsabbruch“, Microsoft Encarta 99 Enzyklopädie. 1993-1998.
Kreusch, Jürgen: Endlagerung radioaktiver Abfälle. Die endgültige Entsorgung? In: Hermann, Armin/Schumacher, Rolf (Hrsg.): Das Ende des Atomzeitalters? Eine sachlichkritische Dokumentation. München 1987, S. 141-146.
Kriele, Martin: Verfassungsfeindlicher Extremismus/Radikalismus. In: Greiffenhagen, Martin: Kampf um Wörter? Politische Begriffe im Meinungsstreit. München/Wien 1980, S. 351-365.
Kühnrich, Heinz: Der KZ-Staat 1933-45. Berlin (Ost) 1960.
Küpper, Heinz: Wörterbuch der deutschen Umgangssprache. Band 1-6. Hamburg 1955ff.
Küpper, Heinz: Wörterbuch der deutschen Umgangssprache. Bd. 1. Stuttgart 1987.
Küppers, Günter/Lundgren, Peter/Weingart, Peter: Umweltforschung, die gesteuerte Wissenschaft? Eine empirische Studie zum Verhältnis von Wissenschaftsentwicklung und Wissenschaftspolitik. Frankfurt am Main 1978.
Küppers, Hans Georg: Orthographiereform und Öffentlichkeit. Zur Entwicklung und Diskussion der Rechtschreibreformbemühungen zwischen 1876 und 1982. Düsseldorf 1984.
Lang, Regina: Frauenquoten. Der einen Freund des anderen Leid. Bonn 1989.
Leggewie, Claus: 1968: „Ein Laboratorium der nachindustriellen Gesellschaft? Zur Tradition der antiautoritären Revolte seit den sechziger Jahren“, in: Aus Politik und Zeitgeschichte (APuZ) 1988, H. 20, 13.5.1988, S. 7.
Lehmann, Hans Georg: Der Oder-Neiße-Konflikt. München 1979.
Lehmann, Hans Georg: Deutschland-Chronik 1945-2000. Bundeszentrale für politische Bildung. Bonn 2000.

Leicht-Scholten, Carmen: Auf dem Weg zum Ziel? Vom Gleichberechtigungsartikel über Frauenförderung zur Quote. Pfaffenweiler 1997.

Link, Jürgen: Hirntod und Tod aus medizinischer Sicht. In: Hirsch Ballin, Ernst M. H. u. a (Hrsg.): Sterben und Tod – Medizinischer Fortschritt, ethische Fragen und rechtliche Aspekte der Sterbebegleitung. Sankt Augustin 1997, S. 127-129. (= Interne Studien. 141)

Lösche, Peter: SPD – Sozialdemokratische Partei Deutschlands. In: Andersen, Uwe/Woyke, Andreas: Handwörterbuch des politischen Systems der Bundesrepublik Deutschland. Bonn. 1997, S. 512-516.

Maier, Gerhart: Die Wende in der DDR. Bonn 1991. (2. Auflage)

Maier, Hans: Aktuelle Tendenzen der politischen Sprache. In: Heringer, Hans Jürgen (Hrsg.): Holzfeuer im hölzernen Ofen. Aufsätze zur politischen Sprachkritik. Tübingen 1982, S. 179-188.

Maier-Leibnitz, Heinz: Lernschock Tschernobyl. Zürich 1986.

Manstein, Bodo: Im Würgegriff des Fortschritts. Frankfurt am Main 1961.

Marcuse, Herbert: Repressive Toleranz. Frankfurt am Main 1968.

Margedant, Udo: Entwicklung des Umweltbewußtseins in der Bundesrepublik Deutschland. In: Aus Politik und Zeitgeschichte (APuZ) 1987, H. 29, S. 15-28.

Marzahn, Barbara: Der Deutschlandbegriff der DDR. Dargestellt vornehmlich an der Sprache des Neuen Deutschland. Düsseldorf 1979.

Menschik, Jutta: Feminismus. Geschichte, Theorie, Praxis. Köln 1977.

Menzel, Ulrich: Der Differenzierungsprozeß in der Dritten Welt und seine Konsequenzen für den Nord-Süd-Konflikt und die Entwicklungstheorie. In: Politische Vierteljahresschrift (PVS) 24/1983, S. 31-59.

Meroth, Peter/Moltke, Konrad von: Umwelt und Umweltpolitik in der Bundesrepublik Deutschland. München 1987.

Mieder, Wolfgang: Bibliographische Skizze zur Überlieferung des Ausdrucks „Iron Curtain"/„Eiserner Vorhang", In: Muttersprache 91/1981, S. 1-14.

Ministerium für Schule und Weiterbildung des Landes Nordrhein-Westfalen (Hrsg.): Deutsche Rechtschreibung. Regeln und Wörterverzeichnis. Amtliche Regelung. Düsseldorf 1996.

Minuth, Karl-Heinz: „Eiserner Vorhang". Zur Geschichte eines politischen Schlagwortes in unserer Zeit. In: Geschichte in Wissenschaft und Unterricht 15/1964, S. 47-48.

Mitglieder des Bundesverfassungsgerichtes (Hrsg.): Entscheidungen des Bundesverfassungsgerichtes. Tübingen 1957. Band 6.

Mitscherlich, Alexander (Hrsg.): Medizin ohne Menschlichkeit. Abschlußbericht der von der Arbeitsgemeinschaft der Westdeutschen Ärztekammern entsandten deutschen Ärztekommission beim 1. Amerikanischen Militärgerichtshof in Nürnberg. Frankfurt am Main 1978.

Monser, Catia: Contergan/Thalidomid, Ein Unglück kommt selten allein. Düsseldorf 1993.

Morsey, Rudolf: Die Bundesrepublik Deutschland, Entstehung und Entwicklung bis 1969. München 1995.

Müller, Gerhard: In Grün will ich mich kleiden. In: Der Sprachdienst (DS) 22/1978, S. 122f.

Müller, Gerhard: Deutsch 1991. Bemerkungen zur Gegenwartssprache. In. Der Sprachdienst (DS) 36/1992, S. 1-26.

Müller, Helmut M.: Schlaglichter der deutschen Geschichte. Bonn 1990.

Müller, Senya: Sprachwörterbücher im Nationalsozialismus: die ideologische Beeinflussung von Duden, Sprachbrockhaus und anderen Nachschlagewerken während des „Dritten Reiches". Stuttgart 1994.

Müller, Wolfgang D. (Hrsg.): Atom-ABC. Düsseldorf 1959.

Müller-Armack, Alfred: Wirtschaftsordnung und Wirtschaftspolitik. Studien und Konzepte zur Sozialen Marktwirtschaft und Europäischen Integration. Freiburg 1966.

Musolff, Andreas: Anmerkungen zur Geschichte des Ausdrucks „Sympathisant" im Kontext der Terrorismus-Diskussion. In: Sprache und Literatur in Wissenschaft und Unterricht (SuL) 20/1989, H. 64, S. 95-109.

Musolff, Andreas: Die Terrorismus-Diskussion in Deutschland vom Ende der sechziger bis Anfang der neunziger Jahre. In: Stötzel, Georg/Wengeler, Martin: Kontroverse Begriffe. Geschichte des öffentlichen Sprachgebrauchs in der Bundesrepublik Deutschland. Berlin/New York 1995, S. 405-445.

Musolff, Andreas: Krieg gegen die Öffentlichkeit. Terrorismus und politischer Sprachgebrauch. Opladen 1996.

Nave-Herz, Rosemarie: Die Geschichte der Frauenbewegung in Deutschland. Düsseldorf 1987.

Nave-Herz, Rosemarie: Die Geschichte der Frauenbewegung in Deutschland. Bonn 1997. (5. überarbeitete und ergänzte Auflage)

Nerius, Dieter: Deutsche Orthographie. Leipzig 1989. (2. Auflage)

Ney, Heinz-Günther: Was deutsche Volksschüler über ausländische Arbeiter denken. In: Klee, Ernst (Hrsg.): Gastarbeiter. Analysen und Berichte. Frankfurt am Main 1975 (3. Auflage), S. 158-161.

Niehr, Thomas: Schlagwörter im politisch-kulturellen Kontext: Zum öffentlichen Diskurs in der BRD von 1966-1974. Wiesbaden 1993.

Nohlen, Dieter/Nuscheler, Franz (Hrsg.): Handbuch der Dritten Welt. Bonn 1992. (3. Auflage)

Nohlen, Dieter (Hrsg.): Lexikon Dritte Welt. Länder, Organisationen, Theorien, Begriffe, Personen. Reinbek bei Hamburg 1994.

Nuscheler, Franz: Lern- und Arbeitsbuch Entwicklungspolitik. Bonn 1995.

Odersky, Felix: Nichtehelichen Gesetz. Gesetz über die rechtliche Stellung der nichtehelichen Kinder – NeG. Bielefeld 1978. (4. Auflage)

Ökologiegruppe (Hrsg.): Kleines Handbuch für Atomkraftwerksgegner. Ein Leitfaden für den Widerstand. Ökologiegruppe Frankfurt. München 1977.

Opp, Karl-Dieter: DDR '89. Zu den Ursachen einer spontanen Revolution. In: Joas, Hans/Kohli, Martin (Hrsg.): Der Zusammenbruch der DDR. Soziologische Analysen. Frankfurt am Main 1993, S. 194-221.

Papenbrock, Martin: Entartete Kunst, Exilkunst, Widerstandskunst in westdeutschen Ausstellungen nach 1945: eine kommentierte Bibliographie. Weimar 1996.

Pesch, Ludwig: Der historische Sinn der neuen Jugendbewegung. In: Frankfurter Hefte (FH) 1968, H. 12, S. 847.

Peters, Butz: RAF. Terrorismus in Deutschland. Stuttgart 1991.

Pinl, Claudia: Frauen auf neuen Wegen. Studien und Problemberichte zur Situation der Frauen in Gesellschaft und Kirche. Gelnhausen 1978.

Piper, Ernst: Ernst Barlach und die nationalsozialistische Kunstpolitik. Eine dokumentarische Darstellung zur ‚entarteten Kunst'. München 1983.

Postman, Neil: Wir amüsieren uns zu Tode. Urteilsbildung im Zeitalter der Unterhaltungsindustrie. Frankfurt am Main 1987. (6. Auflage)

Presse- und Informationsamt der Bundesregierung (Hrsg.): Die Regierungserklärung von Bundeskanzler Gerhard Schröder. Bonn 1998.

Pro Familia (Hrsg.): Schwangerschaftsabbruch, Das ab 1. Oktober geltende Recht – Kurzinformationen für schwangere Frauen. Frankfurt am Main 1995.

Pusch, Luise F.: Die Frau ist nicht der Rede wert. Frankfurt am Main 1999.

Rabert, Bernhard: Links- und Rechtsterrorismus in der Bundesrepublik Deutschland von 1970 bis heute. Bonn 1995.

Radkau, Joachim: Die Kernkraft-Kontroverse im Spiegel der Literatur. Phasen und Dimensionen einer neuen Aufklärung. In: Hermann, Armin/Schumacher, Rolf (Hrsg.): Das Ende des Atomzeitalters? Eine sachlich-kritische Dokumentation. München 1987, S. 307-336.

Raschke, Joachim: Die Grünen. Wie sie wurden, was sie sind. Köln 1993.

Reiche, Reimut: Sexualität und Klassenkampf – Zur Abwehr repressiver Entsublimierung. Frankfurt am Main 1970. (4. Auflage)

Richelmann, Doris: Gleichstellungsstellen, Frauenförderung, Quotierung. Entwicklung und Diskurs aktueller frauenpolitischer Ansätze. Bielefeld 1991.

Riesenhuber, Heinz: Ökonomie und Ökologie – eine notwendige wechselseitige Bedingung. In: Wissmann, Matthias (Hrsg.): Marktwirtschaft 2000. Bausteine für eine humane Industriegesellschaft. Krefeld 1983, S. 13-22.

Roggemann, Herwig: Die DDR-Verfassungen. Einführung in das Verfassungsrecht der DDR. Grundlagen und neuere Entwicklungen. Berlin 1989.

Röglin, Hans-Christian: Sozialpsychologische Aspekte der Kernenergie. In: Internationale Zeitschrift für Kernenergie (Atw) 22/1977, S. 20-23.

Roh, Franz: Entartete Kunst. Kunstbarbarei im Dritten Reich. Hannover 1962.

Rohe, Karl: Wahlen und Wählertraditionen in Deutschland. Frankfurt am Main 1992.

Römer, Karl: Was ist Deutschland. In: Deutschland-Archiv 8/1975, S. 856-866.

Römer, Ruth: Die Sprache der Anzeigenwerbung. Düsseldorf 1976.

Röpke, Wilhelm: Die deutsche Frage. Erlenbach-Zürich 1945.

Roth, Florian: Die Idee der Nation im politischen Diskurs. Die Bundesrepublik Deutschland zwischen neuer Ostpolitik und Wiedervereinigung (1969-1990). Baden-Baden 1995.

Roth, Wolfgang: Der Weg aus der Krise. Umrisse einer sozialökologischen Marktwirtschaft. München 1985.

Rucht, Dieter: Von Wyhl nach Gorleben. Bürger gegen Atomprogramme und nukleare Entsorgung. München 1980.

Rüdiger, Horst: Entartete Kunst. Ursprung und Degeneration eines Begriffs. In: Arcadia 16/1981, S. 284-289.

Sabbagh, Helena, „Zweiklassendemokratie, wie lange noch?" In: Blätter für deutsche und internationale Politik 43/1998, H. 9, S. 1031-1036.

Saller, Karl: Sexualität heute. München 1967.

Sass, Hans-Martin: Hirntod und Hirnleben. In: Sass, Hans-Martin (Hrsg.): Medizin und Ethik. Stuttgart 1994, S. 160-183.

Schaeder, Burkhard (Hrsg.): Neuregelung der deutschen Rechtschreibung. Beiträge zu ihrer Geschichte, Diskussion und Umsetzung. Frankfurt am Main 1999.

Scharf, Hans-Werner: Das Verfahren der Sprache. Humboldt gegen Chomsky. Paderborn/München/Wien/Zürich 1994.

Scharfenberg, Günter (Hrsg.): Dokumente zur Bildungspolitik der Parteien in der BRD 1945-75. Bd. 1: SPD. Berlin 1976. (= Schriften zur Bildungspolitik 1, als Manuskript gedruckt)

Schäuble, Wolfgang: Sprache und Politik. Rede des Bundesinnenministers am 13.3.1990 bei der Gesellschaft für deutsche Sprache. In: Der Sprachdienst (DS) 34/1990, S. 39-46.

Schäuble, Wolfgang: Und der Zukunft zugewandt. Berlin 1994.

Scheerer, Sebastian: Deutschland. Die ausgebürgerte Linke. In Hess, Henner (Hrsg.): Angriff auf das Herz des Staates. Soziale Entwicklung und Terrorismus. Bd. 1. Frankfurt am Main 1988, S. 191-429.

Scheuringer, Hermann: Geschichte der deutschen Rechtschreibung. Ein Überblick. Mit einer Einführung zur Neuregelung ab 1998. Wien 1996.

Schlosser, Horst Dieter: Die deutsche Sprache in der DDR zwischen Stalinismus und Demokratie: Historische, politische und kommunikative Bedingungen. Köln 1990.
Schlosser, Horst Dieter: Die Unwörter des Jahres 1993. In: Der Sprachdienst (DS) 38/1994, H. 1, S. 8-19.
Schlottke, Erdmuthe: Mitteldeutschland. Semantische und psycholinguistische Untersuchungen zur jüngsten Wortgeschichte. München 1970.
Schmid, Josef: CDU – Christlich Demokratische Union Deutschlands. In: Andersen, Uwe/Woyke, Wichard: Handwörterbuch des politischen Systems der Bundesrepublik Deutschland. Bonn 1997, S. 104-107.
Schmid, Richard: Karriere eines Wortes. In: Merkur, 1969, H. 252, S. 400-402.
Schmidt, Diether (Hrsg.): In letzter Stunde. 1933-1945. Dresden 1964. (=Schriften Deutscher Künstler des zwanzigsten Jahrhunderts)
Schmidtbauer, Barbara: Zwischen Mitarbeit und Mandat – Parteien als Männerbünde. In: Thielemann, Edgar (Hrsg.): Quotierung – Reizwort oder Lösung? Expertenanhörung der Hessischen Landesregierung am 2. Mai 1985, Wortprotokoll. Wiesbaden 1985.
Schmitz-Berning, Cornelia: Vokabular des Nationalsozialismus. Berlin/New York 1998.
Schöne-Seifert, Bettina: Medizinethik. In: Nida-Rümelin, Julian (Hrsg.): Angewandte Ethik. Die Bereichsethiken und ihre theoretische Fundierung. Ein Handbuch. Stuttgart 1996, S. 552-648.
Schöps, Helmut: Die personenrechtlichen Rechtsbeziehungen zwischen dem unehelichen Vater und seinem Kinde. Hamburg 1973.
Schubert, Doris: Frauenarbeit 1945-1949. Quellen und Materialien. Düsseldorf 1984. (=Kuhn, Annette (Hrsg.): Frauen in der deutschen Nachkriegszeit, Bd. 1; = Geschichtsdidaktik: Studien, Materialen, Band 21)

Schütze, Christian: Schon möglich, daß die Erde sterben muß. Anfänge öffentlicher Meinung zum Thema Umweltschutz. In: Merkur 1971, H. 5, S. 470-485.

Schwind, Dieter: Ursachen des Terrorismus in der Bundesrepublik Deutschland. Berlin/New York 1978.

Seitz, Beate: Zirkus, Kreuz und Polizei. Erinnerungen an das freie Wackerland. In: Natur&Umwelt 1986, H. 2, S. 15-16.

Sierck, Udo: Die Entwicklung der Krüppelgruppen. In: Sierck, Udo/Wunder, Michael (Hrsg.): Sie nennen es Fürsorge: Behinderte zwischen Vernichtung und Widerstand; mit Beiträgen vom Gesundheitstag Hamburg 1981. Frankfurt am Main 1987.

Sigusch, Volkmar: Schwul. In: 100 Wörter des Jahrhunderts. Frankfurt am Main 1999, S. 254-256.

Skinner, Jody: Warme Brüder – kesse Väter. Lexikon mit Ausdrücken für Lesben, Schwule und Homosexualität. Essen 1997. (masch. Diss.)

Soddy, Frederick S.: Die Natur des Radiums. Nach sechs an der Universität zu Glasgow gehaltenen freien populären Experimentalvorlesungen. Aus dem Englischen von Prof. G. Siebert. Leipzig 1909.

Sombart, Nicolaus: Rendezvous mit dem Weltgeist. Heidelberger Reminiszenzen 1945-1951. Frankfurt am Main 2000.

Sörle, Wilhelm: Kindschaftsrechtsreform – Zusammenfassende Darstellung für die sozialen Berufe. Regensburg/Bonn 1998.

Sozialdemokratischer Informationsdienst, **Bundesverband der Arbeitsgemeinschaft Sozialdemokratischer Frauen** (Hrsg.): Frauen in der SPD. Dokumentation der Quotendebatte vom 30. August 1988 auf dem Bundesparteitag in Münster. Bonn 1989.

Spalding, Keith: Bemerkungen zum Eisernen Vorhang. In: Zeitschrift für deutsche Wortforschung 17/1961, S. 52-58.

Speck, Otto: System Heilpädagogik. Eine ökologisch reflexive Grundlegung. München 1998. (4. Auflage)

Steiner, Gusti (Hrsg.): Hand- und Fußbuch für Behinderte, Frankfurt am Main 1988.

Sternberger, Dolf/Storz, Gerhard/Süskind, Wilhelm E.: Aus dem Wörterbuch des Unmenschen. Hamburg 1957. 2. Auflage. (zuerst publiziert als fortlaufende Serie in der Monatsschrift „Die Wandlung“ von 1945-1948)

StGB. Strafgesetzbuch der Bundesrepublik Deutschland. Fassung vom 15.4.1994.

StGB. Strafgesetzbuch der Bundesrepublik Deutschland, in der gültigen Fassung von 1995.

Störle, Wilhelm: Kindschaftsrechtsreform. Zusammenfassende Darstellung für die sozialen Berufe. Regensburg/Bonn 1998.

Stötzel, Georg: Konkurrierender Sprachgebrauch in der deutschen Presse. Sprachwissenschaftliche Textinterpretationen zum Verhältnis von Sprachbewußtsein und Gegenstandskonstitution. In: Wirkendes Wort 30/1980, S. 39-53.

Stötzel, Georg: Nazi-Verbrechen und öffentliche Sprachsensibilität. Ein Kapitel deutscher Sprachgeschichte nach 1945. In: Munske, Horst Haider u.a. (Hrsg.): Deutscher Wortschatz. Lexikologische Studien. Berlin/New York 1988, S. 417-442.

Stötzel, Georg: Entzweiung und Vereinigung. Antworten der Sprache auf die deutsche Frage. In: Sprache und Literatur in Wissenschaft und Unterricht (SuL) 22/1991, H. 67, S. 2-20.

Stötzel, Georg/Wengeler, Martin: Kontroverse Begriffe. Geschichte des öffentlichen Sprachgebrauchs in der Bundesrepublik Deutschland. Berlin/ New York 1995.

Stötzel, Georg: Der Nazi-Komplex. In: Stötzel, Georg/Wengeler, Martin: Kontroverse Begriffe. Geschichte des öffentlichen Sprachgebrauchs in der Bundesrepublik Deutschland. Berlin/New York 1995, S. 355-382.

Stötzel, Georg: Eine kommunikationsgeschichtliche Analyse zur Sprache in der Bundesrepublik Deutschland. Bonn 1996.

Stötzel, Georg: Geschichtliche Selbstinterpretation im öffentlichen Sprachgebrauch seit 1945. Der Befreiungsdiskurs zum 8. Mai. In: Kämper, Heidrun/Schmidt, Hartmut (Hrsg.): Das 20. Jahrhundert. Sprachgeschichte – Zeitgeschichte. Berlin/New York 1998, S. 250-274.

Stötzel, Georg: Sprache, Recht und Öffentlichkeit – Gesellschaftliche Relevanz des Themas aus linguistischer Sicht. In: Haß-Zumkehr, Ulrike (Hrsg.): Sprache und Recht. Berlin/New York 2002, S. 7-18.

Sträter, Winfried: Konzentrationslager. In: 100 Wörter des Jahrhunderts. Frankfurt am Main 1999, S. 161-164.

Strauß, Gerhard/Haß, Ulrike/Harras, Gisela: Brisante Wörter von Agitation bis Zeitgeist. Ein Lexikon zum öffentlichen Sprachgebrauch. Berlin/New York 1989.

Strohm, Holger: Friedlich in die Katastrophe. Eine Dokumentation über Kernkraftwerke. Hamburg 1977.

Strunk, Hiltraud: Stuttgarter und Wiesbadener Empfehlungen. Entstehungsgeschichte und politisch-institutionelle Innenansichten gescheiterter Rechtschreibreformversuche von 1950 bis 1965. Frankfurt am Main 1992.

Strunk, Hiltraud (Hrsg.): Dokumente zur neueren Geschichte einer Reform der deutschen Orthographie. Die Stuttgarter und Wiesbadener Empfehlungen. 2 Bde. Hildesheim u.a. 1998.

Stümke, Hans-Georg: Homosexuelle in Deutschland. Eine politische Geschichte. München 1989.

Texte zur Deutschlandpolitik (hrsg. vom Bundesministerium für innerdeutsche Beziehungen), Band 9: 4. September 1971 – 8. Februar 1972. Berlin 1972.

Texte zur Deutschlandpolitik. Reihe II, Band 7: 21. Juni 1978 – 12. März 1980. Hof 1981.

Thränhardt, Dietrich: Geschichte der Bundesrepublik Deutschland. Frankfurt am Main 1996. (erweiterte Neuausgabe).

Tönnesen, Cornelia: Die Terminologie der Sexual- und Partnerschaftsethik im Wandel. In: Stötzel, Georg/Wengeler, Martin: Kontroverse Begriffe. Geschichte

des öffentlichen Sprachgebrauchs in der Bundesrepublik Deutschland. Berlin/New York 1995, S. 593-618.
Trautmann-Popp, Ludwig: Die Mär vom Recycling. In: Natur&Umwelt 1985, H. 2, S. 7f.
Trömel-Plötz, Senta: Gewalt durch Sprache. Die Vergewaltigung von Frauen in Gesprächen. Frankfurt am Main 1984.
Trübners Deutsches Wörterbuch. Berlin 1956.
Vater, Heinz: *Begriff* statt *Wort* – ein terminologischer Wirrwarr. In: Sprachreport 16/2000, H. 4, S. 10-13.
Verhandlungen des Deutschen Bundestages. 11. Wahlperiode, Stenographische Berichte, Bd. 151, Plenarprotokolle 11/173 –11/186, 8. November 1989 – 15. Dezember 1989. Bonn 1989.
Verkannte Kunst. Kunsthalle Recklinghausen 16. Juni - 31. Juli. Ausstellungskatalog mit einem Vorwort von Franz Roh. Recklinghausen 1957.
Vinke, Hermann (Hrsg.): Die Anti-Terror-Debatten im Parlament. Protokolle 1974-1978. Reinbek bei Hamburg 1978.
Vollmer, Bernhard: Volksopposition im Polizeistaat: Gestapo- und Regierungsberichte 1934-1936. Stuttgart 1957.
Walther, Helmut: Deutsch 1986. In: Der Sprachdienst (DS) 31/1987, H. 1, S. 1-14.
Walther, Helmut: Deutsch 1988. In: Der Sprachdienst (DS) 33/1989, H. 3, S. 65-77.
Wassermann, Rudolf (Hrsg.): Kommentar zum Grundgesetz für die Bundesrepublik Deutschland in zwei Bänden. Band 1, Art. 1-37. Neuwied 1989. (2. Auflage) [=1989a]
Wassermann, Rudolf (Hrsg.): Kommentar zum Grundgesetz für die Bundesrepublik Deutschland in zwei Bänden. Band 2, Art. 38-146. Neuwied 1989. (2. Auflage) [=1989b]
Weigt, Peter: Revolutionslexikon. Taschenbuch der außerparlamentarischen Opposition. Frankfurt am Main 1968.
Weiland, Martina: Und wir nehmen uns unser Recht. Kurzgefaßte Lesbenbewegungsgeschichte(n) der 70er,

80er, 90er Jahre in West-Berlin, nicht nur für Berlinerinnen. In: Schäfer, Anke/Lahusen, Katrin (Hrsg.): Lesbenjahrbuch. 1. Rücksichten auf 20 Jahre Lesbenbewegung. Wiesbaden 1995, S. 31-39.

Weiss, Andreas von: Schlagwörter der Neuen Linken. Die Agitation der Sozialrevolutionäre. München/Wien 1974.

Weiß, Robert/Heinrich, Manfred: Der Runde Tisch: Konkursverwalter des „realen" Sozialismus: Analyse und Vergleich des Wirkens Runder Tische in Europa. Köln 1991. (= Berichte des Bundesinstituts für Ostwissenschaftliche und Internationale Studien)

Wengeler, Martin: *Asylantenfluten* im *Einwanderungsland* Deutschland – Brisante Wörter in der Asyldiskussion. In: Sprache und Literatur in Wissenschaft und Unterricht (SuL) 24/1993, H. 72, S. 2-30.

Wengeler, Martin: „Die Planwirtschaft ist das Unsozialste, was es überhaupt gibt, und nur die Marktwirtschaft ist sozial." Zur Geschichte eines bundesdeutschen Fahnenwortes. In: Busse, Dietrich/Hermanns, Fritz/Teubert, Wolfgang (Hrsg.): Begriffsgeschichte und Diskursgeschichte. Methodenfragen und Forschungsergebnisse der historischen Semantik. Opladen 1994, S. 107-123.

Wengeler, Martin (1995): „Der alte Streit ‚hier Marktwirtschaft, dort Planwirtschaft' ist vorbei." Ein Rückblick auf die sprachlichen Aspekte wirtschaftpolitischer Diskussionen. In: Stötzel, Georg/Wengeler, Martin: Kontroverse Begriffe. Geschichte des öffentlichen Sprachgebrauchs in der Bundesrepublik Deutschland. Berlin/New York 1995, S. 35-91.

Wengeler, Martin, Von der *Hilfe für unterentwickelte Gebiete* über den *Neokolonialismus* bis zur *Entwicklungszusammenarbeit*. Der sprachliche Umgang mit dem Nord-Süd-Konflikt. In: Stötzel, Georg/Wengeler, Martin: Kontroverse Begriffe. Geschichte des öffentlichen Sprachgebrauchs in der Bundesrepublik Deutschland. Berlin/New York 1995, S. 679-710.

Wengeler, Martin: „1968“ als sprachgeschichtliche Zäsur. In: Stötzel, Georg/Wengeler, Martin: Kontroverse Begriffe. Geschichte des öffentlichen Sprachgebrauchs in der Bundesrepublik Deutschland. Berlin/New York 1995, S. 383-404.

Wengeler, Martin: *Multikulturelle Gesellschaft* oder *Ausländer raus?* Der sprachliche Umgang mit der Einwanderung seit 1945. In: Stötzel, Georg/Wengeler, Martin: Kontroverse Begriffe. Geschichte des öffentlichen Sprachgebrauchs in der Bundesrepublik Deutschland. Berlin/New York 1995, S. 711-749.

Wengeler, Martin: Vom *Jedermann-Programm* bis zur *Vollbeschäftigung*. Wirtschaftspolitische Leitvokabeln. In: Böke, Karin/Liedtke, Frank/Wengeler, Martin: Politische Leitvokabeln in der Adenauer-Ära. Berlin/New York 1996, S. 379-434.

Wengeler, Martin: Die Deutschen Fragen. Leitvokabeln der Deutschlandpolitik. In: Böke, Karin/Liedtke, Frank/Wengeler, Martin: Politische Leitvokabeln in der Adenauer-Ära. Berlin/New York 1996, S. 325-377. [=1996a]

Wengeler, Martin: „*Spaltung*“, „*Anerkennung*“ und „*Wiedervereinigung*“. Die „Deutsche Frage“ im politischen Diskurs der Bundesrepublik. Erscheint 2002 in: Gruber, Helmut/Menz, Florian/Panagl, Oswald (Hrsg.): Sprache und politischer Wandel. Klagenfurt 2002.

Werner, Reiner. Homosexualität: Herausforderung an Wissen und Toleranz. Berlin 1987.

Weskott, Hanne: 50 Jahre Haus der Kunst – 50 Jahre „entartete Kunst“. In: Kunstforum International 95/1988 (Juni/Juli), S. 104-109.

Wittgenstein, Ludwig: Philosophische Untersuchungen. Frankfurt am Main 1971.

Wolff, Charlotte: Psychologie der Lesbischen Liebe. Eine empirische Studie der weiblichen Homosexualität. Hamburg 1973.

Zabel, Hermann: Der gekippte Keiser. Dokumentation einer Pressekampagne zur Rechtschreibreform. Bochum 1989.
Zabel, Hermann: Keine Wüteriche am Werk. Berichte und Dokumente zur Neuregelung der deutschen Rechtschreibung. Hagen 1996.
Ziegler, Eberhard: Das Atomenergierecht in der Bundesrepublik Deutschland. In: Hermann, Armin/Schumacher, Rolf (Hrsg.): Das Ende des Atomzeitalters? Eine sachlich-kritische Dokumentation. München 1987, S. 159-166.

Verzeichnis der abgekürzt zitierten Zeitungen und Zeitschriften

Deutsche Allgemeine Zeitung (DAS)
Frankfurter Allgemeine Zeitung (FAZ)
Frankfurter Hefte (FH)
Frankfurter Rundschau (FR)
Neue Rhein Zeitung (NRZ)
Neuss Grevenbroicher Zeitung (NGZ)
Rheinische Post (RP)
Süddeutsche Zeitung (SZ)
Tageszeitung (TAZ)
Westdeutsche Allgemeine Zeitung (WAZ)
Westdeutsche Zeitung (WZ)

Index des diskursrelevanten Vokabulars

Stichwort Artikelnummer